中国科普研究所科幻研究丛书

中国科幻发展年鉴 2022

吴 岩 陈 玲 主 编

姚利芬 三 丰 副主编

中国科学技术出版社

·北 京·

图书在版编目（CIP）数据

中国科幻发展年鉴.2022 / 吴岩，陈玲主编；姚利芬，三丰副主编 . -- 北京：中国科学技术出版社，2022.10

（中国科普研究所科幻研究丛书）

ISBN 978-7-5046-9327-3

I.①中… Ⅱ.①吴… ②陈… ③姚… ④三… Ⅲ.①科学幻想 – 文化产业 – 产业发展 – 中国 –2022– 年鉴 Ⅳ.① G124–54

中国版本图书馆 CIP 数据核字（2022）第 166021 号

策划编辑	王卫英	
责任编辑	刘 今	
正文设计	中文天地	
封面设计	中文天地	
责任校对	张晓莉	
责任印制	徐 飞	

出 版	中国科学技术出版社	
发 行	中国科学技术出版社有限公司发行部	
地 址	北京市海淀区中关村南大街16号	
邮 编	100081	
发行电话	010-62173865	
传 真	010-62173081	
网 址	http://www.cspbooks.com.cn	

开 本	710mm×1000mm 1/16	
字 数	400千字	
印 张	24.5	
版 次	2022年10月第1版	
印 次	2022年10月第1次印刷	
印 刷	北京中科印刷有限公司	
书 号	ISBN 978-7-5046-9327-3 / G·979	
定 价	98.00元	

前　言

　　2021 年是我国"十四五"规划的开局之年，是全面建设社会主义现代化国家新征程的起步之年，也是中国共产党成立 100 周年。科幻作为科技与文化深度融合的文艺样态，孕育生机活力，以崭新面貌蓬勃发展，呈现出蓬勃的生命力。

　　习近平总书记指出，新时代新征程是当代中国文艺的历史方位。2021 年，在习近平新时代中国特色社会主义思想指引下，《全民科学素质行动规划纲要（2021—2035 年）》（以下简称《纲要》）、《中国科学技术协会事业发展"十四五"规划（2021—2025 年）》（以下简称《规划》）陆续颁布，对新时代科幻高质量发展提出了新要求。《纲要》提出"实施科幻产业发展扶持计划"，《规划》强调"促进科幻发展生态建设"，为发展科幻产业创设了良好的政策环境。在此背景下，各区域依托各具特色的文化内蕴、资源基础、产业支点，形成了各具特色的科幻发展模式：北京市积极构建科幻产业集聚区，从空间开发、场景营造、技术赋能等方面展开，打造科幻产业孵化器；成都市成功申办第 81 届世界科幻大会，开启科幻国际交流新篇章；重庆、上海、武汉等地的科幻活动呈现百花齐放的态势；"元宇宙"成为热门话题，为科幻的理论探索、产业发展注入了新势能，开拓了广阔的想象空间。

　　2021 年，中国科幻产业呈现出诸多新的发展特征，是本年鉴持续记录时代的丰富矿藏。本年鉴延续了往年的整体框架，并对科幻界新动向、新问题、新经验展开观察与思考，分为综述、专论与资料三大部分，力图以全局视角展现中国科幻的年度动态轨迹。综述部分从中观视角入手，对科幻小说创作、科幻产业发展、科幻文学译介、科幻教育等议题展开年度梳理，新增了对发展势头强劲的网络科幻小说以及科幻文旅产业的研析。专论部分从微观的角度切入，探讨了科幻电影、元宇宙等热门话题，记录了学界与业界的碰撞交流。资料部分收录了年度科幻图书目录、科幻作品梗概、科幻奖项类目等，并以"大事记"的方式盘点了 2021 年重要科幻事件。

随着实践创新与理论创新的不断深化，科幻的内涵愈发丰富，事业体系不断完善，产业链条逐渐延伸。在科幻新生态催生创变的同时，也为数据挖掘、资料整合等工作增加了难度，本年鉴尚且存在内容不够详尽、层次不够丰富等不足，敬请各位专家学者、行业人士批评指正。特别感谢参与建设"中国科幻发展年鉴"工作的专家学者，一路同沐风雨，共迎朝阳，共同见证中国科幻事业与产业的发展历程。

科幻事业与产业是汇聚创意要素、创新思想、创作活力、创造动能的宏大舞台，需要跨行业、跨部门协作，我们期待未来有更多的科幻研究者、科幻从业者、科技工作者等，能够在发展科幻事业与产业的同时，支持参与科幻发展年鉴的编纂，以更多元的视角观察中国科幻之路，书写中国科幻历史，共同推进科幻事业与产业的高质量发展，为中国特色社会主义文化建设贡献力量。

王　挺

2022 年 9 月

目 录
Contents

中 篇 · 专论部分

下 篇 · 资料部分

科幻　中国科幻发展年鉴2022

上篇·综述部分

▲ 科幻小说创作综述

年度长篇科幻小说创作综述

刘瀚诚

本文中的"长篇科幻小说"指的是以图书形式在中国大陆出版，总字数在 8 万字以上，以中文创作的科幻小说。2021 年中国大陆的长篇科幻小说出版规模大幅缩减，共计 113 部，其中 15 部为旧作重出，98 部为当年新作（包含网络小说以纸质图书形式出版的情况，后文简称为"网络小说纸书化"），与 2020 年的 155 部[①]（新作）相比，下降了约 36.8%。

从数量上看，一方面，新作者不断涌现，人数与老作者基本持平。除网络小说外的 61 部长篇作品，其作者总人数为 55 人，其中有 25 位作者为首次出版长篇科幻小说，约占 45.4%。另一方面，网络科幻小说在实体书出版领域的影响力开始彰显。具体来说，首次以实体书形式出版的网络小说共计 37 部，约占长篇原创科幻小说新作的 37.8%。

从内容上看，首先，新冠肺炎疫情和国际环境变化的影响开始显现——着重描写灾难和灾后世界的作品数量增多，同时涌现出很多含国际地缘政治博弈元素的作品；其次，关注中国本土文化、注重树立科幻场域的本土话语权的作品，在往年的基础上，进一步呈现出多元化的发展趋势；再次，关注前沿科技的近未来题材作品仍然占据主导地位，但已呈现出庸常化的特征；最后，随

---

① 本文基础数据（含 2020 年数据）来自"CSFDB 中文科幻数据库"，不含少儿科幻长篇，但包含首次以实体书形式出版的网络小说。因数据库对 2020 年的数据有修订，本文中 2020 年的数据与《中国科幻发展年鉴 2021》中的数据（"2020 年长篇科幻小说新作约 136 种"出自数据库当时的统计）有所不同。

着女性主义观念的觉醒，2021 年还出现了一众优秀的女性主义长篇科幻小说，为这一年的科幻写作增添了一抹亮色。

一、主要作者和作品简述

2021 年有长篇科幻小说产出的科幻作者主要可分为三类：资深科幻作家群、网络小说作家群和港台地区作家群。本节简要介绍三个作者群的代表作者及其作品，意在帮助读者迅速掌握 2021 年原创长篇科幻小说创作的主要成果。有关作品的详细内容将在后续的趋势特征分析中进一步阐述。

资深科幻作家群的代表作者包括郝景芳、七月、苏学军、阿缺、梁清散、吴楚等。

雨果奖得主郝景芳继 2016 年的《流浪苍穹》之后，推出她的第二部科幻长篇小说《宇宙跃迁者》，这也是其"折叠宇宙"系列的开篇之作。小说讲述 2080 年，女研究员云帆与青年天文学家江流、军事研究所所长齐飞、退役战斗机飞行员常天组成行动小组，飞入太空与外星人进行直接沟通，最终发现了宇宙文明体系。小说既融入了郝景芳对于人类文明和宇宙进化的个人理解，也是她"中国风"科幻创作的尝试。对于这一颇具野心的尝试，评论界和读者群褒贬不一。

《小镇奇谈》是作者七月在 2019 年的《群星》（于 2021 年获第十一届全球华语科幻星云奖金奖）之后出版的第三部长篇。小说围绕位于三线地区的 404 厂子弟学校中的孩子们，讲述了一群少年因当地的神秘实验获得了不同的超能力，为了拯救世界，与拥有超自然能力的高等智慧"剪辑师"战斗的故事。

暌违已久的新生代科幻作家苏学军在 2021 年推出两部长篇科幻小说。《洪荒战纪》以架空科学神话讲述了一个散落在不同时空的人类英雄重建家园、追寻文明复兴的史诗故事。而《记忆漫游者》则是探讨了"记忆追溯记录仪"能否真正地窥探出人性的善恶。

2021 年另一位有多部长篇作品问世的作者是阿缺。"阿缺长篇科幻小说系列"一口气出版了《红袖》《星尘往事》和《与机器人同行》三部作品，主题分别涉及时间旅行、太空歌剧和近未来机器人，彰显了这位"90后"科幻代表作家丰沛的创作力。

梁清散的《新新新日报馆：魔都暗影》是2016年颇受好评的《新新日报馆：机械崛起》的续集，延续了前作的晚清蒸汽朋克风格。这一次，记者梁启与科技发明达人、侠士谭四再度联手，追查一起名人凶案，并揭露出一个意图凭借先进机械技术缔造"远东魔都"的神秘帮派。

吴楚的《致命干预》通过一起"大数据"谋杀案，呈现了一个科技无孔不入、侵入生活的"黑镜"式的近未来。

网络小说作家群代表作者和作品包括天瑞说符《泰坦无人声》、一十四洲《猫咪的玫瑰》、汤问棘《蚁群》、扶华《末世第十年》和祈祷君《开端》。这些作品此前在网络小说平台连载时就获得了广大网文读者的认可，2021年以图书形式出版发行时，基本上又都经过了作者的重新修订。

《泰坦无人声》是一部深空恐怖与悬疑题材的科幻作品，讲述了一颗在土卫六上发现的神秘黑球，在科考站内引发一系列认知混乱后造成破坏的故事。《猫咪的玫瑰》讲述了地球因瘟疫毁灭后，人类乘坐世代星际飞船在宇宙中寻找第二家园，却最终重返已成异形的地球的故事。《蚁群》描绘了全女性社会中的新型社会分化。《末世第十年》描绘了单身女人意外怀孕，在废土上努力求生的经历。四部作品在其所从属的题材（分别为深空恐怖、星际旅行、反乌托邦和废土）上，均做出了一定程度的开拓。

而《开端》与宝树的《时间之墟》及经典科幻电影《源代码》类似，均为时间循环题材，讲述了李诗情和肖鹤云通过不断重生来阻止一场公交车爆炸案的经历。小说没有刻意探究造成循环的原因，而是聚焦于两位主人公为了死里逃生而做出的努力和爆炸案背后的社会问题，相比于追求科技奇观的写作，本作更加贴近生活，容易被大众接受。

港台地区作家群的代表为中国香港的西西，中国台湾的伊格言和余卓轩。2021年他们均有重要的作品在中国大陆出版。西西的《钦天监》属于历史主题。小说记叙了康熙年间一位见习天文学家的成长历程，揭开了古代知识分子除考取功名外的另一种进路，其间对中西文化的异同进行了深入探讨。伊格言的《零度分离》采用调查报道式的非虚构文体，以万花筒般套叠式的结构，窥

见了 23 世纪人类社会的种种异化可能。而余卓轩的"白凛世纪"三部曲则建构了一个神秘而宏大的世界观，展现了科幻与奇幻交织的独特美学。

在这之外还有一部独特的作品——吴季的《月球峰会》。作者吴季是我国空间科学领域的著名科学家。《月球峰会》是他继《月球旅店》后的第二部长篇科幻小说，故事围绕一场 2069 年联合国安理会关于月球开发协定的峰会，多角度展现了未来诸大国在空间方面的科技竞争与政治博弈。可以说，这是近年来科学家创作科幻小说的一个典型范本。

二、新冠肺炎疫情与国际环境变化的影响开始显现

2021 年是新冠肺炎疫情暴发的第二年。受新冠肺炎疫情影响，不论是个人的生活条件和精神状况，还是全球的经济环境和国际关系，都遭遇了严峻的挑战。一年过后，虽然直接回应疫情的长篇科幻小说并不多，但体现疫情影响的作品却有不少。

2021 年，描绘灾难和灾后世界的作品数量较多，共计 18 部，其中 6 部为疫病主题，1 部直接与疫情相关，6 部涉及气候环境灾难，其他作品则着重描绘了灾后的反乌托邦社会。这些作品大多冒险色彩淡薄，更多聚焦于人物在面对灾难和灾后困境时的社会角色，从而间接回应了不同状态下的个体存在危机。另外，因国际地缘政治关系受新冠肺炎疫情影响而急剧变化，过去一年内也出现了相当数量的体现政治博弈的小说，共计 8 部，而且表达较往年更具有针对性。

在这方面，苏晋的《病毒猎人：巴山探蝠》具有代表性，小说描绘了一场因跨国盗墓引发的全球性瘟疫，起因是盗墓破坏了洞穴中蝙蝠的栖息环境，将病原体带进了中国乡村，进而带向了全球各地。小说中描绘的中美国际医药争端和本土专家与基层官员共同探索真相的过程均呼应了新冠肺炎疫情，与同年引进国内的劳伦斯·赖特的医疗惊险小说《十月之殇》类似，全景书写了瘟疫之下的众生相。

其他灾难题材的小说包括苏学军的《洪荒战纪》、仝三的《暗月纪元》、

文九柔的《无限循环》、卫云七的《穹顶守望者》、余卓轩的"白凛世纪"三部曲、扶华的《末世第十年》、汤问棘的《蚁群》、拟南芥的《杭州搁浅》和鲁般的《忒弥斯》等。其中,《洪荒战纪》与《末世第十年》描绘了毁天灭地的大灾变过后,个体身份的重建过程;《穹顶守望者》凭借一场围绕矿物资源展开的商战博弈,书写了灾后世界的经济规律;《暗月纪元》聚焦于资源贫乏社会的阶级矛盾和与之对应的革命过程——类似的作品还有巫哲的《熔城》和鲁般的《忒弥斯》;《蚁群》在灾后闭塞的反乌托邦社会体制下,叩问革命的可行性与可靠性;《杭州搁浅》试图用本格推理的方式破除邪教创造的血腥灾后秩序;"白凛世纪"三部曲则在冰河时代的一连串生存战争中,描绘了能够驾驭先进如魔法般的武器的奔灵者,在家乡覆灭后,带领全体族人从大洋洲横跨海洋、徒步迁徙至亚洲腹地的史诗之旅,借助不同幸存者部落之间的文化碰撞,引出了导航学、生态学等领域的概念突破,彰显了对探索世界真理的不懈追求。这些小说通过虚构角色的探索和成长,为读者提供了自我精神建构的参考,有些也会提供一些有关现实客观规律的洞见,其间虽然不乏痛苦与磨难,但总体肯定人的价值,呈现出积极乐观的姿态。

与之相反,政治博弈题材的小说虽然数量不少,但作者普遍缺乏相关经验,因此有关描写欠缺说服力。典型代表如何鹰的《大水蚁》、李丹芷的《2049》、常依然的《秘境夺宝记》和金亮的《灵龟复活》,作品欠缺足够的洞见,多为坊间观察,掩盖了科幻写作理应彰显的推想性内容。

这种叙事与近年中国的崛起息息相关,并且越来越多地体现在本土科幻的写作中。在这一点上,吴季的《月球峰会》独树一帜,将政治博弈叙事安置在了中国主导的月球基地的开发过程中,不仅详细扎实地描绘了月球旅店的建设和运营工作,还借助多国领导人召开国际峰会这一线索,描绘了难得一见的本土管理学实践,并提出了中国特色世界大团结的未来愿景。在峰会幕后,作者还写了与阿瑟·克拉克的《地光》类似的一场月表间谍战。虽然小说的情节性略逊一筹,但不乏深邃思考。今后的世界形势下,政治表达势必会成为所有科幻从业者都难以回避的一个方向。相应地,如何推陈出新,如雏形科幻时代的政治家和活动家那样传达出跨越时代的思考,值得科幻作者深思。

三、本土话语的多元化

如果说对 2020 年长篇科幻小说中的本土话语的总结是"确立与夯实"[①]，那么，2021 年长篇科幻小说中的本土话语写作可以进一步用"繁荣"来总结。这一年涉及本土话语的长篇科幻小说共计 24 部，且呈现出明显的多元化特征，具体可分为迷信传统、神话重述、历史虚构、本土未来主义和地域性写作五个方向。

尽管迷信传统往往被本土科幻批评体系排除在外（在海外的科幻研究中则被划入"伪科学"的研究方向），但必须要承认的是，从数量上讲，它依然在原创科幻写作中占据重要地位（除下文提到的作品外，至少还包括《灵龟复活》《大水蚁》《秘境夺宝记》《暗月纪元》《100 个疯子 99 个天才Ⅱ》《宇宙旋时》《超脑区》《启眸越千年》等）。一方面，科幻作者会有意利用相关素材，在小说中进行"科学化"重构，或进行另类猜想；另一方面，一些作者科学素养的不足也使得其作品在包含较多科幻概念的情况下依然带有迷信或伪科学色彩。广义上讲，这类小说主要包括指向史前文明的民间探奇小说，与"考古"或"失落的世界"等题材关系密切，还包括利用不可知论和伪科学创作的带有灵异色彩的小说。前者在 2021 年的代表作包括易飞扬的《陨石猎人》和某一的《近墨者：沉舟卷》，其中，《陨石猎人》一转过往对王朝秘辛或史前高等智慧的探索，将目光投向来自外太空的陨石，创造出了别样的趣味。后者的代表作则是蛇从革的《长江之神：化生》，小说将滨江小城的贫民窟中的社会性罪恶同"化生子"的水怪传说结合在一起，赋予主人公一行人逃离故土，寻求救赎，与当地黑恶势力做斗争的行为以魔幻现实主义色彩，颇有本土"新怪谭"之风貌。

相比于迷信传统，神话重述这一传统则更具西方特色，通常会将古典神话放置在现代科技的语境下进行重新诠释。相关作品包括苏学军的《洪荒战

---

① 出自《中国科幻发展年鉴 2021》中的《年度长篇科幻小说创作综述》，作者肖汉。

纪》，月斜影清的《古蜀国密码》和吟光的《天海小卷》。其中，《洪荒战纪》为架空科学神话，《古蜀国密码》为太空歌剧版的远古诸神之战，写法上较为传统。吟光的《天海小卷》则有所不同，小说以"音律"为主要元素，描绘了鲛族少女的异域巡游，不仅糅合了中国古典文化和拉丁美洲元素，还进行了超文本实验，将原创民族乐融入故事当中，创造出别样的文化体验。

历史虚构式科幻写作多聚焦于神秘史或或然史，前者发掘不为人知的隐秘往事，后者通过改写历史走向来探索历史发展规律。在 2021 年，本土科幻写作最令人惊喜的两部作品均出自这一领域，其一是西西的《钦天监》，其二是七月的《小镇奇谈》。《小镇奇谈》在美剧《怪奇物语》式的故乡写作中融入了大量系统的风物书写，回顾了 20 世纪 90 年代西南地区的童年生活，借少年拯救世界的白日梦式青春物语，重塑了小人物与大历史之间的关系。两部作品的历史关怀均呈下沉姿态：大历史居于幕后，作者首要的关注对象是个人或一类人的命运。西西关注知识分子对世界和人心的参悟，七月则关注青少年对未来的责任。

2021 年被归入"本土未来主义"方向的长篇科幻小说并不多，一部分依然有堆砌之嫌，欠缺内在系统，如郝景芳的《宇宙跃迁者》，其中始皇帝的外星飞船的古典美学和先进科技之间仍有难以弥合的鸿沟，用古典文化思想挽救现代战争危机的思考也有些不合时宜。然而，另一些作品却为元素的堆砌提供了一种符合逻辑的语言学理由。在文九柔的《无限循环》中，九州国的政体沿袭古代官制，但最高领袖是资本主义财团，卫云七的《穿顶守望者》也呈现出类似的古典资本主义社会。使之显得自然的根本原因在于两部小说中的社会都出现在大灾变之后，此时旧日的秩序已经瓦解，小说与其说是在单纯地做词语堆砌，不如说是洞察了在建立新秩序的过程中，命名系统发生的转变。这种微妙的转变无处不在，如尼尔·斯蒂芬森的"元宇宙"向钱学森的"灵境"的更名。这也是"本土未来主义"在语言学层面上的立足点。

最后值得一提的是，在 2021 年，本土话语还进一步分化成地域性的科幻写作，其具体体现是作者会将科幻作品同具体城市、具体地区的文化进行结合。在理想情况下，有关的创作还能因为对地方旅游业产生的推动作用获得当地政府或商业组织的支持和赞助，最为成功的案例是成都八光分文化传播有限

公司与青海冷湖火星小镇合办的冷湖科幻文学奖。2021 年地域性科幻写作的代表作品有：一只鱼的传说的《姑苏密码》（江苏苏州）、拟南芥的《杭州搁浅》（浙江杭州）、金亮的《灵龟复活》（山东青岛）、月斜影清的《古蜀国密码》（四川）等。从文化产业的角度上看，这些作品的经济意义要大过它们的文学价值。相比于文本，作品与界外形成的合作关系要更加值得研究。同样的合作模式也正在国际上开展，如燕垒生和碎石同育碧娱乐公司（Ubisoft）合作，为科幻电子游戏《刺客信条》创作的中国篇官方小说。

四、近未来写作呈现出庸常化倾向

在《科幻百科全书（第三版）》中，布赖恩·斯坦伯福尔德（Brian Stableford）将近未来科幻描绘成一种关于"焦虑"的文类：它既描写人们的焦虑，也提供一种权宜性的缓冲剂。然而，在 2021 年，本土的近未来题材长篇科幻写作似乎愈发难以承载这两项使命（尤其是后一项使命），并且随着科技的飞速发展和新冠肺炎疫情对这一过程的进一步加速，其正在被一种"科技现实主义"取代。

超脱于这一现象之外的作品正在产生新的问题，或是在过往的常规讨论中采取更加激进的姿态。在 2021 年的 16 部近未来题材长篇小说（含赛博朋克题材）中，这样的作品的典型代表是七月的《岩边的禅院》、鲁般的《忒弥斯》、伊格言的《零度分离》和杜梨的《孤山骑士》，其中又以杜梨的《孤山骑士》最为前卫。以上四部作品的共性话题都是人的边界：七月的《岩边的禅院》是一部典型的"蛇怪"（basilisk）题材的小说，描绘了通过预编码的信息序列攻击人脑、篡改记忆乃至人格的技术。这一写法实际上是结合控制论，将计算机的输入 / 输出模式视作人脑的隐喻，从而体现了现代人对信息世界破坏自身完整性和一致性的担忧。伊格言的《零度分离》则将自己伪装成一部非虚构文集，富有创意地从多个角度呈现了这种"边界危机"的纷繁面貌。

面对虚拟现实、人工智能、脑机接口乃至意识上传等未来技术，人类自身的独立完整性是否依然重要？七月和伊格言的回答是肯定的，但其第一次接触式的写作也强硬地否定了探究其他可能的余地，流于一种"卢德运动"式的宣言。相比之下，《忒弥斯》和《孤山骑士》则显得更加激进。

《忒弥斯》设定在意识上传技术成熟后的虚拟世界中，其主人公皆为数字化的人类意识经拼贴重组生成的原生数字人类。一场突如其来的环境危机造成了外来人类意识向赛博原住民世界的大举殖民，借此，作者讨论了新生人种与现实人类的种族和社会关系，提出了数字人同样拥有人权的挑战性观点。《孤山骑士》则站在去人类中心的立场上，提供了同一问题的另一种可能性。小说的主人公是仿生人菊地和费尔曼，两者型号有所不同，为了保护人类女孩陆咪貉而开始调查一场仿生人法律纠纷的真相。小说花费大量笔墨在仿生人的生理构造上，并书写了它们利用各种未来技术来提升自身能力的行为。与以往作品不同，作者已经默认了相关技术的普及状况，转而思考拥有自主行动能力的智慧生命可以如何利用这些技术，使之服务于自我提升的目的，拓展个体的边界。借此，作者打破了人工智能、仿生人、机器人、赛博格和原初人类间的边界，从而让读者得以反观早已成为"后人类"的自己，更加深入地理解人与技术之间的关系。梁成的《阿尔加》也暗含这一层思考，但其行文结构，包括将人工智能用于投资理财的构想，均已出现在伊恩·麦克尤恩的长篇科幻小说《我这样的机器》中。后者于2020年被引进国内，彼时曾引发广泛讨论。相比之下，《阿尔加》不仅出版时间较晚，而且也未能推陈出新，故不做赘述。

其他近未来题材的长篇科幻小说包括苏学军的《记忆漫游者》、王迪菲的《最终身份》、何涛的《克隆迷城》、阿缺的《与机器人同行》、杨红光的《云播智慧》，以及郭羽和溢青合著的《脑控》等。由于总体上缺乏创见，依然在复述世界科幻史上遗留下来的陈词滥调，这些作品时常呈现出一种拼贴感，与其说是回应当下现实的写作，更像是面向科幻话语体系的写作。由于近年来科技发展迅猛，甚至在科幻社群内激起了"科幻如何超越科技发展"的讨论，从某种意义上讲，这些作品已经落后于时代：在表象上，在大众传媒的影响下，读者已经熟谙近未来的美学体系，有关的科幻概念已经难以唤起惊奇感；而在内涵上，这些作品的思考仍然停留在20世纪，甚至停留在19世纪。

作为上述趋势的另一个结果，一种新的关于科技的写作正在逐渐成熟起来，我们姑且称为"科技现实主义"。它并不进行过多的科技展望，而是在已有的科技环境下书写人类的生存、生活处境，同时对特定的行业进行科普，从而填补了滞后的主流文学和执着于未来展望的科幻文学之间的空白。例如：探索者与黄天威合著的《暗网Ⅱ：区块链战争》，小说借助网络攻防战的技术惊险框架对区块链技术进行了科普，是一部较为典型的流行作品。吴楚的《致命干预》则描述了一场大数据谋杀案的侦破过程，向读者展现了个人隐私的泄露和对大众的信息监管在最坏的情况下能够产生什么样的破坏力，揭示了数据科学的阴暗面。当前，在启示公众关注技术现实一事上，这类科技现实主义作品正发挥着越来越重要的作用，并且正在重新塑造科幻写作的追求——若是将它们排除在科幻领域外，我们势必要回应这样一个问题：在新时代，我们究竟要靠什么来辨识科幻作品？是虚拟现实、人工智能等概念的想象，还是其背后观念的想象？

五、女性主义写作兴起

2021 年，原创长篇科幻小说领域依然由男性作者主导，在非网络小说领域的全部 55 位作者中，女性作者只有 12 位。相关经验的匮乏令很多科幻小说都呈现出浓重的男性凝视和大男子主义表述，其中部分趣味低俗。虽然在小说选集领域，已经出现了诸如《她：中国女性科幻作家经典作品集》或"她科幻"丛书，引进领域也有奥克塔维娅·E.巴特勒的"莉莉丝的孩子"三部曲，作为对国内女性主义思潮的回应，但是长篇小说的创作中仍旧缺乏对性别相关的科幻议题的有效讨论。不过，相关的写作正在成形，具体作品有《红袖》《钦天监》《无限循环》《蚁群》和《末世第十年》。

《红袖》与《钦天监》都以中国古代社会为舞台，刻画了女性在封建社会面临的困境和抗争。借此，我们可以看到男性与女性作家在处理相同议题时采取的不同手段：在《红袖》中，主人公红袖虽然天性聪敏，知书善道，却因为家境原因被卖到了青楼，从此被包括时空旅行者之内的男性欺辱，度过了悲剧的一生。而在《钦天监》中，主人公周若闳的青梅竹马容儿虽然没受到正统的教育，但私下里学了医术，治自己，也医他人。在回顾旧制度对女性的压迫时，前者更注重外在的暴力冲突，时常因欠缺对现象的深入观察，而流于猎奇式迫害场景的呈现；后者则更注重女性自身的人格塑型，关注有能力推动观念变革的有效力量。

这一观察也适用于其他几部小说，尤其是《无限循环》。小说中，人类面临世界末日，在时间旅行者的帮助下开发出了穿梭机，穿过黑洞来到了力微星，建立了"娱乐至死"的新秩序。但是黑洞吞食了过客的记忆，从而令旧世界的女强人元莱不得不在一轮又一轮的瓦舍游戏（一种历史仿真游戏）中找回自己的身份。小说结尾虽然因为对情节闭环的过分追求而流于俗套，但力微星因环境限制而陷入发展无意义的消极观念的社会秩序，却同元莱前夫的失意企业家形象形成了呼应，从而将女主角对具体的人的嫌恶转变成外在的对社会环境的抗拒。汤问棘的《蚁群》则更加激进地从生理上消灭了男性，创造了公民仅由女性构成的未来社会。在这样的社会中，读者仍然能够依据人物的性格，将其划分为男性化的角色和女性化的角色。作者的观点因此不言自明：性别除了包含生理因素，也包含很大程度上的社会建构因素。

以上两部作品所面对的问题是：如果我们承认性别所包含的社会建构因素，那么，何谓真正的女性体验？或者更进一步，如何突破这种社会建构？

针对这些问题，《末世第十年》给出了一种回答：在小说中，造成万物变异的生化危机已经过去了十年，十年间，女主人公"我"失去了父母，靠出卖身体换取随行男性队员的保护。后来队伍解体，"我"流落荒村，被村民收留，后来陆续为村民送终，最终孤身一人生活在与世隔绝的山林间，却因一次意外生下了一只草食性的"蜥蜴人"孩子姜羊，从而开始在耕种、狩猎、育儿及求生的过程中逐渐找到了生而为人的感觉，与孩子共同度过了一个春夏秋冬，最终萌生了继续活下去的希望。小说以生态女性主义的视角，颠覆了以往灾后世界小说中的"重返现代"或"残酷厮杀"的模式。身为单亲母亲，主人公田园牧歌般的生活和临危时闪现的凌厉果断赋予了她"雌雄同体"的形象，读者因此得以跳出性别的二元讨论，去审视与反思个体要靠什么抵御重大危机。

六、网络小说纸书化成为重要力量

　　根据前文的统计数据可知，网络小说纸书化已成为 2021 年本土长篇原创科幻小说出版的重要渠道之一，参与其中的平台包括晋江文学城（20 部）、起点中文网（3 部）、云起书院（3 部）、长佩文学（3 部）、豆瓣阅读（2 部）、掌阅（1 部）、ONE·一个（1 部）、火星小说（1 部）和长江中文网（1 部）。另有两部作品由作者先行在社交网络上独立连载，之后再另寻出版社付印：据考证，苏晋的《病毒猎人：巴山探蝠》最初连载于新浪微博，易飞扬的《陨石猎人》原载于天涯社区。

　　这些作品在网络连载阶段已经积攒了规模庞大的读者群体，内容也经受住了时间的考验，其"先发表后转化"的出版模式已成为一种降低出版风险的有效手段。从内容上看，纸书化的网络小说大多为言情或冒险题材，受网络小说传统的影响，故事框架仍然较为单一，但已跳出"言情—女性向""冒险—男性向"的刻板印象。小说所包含的科幻设定相对丰富，并且从某种意义上，呈现出超越传统科幻文学作品的强大生命力。以无限流这一热门网络文学分类为例，其固有框架——在平行世界间快速穿越，进行冒险，完成任务，以及动辄百万字的篇幅，决定了作品可以容纳大量科幻概念。其典型代表为微风几许的《薄雾》，该作讲述了超时空机关"天穹"的队员们穿行各个平行宇宙，解决时空混乱的故事。故事中，每一个待解决的事件都构成了一种不同的时空扭曲要素，各占一卷，类似电视连续剧中的单集，从而使完整的小说几乎涵盖了所有经典的时间旅行主题，形成百科全书式的惊奇展览。

　　此外，部分网络科幻小说的建构方式也正在向传统科幻文学靠拢，如前面介绍的《泰坦无人声》《猫咪的玫瑰》《蚁群》《末世第十年》和《开端》，其韵味均与传统科幻小说相差不大，并且同样产生了强大的社会影响力：天瑞说符的《泰坦无人声》和扶华的《末世第十年》入选中文科幻数据库 2021 年科幻图书年度推荐榜单；改编自祈祷君的《开端》的同名电视剧的首月播放量即突破 20 亿，实现了"破圈"。

另外，为了吸引更多读者，传统科幻小说亦展现出一些网络小说的特质，相比于严肃的世界构建，更注重在相对古典的框架下，编织明快刺激的情节，塑造性格鲜明的人物，同时有意抛出受众能够直接产生共鸣的社群话语。最为典型的是索何夫的《傀儡战记：监察官与城堡》，该作品为"傀儡战记"系列的第二部，讲述了义勇军军官阿德南在兰檀与监察官共同卷入的一场政治阴谋，其主角团的人物性格均含有典型的日本动漫式要素，诸如"猫娘""傲娇""腹黑"等，呼应着东浩纪的"数据库消费"理论。其他作品还包括阿缺的《与机器人同行》（长篇版）和《星尘往事》，老谭的《逆空追凶》和张哲男的《孢星》等。

值得担忧的是，虽然存在诸多叙事层面的努力，但这些作品的科幻想象普遍较为俗套，并且故事原型趋于单一，难以产生经久不衰的吸引力。如何在科幻领域充分发挥网络小说的独特优势，仍是亟待探索的问题。

七、结语

综上所述，不难看出 2021 年本土长篇科幻小说创作所面临的巨大挑战和机遇。虽然长篇小说的总体数量大幅减少，但其构成正在发生变化：一方面，长篇科幻小说创作的生态正在从核心科幻占主导地位转向核心科幻和网络文学并存；另一方面，这些曾经泾渭分明的领域之间的界限也正在被打破，从而形成更加宽广的幻想文学疆域。

表面上看，这种跨界似乎表明科幻写作的题材和视角将变得（或已经变得）更加多元，并催生出更多本土话语鲜明的原创作品，但就近未来作品的整体趋势而言，这种表面上的多元化并未有效拓展长篇科幻写作的边界——事实上，大量符号化的科幻概念（诸如人工智能、虚拟现实、脑机接口和赛博朋克等）及其叙事原型正在快速地从想象空间走入现实生活，甚至成为相关现实写作的常见元素。相应地，普罗大众对常见科幻概念的适应自然会对科幻小说的写作提出更高的要求。新冠肺炎疫情暴发压缩了人的生存空间，限制了个体感知世界的能力，使之在面对急剧变化的环境时显得越发焦虑和不知所措——灾难科幻和政治博弈科幻的兴发正是这种群体性焦虑的集中体现，它们不仅提供了一种对现实的回应，也提供了一条疏散情绪的路径。

值得一提的是，这也正是 2021 年本土长篇科幻写作的总体倾向，即试图直接回应现实，从而形成一种与时俱进的时代写作。顺应这一观察，不难推想，在 2022 年（或之后的几年），元宇宙等热门概念亦会催生出一大批衍生的长篇科幻作品。但是不论这种高度贴近现实的科幻写作采取何种姿态，都势必会将某种对现实环境的认同视作前提假设，从而在一定程度上失去探索人类之另一种可能性的能力。在这种背景下，我们不妨将正在崛起的女性主义科幻小说视作一种别样的审视人类的突破性视角。而在接下来的一年或数年中，本土长篇科幻小说领域又将出现何种别样的探索？让我们拭目以待。

作者简介：

刘瀚诚，笔名杨枫，青年作家，中文科幻数据库创始人。代表作包括《新春节考》《赛博酒吧的生命周期》《树上的九十亿个姐姐》《双脑筑城记》等，译有《万能打印》《砖月亮》《我（28 岁，男）创建了深伪女友，现在爸妈觉得我们要结婚了》等。

年度中篇科幻小说创作综述

杨 琼

一、概况

2021 年，我国中篇科幻小说的创作保持了较高的水准。参照一般标准，本文将 2.5 万 ~8 万字的科幻小说视为中篇。全年创作的中篇近 200 篇，分布在科幻文学专门期刊、传统文学期刊、小说集、科幻文学征稿比赛、科幻科普类网络平台等媒介中。《科幻世界》《科幻立方》等科幻文学专门期刊一直为中篇小说提供发表空间，由于版面有限，发表数量保持稳定。作为杂志发表的补充，《科幻世界》杂志社的"星云"系列丛书继续推出优质中长篇作品。蝌蚪五线谱、不存在科幻、八光分文化等网络平台和综合媒体平台基于自身优势，以网站和公众号连载、小说集等方式推出了一批优秀作品。冷湖科幻文学奖、未来科幻大师奖等作为愈加成熟的科幻奖项，成为展示优秀中篇作品的重要平台。单个作家的小说集与主题小说合集也收录了不少值得关注的新创作品。

作为创作的中坚力量，成熟的作者，如萧星寒、梁清散、万象峰年等，持续产出作品，一些新出现的作者也以愈加成熟的新作展示了其创作潜力。年度值得关注的作品包括万象峰年的《赛什腾之眼》（第十三届全球华语科幻星云奖中篇小说奖提名、冷湖科幻文学奖中篇小说一等奖）、海漄的《走蛟》（冷湖科幻文学奖中篇小说二等奖)、王元的《见字如面》(第十三届全球华语科幻星云奖中篇小说奖提名)、梁清散的《沉默的永和轮》(第十三届全球华语科幻星云奖中篇小说奖提名)、萧星寒的《骰子已掷出》(第十三届全球华语科幻星云奖中篇小说奖提名)、相非相的《青鸾》(冷湖科幻文学奖中篇小说二等奖)、赵垒的《烛影杀手》(第十三届全球华语科幻星云奖中篇小说奖提名)、甘泉的《孤城独步》、许刚的《旗人荣耀》等。

二、核心科幻与史诗性写作

史诗性作品往往篇幅较长，线索繁多，以中篇小说的体量，要充分展开并不容易。因此，小说规模和主题的策划，内容的剪裁和选择，以及文学技巧的运用都是考验作者功力的挑战。

在 2021 年的中篇科幻小说创作中，不乏具有"核心科幻"特征的作品，其中许多以史诗性作品的状态呈现。例如，万象峰年的《赛什腾之眼》具有"核心科幻"的特征，用"虚宇宙"的概念建构起一个史诗性故事，复杂的情节在从 20 世纪中期到千年之后的阔大时间视野中展开。从冷湖出发，小说在种族延续的基本叙事下引入了星际探索、遭遇外星智慧生物等主题，以家庭、社会、政治等各种因素缀织，建立起一个自洽的虚构世界。这另一个世界存在于常识世界之外，但又在人类身边，深陷其中之人命运多舛，而以后辈回溯的方式讲述故事，产生了一种悲壮之感。小说的叙事角度多元，结构复杂，显示了作者驾驭中长篇科幻的能力。

东方晓灿的《末日独白》以世界末日危机为背景，从多个个体经历讲述人类遭遇危机与化解的过程，具有精心安排的原理内核。小说情节设计的时间跨度长达 6000 多万年。历经巨大牺牲保存下来的人类的火种跨越漫长的岁月，在孤独的未来延续人类这个物种的文明，而独自一人背负骂名将火种送往未来的，只是一个被提出监狱、作为拯救地球的"闲子"的囚犯。这种崇高使命与卑微身份的对比，在史诗性作品中常常能见到。

杨晚晴的《驯养人类》以星际物种之间的关系为依托，思考殖民与征服的逻辑。齐然的《地球罗曼史》放眼浩瀚宇宙，描写物种与家园相互依存的漫长历史。苏学军的《月黯》讲述"第三类接触"的故事，即人类在探索太空的过程中遇见另一个自己的故事。

三、元宇宙想象与后人类图景

2021年，"元宇宙"概念大热，成为产业界新的想象力增长点。科幻文学早已开始对虚拟和现实的结合进行想象和展现。2021年的科幻小说对元宇宙进行了更为细致的构想，展开了批判性思考。白乐寒《丰饶海》中的"天空城"是一种对元宇宙秩序的想象，意识与身体分离，人类的生活在两个层次上展开。最高统治者"逻各斯"对于世界的创造和控制，体现了一种哲学意义上的对于世界秩序的思考。数据的增长、信息的过载不仅是目前的社会现实，并且将会在可预见的未来愈演愈烈。小说讨论了这种现象对于人类存在和灵魂的影响。苏学军《西域管理员》中构想的"云上西域"虚拟旅游区，更为接近在较近的未来可实现的元宇宙应用图景，其中涉及的虚拟社区、数字生命等科幻设定，提供了一种合理的元宇宙人类生活想象。霜月红枫的《天堂》也涉及这一问题，一个可以随心所欲、满足所有人愿望的"乐园"令人乐不思蜀，但其中蕴含怎样的危险？没有矛盾和冲突的世界真的可能存在吗？小说对此提出质疑。

元宇宙问题涉及的肉身存在与数字生存的双重性或一致性问题，从宽泛意义上讲，也是后人类话题的延伸。许多作品在后人类的框架下，继续对人性和伦理问题发出拷问。身体改造、赛博格化生存是一个重要的探索领域。第四届冷湖科幻文学奖中篇二等奖获奖作品——相非相的《青鸾》，描写人类向银河外星系的探索。离开地球的探索者后代根据生存策略的不同，分化出保存自然人类婚配习惯、科技落后的"穴居人"，以及进行身体机械化改造、科技高度发展的"半人"。在科技发展坐标轴上相差甚远的两个种族合并，孕育着后者奴役前者的阴谋。而当穴居人为了摆脱奴役设法回到地球，却发现地球人早已变成义体化的"移脑人"。穴居人所代表的人类传统的生育方式和身体观念，在不同的生存策略的对比下接受拷问，显示了科幻小说对于身体形态、生育观念与人类社会形态关系的思考。

赵垒延续赛博朋克风格写作，将新作《烛影杀手》的背景设定在一个世纪之后，义体已经广泛应用的时代。小说把刑侦与科幻结合在一起，并且有意强调地域特色，环境元素丰富，人物形象丰满，塑造出一种现实氛围。丰富的人物情感关系使得小说对后人类境况的想象具有合理性和真实性。这也成为作者一系列作品的标志性特征。

甘泉的《孤城独步》以生化技术失控带来变异、造成巨大灾难为主题，讲述了灾难的始作俑者充满忏悔的回忆。商业资本与技术伦理的矛盾构筑了小说的情节，而撑起整个故事结构的则是虚实相间的主人公自述。小说主人公未能得到心仪之人的青睐，又因失误害死朋友，这些不可弥补的遗憾皆因科研信仰方向的偏差和个人伦理道德的瑕疵而造成。生化危机的题材已经算是科幻文学的传统题材，但小说通过塑造真实可信的人物，加入丰富的个人情感，以及对于环境的细节化建构，创作出了打动人心的故事。本作结构有张有弛，呼应紧密，在同类题材作品中脱颖而出。

王刚的《身在何处》以荒诞的漫画化的方式，讲述身体重建给两个本就有情感纠葛的家庭带来的影响，同时讨论了科幻文学中一个传统的问题：身体与意识分离带来的伦理困境。顾备的《Z星重生》讲述了一个在后人类时代探索古文明遗存，以求得启示、保存人类文明的故事，最后的中心落脚点是自我觉醒和人性中的利他主义与自我牺牲。杨晚晴的《勿忘我》想象了人类思维连接形成"意识共同体"的未来，个体意识融于集体意识之中，在湮灭了悲欢离合的同时，也给个体带来认同危机，小说对于人类个人情感和记忆的探索颇为深入。剑彶的《三生》将悬疑与科幻结合，以一桩涉及资本运作的复杂命案，揭示克隆人技术中蕴含的伦理困境和道德危机。范舟的《天鹅之歌》同样具有推理小说的风格，讲述人工智能与人类之间的矛盾。霜月红枫的《天堂》亦讨论了人工智能时代人类自身价值实现的问题。

元宇宙和后人类话题在中篇科幻小说中的呈现频率显示，医学、生物化学、虚拟现实等技术发展带来改变人类身体形态的可能及现实，以及由此带来的生活状态的改变，已经成为当前科幻想象的重要灵感和动力。"未来已来"

的危机意识迫使作为人类想象力先锋的科幻文学对此进行回应。

四、风格化尝试与技艺锤炼

一批有经验的作家在创作上保持稳定的质量和数量，逐渐形成了风格化的写作。萧星寒的《骰子已掷出》致敬《黑客帝国》，但又以轻松的方式对其进行了突破和颠覆。同样对人类社会既有秩序进行深刻反思，《骰子已掷出》提出了不同的课题，对于大数据的广泛应用对人类个体选择偶然性的遮蔽进行批判。小说中的"救世主"最终依靠跳出一般规律的控制而拯救他人，拯救自己。《掠过城市的弓形虫》则基于社会新闻和网络上流传的关于猫用弓形虫控制人类的猜想，推演如果这个理论得到科学研究的背书，会在个体和群体层面产生怎样的影响。虽然在小说情节中，这最终只是一场闹剧，但作家借此深入探寻了人类个体心理的变化以及群体行为的推动因素。对于标志性文学和文化因素的化用，对于社会现实的借用、变形和发展，成为萧星寒近年创作的一个特征，他也在这些作品中形成了一种集讽喻和反思为一体的个人风格。

梁清散则继续发展其集历史还原、推理和科幻因素为一体的独特风格。《沉默的永和轮》是作家 2021 年发表的新作，小说中的"我"借调查专利历史的契机，通过烦琐的文献考证，如抽丝剥茧般揭开了一桩清末旧案的真相。小说选择清末为时间点，集中于颐和园中的永和轮这个具有象征意义的意象，以从容、日常的文风讲述了蕴含着民族主义情怀的故事。小说的悬念设置精细，心理描写合理，通过琐碎的叙事建立的中心人物形象颇为立体。在另一部中篇小说《短刀、水银、东湖镇》中，作家将科幻故事放置在贵州乡村，在历史感之外，又给小说增添了一层民族色彩。在涉及科幻的类型文学写作中，梁清散的风格独树一帜，并且还在发展之中。

王元新作《见字如面》从作家一直关注的量子力学理论中经营科幻创意，将一份感人至深的爱情与高智商网络犯罪相联系，二者相联系的关键在个人追求和情感之间徘徊，由于女主人公的存在已经是量子态，叙事者即其爱人也是通过蛛丝马迹，才后知后觉地了解到这种情感羁绊。王元近期的一些作品以家

庭和亲密关系为主题，讨论情感表达的复杂性与失去的痛苦，直达人性柔软的深处。即使在高科技的加持下，人类情感仍然隐秘、脆弱、相互依赖，而其具体形式则有了新的可能。

鲜明的个人风格是成熟作家的标志之一，上述风格化写作的尝试值得期待。此外，一些作者在叙事模式上持续进行探索。齐然的《地球罗曼史》具有精心构思的结构，小说由数个人物分别讲述，共同织成一张意义之网。万象峰年的《赛什腾之眼》则试图打破叙事的时间顺序，将过去和未来两条时间线索穿插安排，使得现行时间的叙事产生了跌宕感。显然，作者有意在尝试不同的视角和时间结构，这显示了一种在类型内部进行突破的努力。超侠的《连续体》将第一人称叙事和第三人称叙事穿插安排，来自现在和未来的讲述交替出现，每种叙事都具有各自独特的语体特征，并辅以说明性讲述，连缀呈现出一个具有层次感的后人类主题故事。

五、科幻文学的开放性

也许没有任何一个文学类型比科幻文学具备更高的开放包容性，2021年中篇科幻小说中的佳作展示了这一点。江波的《蝠王》时空视角宽广，以蝠王和女科学家之间的感情为主要故事线，对于基因改造所牵涉的伦理问题和社会问题进行了探讨。作家娴熟地调用科幻、神话、哥特文学、漫威英雄电影等文学和文化元素，使得小说与许多其他文本产生了互文性，彼此构成有趣的文化回应。

近年脱颖而出的作者李夏以元素杂糅丰富的风格见长，《长安风轮记》以虚构的"长安"为中心构筑异世界，将风车技术的发明和应用设置在古代城市的社会背景下，结合技术奇观与灾难解决，有类型小说的风味。小说的想象天马行空又落在合理范围，语言幽默，与一系列其他长安故事一同构筑了独特的小说世界。

分形橙子的《死亡之书》借用外星智慧对人类个体的测验，以平行世界中的或然历史为载体，对人类历史上的战争进行反思。同一作家的《天使之发》以古埃及的不解之谜"天使之发"究竟是什么为核心科幻创意，将历史与幻想虚实相间地编织在一起，营造出独特的氛围感。对于历史文献的运用和对科幻想象力的发挥，使这类作品具备了画面感，并且具有强烈的类型化特征。

海漄的《走蛟》以唐朝名将郭昕为中心，以大唐和吐蕃的战争为背景，对古代科学发现和技术发明的产生进行想象和铺陈。许刚的《旗人荣耀》将游戏元素融入了架空历史故事，把历史人物时空错置到当代，产生了一种幽默戏说的效果。小说化用现实世界中的游戏元素，虚构了一个流行游戏《旗人荣耀》，并将之与小说世界中的校园现实紧密结合，文本具有网络文学的跨媒介性质。蔡建峰（笔名无形者）的《汇流》引用《河图》《洛书》《山海经》等古书的记载，探索传统文化的科幻表达。阿缺的《再见至尊宝》化用经典电影《大话西游》中的人物形象，使涉及地外文明的故事与当代流行文化元素相结合。

李宏伟的《月球隐士》在2021年中篇科幻小说中独树一帜，带有较强的文学性。小说采用双线叙事，人物设定基于经典文学原型，对于"樱桃园"等世界观元素的营造，颇有隐喻的意味。小说以含蓄的方式对许多现实问题进行了批判性反思，如消费文化对于人自我意识的侵蚀，社会平等的含义及其实现途径，人类命运的最终走向，等等。深邃的思考与文学化的表达有意制造了阅读障碍，通过延长读者阅读和品味的时间，给予作品意义延宕的空间。鲁般的《新贵》则以更为漫画化的故事，对社会不平等现象进行讽喻化的处理。

六、结语

中篇科幻小说的产量近年来保持平稳上升的趋势，除了传统纸质媒介平台，网络平台如蝌蚪五线谱、不存在科幻等提供的发表空间起到了积极的作用。尽管网络平台的阅读通常更适于较短的作品，但通过连载等方式，网络读者开始习惯于阅读和接受中篇科幻小说。此外，征文奖项对中篇科幻小说的创作也起到了鼓励的作用。借助多元化的媒介平台，中篇科幻小说的创作者群体稳定发展，新的作者不断出现，并脱颖而出。

豆瓣、贴吧、知乎等网络平台提供了讨论空间，一篇具有看点的小说更容易在读者中得到认可或引起讨论，确是这个时代文学的幸事。对作家来说，这些反馈虽不尽然合理，但可作为提高创作水平的参考，它们从读者接受和文学评价的角度，提供了从外部审视创作的契机。

从作品质量方面来看，2021年的中篇科幻创作中不乏令人欣喜的佳作，但一些作品也存在落入俗套、缺乏创新、主体思想单薄等问题，文学表现方面有待进一步提高。随着作家队伍的扩大、成熟和作品的不断增多，在未来，这些薄弱之处可期得到提升。

作者简介：

杨琼，中国社会科学院中国社会科学杂志社编辑，美国俄亥俄州立大学中国文学博士。其研究领域是中国科幻小说史和新媒体小说，发表关于中国科幻小说的中英文论文十数篇，著有《中国语境下科幻文学的文体建构》。

年度短篇科幻小说创作综述

游 者

本文将 2.5 万字以内的科幻小说定义为短篇科幻小说。2021 年，各平台发表短篇科幻小说的总篇数约为 300 篇。因为新冠肺炎疫情等外部原因影响，这一数字较往年产生了一定幅度的下降。

本文所论及的原创短篇科幻小说发表的平台包括实体书刊、在线专业平台和专业征文奖三大类。实体书刊中，科幻类刊物（主要包括《科幻世界》《科幻立方》《银河边缘》）是短篇科幻小说发表的传统主力阵地。2021 年亦有多部个人选集和多人合集收录了原创短篇科幻小说（如未来事务管理局的"NEXT 科幻书系"）。此外，2021 年有多家主流文学期刊推出科幻专辑或发表科幻小说，包括《天涯》《花城》《上海文学》《青年文学》《特区文学》《文学港》等。

从 2011 年开始，专业线上平台（网页、微信公众号、App 等媒介）已经越来越多地成为短篇科幻小说集中产出的所在。目前专业线上平台主要是蝌蚪五线谱、不存在科幻和企鹅科幻三家。除此之外，晨星杯、冷湖科幻文学奖、未来科幻大师奖、光年奖、水滴奖等多项专业科幻征文比赛涌现出的优秀作品，亦在讨论之列。

通览这些短篇科幻作品，不难看出，短篇小说依然是科幻作者们活跃思想的最主要载体。这些小说既充满创作者的个性，也体现出一些共通之处。想要全面总结当下短篇科幻小说的创作特征是不现实的，本文仅试图探讨原创科幻短篇小说在 2021 年呈现出的一些发展趋势，主要体现在传统的太空题材继

续流行、现实题材备受关注、"元宇宙"概念翻热、女性视角和女性话题凸显、新作者集中爆发等方面。有未尽之处，敬请读者谅解。

一、传统的星辰大海（太空题材）依然是不变的方向

分形橙子的《忘却的航程》不仅沿用了《流浪地球》的核心世界观设定和技术设定，故事主线也是《流浪地球》原作故事的后续发展。作品巧妙地使用了三个童话般的故事，将原本残酷的世界环境进行了温情化的表述，并将人类知识的火种延续下去。该作品在篇末直接引用了原作的部分内容，既致敬经典，也使故事主题得以升华。在某种意义上，该作品可视作《流浪地球》的同人作品，但在对灾难之后的环境设定与故事层面，均进一步拓宽了想象空间，并通过主人公的不断探究逐步揭开整个世界的真相，重新审视未来人类的命运究竟将何去何从。

万象峰年的《飞裂苍穹》描述的则是一个地心文明突破樊篱，探究宇宙真相的故事。故事中的第一次冒险搞清了星球的样貌，第二次冒险则把故事舞台由星球层面直接放大到宇宙尺度。硬核的设定，严谨的叙事，扎实的细节，让我们再次领略核心科幻的独特魅力。刘慈欣曾在《山》中构建了一个"泡世界"，其中的地心文明经过了长时间的探索才得以突破地表，第一次看见深邃的宇宙与星空。在科幻"惊异感"的呈现上，这篇《飞裂苍穹》也有异曲同工之妙。同时，《飞裂苍穹》也表达了高级文明对探究宇宙奥秘的那种永不止步的渴望。

杨晚晴的《微光》，开篇是宇宙，落脚是家庭，引人思考。航天员们看似光鲜的背后，还有着自己私人的空间和不为人知的生活。本作虽然是虚构作品，却处处呈现出真实。如今世界各国的宇航员们，他们进入太空时万众瞩目，但回到地球后的生活又有多少人关注呢？家庭矛盾、后遗症、病痛、对地球环境的重新适应，都是隐藏在荣耀背后的现实问题。地球之外的事物和人，除了新闻报道，人们不会给予太多关注。现在人们距离"全民上天"的时代还有一段距离，但这也不再是遥不可及的梦想。

除《微光》外，杨晚晴同时期还有多部作品出现，显示出该作者充沛的创作力。《稻语》《闪亮的星》等作品的硬核之处使人窥见宇宙神秘一角，柔软的地方又直击读者心灵。他既能驾驭不同风格，也善于融合不同类型，在保持鲜明的作者性的同时还可以在诸多领域中跳跃穿梭，独特的表达方式也日益成熟。

蔡建峰（笔名无形者）的《火星上的节日年历》构建了一个火星上的名为"螟蛉"的文明，他们依靠当地特殊的菌种"蟘蠃菌"加速新陈代谢，并与之形成了一种类似共生的关系。一个来自地球的宇航员被这种奇怪的共生现象吸引，又因为食用这种带有微量辐射的菌而产生幻觉，决定留在火星。出人意料的是，在故事的最后，火星螟蛉一族的族长却驾驶飞船一飞冲天，想要离开火星。这种戏剧化的对比形成了令人意想不到的差势，也营造了独特的黑色幽默氛围。

星决的《退化》塑造了一种奇特的外星生物，主角在外星生物与人类间做出的选择很有意思，虽然本作的人物刻画较为平淡，但想法新颖，故事走向一波三折。汪彦中的《典礼》讲述的是外星殖民背景下一个小人物的活动，文中的讽刺意味较浓，对主角的刻画也采用了反主流的描写方式。孙晓迪的《玩具之城》真假莫辨，百转千回，以小体量作品的标准衡量，信息量极高，实属难能可贵。

齐然的《飞跃松花江》淡化了科幻的细节，通过姑姑与姑父两人展现家乡、社会与人文，通过一种近似散文式的表达，营造出一种奇妙的时空交错感。作者将松花江边的乡土情与柯伊伯带的未知和艰险穿插叙述，在平行叙事中徐徐推进主线剧情。故事中的人物努力地向着自己和周遭人的未知领域探索，这种勇气永远值得尊敬，也最能打动人心。

星辰大海这个主题，在每年都会呈现出大量内容相近的作品。但与欧美传统科幻作品相比较，似乎国内的科幻作品又展现出了不太一样的太空观。比如欧美太空科幻充满了冒险、刺激的元素，而本土科幻作品则体现出更多的乐观与积极，似乎奔向星海就是奔向一个充满希望与光明的未来。也许"飞天""奔月"类的幻想，正代表了中华民族对于星辰大海一贯美好的想象。

总的来说，这些优秀的短篇科幻作品，"向外发展，向内思考"的趋势愈

发明显。所谓"向外发展"是走出地球、走出现在，往更遥远的时间进行幻想，向更遥远的星球探索；向内思考则是作者们开始更深入地挖掘人性、扎根乡土、创新传统文化，并使之与科幻小说自然融合。有些科幻作者不再执着于展示宏大的宇宙与发达的科技，转而探索"人"本身。

比较有代表性的如段子期的《永恒辩》，作品结构精巧，由九段小故事构成。无论是外星灵魂舞者还是复原损毁的电影，都在表达永远不要忽略"内心深处的声音"。再如贾煜的《龙门阵》，将故事舞台着眼于乡土，通过荒诞的剧情冲突，讨论我们内心对于"文明"的定义。

好的作者应该不断探索，向太阳系之外打开关注的视野，当然，有些作者对人性、自然、乡土、社会更进一步的探究同样颇具意义，且有些已经直抵问题本质。其中不乏很多青年科幻作家，顶着前人的光环不断努力，试图拓展科幻的边界。

二、关注现实题材，从中国传统元素中汲取创作养分

科幻文学的主题不应局限于传统硬核题材，科幻作者还应具备更广阔的视野，探究现实与幻想之间的契合点。2021年传统科幻题材的作品仍占很大比重，但也有不少作者选择将科幻与中国深厚的文化更深层次地结合起来，努力为科幻注入更为写实的元素。一般而言，现实题材科幻涉及两方面内容：一方面是科幻对古典风物的重新书写；另一方面则是对当下本土现实经验的科幻挖掘。

路航是近年涌现出的新人，作为一名年轻作者，她难得地将自己的创作视野更多地投向现实和传统，并试图营造出科幻与传统融合的奇异故事质感。

在路航的作品《通济桥》中，主角把科学技术与传统舞狮项目相结合，将机器人技术运用到非物质文化遗产"醒狮"的传承上，最终达到了一种新颖而别致的和谐。故事内容兼顾了师徒情深及主人公对生活的执着，表达方式亦十分轻快。

未末的《倒生梅》，通过一株向下生长的梅花将中国近代和未来的历史文化串联，赋予故事非同一般的意蕴。刘天一的《天问》将故事视角穿越回秦朝，铺开一幅古人对战外星人的奇异画卷。值得一提的是《倒生梅》这部作品，在叙事上采取了25世纪的未来人看到21世纪的学者对20世纪考古学家撰写论文的简论的视角。而20世纪考古学家的研究对象，竟可追溯到先秦时代。一株源自中子星、倒立生长的特殊植物，经过了漫长的1800多年，最终扎穿了地球，在地球另一面的阿根廷破土而出。本文的主视角为各个不同时期的研究者，行文结构设计亦有创新。故事的内核是传统硬核科幻，而文摘和批注等形式，增加了观感的丰富性。这篇作品从形式到内容都让人耳目一新，在2021年的所有作品中颇为少见。

谢云宁在2021年交出了《一生都在吹泡泡的人》这样的作品，一改以往硬核与冷峻的风格，突出了情感和写实的剧情。在故事中，谢云宁花了大量的篇幅来构架、描绘两个男人之间长久的友谊，处处充满了生活的细节。在朋友过世之后，主人公遵循挚友的思路，构建了"平行空间"之间的桥梁。以正常的思路而言，在长久的构想变成现实之后，故事似乎就可以告一段落，作者特意没有大谈特谈技术世界的变化，而是依然延续了前段温情的叙事路线，让观者良好的阅读感贯穿始终，并引导读者进行思考。

白贲的《和光同尘》描绘了一个耳不能闻、目不能视的可怜人以另类的方式融入世界的故事，在理论坚实的基础上把浪漫主义发挥得淋漓尽致，美好又略带悲伤的氛围贯穿整部作品。此外白贲还有不少佳作，如《平衡球游戏》，兼具趣味性、科学性与人文关怀，同样值得品读。

贾煜的《龙门阵》直击城市扩建过程中与农村的冲突，人们"寸土不让""寸土必争"，对极为有限的土地资源的争夺反映了人与人、人与自然的矛盾。该篇作品增加了"占卜仪式"等神秘元素，将巫术传说与科幻结合起来，突出了城市改造与落后的欠发达地区之间的矛盾，同时亦凸显了进步思想对落后思想的冲击。该文精心设计的剧情之后，表现出作者对种种社会现象深刻的思考。

值得注意的是这一类现实题材作品，虽然往往是以反思为主，但主题并不悲观，依然试图描画出一个充满希望的未来。中国文化有很多传统元素亟待

挖掘，优秀的素材通过科幻小说呈现，将"古老"与"想象"有机结合，十分有意义，可以预想，种种思维碰撞之下产生的火花会颇为耀眼。

三、"元宇宙"概念掀起新热潮

2021年另一个值得注意的现象是短篇科幻创作中迎合如今的"元宇宙"概念的作品开始增多。

在科幻文学领域，虚拟数字空间类的题材远远谈不上新鲜，甚至是20世纪、几十年前流行的题材。

经过几十年的发展，描述近未来时代，将脑机接口、控制论等概念作为核心创意进行演绎的"赛博朋克"，某种意义上已经成为司空见惯的传统科幻题材。1992年，"元宇宙"的概念便在科幻小说《雪崩》（［美］尼尔·斯蒂芬森）中被提出。该作虚构了一个由网络构成的赛博空间，人们在那里可以做出现实世界所不能做到的事情。"元宇宙"（metaverse）这个词是尼尔·斯蒂芬森生造出来的词汇，是"meta"和"universe"两个词的嫁接。"meta"这个词作为前缀有多重含义，"元宇宙"亦有"超越现实"的意味。2009年，《科幻世界》杂志的编辑李克勤把《雪崩》这部作品和"元宇宙"这一概念正式引入中国。

本质上，元宇宙强调侧重于虚拟世界，构建独立于现实世界的"第三空间"。与传统意义中的赛博空间相比，它更像是现实世界的平行世界，或者是在某些功能上的加强。"元宇宙"这一概念虽不新鲜，但随着腾讯、百度、英伟达等商业公司的先后入局，这一概念重新被炒热。马克·扎克伯格将"Facebook"更名为"Meta"，亦有些公司已经推出了五花八门的"元宇宙"概念产品。伴随着社会讨论度升高，科幻作者们基于已有的元宇宙概念，结合当下技术和对虚拟实境的过往认知，创作了不少作品，对元宇宙进行了全新呈现。

夏立楠的《消失在永不消失的意识海》、谢云宁的《夜访彭罗斯》、越文的《宇宙的头颅》、孙晓迪的《玩具之城》等多部作品，涉及"元宇宙""增强现实""脑机接口"等元素，在不同层面探讨了未来人类在虚拟环境中的种种生活方式、面临的技术问题乃至伦理道德困局。

如果挑一个比较有代表性的作品来诠释一下人们对元宇宙普遍的想象，糖匪的《你的每一句话都是双重编码》是个不错的选择。这个不足万字的短篇故事，以一种举重若轻的笔法，在轻快的氛围中讲述了虚拟世界的发展对人本身带来的影响与诱惑。故事以普通文字和加粗字部分交替呈现，比较立体地带给读者现实世界与内心独白不断勾连的阅读感受。这种叙事视角从内聚焦到外聚焦不断切换的做法，亦营造出一种文字的跳跃性。在故事的最后，"我"通过出租车座椅的数据线进行了与虚拟空间的联通，"物质—信息"独立实体重组并且构建。当数据的融合结束后，个体已经失去意义。"言语和思想的界限开始溃散。这不是死亡。这是开始。"

在科幻作者营造的种种元宇宙世界里，人类似乎无所不能，又似乎被处处掣肘。这些优秀的作品，不仅展现了元宇宙丰富的可能性，也带给我们新奇的阅读感受。只是，虚拟世界类的题材，在科幻中本就是较为普遍、并不新颖的想法，所以这类作品的数量虽然不少，却多多少少表现出一种"同质化"的倾向，真正能够体现创造性思维、写出新意的作品少之又少。

有些作者认为，"元宇宙"是"星辰大海"的对立面，人类一旦沉迷于其中，就将丧失向外探索的原动力。同时也有不少作者认为，"元宇宙"是人类发展的必经之路，而我们其实已经来到了这个路口。接下来，人们应当积极地适应这种变化，张开双臂去主动迎接它。

四、女性作者提供独特创作视角，女性主题凸显

近年来，女性科幻作者创作的上升趋势十分明显。她们不仅在传统科幻题材上发力，同样也着力于奇幻、仙侠风格的科幻创作。纵览 2021 年度的优秀作品，如路航的《镜妖》、左左薇拉的《白骨夫人》等，有着浓郁的奇幻色彩。此外王娟的《蜜时代》、靓灵的《月亮银行》等作品虽然以科幻为核，行文也同样充满轻盈飘逸的奇幻质感。

与大多数男性作者执着于展现一种科幻奇观不同，女性作者们为作品

注入了细腻的人文关怀。宏大的描写固然具有震撼人心的技术美感，一些轻盈灵动的故事则让我们在仰望星空之余略微放低视线，留意到身边的种种美好。

值得一提的是段子期，这位重庆女作家近年创作出一系列风格迥异的科幻作品，尤其是《永恒辩》和《初夏以及更深的呼吸》。前者借一部可以让人"永生"的电影探讨人类存在的哲学命题与文明从何处来到何处去的问题，后者则通过一个儿子偶然开始探察父亲的世界的故事，淋漓尽致地展现了中国式亲情。这些故事或思考，或感动，如能让读者的心绪产生一丝波动，作者创作的目的也就达到了。

靓灵的作品《月亮银行》一开篇就任性而肆意地挥洒起想象力，将月亮分解成无数大大小小的立方体。3700万个月岩组成的保险柜在真空中飘荡，同时还有31576个与整个月亮产业相关联的人直接失踪。对此，宇宙高级文明"流动者"的解答是："人类在所爱的人、事、物上倾注时间，时间变成记忆，记忆塑造人类。闭环。我们流动者的记忆是流动更新的，如果一处记忆停滞不前，那部分的身体就会枯竭。"在故事的后半段，人类和流动者渐渐互相理解。无数散落着的石块打开，人们储存其中的记忆也全部打开，揭示出人们内心最底层隐藏的秘密。数不清的试管、照片、纸质书、茶杯、纸条，成千上万的婴儿在宇宙空间以一种极为荒诞的方式展现，暴露出人性的黑暗。整篇作品行文流畅，文字优美灵动，逻辑合理，人物关系塑造成功，能够引起读者思想上和情感上的共鸣，可称得上是一篇佳作。

在《蜜时代》中，作者王娟描写了一个约1000年后的故事。这个世界的物质极为丰富，让人联想到"美丽新世界"。作者以芯片植入作为核心设定，但没有进一步围绕设定展开故事。整个故事的后半段，核心剧情重回到了情感线上，给人一种多少有些浪费设定之感。

彭思萌的《万物之始》以诗意的语言来表达科幻故事，兼具了文学之美和科幻之美。在作者的努力下，科学的想象与文学的美感有机地编织成一体，揭示了科学前沿与文学艺术间的微妙联系。整篇故事体现出了作者独特的思考，如对弦论的全新描述，令人眼前一亮。

修新羽的《陌生的女孩》是对有关生育的女性主题的一次深度挖掘。这部作品从"生育权"入手，转换了男女两性之间的角色，将"生育""难产"等女性问题摆到男性的面前。这种角色互换和对比的写法，很容易就能引发读者更多的思考。

其实，男性作者也不乏直接关注女性话题的优秀创作。杨枫的《树上的九十亿个姐姐》是最锋利尖锐的一篇作品。这篇小说标题震撼，配合极具冲击性的开场，内容更是一针见血地指出传统社会对女性无情的压迫。在诡异冰冷的文风下，作者逐步展现了封建社会中的种种陋习对女性的镇压与摧残。姐姐的形象在本文中上升为一个文化符号，男性吃姐姐的果实、用姐姐的果实，最终不仅把女性吃干抹净，还将荣耀与名誉揽回自己的身上，浓重的血腥味也令人印象深刻。在深刻的叙事和种种细节呈现的背后，本文表达出"赎罪为获利，统治即奴役"的主题思想。总体而言，这篇作品思想寓意深刻，值得回味。相较于厚重的主题，作者恰恰采用灵动轻盈的笔调进行表达，这种反差对比更加深了读者阅读时的冲击力，在流畅的行文背后，蕴含着深刻的表达和广袤的意境。

女性作者的创作不仅表达了切身相关的女性主题，还体现出了自己对世界和美独有的敏锐触觉。在科幻的王国里，她们的疆土也将日益扩大。

五、科幻新生力量集中爆发

最近几年，科幻创作领域一个令人欣喜的现象是能够创作出高水平作品的新人作者不断涌现。有科幻迷戏言，每年中国科幻银河奖和全球华语科幻星云奖的新人奖都像是"神仙打架"，因为这批新作者的作品产出数量和质量都惊人的高。2021 年，很多新作者出版了第一部作品集或长篇单行本，如杨晚晴、白贲、分形橙子、孙望路、靓灵、昼温、苏莞雯、未末等，也有不少新人较为密集地拿出了一批高水准的作品，如任青、路航、齐然等。

值得一提的是，这些所谓的"新"作者，虽然是在近两年才开始发表作品、崭露头角，但实际上他们大多已经拥有丰富的生活积淀和科幻阅读经历，只是最近才开始从事创作。从某种意义上讲，"新"作者其实是"老"科幻迷了。

前文已经介绍了好几位新作者在 2021 年发表的作品，这里再推荐几篇佳作。

未末的《砖》带有浓厚的时代情怀，从小人物开始写起，以几个农民工为视角切入剧情，再将视角拉远到天空之上，描述了新时代农民工在天基建设人工太空城市的故事。故事的核心是技术线，从太空浮城到注入惰性气体的轻质砖，再到将轻砖的技术推广到生命科技领域，为人体换上新式骨骼。副线则是连绵不断的父女之情，以及城市打工人在城市现代化进程中体现出的复杂情绪。整部作品从核心科幻的构思到主要人物设计，再到有序推进的故事结构，都体现出了作者相当不俗的个人特色。

分形橙子在《逃离伊甸园》中严谨扎实地构建了一个异星生态环境，细致的描写让人仿佛身临其境。此外，昼温的作品《风言之茧》探讨了有关信息茧房的内容，追究 App 的进一步发展对未来人类社会有何影响；其《遥远的终结》则关注了时空泡、超距传输等技术问题。这些都是年轻作者们有益的尝试。

六、结语

刚刚过去的 2021 年是艰苦的一年，肆虐的病毒仍在不断变异、传播，世界还未能从新冠肺炎疫情的阴影之下逃离。病毒的各种变异层出不穷，令往常不啬用最悲观的心态来揣测未来的科幻作家们也颇有些出乎意料。现实世界的种种问题并不能阻挡科幻作者专心构筑笔下的瑰丽世界，那些想象中的地方虽然未必都是净土，但存在着无限的可能与希望，也充满了人们对各种可能性的无限遐想。

因为篇幅限制，短篇科幻小说往往只能聚焦在一两个集中表达的点，而无法展开一个较为完善的世界观。科幻作为类型小说中较特殊的一类，不同于武侠、都市、警匪、言情等，是必须要有坚实的（至少是可自圆其说的）理论内核来支撑故事的。与此同时，科幻的取材极广：以时间为绳，可以自宇宙大爆炸到未来数十亿年、上百亿年之后；以空间为标，可从高山到深海，到外太空，以至万千星系；以情感为线，又可表达人与人、机器人与人、外星人与人、仿生人与人等一系列传统意义上其他类型的作品难以探讨的话题。

总而言之，科幻小说的表达，永远以新颖的创意、惊奇的设定、动人的故事为最高追求。回顾 2021 年所有的短篇作品，我们可以看到，科幻作者们在文字层面精益求精、不断进步的同时，对现实问题的思考比重似乎已经渐渐超过了对技术缺憾的反思。也许在未来，人类的想象力又将去往未知的新方向。

作者简介：

游者，本名高阳，1982 年生，中国作家协会会员，科幻及科普作家，科幻评论者。出版科幻小说集多部，现任职于泰山科技学院蓬莱科幻学院，《星云科幻评论》执行主编。

年度少儿科幻创作综述

马传思

2021 年少儿科幻具有创作队伍多元扩容、创作形式呈现超文本化趋势，以及创作主题、类型、风格全面铺开等特征。这种发展态势的一个外在观察尺度是：即使在主题出版和现实主义文学占据较大市场优势和话语权的 2021 年，少儿科幻所引起的社会关注度和图书市场份额依然在不断提高。

在这样一种多元杂糅的态势下，我们如何准确勾勒少儿科幻的光谱？本文拟从时空维度书写（纵向）和题材类型书写（横向）两方面做一些探讨，以期建立一种少儿科幻叙事坐标，并在此基础上，一览 2021 年中国少儿科幻发展概况。

一、少儿科幻的时空维度书写

戴维·锡德在谈及科幻文学时曾说："科幻是关于变革的文学，而变革意味着对当下的认知要涉及对过去的看法，以及对未来的期待，正是这种期待塑造了当下。"[1] 也就是说，"变革"的属性决定了在科幻作品中，单一的线性时间被打破，时间呈现出向多个维度开放的特性，既可以指向未来，也能够回溯历史，过去、现在和未来均可以成为科幻创作的主题。由此，历史叙事、现实叙事和未来叙事均出现在科幻叙事的版图上。2021 年的少儿科幻创作同样可以从这个维度进行检视。

（一）少儿科幻的历史叙事

纵观中外科幻发展历史，大多数科幻作品都聚焦于未来，但历史题材的科幻创作也流脉悠长，如以埃利·贝尔泰的《史前世界》为代表的史前小说叙事模式，以及由此演变的"失落世界叙事"，《高堡奇人》等作品的"或然历史"书写，以及作为历史叙事特殊形式的蒸汽朋克、丝绸朋克等。中国科幻文学的历史叙事同样时有佳作：被视为历史叙事"开山之作"的《东游记》、时空穿越异域冒险开创之作的《雾中山传奇》，以及《寻秦记》《天意》《长平血》《新新日报馆：机械崛起》等，均可统称为历史科幻。

历史科幻以其独特的方式赋予历史以未来性，激活我们对历史的想象力，历史叙事得以成立和发展。延伸到少儿科幻创作领域，许多少儿科幻作品在对历史的揭秘、诠释和重构方面进行了积极的探索和挖掘。

2021年，笔名小高鬼的少儿科幻作家张军持续推出"中华少年行"系列的《中华少年行：拯救神童》《中华少年行：医者仁心》。这一系列文本带有典型的历史揭秘叙事特征：科幻元素充当回溯历史、揭秘真相的工具，以及承载作者人文情怀的载体；在"产生疑问—超时空探究—破解谜团—返回现代时空"的时间闭环中发展情节。作品中最突出的两个科幻元素：一是来自外星球的高级生物——小狉兽，它在漫长的人类文明史上经历了数次冬眠，堪称无所不知、无所不晓的"百科全书"小精灵；二是男主角吴迪的科学家爸爸研究出来的时空传输技术，将承载记忆和思维能力的人体通过量子技术传输到目标年代，然后再组合、复制。通过对科幻元素的使用，"少年探秘师"团队最终回溯时间之河，见证了神童项橐、战神霍去病等五位少年英才的成长历程。作者的立意在于"为当代少年寻找正向的榜样，引导少年们从小立下凌云之志……像故事中的少年一样，眼中有星辰，心中有梦想，脚下有山河"。科幻元素的恰当运用，赋予作品以科幻特有的惊奇感和逻辑合理性，而作品在历史的真实性与虚构性之间也取得较好的平衡，体现了少儿科幻历史叙事的独特价值追求，是一部成功的系列作品。

史前科幻叙事属于与历史揭秘叙事关联紧密的另一种叙事类型。2021年，科幻作家宝树接连推出两部史前科幻作品：《猛犸女王》和《灭绝古陆》。前者讲述了发生在距今 1 万多年的末次冰盛期，华北平原的少年阿骨和猛犸女王的故事。后者的时空跨度更大，作者将故事置于距今 2300 万 ~ 530 万年前的南极洲，描写智慧生物"袋人"面对冰期即将来临的气候剧变，踏上了寻找"永夏福地"的探险之旅。

这两部作品的人物和情节虽然都是虚构的，但作者通过丰富的古生物学、古地理学和人类学等知识考证，营造出令人称奇的真实感。而"寻梦之旅"的情节设计，更诠释了勇气和友情的真谛。同时，"袋人"面对古文明崩溃的应对方法，启示我们人类在面对灾难时应该保持理性、团结一致，传递出"命运共同体"的正能量，体现出宝树在少儿科幻创作中的价值追求。

年轻作家胡晓霞的短篇作品《机器人哪吒》《机器人刑天》也带有神话叙事的色彩。作者从传统神话中择取典型人物，进行科幻式再诠释，将远古神话人物置于科幻时空中，以此对人物进行形象升格与赋形，同时对原型人物身上的精神品质加以挖掘、传承和凸显。

作为一种针对特定读者群体创作的科幻文艺类型，少儿科幻拥有独立的价值体系，其终极价值指向少年儿童的心智成长。科学素养的提升和人文素养的熏陶是最重要的两个价值维度。而对历史的认知，包括对历史记忆的传承、历史观的塑造和对历史可能性的思辨性审视，也是少年儿童人文素养提升的当然之义。少儿科幻的历史叙事因而拥有独特的魅力。

（二）少儿科幻的现实叙事

在科幻文学的话语体系中，科幻现实主义由来已久，但直到科幻作家陈楸帆率先在公开场合提出"科幻用开放性的现实主义，为想象力提供了一个窗口，去书写主流文学中没有书写的现实"[2]，后经韩松的归纳和吴岩的诠释，科幻现实主义才真正成为一种科幻叙事类型。

与成人科幻语境中强调对现实的审视、批判和匡正不同，少儿科幻的现实叙事在本质上属于成长叙事，侧重对少年儿童的成长环境的审视，包括社会（科技）发展的大环境和家庭、学校组成的小环境，从而获得成长的启迪。

2021 年，少儿科幻作家廖小琴推出作品《杜杜来到布谷村》。在该作中，一个叫作豆豆的男孩跟随母亲来到布谷村，引起村里男孩银豆的好奇。在银豆的探寻下，一个关于基因少年成长的神秘岛屿逐渐浮现出来。该作用作者擅长的儿童文学创作方式，在生活化的写作风格中，对科技与生命伦理进行观察和探讨，并在这种孤独、冷漠的异化环境中描写两个男孩的友情所带来的温暖。该作"是具有哲学思辨意识的自觉创作，体现了儿童文学中科幻小说门类应有的面貌与深度"。[3]

同样是针砭环境的异化，与上作以生活化的细节去营造生活化场景不同，周昕的《手机里的孩子》则以夸大、变形的方式去描写现实问题，从而与现实生活拉开距离，并形成一种戏谑的美学效果。故事中，沉迷在手机构筑的虚拟世界中的不是缺乏自制力的孩子，而是成年人。最终拯救成人世界的是由三个孩子与一只企鹅组成的"不要一个别动队"。同时，作品在情节线上嵌入不少科幻桥段，从而赋予它们新的思考。评论家崔昕平认为这部作品"堪称以儿童文学、以幻想介入现实的典型之作"。

少儿科幻作家赵华的长篇新作《神秘货担郎》讲述了一个西北山区少年与从牛郎星来到地球的外星人相遇的故事。和我们惯常见到的"入侵者"形象的外星人不同，这个外星人充当着"人文考察者"的角色，他所在意的不是落后的地球科技，而是石狮子、竹口弦、皮影子、红剪纸、烫画葫芦、砖雕、绣花鞋垫子等民间工艺品，因为这些工艺品有着人的喜怒哀乐、生命的无奈和倾诉。在叙事技巧方面，赵华的创作一贯带有生活化写作的风格特征，对于西北山区的民俗风情的描写淳朴自然，诗意自然生发。对于作者来说，这不只是关乎一种标签化的个人风格的打造。作者通过将生活化的场景描写与科幻创意巧妙地结合、碰撞，力图凸显对平凡生命的尊重，对生命苦难的观照与悲悯，对人性中的温暖的追寻和坚守的思想主题。

从这个角度来说，该作的创新性不仅体现在对外星人形象的诠释上，还通过科幻的视角去观照生命，进而展现人性的光芒，这才是作品真正的创新价值。

少儿科幻的现实叙事要解决的一个核心问题是如何实现"向内审视和向外开拓的结合"，即如何更深刻地观察少年儿童成长环境的变化及影响，如何将儿童成长的小环境和社会科技文明发展的大环境相融合，如何将现实境遇描写与科幻的前瞻性思维拓展相结合，等等。上述作品均做出了有益的探索。

但总体来说，这一叙事类型普遍存在的一大问题是作者对现实肌理的触

摸力度不够，容易浮于对"表面现实"的简单捕捉，并意图通过放飞幻想来掩盖这一缺陷。只有当作家成为儿童成长的"心灵捕手"和现实环境的深度观察者，这一叙事类型才可能迎来更大的突破。

（三）少儿科幻的未来叙事

与科幻现实主义侧重对现实的观照不同，科幻未来主义面向未来展开叙事，对未来社会发展的趋势和可能性进行文学层面的思想试验和预演，如科幻作家、理论家吴岩所说："在批判现实的基础上更关注路径的选择和行动的过程。"[4]

少儿科幻的未来叙事也带有思想试验的色彩，但其要旨在于引导少年儿童对未来社会、科技发展进行眺望，从而培养面向未来的成长意识。

少儿科幻作家徐彦利近些年创作了一系列中短篇作品，大部分属于具有警醒寓言色彩的未来叙事，往往以未来社会可能出现的某种技术为创意，铺设故事情节，并最终走向不可控的结局。2021 年，她发表的《国王的试验》亦属此类。故事中，国王通过意识编辑使所有国民弃恶从善，建立一尘不染、正直美好的理想国度，却从未想到没有一丝恶的社会竟极其脆弱，发生了各种并未预见到的社会问题，最终使整个国家走向混乱。它使我们的思绪不断下潜，思考科技带来的至纯、至善、至美社会，究竟会带领人们走向终极的幸福，还是无法想象的地狱。

少儿科幻作家小高鬼的短篇作品集《谎言修复师》，通过发生在未来社会的 8 个故事，提出 8 个设问，例如：当谎言可以修复，世界会变成怎样？当人的行为习惯可以被设计时，世界会变成怎样？以此引导少年儿童对未来社会的畅想和思考。

秦萤亮的短篇作品集《百万个明天》是一部倾向于低龄段读者的中短篇故事集，同名作品《百万个明天》描写了 6 岁男孩与机器人爸爸从隔阂到认同，乃至相互愿意为了对方付出生命的情感互动历程。在该作中，科幻元素的使用不仅是故事发展的推进器，更是探讨人类微妙情感世界的检视器，"作家以简省的笔墨勾勒细致入微的场景，让读者在科幻的氛围里逐步辨识自己的生活与生命历程中所必然面临的繁难"。[3]

少儿科幻的未来叙事着眼于"不可思议的发明"等，以此建构实验性的生活场景，唤起了少年儿童对科技、对未来的惊讶和思考。部分作品甚至将描写的笔触深入情感、伦理等少年儿童精神层面的变化，体现出这一叙事类型正在从以叶永烈《小灵通漫游未来》为代表的传统未来叙事的基础上向新的维度发展，期待今后在这一叙事类型中能涌现出现象级的作品。

二、少儿科幻的题材书写

在科幻文学的整体语境中，曾出现过两次创作题材大爆发的时期，分别确立了外星人、机器人、时间旅行、末日畅想和生物工程、电脑网络与虚拟现实、人工智能等科幻创作基本题材，并影响至今。2021年，少儿科幻领域的许多作品仍然在延续对上述经典题材的书写。

（一）地球异域冒险

少年儿童天性中的好奇心驱动着对未知世界探索的持续热情，也推动部分少儿科幻作家在地球异域冒险领域的耕耘，并在实践中摸索出"奇境—历险"式的比较成熟的童年叙事模式。

儿童文学作家刘虎的小说《高原水怪》中，讲述了一名科学家在祁连山下的堰塞湖探寻高原水怪的秘密的探险之旅，是一个迂回深入的探寻自然之谜和求索事实真相的故事。身为理学硕士，刘虎为"水怪"这一科幻文艺作品中常见的原型形象赋予了坚实的地理学、生物学依据，同时也让作品自然散发着一种科学的惊奇之美。这在一定程度上提升了少儿科幻的叙事广度。

少儿科幻作家超侠推出了"少年冒险侠"系列之《紫砂狐壶》，故事中的少年冒险侠团队因为一把偶然购得的紫砂狐壶，而接连遭遇怪事，更在调查途中遭到各种动物的攻击。作品保持着超侠一贯的脑洞迭出、亦庄亦谐的风格，在《山海经》式的奇想故事中唤起少年读者的好奇心，以及对生态问题和自然生态伦理的关注。

少儿科幻作家陆杨推出的《地心冒险大救援》，讲述探险小龙队偶然接收到一个神秘信号，了解到一个正在地心深处开展的邪恶计划，于是通过位于北极圈的地下通道，展开一段惊险的地心救援之旅的故事。陆杨的作品具有成熟的类型化风格，题材选择契合少年儿童的好奇心理，情节紧张，节奏明快，得到了众多小读者的喜爱。另一本与地心冒险题材相关的作品是少儿科幻作家姜永育的《地球危机：地心大冒险》。书中虚构了北美洲中部因突发大地震形成了巨大天坑，欧阳昭教授带着王大江和詹妮驾驶直升机探索巨坑，意外来到地底世界的故事。

不论是《地心冒险大救援》还是《地球危机：地心大冒险》，这类作品均聚焦于对地球异域的探险、揭秘，除了满足少儿科幻的价值——好奇心的激发，还能引发少年儿童对自然灾害、生态伦理的思考。同时，作品中随处可见的地理元素（真实的或虚构的），也能促进少年儿童认知结构的巩固和提升，带有一定的科普功能。

少儿科幻作家彭绪洛的"野人寨"系列，以神农架原始森林为地理背景，讲述了两个野人部落之间的冲突，这种地理背景和人物设定让故事充满蛮荒、神秘的色彩。故事将时代背景设定为环境破坏导致地球生态被摧毁的文明衰落时代，更能引发少年儿童读者对科技与自然的关系的生态伦理思考。

同样是"异族相遇"，贾煜的《冰冻北极》讲述了少年尹小玄与来自北极永久冻土层中的智慧生物"嗜极菌"相遇的故事。作者在这个故事中表达了诸多主题：生命的存在形式、地球生态共同体、儿子对失踪父亲的心灵探寻等，因而这个故事在曲折的情节之余，还能带给小读者许多思考。

（二）宇宙冒险

从人类文明的萌芽时代开始，头顶的星轮流转始终会引起人类的无限遐思，而科幻是书写人类这一永恒遐思的独特方式。少儿科幻作品对宇宙冒险的书写，既是对人类血脉深处的永恒悸动的呼应，也是对少年儿童好奇心的引导。其中的优秀之作都以恣肆汪洋的想象力来描摹炫丽的星际冒险，更通过戏剧性的场面，把"不可能之物"表现得精彩动人。

2021年，少儿科幻作家彭柳蓉推出了短篇故事集《漫游宇宙》，以"漫游宇宙号"列车串联起"地球时代""大航海时代""群星时代"等不同时空中发生的7个幻想故事。作品的文体富有感染力，用朦胧、梦幻、诗意的色调，营造出让人沉迷的叙事迷宫。从思想内涵上来说，作品用诗性冲淡了宇宙原本的荒芜、寂寥和由此而生的绝望感，更用细腻、丰满的情感体验冲淡了"人"在"非人"面前的异化感。这部作品真正践行了一句话："科幻是浪漫小说真正最后的城堡。"

马传思的《烈焰星球》作为《冰冻星球》的姊妹篇，讲述了少年马塬在一颗烈焰燃烧的星球上的南极冒险之旅。通过这次冒险之旅，这颗星球的历史、数千年前登陆这颗星球的另一个人类族群、隐藏在磁暴区的灵境大陆，以及充当观察者和生物实验场建设者的高维生命"祖玛"等各种谜团，相继在他眼前展开。而人工智能"后羿"的性情转变，乃至最后想要撕裂这颗星球的举动，更是让情节的发展惊心动魄。

潘亮的《太空少年肖小笑》与卢姗的《外星人日记》同样是以太阳系为背景展开的科幻故事系列。前者讲述了少年肖小笑和他的小伙伴们穿越时空隧道，奔赴太阳系各行星探险的故事。每册解锁一颗星球，情节、场景设计蕴含大量天文知识，随书附介绍，是故事性、知识性、趣味性兼备的少年科幻小说。后者则以孩子最感兴趣的外星人视角展开，通过"真实"的外星小朋友的日记，讲述太阳系中的七大行星和月球上的生活，以及它们与地球的故事。这两部作品均体现出作者对类型化童书创作模式的娴熟，在有趣的情节之外，更通过"行星档案""太空充电站""星球离奇事件簿""摄影配图""天文小课堂"等科普栏目的设计，增强作品的科普功能。

（三）人工智能

埃德加·莫兰在《整体性思维：人类及其世界》一书中曾提到我们实际上进入了人工智能的时代，"机器的理智和实践的能力不断进步，我们已经无法预言这个进步的极限"。正是这悬而未决的未来，激发了许多科幻作家的灵感。在少儿科幻领域，同样有许多作品围绕人工智能的情感伦理意识的觉醒与人类的未来这一问题展开创作。

儿童文学作家李珊珊的《机器女孩》，以智能机器人的第一人称口吻，讲述了"我"与人类相处的故事。在与人类相处的过程中，"我"懂得了牺牲，明白了什么是"爱"。作为一名在儿童文学领域创作多年的作家，李珊珊在该

作中竭力从科幻视角去呈现人性的价值和情感的力量。

马传思的《超能熊猫》是一套针对中低年级小读者的人工智能题材作品，讲述了一个电子生命体从"暗影世界"逃离，附身到少年路小飞的熊猫玩偶身上，从而给路小飞的生活带来各种精彩变化的故事。作品语言活泼跳脱，趣味盎然，是一部具有生活风格和童心童趣的科幻小说。

2021 年，科幻作家凌晨的"开心机器人"系列迎来续作《启动新地球》。该作讲述了三个少年和叫作"开心"的机器人联手打败穷奇机器人，并与智脑达成协议，重启地球时空的故事。作为一名成熟的科幻作家，作者将扎实和充满脑洞的科幻设定融入少儿科幻创作，并在本作中很好地体现出来。此外，盛飞鹤的《智能妈妈》讲述了一个被取消了"妈妈"身份的机器人患上抑郁症的故事，探讨了人工智能时代的伦理道德困境，也是一部值得关注的人工智能题材作品。

三、结语

纵观 2021 年少儿科幻创作，诸多作品均是在传统题材上的"老树发新芽"，对于新技术、新发展的关注显得滞后。如"元宇宙"已经引起社会各界的关注，但在少儿科幻创作领域仅有寥寥数篇作品予以呼应，也没有引起太大反响。科幻文学的核心审美价值是惊奇感的激发。而当新题材、新领域的开拓阙如，少儿科幻所能激发的惊奇感也将逐渐衰退，这或许是当前少儿科幻发展亟待解决的问题。

此外，我们还可以从另外的类型领域来描述少儿科幻的发展，如"科普型少儿科幻"和"人文型少儿科幻"。前者强调通过科幻故事来传递科学知识、科学精神等功能价值。后者强调科幻不仅是想象力的狂欢，还应该有对现实人生的深入观照，尤其是要聚焦少年儿童的成长，其价值取向可以称为"科幻视角下的生命体验与情感关怀"。

2021 年，这两大类型领域都有不少堪称优秀的作品涌现，但问题依然存在。科普型少儿科幻如何在确保其科学知识的准确性、系统性，从而最大限度地实现其科普功能的前提下，增强作品的可读性和文学性；而人文型少儿科幻如何在科幻特有的时空维度中，去书写生存、死亡、成长、尊严，去描摹人性的光芒，如何在少儿读物的定位下，实现轻盈自由与深刻厚重的统一，这些问题的解决均有赖于少儿科幻作家群体在未来的进一步探索。

参考文献

［1］戴维·锡德. 牛津通识读本·科幻作品［M］. 邵志军，译. 北京：译林出版社，2017.

［2］陈楸帆. 对"科幻现实主义"的再思考［J］. 名作欣赏，2013（28）：38-39.

［3］陈曦. 2021年度儿童小说盘点与评述［J］. 中国图书评论，2022（3）：107-120.

［4］王俊宁. 勾勒未来的模样［N］. 中国科学报，2014-05-16（18）.

作者简介：

马传思，少儿科幻作家，中国科普作家协会理事，中国作家协会会员。主要作品有《冰冻星球》《奇迹之夏》《蝼蚁之城》等，发表评论《想象力与世界观：少儿科幻创作谈》《科幻视角下的生命体验与情感关怀》等。

年度网络科幻小说创作综述

鲍远福

一．总论

（一）引言

网络科幻文学，顾名思义，就是以网络媒体（主要是网络文学网站以及移动阅读平台）为主要意义生产载体与传播渠道，以科学技术幻想为叙事基础和题材取向，以当代文化工业生产流程为制作标准，并以在线打赏和 IP 跨媒介转换等作为主要获利模式的当代网络文学亚文类与网络类型文新形态。简言之，网络科幻文学就是科幻文艺类型的网络文学形态，网络科幻小说是网络科幻文学的主要类型。经过 20 多年与网络文学的同步发展，网络科幻小说已经形成了以"硬科幻""软科幻""混合科幻"与"拟科幻"[①] 四种主要题材类型，

---

① 依据题材类型融合的不同程度，我们将网络科幻小说划分为"硬科幻""软科幻""混合科幻"以及"拟科幻"四种类型。前两种类型学界已有论证分析，此处不再赘述。"混合科幻"是将科幻题材与其他网文类型结合起来的作品。"拟科幻"指的是包含科幻元素，但相比于其他类型，科幻的要素在整个作品中所占的比例和作用都不是很大，甚至可以忽略的作品。比如萧潜的《飘邈之旅》，其中有外星人绑架古华夏各朝代遗民的情节，但此情节并不对整部作品的题材划分产生影响，因为从题材上看，《飘邈之旅》还是典型的"修真类型文"。批评家李敬泽在评论黄孝阳长篇小说《众生：迷宫》时提出了"拟科幻"概念，认为该作品"使用了科幻的方法"，但又不是"严格意义上的科幻"。因此，我们可以将"拟科幻"理解为文学创作与叙事中使用"科幻（**转下页注**）

以及"穿越架空流""废土末世流""游戏升级流""系统循环流""新历史叙事流"等新故事框架模式为代表的网络文学"头部品类"。

对于"科幻"这一网络文学"亚题材"的定义问题,文学网站遵循"幻想性"这一总体性话语范式标准来界定科幻小说,而学术界则延续传统科幻文艺理论的标准来界定科幻小说,由此造成了分类标准的差别,也为学术研究带来了一定的难度。我们对网络科幻小说的判定依据是"科幻要素"对于小说故事情节塑造的重要性以及"网文圈"通行的认定方法(如习惯思维)等,这与起点中文网、晋江文学城等主流网络文学网站对"科幻文类"相对宽泛的划分标准(大多数是前文所说的"拟科幻""混合科幻"等,"科学幻想"仅是这些作品采用的一种情节策略与叙事方法)存在着一定的差别。另外,网络科幻小说也大约同网络文学其他的类型起步于相同的时间节点。从"科幻要素"这一基点出发,最早的网络科幻小说可以追溯到2001年在军事小说网上连载的描述近未来共和国与入侵者发生战争的作品《夜色》(卫悲回著),随后,在"网文圈"引发关注的《小兵传奇》(玄雨著)、《寻找人类》(RAYSTORM 著)、《文明》(智齿著)等才陆续问世,并在2007年后陆续引发这一网文类型代表作家作品的出现。从"20多年"的时间标准来确定网络科幻小说的发生学范围,也大体上遵从了网络文学发展起源的时间节点。

(二)主要作家及作品介绍

本节介绍科幻题材网络文学的主要作家和他们在2021年度发表的重要

(接上页注)文类的要素、方法、语言与意图",但在思想主题和审美内涵上又不将科幻作为旨归的文学作品。这些作品或者穿插了科幻的要素,或者建构了类似于科幻的"异世界",但其艺术表达仍然趋同于主流文学或其他非科幻的文体类型,比如网络小说中以玄幻为主要表现方式却又包含少量科幻要素的作品,如《吞噬星空》中的宇宙穿梭、宇宙飞船之类,或者《第一序列》《修真四万年》《异常生物见闻录》等所构建的"废土场景"或"未来史",其间出现了超级生物技术、外星生命、现代科技、强人工智能等科幻要素,但其故事情节主要还是讨论人性反思和现实批判主题的,这些作品中的科幻要素并不是主题表达的主要策略和依据,因此不能称为严格意义上的科幻小说,而只能被归为"拟科幻"。详见李敬泽在"想象力的空间结构:黄孝阳作品研讨会"(2017年12月16日)上的发言,千龙网发布报道《先锋小说的后来者黄孝阳建构众生的"迷宫"》,记者纪敬,网址为:http://culture.qianlong.com/2017/1218/2258684.shtml.

作品。

1. 火中物与《千年回溯》

火中物本名徐鹏，著有《千年回溯》（原名《我真没想当救世主啊》）、《复活帝国》等网络科幻小说。从小对于物理的喜爱及后来科研工作的经历，让他在创作的过程中充分地融合了人文、科学、艺术等要素，并与所创作的故事产生化学反应，这使得读者在阅读作品过程中感受到的不仅是科幻设定，还是一个个有血有肉的"好故事"。《千年回溯》连载于 2020—2021 年，未完结前就获得第 31 届中国科幻银河奖"最佳网络文学奖"。它用"游戏升级流"的奇观形态为读者展现了一种典型的"后人类境况"。小说在未来歌剧般的宏大世界观图景下，以主角陈锋以及身处平行时空中两位女性钟蕾和唐天心等为代表的人类一次次悲壮地反抗，演绎出了古典英雄的悲壮和现代战争的热血，融合了科幻的"硬核"和网文的"爽感"，展现了面对生存危机和文明困境的"后人类"如何实现"逆天改命"梦想的故事。《千年回溯》把网络文学类型文的各种套路、技巧与策略熔于一炉，读者既可以从中看到精彩的推理故事，也能从阅读中获得游戏闯关的体验，还能借助主人公对抗命运拯救人类的故事情节体验到想象肆意驰骋的快意。最重要的是，小说通过"时空穿越"与"星际战争"的噱头将现实与未来合理地串联起来，它不仅为读者书写了一种可见的"人类未来史"，还在这种"新历史"观的叙述建构中寄予了作者对现实历史发展进程的思考，揭示了人类文明历史的复杂样貌，也为"多文明共生"的未来世界提供了想象与隐喻的可能性。小说的不足之处在于开篇 100 章的铺垫，主人公没来由地从未来"搬运"歌谱的情节虽有趣，但容易"劝退"不明就里的读者。《复活帝国》讲述身患绝症而选择人体冷冻项目的少年天才任重醒来后，发现自己身处荒山野岭，头顶上是巨大的蓝色太阳和银白双月。在这陌生的星球，依靠复活回溯时间外挂积累经验的任重，决心成为一名战士。在遭遇了背叛、通缉、审判后，他决定反抗这个不公平的世界，用战争建立新世界的秩序。该作品于 2021 年 4 月在起点中文网正式上架，截至 2022 年 6 月 3 日已达 232.89 万字的体量，累计获得 30.43 万推荐量，具有成为"爆款"的潜质。

2. 会说话的肘子与《第一序列》

会说话的肘子本名任禾，是橙瓜见证·网络文学 20 年报告百位大神作家和阅文集团 2020 年原创文学白金作家。他通过文学创作向读者讲述正能量故事、传递主旋律价值，曾获由阅文集团和东方卫视合作举办的 2018 年原创文学风云榜男生频道书单第一名。《第一序列》是他继《大王饶命》后的第二部"超级爆款"作品。小说将"系统文"的表面结构与"末世文"的内在机理有机结合，为我们呈现了一种"废土求生"的崭新幻想模式。小说讲述了因觉醒异能而自带"升级系统"（主角意念中的宫殿，类似于游戏中的储物橱窗，它可以根据主角的"感谢币"多少向主角提供魔法、武器和秘籍等）的任小粟带领流民，在壁垒林立的废土世界艰难求生的故事。小说最出彩之处是"人物群像"的成功塑造，作者简单几笔就将每个出场人物写活。"齐天大圣"陈无敌、"西北王"张景林、"恶魔耳语者"李神坛、庆氏私生子罗岚、"火种指挥官" P5092、弱女子姜无老师，甚至克隆人庆慎，小说通过写这些有血有肉、有棱有角、有情有义的生命个体，建立了性格各异的"人物群像谱系"，也传达出作者浓烈感人的人文主义情怀。《第一序列》同"以爽文书写情怀"的早期网络科幻小说《间客》（猫腻著）类似，都是借助对"人类未来史"的想象来刻画人性多重侧面、揭示人文精神的可能性及其价值何以实现的网络文学佳作，它们努力在资本与审美、技巧与艺术之间找到平衡点，是将网络科幻写作的整体格调提升到较高水准并受到了官方和主流文学界深度关注的"软科幻"网络类型文。《夜的命名术》是《第一序列》的后传，也是"末世三部曲"的终章，小说构建了神奇的"表世界"（现实世界）和"里世界"（赛博空间）。主角庆尘穿梭于两个世界，一边修炼变强，一边打怪升级，一边化解人类派系的阴谋，一边寻找自己身世的真相。该作品在 2022 年 5 月获得 582.61 万总推荐，并成为 2021 年度网络科幻题材"爆款中的爆款"。会说话的肘子的文风幽默而富有感染力，不足之处是如果过分宣扬活泼搞笑的氛围，会消解作品本身的严肃性。

3. 黑山老鬼与《从红月开始》

黑山老鬼本名石瑞雷，现为中国作家协会会员，曾写作《掠天记》《大劫主》等玄幻修真小说。2020 年，黑山老鬼开始转型写作网络科幻小说。《从红月开始》迅速爆红，被评为"年度冒险悬疑作品"，同时列入阅文集团动漫 IP 改编计划。《从红月开始》也是 2021 年度的现象级作品，小说背景为红月当空，全世界的人都变成了"疯子"，他们的情绪实体化，且向整个世界传播精神污染。主人公陆辛能够窥视精神病患者实体化的情绪体，在救世过程中逐步揭示了人类精神困境的原因，最终成为新世界的守护者。"意"与"形"的辩证关系作为灵魂线索贯穿小说的始终，使这部非同一般的网络心理科幻小说在以痛快淋漓的爽感、奇幻恢宏的想象、紧密编织的情节、松弛有度的节奏保持经典网络文学特质的同时，展现出令人唏嘘和深思的意义维度。故事的惊心动魄之处，不仅在于对精神污染外化的怪诞精神体形象和行为的精彩描述，还在于对精神变异的逻辑链似乎就根植于人类所沉浸的现代文明深处这一秘辛的揭示，令人警醒和震撼。小说开篇升起的红月亮意象，隐隐致敬了鲁迅《狂人日记》以及韩松《地铁》开篇荒诞而诡谲的环境营造，作品借助创新的"废土"风格与"造神"目标的手段，吸纳了"迪化流"的崭新元素，展现了一个"红月降临"后的诡异世界，并以"精神污染""疯癫""精神体"等具象化形塑方式表达了都市背景下的人文关怀。这部独树一帜的"心理科幻"佳作让读者看到，"Z世代"的文学创作者如何通过高度原创的情节设定、极具本土化风格的写实手法以及具有现实深度的主题意蕴，在网络文学发展历程中建造一座有关于"想象力丰碑"的尝试[1]。2022年5月，黑山老鬼开始在起点中文网连载第二部网络科幻小说《猩红降临》。

4. 天瑞说符与《我们生活在南京》

天瑞说符本名何健，阅文集团大神作家，科幻作家，2022年1月入选2021名人堂年度人文榜·年度新锐青年作家，代表作有《死在火星上》《泰坦无人声》《我们生活在南京》等。2021年11月19日，第32届中国科幻银河奖获奖名单揭晓，"95后"作家天瑞说符凭借《我们生活在南京》获得"最佳网络科幻小说奖"。值得注意的是，天瑞说符2019年就凭借《死在火星上》获得第30届中国科幻银河奖"最佳网络文学奖"，本次再度获奖也让他成为首位两度摘得银河奖的网络文学作家。小说讲述了时间循环背景下中国版的高中生"救世故事"。2019年的白杨是个玩短波通信的高三学生，某次他用父亲的老式短波电台在一个无人的频段（14.255MHz）里呼叫，却意外与来自2040年的末日后幸存女孩半夏用电台完成通话，故事就此展开。小说将白杨在2019年的日常和半夏在2040年废土的挣扎交叉描写，娓娓道来，宏大细腻兼而有之，以现实城市南京为故事开始的场所，加强了合理性和代入感。小说不管是文笔还是氛围的营造都很有味道，特别是独自顽强生活在末世的半夏，应该是迄今为止作者笔下最鲜活、最立体的角色。总的来说，小说构思精巧，故事惊艳，知识硬核又充满畅想的浪漫，是 2021 年最优秀的硬科幻作品之一。在艺术层面，小说在为读者呈现一个科技救世故事的同时，也向批评界展示了高超的传统文学叙事技巧，例如：叙述者在故事中现身，故事时间与文本时间构成了时空悖论中的两个交叉维度，故事在严肃救世主题之下还流露出轻快活泼的文本游戏叙述策略等，这些叙述手法和美学实验不仅延缓或"阻拒"了读者的接受进程，引发了阅读体验的内在张力，而且对叙述手段的创新移用也给小说增加了很多关于时空观念的哲学性思考（或者说戏拟），延展了读者对于时间悖论的沉浸性省思。在小说精彩的故事讲述中，天瑞说符巧妙地将繁花似锦的现代和杳无人烟的未来这两个完全不同的世界融合到同一个故事中，借由跨越时空的对话，成功塑造了两个努力拯救世界的年轻人形象，传递着人性的温暖。小说在专业科幻设定、精彩故事和细腻情感之外，还展示出科幻作品稀缺的唯美风格，最终完成了硬核科幻成就动人故事的"新科幻"实验，充分流露出网络科幻文学向传统文学经典致敬的意图。

5. 一十四洲与《小蘑菇》

一十四洲是晋江文学城"大神级"作家，创作题材以科幻、修仙两大类型为主，尤其凭借科幻题材作品积累知名度，甚至"出圈"收获了一批非女频读者，代表作有《小蘑菇》《C 语言修仙》《猫咪的玫瑰》等。2020 年 10月至今，一十四洲在晋江文学城连载无限流作品《方尖碑》。2021 年 10 月，一十四洲凭借"进化变异"型网络作品《小蘑菇》成功入围第十二届全球华语科幻星云奖并最终获得"年度长篇小说银奖"。《小蘑菇》的科技设定简单浅显，科学机理的幻想（如跨物种生物间的共生问题）在小说中更像是一种满足文学言说丰富性的话语技巧，可以说是一种"拟科幻"。《小蘑菇》以核辐射的末日背景展开叙事，描述了一个丢失孢子的小蘑菇"安折"通过"寄生变异"的方式获得人形，潜入末世的人类社会进行观察甚至恋爱的故事。同《二零一三》等晋江女频科幻文一样，《小蘑菇》通过"科幻要素"与"科学精神"介入文学叙事和情感实践进程的方式来传达"女性向"科幻写手们对于"后人类未来史"的"警世通言""喻世明言"与"醒世恒言"。隐喻与象征、寓言式书写、符号化表征和批判性叙事共同建构了《小蘑菇》《二零一三》《残次品》等"软文化"特征明显且蕴含多重科幻元素的网络小说丰富多彩的文本世界。它们通常以乌托邦/异托邦的"未来史"的人性化书写与对正向道德伦理力量的强调来表达对后人类生命政治状况的人文关怀,在阴郁残酷且又隐含希望的末世叙事范式中彰显出充满慰藉的人道情怀,揭示出"科幻现实主义"[①]的价值取向。

6. 爱潜水的乌贼与《长夜余火》

爱潜水的乌贼,本名袁野,阅文集团白金大神作家,中国作家协会第十届全国委员会委员,代表作有《灭运图录》《奥术神座》《诡秘之主》等。2020年的"爆款之作"《诡秘之主》完结后,爱潜水的乌贼在起点中文网连载末世生存作品《长夜余火》,2022年5月完本,完结时累计获得超过百万的收藏、阅读与评价。小说呈现了一个身负异能的漫游者在名为"灰土"的异世界以及充满希望的新世界间的游历和见闻,揭示了后人类在荒土世界历劫余生的悲悯史诗。《长夜余火》与作者的前作《诡秘之主》相比,虽然在故事情节设定上差强人意,但其创新之处在于作者有意地规避或"反转"了读者们的"前理解"。他故意在"末世废土"这样"程式化"的世界观背景里忽略《诡秘之主》中已被广泛接受和期待的剧情,偏偏要着墨于那些看似无关紧要的事件、风景与人物,从而摆脱了已成共识的"末世书写",强化了所谓"游记文体"的艺术价值。小说通过在文体和叙述上的创新,利用空间上的延展性展示,将末世废土社会结构中的各大势力"原子化",使其同时存在,彼此互动,展现更具多样化风格的"浮世绘"末日图景,从而塑造出这部"非典型末世文"的艺术特色。

---

① "科幻现实主义"的创作主张由老一辈科幻作家郑文光在1981年提出。为了摆脱当时科幻文学"少儿化""科普化""边缘化"的标签,郑文光希望通过"现实生活关怀"和"社会理性批判"的方式来发挥科幻文学的社会功能,借以强化科幻文学"未来想象的现实价值立场",同时凸显出科幻文学借助科学技术想象来研究和探讨社会现实问题的创作宗旨。当代知名科幻作家韩松、陈楸帆、刘洋等人都是"科幻现实主义"理念的有力支持者。详见詹玲《中国当代科幻小说转型研究》(中国社会科学出版社,2022年版,第235-236页)。

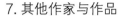

7. 其他作家与作品

（1）彩虹之门

本名徐俊珀，起点中文网科幻作家，中国作家协会会员，代表作《重生之超级战舰》《地球纪元》《星河主宰》等，第28届中国科幻银河奖"最佳网络文学奖"得主。2021年6—12月，彩虹之门在起点中文网连载《星空之上》（系阅文集团旗下"起点剧场"征文科幻短篇精品），2021年12月起，开始在起点中文网创作《全宇宙最后一个人类》。《星空之上》讲述了人类文明的科学家与史前地球文明"瑞墨提文明"的人工智能"天子"共同应对宇宙寂灭危机的故事。这部小说展现了彩虹之门对"孤独救世者"这一独特角色的精彩塑造以及对"人类与未知势力博弈"故事情节的深度刻画，逻辑严谨，情节细腻，叙述框架规范，科技设定合理，彰显了作者一贯的网络科幻类型文体创作风格与美学特征。《全宇宙最后一个人类》的设定类似于《重生之超级战舰》。

（2）国王陛下

阅文集团大神作家，创世中文网仙侠类作者的领军人物，2013年加盟创世中文网，开始从事网络文学创作。文风幽默诙谐，语言轻快灵活。2020年入选橙瓜见证·网络文学20年十大二次元作家，代表作有《从前有座灵剑山》《盗梦宗师》《崩坏星河》等。2020年12月，阅文集团、迪士尼中国与卢卡斯影业共同邀请国王陛下创作《星球大战》的中国网文衍生作品——《星球大战：白银誓约》。作为好莱坞科幻经典的本土化作品，《星球大战：白银誓约》讲述在"共和国巅峰"时代的晚期，一位充满活力、年轻气盛的绝地学徒肖恩，在一个偏远独立的乾星系中调查一起凶杀案时，第一次遭遇了真正的黑暗。他被迫与师父分离，独自对抗崛起的邪恶。当他的绝地训练受到挑战、面临信仰危机时，他踏上自我发现之旅，希望为这个星系带来和平与正义。小说不仅延续使用了原力、光剑等经典的"星战"元素，还将八卦、乾坤等中国传统文化元素融入故事背景和设定，并结合网络文学表达细腻、全面的特点，构建了一个有历史、有故事的"乾星系"，塑造了以绝地学徒肖恩为代表的"新星战"人物谱系。

（3）吹牛者

本名萧峰，起点中文网科幻作家，代表作有历史穿越（明穿、群穿）科幻作品《临高启明》等。自2009年6月起，吹牛者依托网络文学社群，通过"点子众筹"的方式执笔写作《临高启明》。在创作过程中，作者特别注重历史大背景下的生活细节，并以此影响其他的"接龙写手"，因此《临高启明》在细节之中处处展示了生活实质，其中的历史人物也被塑造得鲜活生动且具有人格尊严。因其详细的历史工业发展过程，《临高启明》也被网友称赞为"起点历史穿越说明书"。截至2022年6月，该作品仍在连载中，字数已达807万，成为名副其实的"超长篇"，还衍生出公众号、论坛文章、同人小说等系列周边创作，形成一个意义非凡的"文本宇宙"，吸引了国内外网络文学研究者的关注。

（4）2021年其他在网络科幻小说创作中较有影响的作家

最终永恒，本名俞豪逸，第29届中国科幻银河奖"最佳网络文学奖"得主（获奖作品《深空之下》），在完成《深空之下》续作《深空之流浪舰队》后，最终永恒在2021年完成了作品《全球迈入神话时代》，并开始连载《开局一个亚空间》（2022年4月完结）。

卧牛真人，本名孙俊杰，代表作《修真四万年》开创了"科技修仙流"网文写作模式，2020年至今在起点中文网连载新书《地球人实在太凶猛了》，与《修真四万年》同属"科技修仙流"的故事设定。

E伯爵，本名罗琳，资深编辑，中国作家协会会员，作品题材涉及奇幻、推理等多种类型，代表作有《重庆迷城》《天鹅奏鸣曲》《撒旦之舞》《午夜向日葵》《天幕尽头》等。2021年，E伯爵凭借科幻悬疑作品《重庆迷城》获得第十二届全球华语科幻星云奖"长篇小说银奖"。

Priest，本名刘垚，晋江文学城网络小说作家，作品题材涉及玄幻、奇幻、机甲、武侠、刑侦和科幻多种类型，代表作有《烈火浇愁》《镇魂》《杀破狼》《有匪》等。2021年4月至2022年2月，Priest在晋江文学城连载科幻作品《太岁》。

二、2021 年网络科幻小说创作概况与知名平台介绍

（一）2021 年网络科幻小说创作概况

从传播与接受的效果来看，2021 年是网络科幻小说的强势崛起之年。据中国社科院文学研究所《2021 中国网络文学发展研究报告》显示，阅文集团旗下的起点中文网、创世中文网、小说阅读网成为网络科幻小说创作的主阵地，纵横中文网、阅文占股的晋江文学城则成为除阅文集团之外的重要网络科幻小说作品的"集散地"。2021 年大众队伍参与网络文学创作和阅读的趋势推动了网络文学题材转向，现实题材和科幻题材快速崛起，多元化内容格局与创作趋势已经成型、成熟，科幻题材在同其他类型同台竞争的同时，也在寻求新的突破，在"软和硬"两种经典类型佳作的基础上，产生了大量融合多种类型的"混合科幻"，以及将科幻要素作为重要的叙事手段的"拟科幻"作品，《我们生活在南京》《第一序列》《长夜余火》《从红月开始》《夜的命名术》《小蘑菇》《群星为谁闪耀》《星空之上》等已经成为"科幻圈"与"网文界"共同关注的文学关键词。在创作和批评层面，科幻题材强势逆袭，迅速出圈，已经成功跻身网络文学五大重要品类（其他四种为现实、玄幻、仙侠与历史），科幻类型文频频出圈，成为"顶流"和"爆款"，并在网文圈之外受到主流学术界的重视。在作者方面，仅阅文平台全年参与科幻创作的作者就超过 50 万，"95后"群体已经成为网文平台科幻文学创作的主力军（占比达到 58%），女性科幻作者群体占比也一路攀升（2021 年达到 44%），阅文旗下 22% 的头部作家创作过科幻小说。科幻读者群体也在不断扩大，"Z 世代"和"网生代"成为科幻类型文最稳定的读者群体。

在重要的网文事件方面，科幻作品频频霸占文化事件"热搜榜"，成为热门讨论话题，科幻的爆款网文成为圈里圈外的讨论对象。其中，《我们生活在南京》获得第 32 届中国科幻银河奖"最佳网络科幻小说奖"（此前该书作者天瑞说符凭借《死在火星上》已获得第 30 届中国科幻银河奖"最佳网络文学

奖")。《残次品》获得第 30 届中国科幻银河奖"最佳原创图书奖"。《小蘑菇》《重庆迷城》等网络小说成功入围全球华语科幻星云奖长篇小说竞赛单元,《小蘑菇》和《重庆迷城》最终获得"长篇小说银奖"。爱潜水的乌贼则以《诡秘之主》获得由华东师范大学主办的"未来文学大奖"。会说话的肘子凭借《第一序列》获得第四届"茅盾新人奖·网络文学奖"。除了中国科幻银河奖与全球华语科幻星云奖这两个专业的奖项,2021 年涉及网络科幻文学的重要奖项和征文活动还有首届"鲲鹏"全国青少年科幻文学奖、《文学港》杂志联合宁波市文艺界联合会主办的"贺财霖·科幻文学奖"征文大赛、点众文学发布的"我们应当设想的未来"科幻主题征文、八光分文化推出的第三届"星火杯"全国高校科幻联合征文大赛、2021 年北京科幻创作创意大赛第十届光年奖、江苏省扬子江网文评论中心"网络文学青春榜"、阅文百万征文之"起点剧场"等,这些科幻创作比赛和科幻网文评选活动在全国发掘了大量青年科幻创作人才,评选出《夜的命名术》《从红月开始》《星空之上》《第九特区》《小蘑菇》等具有吸引力的上榜作品,有力地推动了网络科幻文学的发展。随着系列重要征文评奖活动开展,以及中国作家协会协同阅文、咪咕、七猫、橙瓜等头部文学网站纷纷启动针对科幻作家与科幻创作的扶持计划,一大批科幻类优秀作家(如天瑞说符、彩虹之门、千里握兵符等)与作品(如《我们生活在南京》《星空之上》《群星为谁闪耀》等)脱颖而出,具有跨界影响力的类型佳作不断出现,跨媒介改编作品持续火热,网络科幻小说开始成为当代中国科幻发展最具精神活力、想象力奇特、产业潜能巨大且能彰显本土文化特征的新文艺类型。

在文创品牌孵化与热门 IP 转化方面,根据最新的科幻阅读市场发展报告,2021 年科幻阅读产业产值为 27 亿元,同比增长 15.4%,其中,数字阅读和有声阅读产值增长势头强劲,科幻网文市场规模约为 8.6 亿元,同比增长约 15%。国家广播电视总局 2021 年全国重点网络影视剧上线登记备案情况显示,2021 年四个季度共有 199 部网络动画通过了上线备案。从题材来看,这199 部网络动画中包含了 23 部科幻题材的作品。网络文学改编是影视动画文创产业的主流。一方面,我吃西红柿《吞噬星空》动画版(第二季)、任怨《元龙》动画版(第二季)、Priest《残次品》的动画版《残次品·放逐星空》、黑岩《边际启示录》的动画版《星骸骑士·觉醒》陆续上线,成绩不俗;《灵笼》《红荒》《源神浩劫》《末世觉醒之溯源》等网络原创动漫作品也与网络科幻小说的创作与传播形成共振关系。另一方面,在呈现出"井喷式"发展态势的 2021 年网络科幻电影作品中,口碑票房实现"双赢"的《硬汉枪神》《太空群落》《火星异变》《重启地球》等受到网络科幻小说影响的趋势也非常明显[2]。

2021 年网络科幻文学发展的繁荣与火热还表现为创作与评论界之间的良性互动。欧阳友权、黄鸣奋、宋明炜、邵燕君、单小曦、倪湛舸、詹玲、周冰、黎杨全、吴长青、姜振宇、刘媛、肖映萱、鲍远福、王金芝等老中青三代学者纷纷涉足网络科幻文学批评研究领域,网络科幻小说创作中的命运共同体建构、后人类叙事、游戏副本流、生命政治、新历史叙事、克苏鲁神话、乌托邦诗学等主题成为学术热点。评论者对科幻作家的深度访谈以及对话提升了网络科幻文学评论和批评研究的整体质量,对《地球纪元》《间客》《诡秘之主》《从红月开始》《千年回溯》《第一序列》《我们生活在南京》《小蘑菇》等头部网络科幻文学作品的分析研讨与理论阐发也引发了主流学术界的重视。

(二)重要网络科幻发表平台介绍

本节介绍市场上重要的网络科幻发表平台,重点关注其在 2021 年有关网络科幻小说创作和推广的相关举措。

1. 起点中文网

2021 年发表网络科幻文学作品最多的仍为阅文集团旗下的起点中文网,女频网络科幻文学的头部网站则为晋江文学城。2021 年 9 月 12 日上海科技报联合阅文集团共同发布的《2021 科幻网文新趋势报告》显示,该平台旗下科幻网文创作者已超过 51.5 万,其中"95 后""00 后"青年作者占比超过 58%。2021 年度月票榜前十位的作品中有 4 部为科幻作品,分别是会说话的肘子的《夜的命名术》、老鹰吃小鸡的《星门》、辰东的《深空彼岸》以及黑山老鬼的《从红月开始》,几乎全是"大神级"作家的科幻作品。与此同时,年度"起点剧场"上榜作品有彩虹之门的《星空之上》、天瑞说符的《我们生活在南京》等。与此同时,起点中文网通过开设书评区等形式,推动了科幻作品的研讨与评论，兴趣盎然的读者借助网文章节随评和讨论区互动等形式，在起点中文网作品讨论区整理知识点、答疑解惑，与科幻创作者产生了即时互动。如在天瑞说符《我们生活在南京》的书评区，有无线电技术爱好者在线解释相关专业名词的释义和用法；在晨星 LL《学霸的黑科技系统》的书评区，有读者详细地分析化学反应原理，一度引发科学难题大讨论。

2. 晋江文学城

晋江文学城科幻类型分类榜显示，2021 年最新上线、持续更新和完结的带有"科幻"标签的作品有 100 余部，除了爆火的一十四洲的《小蘑菇》，也不乏非天夜翔（《星辰骑士》）、莫晨欢（《地球上线》）、微风几许（《薄雾》）、月下桑（《没有来生》）、淮上（《银河帝国之刃》）这些成名已久的作家在晋江文学城连载的新的科幻作品。按照肖映萱的观点，晋江文学城的科幻作品的"科幻要素"只是一种"嗑 CP"和"玩设定"的策略，"重要的不是技术的可操作性，而是设定发生之后的社会寓言"[3]。也就是说，晋江文学城女频科幻所遵循的是一种科学精神，而不是科学写实，"女性向"科幻作家们热衷于在科学精神设想的"末世""废土""异界""星际"等典型的世界观中开展全新的"后人类想象"，展开作者对两性关系、人性内涵、生命政治和新历史观的"喻世明言"建构。

3. 咪咕阅读与七猫中文网

在行业合作、科幻评奖 / 征文以及科幻题材 IP 价值转化等方面，咪咕阅读的"奇想空间"与国内最具影响力的科幻杂志《科幻世界》、上海浦东新区科幻协会、赛凡科幻空间、航天文创（CASCI）等机构达成战略合作，基于合作机构丰富的科幻作品资源，给广大科幻迷带来多元化、高品质的科幻文学作品，同时他们也与博峰文化开展了基于科幻作品联合出版的深度合作。在资金扶持方面，咪咕阅读重磅推出"5G+ 云创计划"，签约 100 部优质"科幻 +"作品，联合广大创作者及合作伙伴，最终孵化 10 部"科幻 +"IP 作品；在第六届"咪咕杯"中特设科幻赛道，设立百万奖金扶持优质科幻作品；"咪咕杯"还特别设置了新作者赛道，为首次签约的作者提供签约培养与资金扶持机会，助力新人作者成长，为网络文创行业输送新力量。在科幻创作方面，七猫中文网在大力推进"免费阅读模式"的同时，与上海浦东新区科幻协会深度合作，在上海科幻影视产业发展方面动作频频。旗下签约作者匪迦的《北斗星辰》是一部以我国自主建设的北斗卫星导航系统几十年奋斗历程为主题的长篇纪实小说，获得2021年第一届七猫中文网现实题材征文大赛"最佳IP价值奖"。

4. 橙光互动阅读以及其他

橙光互动阅读平台通过独具特色的"跨语符互动小说"实验，进一步实现了传统MUD（多使用者空间）文字游戏的全媒体升级。该平台发表的《重生之逆袭学霸》《制霸军服》《第101号禁区》《末世进化论》《死亡倒计时》等超文本作品，不仅涵盖了科幻创作题材和文体特征，而且增加了即时游戏互动的技术设定，同时还在故事情节推进过程中添加了绘本、漫画、动图、画外音、音乐、戏剧、影视以及二次元文化等多重艺术要素，跨符号（文字、图像、表情包、漫画、音乐、视频等一体化）、跨界面（线上与线下）、跨媒介（网页、电子书阅读器、手机与数据库）互动的文本结构形态，以及多线程、非线性、游戏化文本的意义生成模式，极大地丰富小说本身的内容表现空间，拓展了文本的审美价值维度[4]。除此之外，纵横中文网、橙瓜阅读、火星小说网等新老网文平台也在深度参与网络科幻文创事业，共同为2021年中国网络科幻文学的强势逆袭铺就光明坦途。掌阅"大神级"作者吾道长不孤的《异数定理》创评互动实验很有特点，该作者收获的核心读者群往往能够为其提供极高质量的实时互动内容，帮助其提升了网络文学创作质量，这种创写、评论与再生产互动的新形式也推动了掌阅平台网络文学创作的发展。

（三）简单小结

总体看来，网络科幻小说的强势逆袭已经成为2021年网络文学发展转型的标志性事件之一。文学网站方面，起点中文网的科幻创作者与接受者都呈现出年轻化趋势，晋江文学城等头部网站也加大对科幻作家与科幻题材的支持力度。题材内容方面，除了传统的硬科幻设定，网络科幻小说大多走混合路线，即将科幻题材有机地注入玄幻、仙侠、历史、现实、都市、"二次元"等网络文学诸类型之中，令其发生相应的化学反应。作者方面，除了长期创作科幻题材的"大神级"作家，新作者以及仙侠、玄幻与现实类型的作者也不断尝试转型，试水科幻创作，并取得了不俗的成绩，如擅长写玄幻的黑山老鬼、一十四洲等人。

接受与再生产方面,"Z 世代"成为网络科幻文学传播与接受的主要群体,他们不仅参与阅读互动,还会自觉参与网络科幻小说的故事设定、内容表达和生产方式的进程,成为数字阅读时代的"写读者"①或"产消合一者"②。在平台、作者与接受者多方互动的基础上,科幻类型文的内部也发生了显著的变化,灵气复苏、克苏鲁神话、心理写实主义、新历史叙事、科技修仙、IP 衍生同人文与粉丝互动文等不同内容的科幻作品新形态与新文类逐渐增多,并成为网络科幻创作的主要趋势,这些新类型、新题材、新作者的出现,不仅呼应了科技强国与民族文化复兴的新时代焦点,也极大地丰富了当代中国网络科幻文学的创作版图,并从整体上提升了网络文学的艺术品质与审美内涵。

三、网络科幻小说创作的未来发展趋势

通过前文分析可知,2021 年网络科幻小说的创作、传播与接受呈现出与以往有差异的格局,这不仅是对网络文学创作传统和惯例合理吸收、继承、转化的结果,也预示着中国网络文学创作的一些新动态与新趋势。

第一,努力实现题材内容的深度融合与呼应时代热点的硬科幻创作之间的和谐共振。2021 年网络科幻创作的整体特点是类型与题材的融合发展,科幻类型充分融合网络文学其他类型,代表性作品在抒写科幻作家的现实关怀的同时,建构了文学艺术对未来世界的宏大设想,表达了科幻现实主义的讽喻价值。科学精神、科学思维、科学意识深入人心,构成了新一轮文化启蒙的主导价值思潮。相对于多元类型题材的井喷式发展,能够体现科学精神与文体特征

---

① 网络文学新文类的研究者韩模永将阅读权力无限扩张的网络文学读者看作是一种罗兰·巴尔特意义上的既参与阅读也从事内容再生产的"写读者"。详见韩模永《论网络文学的两副面孔及内在会通》,《扬子江评论》2018 年第 2 期。

② "产消合一者"是对数字经济时代新型消费者身份形态的理论描述,泛指能够生产内容和意义的新媒体用户,强调在数字信息内容生产、传播和消费的过程中,作为主体的生产者、传播者与消费者身份的内在统一。将这个概念用于网络文学的消费过程,意在强调网络文学读者不仅参与网络文学作品的阅读反馈,也参与其内容生产传播过程的状况。关于"产消合一者"概念的阐述,详见谷虹、李喻《论产消关系在智能信息技术时代的发展》,《科学学研究》2020 年第 9 期。

的硬科幻精品力作所占的比例仍然较少，需要有更多的网络科幻作家发挥"用情怀发电"的精神，加大投入对硬科幻作品的创作激情，以在当代中国科幻小说创作转型的浪潮中奉献网络文学的力量。

第二，火热的网络科幻小说创作与影视动漫游戏热门IP转换在跨媒介平台实现更为深度的互动与协同，为中国当代电影、电视、动漫、游戏产业文化的高质量发展提供原创动力。除了前文分析的作品，在2021年的网络科幻文学影视改编中，《开端》的表现最为突出，同名电视剧在2022年年初上线播出后，引发了全民追剧的观看热潮，其播出版权已被韩国买下并将采用原音加字幕的形式在网络平台播出，真正成为火遍海内外的年度"现象级作品"。小说作者祈祷君本名何碧娟，晋江文学城签约作者，其多数作品为架空历史、古代言情、幻想，涉及科幻、悬疑、星际、全息网游等多种元素。《开端》以相对简约的文风描述了一个"时间循环"的故事，既有科幻设定的陌生化特色，也与现实生活紧密联系，成为IP跨界改编的新宠。《开端》的成功也说明了一点，即通过简洁流畅的科学幻想、充满戏剧张力的情节安排与个性鲜明的人物刻画（图像化）所打造的网络科幻短篇精品，应该是影视改编最喜欢的类型。短小精悍的科幻点子设定也符合影视文化在新媒体环境中的传播特点，有助于帮助当代中国科幻影视产业实现高质量发展，同时也有助于启发工业制造水平不高的中国影视生产体系打造类似于《流浪地球》《刺杀小说家》《开端》等具有民族品牌特色的"原创科幻宇宙"作品谱系。

第三，持续推动网络科幻文学的海外传播，提升中国当代科幻文艺在构建"人类命运共同体"伟大实践的艺术功能与审美价值，树立文化自信。2021年，网络文学海内外影响力持续攀升，成为讲述中国故事、建构和传播中国形象的重要载体，网络科幻小说的创作也应该在《三体》《北京折叠》《荒潮》等科幻创作的基础上继续发力，呈现中国科幻文艺的力量。以阅文集团旗下的海外门户起点国际（Webnovel）为例，截至2021年年底，起点国际上线约2100部中国网络文学的翻译作品，培育海外原创作品约37万部、海外创作者近19万名，拥有点击量超千万次的作品约百部，累计访问用户近1亿人，覆盖全球200多个国家和地区，成为全球热门阅读网站[5]。据统计，海外读者最爱言情小说和幻想小说，也偏好恐怖小说、悬疑小说和科幻小说，对幻想大类题材的

喜爱度达 55.3%。网络科幻小说成为网络文学"出海"的重要辅助力量，这不仅提振了科幻类型创作者的创作信心，也对他们创作出更多既具有中国气派又带有全球视野的当代科幻文艺精品提出了更高的要求。

第四，加大力度投入人、财、物资源，不断加强对青年网络科幻创作人才的扶持与培养，努力提升全民科幻阅读素养，积极打造科幻文创品牌发展平台，构建全面立体的科幻文化接受圈层，营造轻松活泼的科幻文化实践氛围，助力中国科幻事业的高质量发展。"中国科幻诞生于晚清时期，至今已经走过一百多年的历史。从'科技强国'到'少儿科普'再到社会'成人化'的探索，科幻文学始终肩负着一些外在力量赋予的使命，被寄予厚望，但却从来没有进入过主流文学的视野。而进入 21 世纪以后，随着中国社会发展及文学结构的改变，科幻小说终于开始进入文学舞台的中心，其影响力也外溢出科幻迷的'小圈子'，在更广大的范围内传播。"[6] 经过 20 多年的发展，科幻题材已经成为中国网络文学的重要品类，从"边缘"到"中心"的格局转变，预示着网络科幻小说的巨大发展潜力，也表明在科技强国与民族文化复兴的时代环境下，全面构建立体多元的科幻文化创作、传播、接受与再生产体系的现实价值与意义。

总的来说，从星际文明到超级科技，从未来世界到穿越题材，在 2021 年的网络科幻文学创作现场，"网生代"科幻作者对未来、未知、未明与未经之事的幻想和探索从未停止过，科幻创作的井喷不仅引发了传统科幻界的关注，而且形成新世纪网络科幻小说的新浪潮。这股新浪潮不仅引起了国内新媒体文创产业的深度共鸣，也引发了海外媒体平台的深度关注。我们期待中国网络科幻文学在世界科幻文学走向衰落的大趋势与新时代中国科幻文艺的历史转型期接过文化传承的接力棒，为海内外科幻读者提供更多反映超级科技与未来世界的"哥特式狂想"并积极审视和反省当代人类文明发展背后的人文危机的优秀作品。

参考文献

[1] 扬子江网文评论中心. 让网络文学成为引领当代中国想象力的风帆，"网文青春榜"2021 年度榜单发布 [EB/OL]. (2022-05-27) [2022-06-03]. https://mp.weixin.qq.com/s/OBvuJeHd-aeJ-rx7yGnNGA.

［2］鲍远福. 网络科幻电影中的后人类叙事与命运共同体想象——以《火星异变》《重启地球》《太空群落》为例［J］. 中国海洋大学学报（社会科学版），2022（3）：100-108.

［3］肖映萱. 女孩们的"叙世诗"——2020—2021年中国网络文学女频综述［J］. 中国文学批评，2022（1）：143-149，192.

［4］鲍远福. 拓展网络小说的新文类、新文体、新形式［N］. 中国艺术报，2021-11-24（3）.

［5］陈前进. "十四五"时期中国网络文化"走出去"：构建"网络文化共同体"［J］. 出版广角，2022（4）：22-27.

［6］任冬梅. 新世纪以来中国科幻小说的现状及前景［J］. 当代文坛，2018（3）：140-145.

四川大学文学与新闻传播学院姜振宇博士团队（成员为刘清瑶、黄宇豪）对本文写作亦有贡献，特此致谢。

作者简介：

鲍远福，安徽六安人，文学博士，中国科普作家协会会员，贵州民族大学副教授，硕士生导师，主要从事文艺理论、科幻电影与文艺、网络文化与传播研究。

▲ 科幻产业发展报告

年度科幻阅读市场发展报告

三 丰

一、引言

本文将科幻阅读市场分为三个板块：图书出版、数字阅读和有声阅读，然后分别就这三个板块进行观察，总结 2021 年的市场规模和主要市场特征，并与前几年中国科幻产业相关报告中的相应数字进行纵向比较，考察科幻阅读市场的发展趋势。

根据统计测算，图书出版、数字阅读和有声阅读三个板块 2021 年的市场规模分别是 13.1 亿元、10.1 亿元和 3.8 亿元，汇总得到 2021 年科幻阅读市场总体规模为 27 亿元，同比增长 15.4%。虽然新书出版种数下降，但图书零售市场规模与 2020 年的情况相比有所恢复。阅读市场的增长主要发生在数字阅读和有声阅读两个板块，"纸数声"结构也更趋平衡。网络文学和在线音频平台领域的头部玩家均认识到科幻题材的潜力，在这个细分市场投入大量资源，未来市场规模有望继续大幅增长。

二、图书出版市场

（一）图书零售市场综述

根据开卷公布的《2021 中国图书零售市场报告》，2021 年中国图书零售市场规模较 2020 年小幅上升，同比上升 1.65%，码洋规模为 986.8 亿元。但是和 2019 年相比，零售市场规模下降了 3.51%，未恢复到新冠肺炎疫情暴发前水平。

另据基于"国家出版发行信息公共服务平台"的 CNONIX 应用示范单位销售数据和商报·奥示"中国出版业市场监测系统"线下 ERP 数据、线上监测数据的最新统计，2021 年图书零售市场销售数量同比增长 7.08%，销售码洋同比增长 3.82%，市场整体规模约为 1017 亿元。

另据中金易云科技有限责任公司发布的《2021 年纸质图书市场分析报告》，纸质图书动销品种约有 60 万种，动销码洋预估为 1200 亿元，与 2020 年相比实现了 4.64% 的增幅。

综合以上几个报告，2021 年图书零售市场的主要特征总结如下：

第一，新书产能基本恢复。2021 年的新书品种达 19.3 万种，较 2020 年同比上升了 13.5%，基本恢复至新冠肺炎疫情前水平。

第二，图书行业的头部效应继续凸显。2021 年图书零售市场中销量前 1% 品种的码洋贡献率达 59.7%，较 2020 年上升了 1.08%。图书零售热销品种及销量均较上年有所增长，单品销量达 10 万册以上的图书逾 300 种。

第三，虚构、非虚构及少儿畅销榜主要由漫画知识书、网文纸书和经典长销图书构成。少儿市场增速放缓，少儿科普百科成为第一大细分版块。2021 年网文纸书对文学市场的带动非常明显，在小说类排名前 100 图书中，网文纸书数量占比高达近 40%。

第四，短视频和直播在图书营销方面更具优势。《2021 年抖音电商图书消费报告》显示，每天通过抖音电商售出的图书超过 45 万本，年度销量同比增长 312%，消费人数同比增长 205%。

以上这些市场整体特征或多或少在科幻图书零售市场上有所反映。

（二）科幻图书零售市场综述

2021 年科幻图书零售市场的主要情况如下：

第一，2021 年全国动销科幻图书超过 4000 种，全年总码洋 13.1 亿元，较上年上升 1.55%（图 1），但与新冠肺炎疫情之前的 2019 年规模相比，下降 1.5% 左右。科幻类图书在 2021 年中国图书零售市场 986.8 亿元码洋规模中占比约为 1.33%，与上一年持平（这部分的数据是在开卷数据基础上估算得出的）。

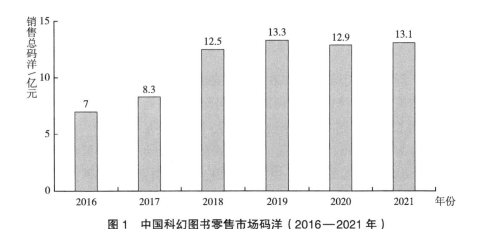

图 1　中国科幻图书零售市场码洋（2016—2021 年）

第二，2021 年全年出版科幻类新书 554 种，相比于 2020 年减少 15.7%，成为近 3 年来最少的一年（图 2）。这很可能是新冠肺炎疫情影响的滞后效应。也就是说，出版机构在 2020 年疫情开始后缩减未来出版计划，于是体现在了 2021 年的出版数字上。根据开卷数据统计，科幻类新书总码洋约为 8220 万元，仅占科幻图书总码洋的 6.3%。

第三，在科幻图书市场上，头部效应更加凸显。在 2021 全年开卷虚构类畅销书前 10 榜单中，"三体"三部曲直接占据了前三位，每本的销量均超过 100 万册，这一成绩要比 2020 年更加亮眼和极端。估算"三体"三部曲全年销售码洋约有 1.5 亿元，占科幻图书销售总码洋的 11% 左右。可以说，一套

"三体"牢牢占据科幻图书市场最重要的头部，而且这一趋势看上去还会持续很多年。

图2　中国科幻新书出版种数（2016—2021年）

第四，新书零售市场的头部效应也很突出。根据开卷的数据，2021年新上架的科幻图书中，销量前20位图书的码洋约占科幻新书总码洋的57.5%，比2020年略微下降。同时，有超过343种新书销量不足1000册。

表1为2021年科幻新书销量前20位榜单。2020年位于销量头部的科幻图书大部分为实体出版的网络小说，而2021年则由引进图书和网文纸书共同组成，其中网文纸书占25%。

表1　2021年科幻新书销量前20位榜单

排名	书名	作者
1	烟与镜	［英］尼尔·盖曼
2	千与千寻	［日］宫崎骏
3	克拉拉与太阳	［英］石黑一雄
4	入池2	骑鲸南去
5	熔城	巫哲
6	熔城：完结篇	巫哲
7	你好，世界	［日］野崎惑
8	索拉里斯星	［波］斯坦尼斯瓦夫·莱姆
9	星之继承者	［英］詹姆斯·P.霍根
10	时间移民	刘慈欣

续表

排名	书名	作者
11	星之继承者 2	［英］詹姆斯·P. 霍根
12	星之继承者 3	［英］詹姆斯·P. 霍根
13	异能研究所	［美］斯蒂芬·金
14	鱼	［日］伊藤润二
15	猫咪的玫瑰	一十四洲
16	喀耳刻	［美］马德琳·米勒
17	只有你听到	［日］乙一
18	克苏鲁神话 IV	［美］H. P. 洛夫克拉夫特
19	全世界都在等我们	不是风动
20	齐马蓝	［英］阿拉斯泰尔·雷诺兹

注：有约 5% 新书的销量数字无法在开卷获取。

（三）科幻新书出版情况分析

2021 年全年出版科幻新书 554 种。我们根据原创/引进和虚构/非虚构分别归类。原创类总计 280 种，比 2020 年下降 23.7%；引进类总计 274 种，比 2020 年下降 5.5%。虚构类和非虚构类的总数分别为 516 种和 38 种。原创类科幻新书种数较 2020 年相比下降严重，这应该是因为受到新冠肺炎疫情的冲击，出版方相对谨慎，从而减少了原创科幻书的策划产出。

进入更细粒度的分类，2021 年出版的小说单行本达到了 300 种（占比 54.15%），超过其他所有类别的总和。需要注意的是，小说单行本的占比自 2018 年起便呈逐年下降的趋势，而图像小说、绘本、非虚构等则呈持续上升趋势，说明科幻出版物正在朝多样化的趋势发展。绘本/画集/图像小说的出版数依然呈上涨趋势，数量涨至 75 种。其中超级英雄类漫画和少儿科幻图画书占据多数，其中也包括"刘慈欣科幻漫画系列"。

2021 年值得关注的新长篇科幻小说有《小镇奇谈》（七月）、《新新新日报馆：魔都暗影》（梁清散）、《洪荒战纪》（苏学军）、《与机器人同行》（阿缺）、《宇宙跃迁者》（郝景芳）、《月球峰会》（吴季）、《孤山骑士》（杜梨）、"白凛世纪"三部曲（余卓轩）等。此外还有网文科幻的纸书，有《猫咪的玫瑰》（一十四洲）、《开端》（祈祷君）、《泰坦无人声》（天瑞说符）、《末世第十年》

（扶华）等。

原创小说集方面，由北京书香文雅图书文化有限公司和中国科普作家协会科幻专业委员会共同策划的"科幻文学群星榜"书系在2021年启动。这套书系"总结了新中国科幻文学取得的辉煌成就，整理出新中国科幻文学发展的宽阔脉络"，出版计划囊括40多位中国科幻作家的数十部选集，将有可能成为中国科幻出版历史上最大规模的原创科幻书系，2021年已推出其中的26种。

此外，2021年陆续出现数种中国女性科幻作家选集，包括程婧波主编的《她：中国女性科幻作家经典作品集》、陈楸帆主编的"她科幻"丛书（共四部）。2022年，王侃瑜和于晨等主编的女性科幻奇幻作家选集《春天来临的方式》在海内外同步出版。中国女性科幻作家作为一个群体首次成规模亮相，凸显了科幻文学界和出版界女性意识的发展。

全年274种引进图书以新版为主。诺贝尔文学奖得主石黑一雄的科幻新作《克拉拉与太阳》全球同步发行，中文版由上海译文出版社推出，获得了各界的关注和好评。2021年是波兰科幻大师斯坦尼斯瓦夫·莱姆诞辰100周年，多家出版社出版莱姆科幻作品新译，译林出版社的"译林幻系列"一口气推出《未来学大会》等6部莱姆长篇科幻作品，在文化界掀起了一股"莱姆热"。

新版引进图书中收获销量和好评的还有："星之继承者"三部曲（［英］詹姆斯·P.霍根）、"阿瑟·克拉克科幻短篇全集"（［英］阿瑟·克拉克）、"莉莉丝的孩子"三部曲（［美］奥克塔维娅·E.巴特勒）、《挽救计划》（［美］安迪·威尔）、《神圣入侵》（［美］劳伦斯·萨廷）、《星星是冰冷的玩具》（［俄］谢尔盖·卢基扬年科）、《海利科尼亚·春》（［英］布赖恩·W.奥尔迪斯）、《怨仇星域》（［日］梶尾真治）等。

（四）主要科幻出版方介绍

科幻是出版市场中一个比较专业的细分领域。一些出版机构选择在这一领域深耕，经过多年经营，已经形成了专业的品牌。表2总结了一些主要科幻出版方的基本信息和2021年度出版的新书。与前两年的名单相比，根据科幻出版数量和品牌度，增加了中国科学技术出版社（暨科学普及出版社）、北京书香文雅等机构。

表 2　主要科幻出版方情况

出版方	代表图书或书系	2021 年主要新书
读客文化	"银河帝国"系列、克拉克作品等西方经典科幻	《烟与镜》、《黑豹红狼》、《路边野餐》、"阿瑟·克拉克科幻短篇全集"
科幻世界	《三体》、《科幻世界》杂志、"世界科幻大师丛书"、"中国科幻基石丛书"	《怨仇星域》《造星主》《赛博朋克 2077：创伤小组》《神圣入侵》《计算群星》《归来之人》
重庆出版社	"三体"系列、"冰与火之歌"系列、"巴斯 – 拉格"三部曲、"百变王牌"系列	"沙丘序曲"三部曲、"第一律法"系列
博峰文化	"幻想领域"丛书、"星云志"系列、史密斯船长大事记"系列、"星舰联盟"系列、"小幻想家"系列丛书	《与机器人同行》《远古的星辰》、"她科幻"丛书
北京理工大学出版社	"虫·科幻中国"丛书、"藏在科幻里的世界"丛书、"科幻硬阅读"丛书	《中国青少年科幻分级读本》
海星创造	美漫系列	《蝙蝠侠：世界》、《超人》漫画
新星出版社	幻象文库	"白凛世纪"三部曲、《腓尼基启示录》
百花文艺出版社	《科幻立方》杂志、科幻文学馆、"科幻立方·文库本"系列	《第十九届百花文学奖·科幻文学奖获奖作品集》、"科幻立方·文库本"系列
中国科学技术出版社（暨科学普及出版社）	"科幻中国"系列、"百年科幻"系列、"科幻星系"丛书	"刘慈欣少儿科幻系列"、"科幻星系"丛书
八光分文化	《银河边缘》Mook、神秘博士系列、光分科幻文库	"星之继承者"三部曲、《小镇奇谈》、《星星是冰冷的玩具》
果阅文化（未来事务管理局）	不存在 Mook、《三体艺术插画集》	"意外之外"系列、"NEXT"科幻书系、"华夏科幻"系列
后浪	《睡魔》绘本系列、《星际特工》、"后浪漫"书系	《山魈考残编》、《印卡石》、《乡村教师》漫画、《流浪地球》漫画
次元书馆	"星际争霸""刺客信条"官方小说、艺术设定集	"光环"官方小说、"地狱男爵"图像小说
北京书香文雅	"科幻文学群星榜"书系	"科幻文学群星榜"26 种
漫传奇文化	"刘慈欣科幻漫画系列"书系	"刘慈欣科幻漫画系列"8 种
力潮文创	玖界文学书系	《洪荒战纪》《忘却的航程》《光荣与梦想》《她：中国女性科幻作家经典作品集》

读客文化已于 2021 年 7 月在创业板上市。2021 年全国图书实洋排名前十的出版机构中，仅读客文化一家有稳定的科幻出版线。至 2021 年年底，读客文化在售的科幻图书种数超过 170 种，年销售量超过 300 万册，总码洋超过 1 亿元，毫无疑问是国内科幻出版机构的"领头羊"。同时，读客文化此前与刘慈欣签订"三体"系列、《球状闪电》和《超新星纪元》的电子书许可协议，将刘慈欣最知名的几部长篇作品的电子版权收入囊中，是数字内容业务中的压舱石。根据此前读客文化 IPO 招股书透露的版权预付款数字，预计这几部刘慈欣长篇科幻小说的电子版销量非常可观，一年可为读客文化带来超过千万元的营业收入。

根据读客文化公布的年报，2021 年读客文化在科幻领域的动作除了图书出版，还联合 B 站共同打造了首届"读客科幻文学奖"，共收稿 8661 篇，总字数超过 3000 万字。同时读客文化还在喜马拉雅、蜻蜓 FM 和猫耳 FM 等平台上架了由顶级声优阵容打造的《三体》多人有声剧，播放量累计超过 5000 万。

三、数字阅读市场

数字阅读指的是阅读的数字化。广义的数字阅读包括以数字文件为内容载体的公开出版物，如电子书、漫画、数字报刊以及有声读物文件。狭义的数字阅读指通过 PC、手机、平板电脑等互联网设备进行文学作品的在线或离线阅读，仅包含电子图书（以纸质图书的电子版为主）和网络文学两类。

中国音像与数字出版协会发布的《2021 年度中国数字阅读报告》显示，2021 年，中国数字阅读产业规模达 415.7 亿元，增长率达 18.23%，数字阅读用户规模达到 5.06 亿，增长率为 2.43%，人均电子阅读量为 11.58 本。数字阅读习惯的养成，让越来越多的用户更愿意为优质内容付费。

在电子图书领域，当前"纸电同步"已经渐渐成为出版机构推出新书时的趋势。此前艾瑞传媒的《2019 年中国图书市场研究报告》显示，图书市场纸电同步销售的品种占比越来越高，从 2017 年的 14.3%，到 2019 年已经超过 35%，2021 年应该会有进一步提升。

然而，纸书电子版这部分的销售数据很难从公开渠道获取。根据读客文化等上市公司公布的年报数据，我们大致估测纸书电子版销售收入占纸书销售码洋的 10%~15%。因此，我们估算 2021 年电子图书的销售收入约为 1.5 亿元。

另外要重点关注网络文学领域。中国互联网络信息中心发布的第 49 次《中国互联网络发展状况统计报告》显示，截至 2021 年 12 月，我国网络文学用户规模达 5.02 亿，同比增长 9%，占网民整体的 48.6%。根据中国音像与数字出版协会发布的《2021 年度中国数字阅读报告》，我国截至 2021 年年底上架数字阅读作品约 3446.86 万部，其中网络文学作品约 3204.62 万部，这意味着网络文学是数字阅读作品中的主要内容。在上架的 3204.62 万部网络文学作品中，排名前五类的题材分别是古言现言、玄幻奇幻、都市生活、武侠仙侠、灵异科幻。

中国社会科学院发布的《2021 年度中国网络文学发展研究报告》引用阅文集团数据显示，除"现实题材"之外，"科幻题材"也在网文领域快速崛起，2021 年新增作品数量为品类前五名，现已成为网络文学五大品类之一。中国音像与数字出版协会和中国社会科学院两份报告相互印证，表明科幻文学已经成为网络文学中表现非常抢眼的一股新力量。

根据阅文集团发布的《2021 科幻网文新趋势报告》，在过去的五年间，仅阅文集团旗下的网站，曾经创作过科幻小说的作者数量增长 189%，达到 51.5 万人次，其中，"90 后"作者占比超过 70%。除了作者群体的壮大，科幻题材网络文学的创作成绩也十分瞩目。据统计数据，2021 年，超 22% 的阅文头部作家创作过科幻作品，有多部科幻或科幻相关题材的作品登上起点中文网月票榜前列。

有四部 2021 年度现象级科幻网文进入《2021 阅文年度好书榜单》：《夜的命名术》（会说话的肘子）讲述了一个赛博朋克背景下的群穿科幻故事，打破多项起点中文网的订阅记录。《长夜余火》（爱潜水的乌贼）以游记式的松散结构构筑了一个昏暗、荒诞，却又不失希望的劫后世界。有着科幻色彩的玄幻小说《从红月开始》（黑山老鬼）则"触及了人类精神世界的深邃之处"。而硬科幻作品《我们生活在南京》（天瑞说符）更是获得第 32 届中国科幻银河奖"最佳网络科幻小说奖"，这也是作者继《死在火星上》之后的又一部银河奖

获奖作品。

其他网络文学平台也在科幻领域发力。如中文在线创办了奇想宇宙科幻 IP 社区，以科幻的 IP 培育和帮助作者商业变现为目标，并举办首届"全球元宇宙征文大赛"，迄今已收到超过 10000 部元宇宙科幻文学作品。咪咕阅读的打法也很相似，成立了"奇想空间"科幻阅读厂牌，创办科幻短篇小说电子杂志《奇想》，并举办首届"无垠杯"科幻征文比赛。

网络文学有自己的科幻话语体系，传统科幻母题在网络文学里生长出一系列新的融合写作方向，催生了众多优秀作品。现如今，网络文学已是中国科幻的重要组成部分，展现了中国故事未来叙事的新可能。

根据中国版权协会发布的《2021 年中国网络文学版权保护与发展报告》测算，2021 年中国网络文学产业规模达到 358 亿元，同比增长 24.1%，用户规模达 5.02 亿，占网民整体 48.6%，同比增长 9.1%。网络文学 IP 全版权运营带动游戏、影视、动漫、音乐、音频等数字文化发展，市场规模达 3037 亿元。

更具体的数字我们可以查阅上市公司的财报。阅文集团的 2021 年财报显示，阅文在线阅读全年收入 53.1 亿元，同比增长 9.6%。此外，用户平均每月消费 39.7 元，同比增长 14.4%，但平均每月付费用户数下降 14.7%，降至 870万。可以看到，新冠肺炎疫情带来的在线阅读红利并没有成规模地留存下来，虽然忠实用户的付费意愿在加强，但在免费阅读和其他娱乐方式的冲击下，愿意花钱看书的人少了很多。与之相似，中文在线的 2021 年财报显示全年总收入 11.89 亿元，同比增长 21%。掌阅科技的数字阅读平台收入 15.55 亿元，同比增长 1.44%。

基于网文中的科幻类型比例和一些公开的网文收费数字及营收数字，我们大致可以估算，2021 年网文中科幻类型的市场规模约为 8.6 亿元，同比增长约 15%。因此，科幻类型数字阅读板块 2021 年总收入规模约为 10.1 亿元。

四、有声阅读市场

有声阅读，顾名思义就是阅读时用耳朵代替眼睛，通过有声方式（包括录音带、CD、有声读书机、广播、移动 App、微信语音等）收听各类内容。广义上的有声阅读或可称为"在线音频"或"网络音频"，其子类型多种多样，包括音频节目（播客）、有声书、广播剧、相声曲艺、脱口秀、知识付费音频、音频直播、网络电台等。

根据中国新闻出版研究院发布的《第十九次全国国民阅读调查报告》，2021 年我国有三成以上（32.7%）的成年国民有听书习惯，较 2020 年的平均水平（31.6%）提高了 1.1 个百分点。移动有声 App 平台、微信公众号或小程序、智能音箱是排名前三位的听书介质。

根据艾媒咨询发布的《2021 年中国网络音频产业研究报告》估算，2021 年中国网络音频市场规模达 173.1 亿元，同比增长 40.8%。报告定义的网络音频主要包括音频节目（播客）、有声书（广播剧）、音频直播以及网络电台等实现形式。而根据中国音像与数字出版协会发布的《2021 年度中国数字阅读报告》，有声阅读市场规模达 85.5 亿元，人均有声阅读量为 7.08 本。

从绝对数字来看，科幻在网络音频和有声阅读市场占比并不算高。但从 2019 年起，科幻内容在网络音频和有声阅读中开始逐步崛起，特别是爆款产品的出现快速拉动了这一细分领域的增长。根据主要有声阅读平台的科幻类内容规模估算，2021 年科幻有声阅读市场规模约为 3.8 亿元，同比增长 26.7%。

2022 年 1 月，由喜马拉雅与三体宇宙联合出品、"729 声工场"制作的《三体》广播剧在两年时间里分六季播出，以 1.1 亿的播放量和 9.6 分的高分圆满收官，成为全网播放量最高的科幻广播剧。2021 年全年新增 6000 万播放量和 80 万订阅量，单品全年产值约 1.6 亿元。

如前文介绍，读客文化在 2021 年年初推出由云听声工厂制作的《三体》多人有声剧，并在喜马拉雅、蜻蜓 FM、懒人听书、猫耳 FM、云听等多家平台上架，累计播放量超过 5000 万，产值也有近 2500 万元。《三体》的广播剧和多人有声剧在形式上略有分别，从不同角度挖掘出了《三体》的声音表现力，共同占据科幻有声阅读市场绝对的头部位置。

鉴于科幻内容在声音领域的爆发潜力，2021 年年初，喜马拉雅上线独立科幻内容厂牌"类星体剧场"，致力于在用户群中建立"听科幻，上喜马拉雅"的品牌认知。目前收录的内容包括刘慈欣的《球状闪电》《超新星纪元》多人

有声剧,《沙丘序曲》有声书,《流浪地球——刘慈欣经典作品集》,莱姆作品系列有声剧,"星之继承者"有声剧,等等。截至 2021 年年底,"类星体剧场"厂牌会员订阅量超过 16 万,评分高达 9.7 分。

五、总结

将上述图书出版（13.1 亿元）、数字阅读（10.1 亿元）和有声阅读（3.8 亿元）三个板块的数字汇总,我们得到的 2021 年科幻阅读市场规模总数约为 27 亿元,同比增长 15.4%。"纸数声"三板块的组成结构如图 3 所示。

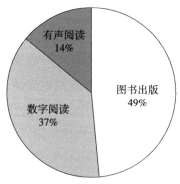

图 3 2021 年科幻阅读市场结构

综观 2021 年的科幻阅读市场,其市场规模与 2020 年相比保持着良好的增长势头。

图书出版方面,受新冠肺炎疫情带来的影响,2021 年科幻新书出版种数有较大幅度的滑落,表明出版机构在新书产出时更加谨慎。与之相对应的是,"三体"三部曲的销量不降反升,直接占据了 2021 年开卷虚构类销售榜前三位,且每种销量均超过百万册。这直接带动了 2021 年科幻图书出版总码洋的增加,较 2020 年上升 1.55%。

数字阅读和有声阅读继续保持爆发式增长的态势。在网络文学和有声阅读两个市场,主要的头部平台企业均认识到科幻题材的爆发潜力,主动将资源投入这一原本被忽略的细分领域，阅文集团力推科幻网文类型，喜马拉雅创办"类星体剧场"厂牌，就是两个例证。而这两个板块的市场也由《夜的命名术》和《三体》广播剧这样的爆品迅速带动起来。

整体上来说，2021 年科幻阅读市场"纸数声"三大板块的结构更趋平衡，科幻内容在多种媒介和产业链条上均有不错的成绩。但我们也必须看到，这块市场依然严重依赖刘慈欣和"三体"这样的头部内容。据估算，单单与"三体"三部曲直接相关的阅读产品（纸质书、电子书、有声小说、有声剧、广播剧等）就占到全部科幻阅读市场的 13% 左右。我们期待着更多既叫好又叫座的科幻内容进入阅读市场，在扩大整个市场规模的同时，也为我们源源不断地带来有着丰富想象力的精神文化食粮。

本报告中的数字来源于：公开可获取的行业报告，包括《2021 中国图书零售市场报告》《2021 年纸质图书市场分析报告》《2021 年中国图书市场报告》《2021 年度中国数字阅读报告》《2021 年度中国网络文学发展研究报告》《2021 年中国网络文学版权保护与发展报告》《第十九次全国国民阅读调查报告》《2021 年中国网络音频产业研究报告》与第 49 次《中国互联网络发展状况统计报告》等，企业和证券公司的信息 / 公告 / 报告、购买的部分开卷数据（主要是 2021 年新书码洋数据和常销书码洋），以及在中文科幻数据库（CSFDB）基础上整理的 2021 年新书书目资料等。本文得到"科幻百科"公众号主笔 Heavenduke 在数据收集和分析上的支持，在此表示感谢。

作者简介：

三丰，本名张峰，美国马里兰大学博士，南方科技大学访问学者，深圳科学与幻想成长基金首席研究员，中国作家协会科幻文学委员会委员，中国科幻研究中心特聘专家，《世界科幻动态》执行主编。主要研究领域为科幻产业、科幻与科技创新、科幻与城市发展。

年度科幻影视发展报告

王　昕　刘宇坤

　　2021 年中国大陆科幻电影的总票房为 71.9 亿元（其中国产科幻电影约为 38.83 亿元），占 2021 年中国大陆院线总票房（472.58 亿元）的 15.21%。科幻网络电影在爱奇艺、优酷、腾讯视频、芒果 TV、搜狐视频等平台共播出 29 部，可统计分账票房 7180.1 万元，实际票房约 1.1 亿元。2021 年上线的科幻网剧 17 部，产值规模约 10 亿元。

　　在动画电影方面，经不完全统计，2021 年在中国大陆院线上映的科幻题材及具有科幻元素的动画电影共 16 部，其中国产影片 12 部，引进影片 4 部。累计票房约 23.15 亿元，占 2021 年中国大陆科幻电影票房的 32.20%。

一、电影篇

　　2021 年是中国电影产业的恢复之年，科幻作为一种元素，弥漫态地融入了悬疑、犯罪、冒险等多种题材的类型片中，2021 年获得较高关注度的中外动画电影很多都使用了科幻元素。科幻网络电影延续了此前以灾难片、怪兽片、冒险片、悬疑片为主的模式。从影片内容上来看，在当今的影视产业与影视市场中，科幻成了一种普遍意义上的"想象力资源"，因此对狭义上科幻影视的"界定"变得十分困难。这一方面是因为对于影视作品来说，复合题材已经成了一种常态；另一方面是因为这种绝对边界"界定"的必要性与合理性还有待进一步论证。

基于现状，在本报告的数据统计过程中，我们尝试了两种不同的统计口径。一种主要以当前各大视频平台与评论平台影视作品的"科幻"标签作为统计依据。在这样的统计口径下，共有《失控玩家》等 13 部院线科幻电影（含动画电影）符合条件，总票房约为 35.93 亿元，其中国产院线科幻电影总票房约为 7.06 亿元，占总票房的 19.65%。科幻动画电影方面，仅有 3 部影片符合条件，累计票房约 6.16 亿元，院线科幻动画电影在院线科幻电影票房中占比 17.14%，其中国产科幻动画电影累计票房 5.95 亿元，在科幻动画电影中占比约 96.60%。可以看出，这一统计口径存在样本量过低、数据偏差大等问题。另外，视频平台与评论平台的标签赋予本身存在较大误差，经常出现一部作品在各大平台标签不一致的情况，且当一部作品存在多个标签时，标签的排列顺序与相关性并无绝对的关联。若我们仅以现有的作品标签作为统计口径，无法真实、全面、客观地反映出当前中国科幻影视产业的现状与发展潜力。

因此，本报告在撰写过程中，将各平台的"科幻"标签作为重要参考依据的同时，不局限于作品标签。报告进一步考察了相关影片内容，将在叙事与视觉上体现出人工智能、未来科技等显著科幻元素的影视作品纳入统计范围，在统计反映大众认知与常识意义上的科幻影视作品的同时，也试图描绘出科幻作为一种元素对中国影视产业产生的多维度影响。

从具体数据看，2020 年新冠肺炎疫情对中国乃至全球电影业都产生了不小的打击，伴随 2021 年中国电影产业的恢复，科幻院线电影在国内的绝对票房相对于 2020 年有巨幅提升，所占总票房比例也有所上升，但距离 2019 年的水平仍有相当大的距离。由于全球其他地区的电影制片发行业尚受到新冠肺炎疫情较大影响，外国科幻电影在总体科幻电影票房占据的比例没有大幅变化，国产科幻电影占据总体科幻电影票房的比例和 2020 年相当，继续处于主导位置。2021 年全年科幻电影的总票房为 71.90 亿元（其中国产科幻电影占 38.83 亿元）。科幻网络电影在爱奇艺、优酷、腾讯视频、芒果 TV、搜狐视频等平台共播出 29 部，可统计分账票房累计 7180.1 万元，实际约 1.1 亿元。

（一）科幻院线电影

2020 年全国电影院线关闭了近半年的时间，整个电影业遭受了近 20 年来最大的打击。2021 年中国电影产业领先全球逐渐恢复，总票房累计达 472.58 亿元，是 2020 年总票房（204.17 亿元）的 2.31 倍。但受新冠肺炎疫情影响，仍未能恢复到疫情前水平，相当于 2019 年全年票房（642.66 亿元）的 73.53%。

此外，由于国外尤其是好莱坞电影的制片发行仍受到新冠肺炎疫情的巨大影响，全球电影业陷入长期的货源危机，国内院线始终处于科幻大片较为匮乏的状态。年度电影总票房前 10 名中仅有 1 部为科幻片，前 20 名中有 5 部。全年获得 2 亿元以上票房的科幻片共 11 部，其中引进片包括《哥斯拉大战金刚》《失控玩家》《哆啦 A 梦：伴我同行 2》《沙丘》《寂静之地 2》和重映的《阿凡达》，国产片包括《刺杀小说家》《拆弹专家 2》《熊出没·狂野大陆》《白蛇 2：青蛇劫起》《新神榜：哪吒重生》。需要说明的是,《拆弹专家 2》是 2020 年年末上映的影片，2021 年年初继续取得了 7.12 亿元票房，位列 2021 年科幻电影票房第三位（国产科幻片第二位）。

2021 年科幻电影的总票房占 2021 年中国大陆院线总票房的 15.21%。从绝对数字上看远高于 2020 年科幻电影总票房（26.49 亿元），在总体票房中的占比也超过 2020 年的占比（12.97%）。但是相较新冠肺炎疫情之前 2019 年全年科幻电影票房（195.11 亿元）和在总票房中的占比（30.36%），2021 年科幻影片票房仍有很大距离。

由于好莱坞科幻片的生产发行始终未能恢复到新冠肺炎疫情前水平，国产科幻电影在整体科幻电影票房的比例较高。《刺杀小说家》《拆弹专家 2》《熊出没·狂野大陆》《白蛇 2：青蛇劫起》《新神榜：哪吒重生》《缉魂》《新大头儿子和小头爸爸 4：完美爸爸》《皮皮鲁与鲁西西之罐头小人》《海底小纵队：火焰之环》《拯救甜甜圈：时空大营救》《不老奇事》《潜艇总动员 8：地心游记》《日常幻想指南》《迷你特工队之拯救恐龙王》《终极代码》《超级的我》《梦境人生》《反击者》《记忆切割》《三只小猪 3 正义大联萌》《银河宝贝》《星际侠探》22 部带有科幻元素的国产影片共获得 38.83 亿元的票房，占 2021 年科幻电影总票房的 54.01%，略低于 2020 年国产科幻片在科幻电影总票房占据的比例（56.04%），依然远高于 2019 年的 36.60%。考虑到新冠肺炎疫情的持续在很大程度上重创和重塑了全球电影业，其造成的影响在相当长的时期内可能都是不可逆的。国产科幻电影如果能够有效填补这一特殊状态造成的空白，就有希望将特殊时期的优势地位固定下来，彻底改变国内市场的科幻片格局。

2021 年的国产科幻电影中，表现颇为耀眼的是带有科幻元素的动画电影，《熊出没·狂野大陆》《白蛇 2：青蛇劫起》和《新神榜：哪吒重生》都收获了较高的票房和良好的口碑。这些影片通过大胆创新，将动画形式与神话背景和基因技术、赛博朋克、蒸汽朋克、末日废土等科幻程式结合，为探索中式科幻电影的发展之路做了宝贵尝试。在科幻动画电影之外，值得重点提及的国产科幻片还包括根据双雪涛同名小说改编的《刺杀小说家》和改编自江波小说《移魂有术》的《缉魂》。春节档上映的路阳执导的《刺杀小说家》是 2021 年唯一一部年内票房超过 10 亿元的国产科幻片，影片以颇具野心的方式将不同的媒介技术和科幻议题进行了融合，通过"元书写"的套层将虚拟的网文/游戏世界和现实世界进行了对位和跨越，将基于数字技术和生物技术的科幻元素巧妙地放入整体的悬念架构中。《缉魂》则将悬疑程式、科幻设定和社会性别议题进行了巧妙的结合，示范了以较低成本拍摄科幻片的可能，为华语科幻电影制作打开了更为广阔的空间。

表 1 为 2021 年科幻电影中国大陆票房排行榜。

表 1　2021 年科幻电影中国大陆票房排行榜[①]

类型排名	年度排名	电影名称	总票房/亿元	总人次/万人次	总场次/万场
1	8	哥斯拉大战金刚	12.32	3291.7	349.8
2	11	刺杀小说家	10.35	2190.1	125.6
3	17	拆弹专家 2	7.12（13.14）	—	—
4	19	失控玩家	6.12	1576.3	237.0
5	20	熊出没·狂野大陆	5.95	1374.4	57.4
6	21	白蛇 2：青蛇劫起	5.80	1486.7	191.9

① 由于一些影片是重映或 2020 年 12 月上映，2021 年内票房/人次/场次和完整票房/人次/场次不同，因而在前面写年内数据，后面的括号内标出完整的数据，年度排名按照 2021 年内数据排序。进入总票房统计的科幻片还包括《反击者》（445.1 万元）、《记忆切割》（393.1 万元）、《三只小猪 3 正义大联萌》（375.7 万元）、《银河宝贝》（58.7 万元）、《星际侠探》（45.8 万元）、《边境迷雾》（14.0 万元）。

续表

类型排名	年度排名	电影名称	总票房/亿元	总人次/万人次	总场次/万场
7	23	新神榜：哪吒重生	4.56	1041.6	65.6
8	29	阿凡达（重映）	3.75（17.15）	—	—
9	32	哆啦A梦：伴我同行2	2.77	826.8	117.7
10	36	沙丘	2.53	603.5	80.9
11	37	寂静之地2	2.49	717.0	107.7
12	56	你好世界	1.36	435.1	79.5
13	58	明日之战	1.23	364.4	89.7
14	62	缉魂	1.11	306.7	67.7
15	65	新大头儿子和小头爸爸4：完美爸爸	0.93	259.4	53.1
16	83	皮皮鲁与鲁西西之罐头小人	0.58	151.4	19.2
17	86	海底小纵队：火焰之环	0.53	163.5	28.9
18	96	拯救甜甜圈：时空大营救	0.38	102.5	12.8
19	98	不老奇事	0.36	105.5	28.2
20	114	潜艇总动员8：地心游记	0.25	77.4	8.4
21	115	日常幻想指南	0.25	75.1	24.4
22	118	迷你特工队之拯救恐龙王	0.24	78.5	15.7
23	124	普罗米亚	0.20	56.8	12.0
24	154	特种部队：蛇眼起源	0.11	34.8	19.1
25	155	终极代码	0.11	24.4	5.9
26	164	超级的我	0.10	29.3	20.8
27	169	工作细胞：细胞大作战	0.0076	22.9	14.0
28	170	梦境人生	0.0073	20.0	7.9
29	176	混沌行走	0.0067	20.1	16.3
30	193	神奇女侠1984	0.0050（1.67）	—	—

（二）国产科幻网络电影

网络电影/网络大电影，简称"网大"。相对于院线电影和网络剧集，网络电影投资规模较小，拍摄和制作速度快，对社会热点回应迅速，资金回收周期短，是影视公司和网络平台在数字时代探索的另一种影视形态，也为许多没有机会参与院线大制作的电影人提供了创作机会。2019年《流浪地球》获得空前成功后，网络电影中出现过一波"科幻题材热"。新冠肺炎疫情暴发以来，院线电影受到重挫，网络电影迎来了新一轮发展机遇。和网络剧、网络综艺一样，网络电影主要在爱奇艺、腾讯视频、优酷、芒果 TV、搜狐视频等平台播出。

2021 年全年共有 688 部网络电影获得上线备案号，其中 29 部为国产科幻网大，占全年网络电影总数的 4.22%，比 2020 年的 36 部有所减少。虽然科幻网大数量有所回落，但这 29 部国产科幻网大中，"核心科幻"题材的比例较 2020 年大为提高。分账票房最高（超过 1000 万元）的两部科幻网大《重启地球》《末日救援》都是对《流浪地球》的直接模仿，拍摄太空题材的则有《火星异变》《太空群落》。和 2020 年相似，2021 年的科幻网大中也有不少为怪兽、灾难和战斗题材，如《沙丘虫暴》《半狼传说》《巨兽岛》《狼人杀》《狼人杀·启源》《巨蛛》《战王》《神兵特攻》《铁血：生死隧战》等。值得一提的是，蹭院线片《沙丘》热度的《沙丘虫暴》也获得了超过 500 万元的分账票房。此外，在科幻网大中占据相当比例的是悬疑、心理相关题材，如《镜像人·明日青春》《醒来》《大悲大喜 24 小时》《时间幻境》《换脸·幻梦成真》《换脸·恶梦方醒》《换脸·圆梦时分》等。与爱情、喜剧元素相结合，涉及超能力、机器人、仿生人、外星人题材的科幻网大也有一些。

总体来讲，2021 年国产科幻网大的制作虽然依然粗糙，甚或充满模仿、"山寨"的痕迹，但其中已有一些真正意义上的科幻片，而不仅是披着科幻外衣或带点科幻元素的惊悚片、怪兽片。在拍摄这些科幻网大过程中得到培养的新一代创作者，不同影视公司、制作部门积累的科幻创作经验，对未来我国的科幻影视制作必将产生长远影响。

表 2 为 2021 年科幻网络电影累计分账票房统计。

表 2　2021 年科幻网络电影累计分账票房统计

播出平台	科幻网络电影名称	累计票房 / 万元
爱奇艺	火星异变	719.7
	沙丘虫暴	513.4
	半狼传说	252.9
	太空群落	118.3
	换脸·幻梦成真	29.9

续表

播出平台	科幻网络电影名称	累计票房/万元
爱奇艺	醒来	13.2
	换脸·恶梦方醒	—
	换脸·圆梦时分	—
	无限重生	—
优酷	战王	589.7
腾讯视频	末日救援	1023.2
	神兵特攻	736.8
	铁血：生死隧战	558.3
	巨兽岛	428.9
	狼人杀·启源	203.2
	狼人杀	99.6
	银河系大排档	67.0
	孤胆行动	29.2
	虚拟世界	7.5
	你瞅啥？外星人	—
	大悲大喜 24 小时	—
	时间幻境	—
	巨蛛	—
	猎杀外星人	—
芒果 TV	男主大甩卖	—
多平台播出	重启地球（腾讯视频、爱奇艺）	1753.2
	镜像人·明日青春（爱奇艺、芒果 TV）	23.9
	虚拟的谎言（腾讯视频、爱奇艺）	12.2
	我的机器人同桌（腾讯视频、搜狐）	—

二、网剧篇

　　网络剧（简称网剧）指为视频平台制作并在流媒体环境播出的网络剧集，和传统电视剧在主管部门、备案方式上有一定差别，并随时代发展而不断变化。由于近年来网台联动成为普遍现象，在"头部"剧集方面，网络剧和电视剧的界限不再明显。随着媒介融合的深入和相关管理方式的调整，网剧的界定和统计始终处于动态变化中。2021 年上线的科幻网剧有 17 部，与 2020 年的 28 部相比大幅减少，和 2019 年的数量相当，然而剧集热度和播放量相比 2019 年和 2020 年都大幅下降，产值规模估计在 10 亿元左右。

根据国家广播电视总局发布的《2021 年全国广播电视行业统计公报》，2021 年共有 232 部网络剧获得上线备案号，其中可以归为科幻网剧的有 17 部。而 2020 年共上线网络剧 230 部，其中 28 部为科幻网剧。需要说明的是，本报告采取的是较为宽泛的科幻影视统计口径，只要是剧集中含有科幻元素的作品都会纳入统计。相比之下，2021 年科幻网剧的绝对数量和相对比例都显著降低。这可能和 2019 年"科幻电影元年"的热潮有所降温、新冠肺炎疫情对高成本剧集制作的持续影响有关。

2021 年国内长视频平台的格局没有发生太大变化，头部的几家仍是腾讯视频、优酷、爱奇艺、芒果 TV 和哔哩哔哩（Bilibili，以下简称 B 站），科幻网剧也主要是在这几大平台播出。从上线独播科幻网剧的数量上看，优酷、腾讯视频是最多的两家平台，分别为 5 部和 4 部。然而从产值和影响上看，排名前三的平台是腾讯视频、爱奇艺和芒果 TV。较为突出的变化是今日头条旗下的短视频平台也开始涉足科幻网剧，李现主演的 6 集科幻短剧《剩下的 11 个》是值得关注的案例。

由于广电主管部门此前下达的反对唯收视率（点击率）倾向的通知，爱奇艺、优酷和今日头条的视频播放量无法被有效统计。为了估算科幻网剧的影响力，仍然按照往年的方式，采用猫眼专业版的历史最高热度对不同平台的科幻网剧影响力进行大致排序。按照猫眼热度的历史最高来看，产生过一定影响的科幻网剧有 8 部（最高热度值 7000 以上）。此外，参考骨朵数据和 B 站自身的播放量数据，2021 年科幻网剧中有 9 部的播放量可以统计，累计播放达 38.95 亿次，17 部科幻网剧的实际总播放量可能在 50 亿~70 亿次。

表 3 为 2021 年科幻网剧热度统计。

表 3　2021 年科幻网剧热度统计

播出平台	科幻网络剧名称	猫眼热度（历史最高）	播放量/亿次
爱奇艺	致命愿望	9555.67	—
	新人类！男友会漏电	7541.23	—

续表

播出平台	科幻网络剧名称	猫眼热度（历史最高）	播放量/亿次
优酷	另一半的我和你	7228.00	—
	这个星球没有爱情	6632.07	—
	我的奇妙室友	4921.13	—
	我的纸片男友	4576.87	—
	致白小琪的奇妙幻想	2906.00	—
腾讯视频	云南虫谷	9144.38	16.2000
	云顶天宫	8244.43	5.9000
	古董局中局之掠宝清单	7657.81	3.4000
	太空有点烫	5806.14	0.0636
芒果TV	天目危机	8781.89	7.2000
哔哩哔哩	谁？异能者	3966.34	0.1322
	谁？异能者 第二季	1911.13	0.0896
	六神无主	1753.33	0.0672
今日头条	剩下的11个	3025.80	—
多平台播出	你好，安怡（腾讯视频、爱奇艺）	8926.80	5.9000

其中《云南虫谷》改编自"鬼吹灯"系列的同名小说，承接2020年上线的《龙岭迷窟》的剧情；《云顶天宫》是"盗墓笔记"系列的新作；《古董局中局之掠宝清单》是"古董局中局"剧集系列的第三部，都由腾讯视频独播。凭借"鬼吹灯""盗墓笔记""古董局中局"这样的顶级IP和堪称豪华的制作阵容，腾讯视频的这三部科幻网剧都获得了几亿次至十几亿次的播放量。其中播放量最高的《云南虫谷》由管虎监制，费振翔执导，潘粤明、张雨绮、姜超等主演。

《天目危机》和《致命愿望》都是科幻悬疑剧。《天目危机》由黄精甫执导，张睿、何杜娟、张孝全、苗侨伟等主演，由芒果TV独播。而《致命愿望》是爱奇艺"迷雾剧场"系列的其中一部。"迷雾剧场"主打对标美剧的精品化内容，近年来爱奇艺最热门的剧集都属于这一系列。《致命愿望》也是该系列在2020年的《在劫难逃》后再次尝试科幻题材。该剧由杨苗执导，冯绍峰、文淇、范丞丞、郭子凡等主演。两部剧集都获得了数亿次播放量，在探索科幻元素和悬疑类型的结合方面进行了有益尝试。

《你好，安怡》和《新人类！男友会漏电》都是含有仿生人、人工智能元素的科幻网剧。《你好，安怡》由李宏宇执导，马天宇、戚薇等主演，讲述

2035 年人工智能机器人"芯机人"拥有了自我意识进入人类社会后的经历与波折，剧集通过腾讯视频、爱奇艺播出。《新人类！男友会漏电》由谭友业、孙景岩执导，敖瑞鹏、吕小雨、祝子杰、黄昊月等主演，根据郭斯特同名漫画改编，讲述人气偶像胡理发现自己的真实身份为人工智能后，即将被公司以"抑郁症自杀"形式销毁，逃至记者纪念家躲避后开启的浪漫故事，由爱奇艺独播。《另一半的我和你》则是利用平行世界设定，颠倒性别刻板想象的科幻爱情喜剧，由王湛执导，刘芮麟、代斯、王梓薇、余兆和主演，在优酷独播。

可以看出这些头部的科幻网剧仍是将科幻元素和悬疑、爱情、喜剧等其他类型相结合的。这是现阶段国产科幻网剧的基本模式。但和前两年相比，《天目危机》《致命愿望》《你好，安怡》等剧更加重视对科幻感的营造，科幻不再仅是影片的环境装饰、开篇设定，而是更多地参与到了剧集的深层叙事中。除真人网剧外，2021 年科幻动画的发展也颇为蓬勃，B 站为主要平台，我们将在动画篇中进行详细统计。

除国产科幻剧集外，各大视频平台也引进了一些外国科幻剧集，2021 年年内上线的包括《黑袍纠察队 第一季》《潘多拉 第一季》《明日传奇 第五季》《神秘博士 2020 圣诞特辑》《永不者 第一季（上）》等，数量较 2020 年也有所减少。总体来看，科幻网剧在 2021 年保持了发展态势，前两年的主要特征都得到了延续，但各方面规模有所减小，走向更深化的发展阶段。

三、动画篇

值得单独一提并加以分析的是，在 2021 年的中国影视市场中，科幻题材和具有科幻元素的动画作品占据了相当比例。整体上看，可以大致分成动画电影和动画剧集两大类。近年来，中国的动画电影产业发展迅速，出现了一系列兼具艺术价值与商业价值的精品之作，其中不乏科幻题材以及具有科幻元素的作品。经不完全统计，2021 年在中国大陆院线上映的科幻题材以及具有科幻元素的动画电影共 16 部，其中国产影片 12 部，引进影片 4 部。单片最高票房为《熊出没·狂野大陆》的 5.95 亿元。动画电影总累计票房约 23.15 亿元，占

2021 年中国大陆科幻电影票房的 32.20%，可以说在科幻电影产业中占据了极为重要的位置。

从题材上看，科幻往往不作为动画电影的主要题材或标签，而常常以复合题材和元素的形式参与到中国动画电影的发展进程中。科幻在动画电影中主要呈现出两种介入策略：

一方面体现为科幻与中国优秀传统文化的融合。在这类作品中，科幻常常作为一种奇观与美术元素介入影片的视觉呈现，赋予中国传统的神话故事与民间传说以新的想象空间。《白蛇 2：青蛇劫起》和《新神榜：哪吒重生》这两部影片即是这种策略的典型代表。这类影片往往因其对于传统文化创造性的再创作而引起广大影迷的广泛共鸣，票房不俗。尽管在影片的宣传和各类评分网站、平台的分类中，这些作品并没有被贴上科幻的标签，但在影片的评论与真实的观影体验中，我们不难发现科幻对于这类作品的影响。如《白蛇 2：青蛇劫起》中的修罗城，《新神榜：哪吒重生》中大量运用的在科幻电影中经常出现的蒸汽、朋克、废土和机械等视觉元素，都使得这类作品在完成自身叙事与表达的同时，也完成了与科幻的对话。这一过程不仅为中国优秀传统文化的传承、发展与创新探索了新的路径，也为科幻自身注入了古老而又瑰丽的想象力资源。

另一方面则主要体现为原有动画 IP 的科幻改编。《熊出没·狂野大陆》《新大头儿子和小头爸爸 4：完美爸爸》《海底小纵队：火焰之环》《潜艇总动员 8：地心游记》《工作细胞：细胞大作战》《三只小猪 3 正义大联萌》均属于该类。具有 IP 的动画作品往往具有相对稳定的受众群体，这也为票房提供了一定程度上的保障。

从受众年龄层上来看，仍有相当一部分作品存在低幼化倾向，在叙事和视觉风格上仍然习惯性地将儿童设定为其主要的目标受众。这一方面受到了多年来中国动画市场长期被窄化成 "为儿童服务" 的历史影响，另一方面也反映出高质量的，适合青少年、成年人观看的，甚至具有一定思辨性的动画作品的缺乏。这种内容上的缺乏与缺失曾广泛存在于中国动画市场中，随着中国动画产业的快速发展，这种情况得到了一定程度的改善，对于动画作品的创作者、动画产业的从业者来说，应当利用好科幻题材在思想深度、视觉奇观上的天然优势，积极探索更加广阔的受众群体。

从档期上看，春节档、暑期档和国庆档都能看见科幻题材或具有科幻元素的动画电影的身影，但并非所有的影片都能享受到档期带来的红利和流量，且热门档期"大片云集"，想要脱颖而出取得亮眼的票房收益仍具有较大难度。从2021年中国科幻动画电影的票房统计数据来看，影片自身的质量仍旧是决定票房的关键因素。

表4为2021年中国科幻动画电影票房统计。

表4 2021年中国科幻动画电影票房统计

序号	片名	票房/亿元	出品类型	备注
1	熊出没·狂野大陆	5.9500	国产	经典IP+科幻
2	白蛇2：青蛇劫起	5.8000	国产	传统文化+科幻
3	新神榜：哪吒重生	4.5600	国产	传统文化+科幻
4	哆啦A梦：伴我同行2	2.7700	引进	—
5	你好世界	1.3600	引进	—
6	新大头儿子和小头爸爸4：完美爸爸	0.9328	国产	经典IP+科幻
7	海底小纵队：火焰之环	0.5326	国产	动画剧集IP衍生
8	拯救甜甜圈：时空大营救	0.3838	国产	—
9	潜艇总动员8：地心游记	0.2520	国产	系列动画IP
10	迷你特工队之拯救恐龙王	0.2389	国产	—
11	普罗米亚	0.2014	引进	—
12	工作细胞：细胞大作战	0.0760	引进	系列动画IP
13	反击者	0.0445	国产	—
14	三只小猪3正义大联萌	0.0376	国产	系列动画IP
15	银河宝贝	0.0059	国产	—
16	星际侠探	0.0046	国产	—
累计票房		23.15		

注：本表格数据仅为了单独体现动画板块的产值，在进行年度科幻影视的产值计算时未重复统计。

动画剧集方面，国内大多数视频平台内的动画检索标签中，动画与科幻两类标签可同时选中，且依据年份完成了分类。仅有少数平台，如爱奇艺，不提供动画剧集的上线年份。通过对于公开信息的收集与整理，经不完全统计，2021年中国科幻动画剧集数量（含引进）约为42部（表5）。仅有B站公布了单个剧集的播放数据，其中，播放量最高的带有科幻标签的动画剧集为《小

品一家人之酷玛大冒险》，播放量达 7609.8 万次。B 站国创区带有科幻标签的
动画作品累计播放量为 1.96 亿次，番剧区为 1.84 亿次，国产科幻动画剧集势
头强劲。全网科幻动画剧集累计播放量超 4 亿次。[①]

与科幻动画电影不同，科幻动画剧集在内容上显得更加复合和多元化。从
B 站对于站内科幻动画剧集的标签设置来看，涉及动作、校园、战斗、神魔、音
乐、运动等多种类型，形式多样。动态漫、游戏衍生等形式均获得了不错的播
放量。从 2021 年的数据来看，科幻动画剧集在题材与表达上相较于科幻动画电
影来说更加灵活多样，从长剧集到短剧集，体量能够得到更加精准的把握。

动画这一艺术形式在科幻的视觉化表达方面具有独特的优势，在各项产
业政策的加持与推动下，动画的创作者与从业者应当积极探索动画的更多可
能，加强科幻产业与动画产业之间的交流与互助，将科幻打造成为中国动画产
业新的增长点。

表5　2021 年中国科幻动画剧集名录（不完全统计）

序号	片名	平台	总播放/万次	平台标签
1	残次品·放逐星空	B 站·国创	4668	小说改/机战/科幻/战斗
2	源神浩劫	B 站·国创	2241.7	原创/搞笑/科幻/神魔
3	斗神姬/斗神姬日语版	B 站·国创	444.2	科幻/机战/原创/战斗
4	开心超人联盟之机械城堡奇遇记	B 站·国创	195.9	战斗/热血/搞笑/科幻
5	枪火天灵	B 站·国创	665.2	动态漫/热血/科幻/战斗
6	还击45秒	B 站·国创	134.1	原创/热血/音乐/偶像
7	小品一家人之酷玛大冒险	B 站·国创	7609.8	科幻/校园/泡面/原创
8	冲破黑暗（短片）	B 站·国创	30.1	动画/科幻
9	小品一家人之喵神天降	B 站·国创	2244.1	原创/搞笑/科幻/校园
10	王者无限小队	B 站·国创	1333	原创/搞笑/科幻
11	疫站到底	B 站·国创	8.3	科幻/萌系/励志
12	辉煌100年	B 站·国创	3.1	科幻/萌系/历史/励志
13	无限吃鸡小队第一季	B 站·国创	20.8	原创/搞笑/科幻/战斗
14	Dr. STONE 石纪元（第二季）	B 站·番剧	6416.2	漫画改/热血/科幻/冒险
15	装甲重拳/MEGALOBOX 第二季	B 站·番剧	3290.1	原创/热血/科幻/运动
16	薇薇–萤石眼之歌–	B 站·番剧	2995.2	原创/科幻/奇幻
17	星之梦～雪圈球～	B 站·番剧	135.6	游戏改/科幻/治愈

① 本段所统计的科幻动画剧集播放量截止时间为 2022 年 6 月 5 日。

续表

序号	片名	平台	总播放/万次	平台标签
18	不存在的战区	B站·番剧	805.4	科幻/架空/励志/机战
19	普罗米亚（动画电影网络播出）	B站·番剧	937.1	剧情/动作/科幻/动画
20	环太平洋：黑色禁区	B站·番剧	1418.4	战斗/科幻/机战/原创
21	迷宫标记者	B站·番剧	760.3	原创/科幻/冒险
22	狂热深渊–迷失的孩子	B站·番剧	137.3	科幻/原创/冒险
23	大运动会 重启	B站·番剧	85.7	运动/原创/科幻
24	生化危机：诅咒	B站·番剧	462.9	动作/恐怖/科幻/惊悚
25	HUMAN LOST 人间失格	B站·番剧	90.8	科幻/战斗
26	生化危机：恶化	B站·番剧	375.7	动作/科幻/惊悚/动画
27	机器人笔记	B站·番剧	100.8	热血/校园/科幻
28	2077 日本锁国	B站·番剧	119.8	动作/科幻/动画
29	船长哈洛克（动画电影网络播出）	B站·番剧	37.3	科幻/动画/漫画改
30	地球先锋队（中配版）	B站·番剧	148.1	科幻/少儿
31	迪迦奥特曼（中配版/日配版）	优酷视频	—	—
32	妹子与科学	优酷视频	—	—
33	工作细胞 BLACK	优酷视频	—	—
34	NPC 和勇士拯救世界	优酷视频	—	—
35	机动战士高达 闪光的哈萨维	优酷视频	—	—
36	赛文加格斗（日配版/中配版）	优酷视频/腾讯视频	—	—
37	奥特英雄传泽塔 英雄之路（中配版/日配版）	腾讯视频	—	—
38	英雄觉醒	腾讯视频	—	—
39	烈阳天道 2	腾讯视频	—	—
40	假面骑士时王 帝骑 骑士时刻 帝骑馆的游戏 &7 个时王	腾讯视频	—	—
41	铁姬钢兵 第 1 季·动态漫	腾讯视频	—	—
42	哥斯拉：奇异点	腾讯视频	—	—

作者简介：

王昕，北京师范大学艺术与传媒学院讲师，北京大学中文系博士。主要从事电影与大众文化研究。

刘宇坤，中国传媒大学艺术研究院 2022 级博士研究生，主要研究方向为艺术理论、艺术传播、影视艺术。

年度科幻游戏产业发展报告

方 舟

中国的科幻游戏产业目前处于上升阶段，在几次"科幻热"的带动下，科幻游戏受关注程度增加，游戏厂商规模的壮大为科幻游戏的开发提供支撑，文化、科技领域等相关政策的出台和互联网秩序的不断规范，进一步为中国科幻游戏市场的健康发展提供保障。2021年中国科幻游戏总收入670亿元，在游戏市场的占比由2020年的17.2%上升至22.6%。头部游戏如《王者荣耀》《和平精英》等延续了过往的优异表现，下载量与游戏收入持续位于前列；二次元轻科幻手游值得关注，如《明日方舟》《崩坏3》《幻塔》等具有代表性的作品，该类型游戏整体收入达63亿元，多款游戏收入过亿；电脑端、主机端分别出现《戴森球计划》和《暗影火炬城》等口碑和收入俱佳的游戏，整体处于蓄能阶段，具备一定潜力。从产业链来看，出现由线上向线下延伸的趋势。进入"十四五"时期，中国科幻游戏产业面临新的发展格局，未来应当坚持优化发展路线、创新发展理念，在游戏中植入更多的科幻元素，加大对文化资源的挖掘，打造相关科幻产业集聚区和科幻智慧城市，形成具有中国特色和中国风格的科幻游戏产业，推动中国科幻产业高质量发展。

一、科幻游戏的分类

科幻游戏作为"科幻"的载体，既能通过视觉化效果呈现科幻小说中关于想象的场景，又能通过交互性增强对科幻精神内核的塑造。科学与幻想元素的存在使得科幻游戏的种类极其丰富：部分游戏立足于太空，构建出庞大的宇宙世界观；部分游戏中的武器装备远超当今科学技术与装备制造业所能达到的水平，极具未来感；部分游戏涉及时间的穿梭与空间的扭转。科幻游戏种类的丰富性一方面展现出多样化的发展趋势，另一方面间接导致了定义的困难。全球范围内尚无关于"科幻游戏"的明确定义，本报告基于已有的代表性科幻游戏，将其分为四类，所依据的分类逻辑虽不能穷尽全部科幻游戏，但尽可能将大部分游戏囊括其中。

第一类是太空、星际类科幻游戏。这类游戏又可以分为两个子类目：一是以宏大太空为游戏背景的类似于"太空歌剧"的游戏，包括太空星舰对战、即时战略、建造等系列，具有代表性的有《星战前夜》（*EVE Online*）、《戴森球计划》、《第二银河》、《群星》（*Stellaris*）。玩家在游戏中置身浩渺的宇宙，通过挖掘、建设、交易、扩张等方式建立属于自己的领地，不断拓展对宇宙的认知边界。二是发生在太空中具体星球或领地的游戏。既有《无人深空》《异星探险家》这类以探索为主题的生存类游戏，战斗要素较低，以星球探索和星际生存为主，致力于打造异星社会结构和个体生活模式。也有《光环》《命运》《泰坦陨落》《毁灭战士》《质量效应》《星际战甲》《星球大战》等单人角色扮演游戏（RPG）或单人射击类游戏，战斗要素突出，游戏背景以星际文明冲突为主，游戏中的高科技装备与武器、重型机甲等元素是最大特点。太空类游戏经久不衰，具有无尽的包容和张力，既能让玩家充分体会到宇宙的宏大，也能使其从人文主义视角审视自身，推动玩家在游戏的交互中充分发挥"人"的主观能动性，实现想象力的不断延伸，实现对宇宙奇观的无限探索。

第二类是以后人类（包括变种人、进化人类）和异化生物为主的，涉及超能力、生物体变异以及对生物体进行改造的科幻游戏。这类游戏中有以《赛博朋克2077》《底特律：变人》《方舟：生存进化》《尼尔：机械纪元》和《控制》（*Control*）等为代表的，随着科技进步，人类大脑和躯体发生进化、改造，出现"类人""异人"或主角自身拥有超能力的科技感浓厚的近未来游戏，游戏中人与机器高度融合，包括机械生命体、脑机接口、义体植入、意识重组、肉身互换等。也有以《生化危机》《死亡搁浅》《生化奇兵1》《生化奇兵2》

《辐射》《地铁》等为代表的，或由于病毒入侵，或由于灾难过后生物体变异所导致的整个世界的异化，使得人类需要对抗异类生物的"灾难类"科幻游戏，其科幻要素主要体现在人类基因的改变、物种的变异以及生化武器上。后人类与异化生物的游戏涉及重构社会秩序、重组社会框架与机构、建立新的人机关系模式等，更多以"人"或"类人"为关照对象，有关于生与死的终极探讨，以及对生命的价值与存在形式的思考等。

第三类是在玩法上具有科幻精神内核的游戏，类似于科幻小说中的"软科幻"。这类游戏有《奇异人生》《生化奇兵3》《死亡循环》《传送门》《量子破碎》等。之所以称这类游戏具有科幻的"精神内核"，在于其所要突破的是时间与空间的限制，涉及时间的重新排列、空间传送、时间与空间的双重循环等，虽然部分游戏包含其他科幻类游戏中的高科技元素，但游戏中时间与空间的破碎、重构是核心玩法，也是游戏最大的亮点。这类游戏造成时间或空间出现扭曲主要是通过游戏剧情，随着游戏的推进，玩家能够感受到时间与空间的双重变化。相比其他多数科幻游戏具有的庞大体量，此类游戏既有3A^①级别的大制作，也有来自独立工作室的作品，其核心是注重对科幻概念的打造，强调对科幻理念的输出。

第四类是架空科幻游戏。这类游戏的科幻属性主要体现在世界观的构建，游戏场景处在虚构时空中，人物属性、武器装备等富有科技感或未来感，但是科幻体验较弱，更强调玩法和游戏风格，可以定义为"强娱乐性+弱科幻"类型。如《无主之地》夸张艳丽的废土风格在射击游戏中自成一派，爽快的战斗体验搭配"寻宝""解谜"等要素，都让这款游戏在游戏市场中占有一席之地。《堡垒之夜》在一众大逃杀类游戏中加入自定义建筑功能，游戏中丰富的舞蹈以及与众多知名度高的IP进行联动等，大大增加了游戏的可玩性。此类游戏玩法各异，要素丰富，娱乐性强，科幻元素一般作为辅助存在，属于"轻科幻"类游戏，中国科幻游戏中的《王者荣耀》《和平精英》《幻塔》《明日方舟》等均属于该类型。从游戏发行端来看，虽然游戏厂商为其加上了"科幻"的标签，但是从玩家的角度来看，相较于前述科幻属性较强的游戏，他们更愿意从玩法特征上对其进行归类。本报告将该类游戏纳入讨论范围，一是出于该

---

① 关于3A游戏，游戏行业并没有明确标准，通常指的是制作成本高、游戏体量大、内容丰富、品质高的一类游戏。

类游戏近年来在中国游戏市场中的出现频率较高，且呈现增长趋势，所占产值较大；二是旨在探讨其存在的合理性以及未来改进空间。

二、中国科幻游戏产业发展现状

科幻游戏产业主要由线上与线下两部分组成。线上部分：一是科幻游戏本身，这是科幻游戏产业最核心的部分；二是围绕科幻游戏进行的视频直播、电子竞技比赛，围绕游戏 IP 制作的相关影视剧等，这是科幻游戏扩大知名度与影响力的重要手段。线下部分：一是科幻游戏衍生的一系列周边，既包括模型、手办（未来可能包括 NFT 形式）等文化创意产品，也包括以科幻游戏为核心举办的活动和演出；二是与科幻游戏相关的实体空间，如产业集聚区、主题公园、电竞酒店等，这是科幻游戏进一步面向大众、开拓市场的主要方式。当前我国科幻游戏产业发展处于初级阶段，2021 年我国科幻游戏收入为 670 亿元，与 2020 年（480 亿元）相比产值增加 190 亿元。综合《2021 年中国游戏产业报告》[①] 提供的中国游戏市场产值数据，可以看出过去 3 年科幻游戏收入在我国游戏市场中的占比逐年上升，具备很大的发展潜力（图 1）。

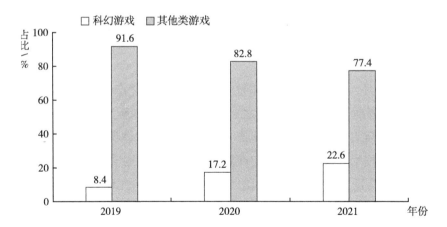

图 1　2019—2021 年中国游戏市场产值的科幻游戏收入占比与其他类游戏收入占比

---

① 《2021 年中国游戏产业报告》由中国音像与数字出版协会游戏出版工作委员会（简称中国音数协游戏工委）和中国游戏产业研究院联合发布。

具体来看，中国科幻游戏产业发展现状如下：

第一，相关政策出台，科幻游戏产业迎来发展新机遇。

习近平总书记指出，谋划"十四五"时期发展，要高度重视发展文化产业。在文化产业逐渐成为增强人民群众获得感、幸福感的重要途径的情况下，近年来我国相继出台一系列与文化产业、数字科技等相关的政策和文件，规划顶层设计，为科幻游戏产业发展提供新机遇。

2020年11月，文化和旅游部发布《关于推动数字文化产业高质量发展的意见》，在"夯实数字文化产业发展基础"的"构建产业标准体系"中提出："发挥标准对产业的引导支撑作用，推动虚拟现实、交互娱乐、智慧旅游等领域产品、技术和服务标准研究制定，形成数字文化产业标准体系。"虚拟现实和交互娱乐目前较多应用在游戏场景，科幻游戏相较于其他类型游戏对虚拟现实的需求更为广泛，而文化产业标准体系的构建，有助于把握科幻游戏产业发展的特点和规律，进一步规范科幻游戏产业市场。

2021年3月，《中华人民共和国国民经济和社会发展第十四个五年规划和2035年远景目标纲要》发布，在"强化国家战略科技力量"部分提到应当加强原创性、引领性科技攻关，其中的科技前沿领域包括新一代人工智能、量子信息、脑科学与类脑研究、基因与生物技术等，这些重大创新项目在当今流行的科幻游戏中均有涉及。未来如何围绕这些领域打造科幻游戏，普及相关知识，正确引导大众加强对科学技术的关注，将娱乐与传播科学知识相结合是游戏厂商需要思考的内容。

2021年4月，文化和旅游部印发《"十四五"文化产业发展规划》，其中将"坚持创新驱动"作为基本原则之一，强调坚持以创新为核心驱动力，激发文化创新创造活力，全面推进文化产业内容形式、载体渠道、业态模式等创新，适应高新技术发展趋势。科幻产业作为文化科技融合的新兴产业，是文化创新的重要路径，有助于推动文化产业结构升级，为文化产业发展提供新业态、新模式。科幻游戏产值在科幻产业中占比较高，市场体系较为健全，在遵循社会主义先进文化发展规律的前提下，体现出社会主义市场经济要求，未来科幻游戏产业持续保持健康、稳定的发展有利于促进数字文化产业赋能实体经济，激发文化消费潜力。

2021 年 6 月，国务院印发《全民科学素质行动规划纲要（2021—2035年）》，在重点工程"实施繁荣科普创作资助计划"中提到"大力开发动漫、短视频、游戏等多种形式科普作品"，在"科普信息化提升工程"中明确提出"实施科幻产业发展扶持计划"。政策的指导和扶持有助于提升科幻产业链现代化水平，促进科幻游戏产业与其他科幻产业的融合发展。科幻游戏产业在良好的发展环境下，将通过提供优质的产品营造热爱科学、崇尚创新的氛围，激发大众科普积极性，提升全民科学素质。

第二，大厂商持续发力，头部效应明显。

当前中国游戏厂商中，腾讯、网易、完美世界等处于领先地位，这种优势同样体现在科幻游戏中。腾讯游戏旗下的手游《王者荣耀》和《和平精英》在新的科幻游戏评价体系下贡献了大部分的游戏产值，这两款游戏自发行以来长期位于手游下载榜单前列，在整个行业中处于绝对的领先地位。网易代理了在 PC 端具有较高口碑的《星战前夜》的手游移植版，并且推出了原创宇宙策略手游《无尽的拉格朗日》，这两款游戏都致力于打造"高端太空手游"。网易旗下还有《明日之后》这类末日丧尸题材科幻游戏，而《量子特攻》《机动战士阿尔法》《漫威超级战争》等则在海外市场有不俗表现。完美世界的《幻塔》作为一款轻科幻开放世界手游，于 2021 年 12 月 16 日发行，多次位于游戏商店下载量前列。从电竞比赛和直播来看，"王者荣耀职业联赛"（简称 KPL）和"和平精英职业联赛"（简称 PEL）发展较为成熟，游戏本身热度居高不下，在中国几大电子竞技比赛中占据一定的分量，因此与科幻游戏相关的视频同样集中在这两款游戏上，直播场次和观看人数与其他科幻游戏相比具有相当大的优势。头部游戏厂商持续布局科幻游戏赛道的局面，一方面带动中国科幻游戏产业整体发展，为游戏行业带来示范和引领作用；另一方面中小厂商想要实现对现有局面的突破、获得市场关注度，面临一定的困难与挑战。

第三，手游市场表现亮眼，二次元轻科幻手游值得关注。

中国当前游戏市场以手机游戏为主，来自《2021 年中国游戏产业报告》的数据显示，2021 年中国移动游戏市场实际销售收入为 2255.38 亿元，占总收入的 76%。手游市场表现亮眼的原因：一方面，手机硬件配置不断提升，手机本身的便携性使得其能够适应几乎所有的社会场景，游戏内容的即时性符合当代人碎片化、快节奏的生活方式；另一方面，手游市场玩家众多，用户黏性大，免费下载搭配游戏内付费购买增加了游戏收入，反过来刺激厂商提升开发手游的动力。我国大部分科幻游戏同样集中在手机端，除前述提到的几款游戏外，代表性的还有《第二银河》《代号：棱镜》《代号R》等。值得注意的是，近年来涌现出一批以二次元轻科幻手游为代表的游戏，如《幻塔》《战双帕弥什》《明日方舟》等，这些游戏以二次元风格为主，加入一定的科幻元素，二者较好地进行了融合。从中国游戏产业媒体游戏大观（Gamelook）整理的2021年部分国产手游营收统计[1]来看，科幻类二次元手游《幻塔》《战双帕弥什》《明日方舟》《少女前线》《崩坏3》《重装战姬》《少女前线：云图计划》在2021年的收入均超过1亿元，《明日方舟》和《崩坏3》收入超过10亿元，分别达到28.9亿元和14.6亿元。其中，《幻塔》和《少女前线：云图计划》作为2021年新发行的游戏表现亮眼，《幻塔》发行半个月收入便达到4.66亿元，游戏从宣传期到发行期一直保持着较高的关注度。二次元科幻手游在2021年整体收入达到63亿元，该类型游戏百花齐放，有的以末世概念为亮点，有的主打硬核操作，有的依靠良好的多人互动维持热度，逐渐在市场上培养出固定的玩家群体，从游戏自身的品质和持续运营能力来看，整体表现可谓不俗。现有游戏的成功经验必将刺激更多厂商进入该领域，未来我国科幻游戏市场上"二次元＋科幻"的类型值得持续关注。

第四，电脑端和主机端处于"不饱和"状态，未来蓄力大。

根据《2021年中国游戏产业报告》，2021年我国客户端游戏和主机游戏总收入613.8亿元，占游戏市场总收入的四分之一。三大游戏主机平台为索尼PlayStation、微软Xbox以及任天堂，鲜有中国厂商身影，这既有政策原因，也有出于市场规范的考虑。电脑游戏、主机游戏虽然具有手机游戏无可比拟的沉浸感和氛围感，大部分游戏的画面质量、操作手感也是手机游戏暂时无法达到的水平，但游戏对玩家时间和空间的占用、较高的价格等因素无形中提高了游戏的门槛。当前我国受关注较高的电脑端科幻游戏是柚子猫工作室开发的《戴森球计划》。游戏于2021年1月21日在游戏平台Steam①发售，来自百度国游

---

① Steam是全球最大的电脑游戏数字发行平台。

销量吧的数据显示，截至 2021 年 12 月 31 日，《戴森球计划》销量为 190 万份，销售额为 1.6 亿元，位于 2021 年新发售国产买断制游戏第三位[2]。这是一款由中国本土游戏工作室柚子猫开发的以科幻题材为主的沙盒类太空建造模拟游戏，设计工业生产链是其核心玩法之一。玩家通过对不同星球的征服与探索，开采星球上的资源，从无到有打造自己在太空的自动化工业基地，同时需要整合全宇宙的资源，完成星际物流，构建星际工业链、加工产出成品，不断解锁科技树，达到科技的升级，最终实现戴森球的建造。游戏一经发售便在 Steam 游戏中心上好评连连，实现口碑与销量的双丰收，随着游戏后续的不断更新，玩法与机制也在逐渐完善。另一款是上海钛核网络开发的《暗影火炬城》，该游戏在 PS4、PS5 以及 Windows 平台均有发售。游戏于 2021 年 10 月 3 日发行，百度国游销量吧显示，其 2021 年最终销量为 30 万份，销售额为 3500 万元。《暗影火炬城》是一款横版的"银河恶魔城"式动作冒险游戏，讲述了主人公兔子雷德文在朋友被逮捕后踏上反击道路的故事。游戏中丰富的非线性地图区域、独特的解谜元素以及街机风格的战斗系统带来了极佳的游玩体验，基于虚幻引擎 4[①] 开发的"柴油朋克"风格打造出东方美学的城市景观，为游戏的科幻属性和科幻氛围增添了浓墨重彩的一笔。

其他值得关注的电脑端、主机端科幻游戏有柳叶刀工作室的《边境》、成都数字天空的《Project DT》、星空智盛的《纪元：变异》等。《边境》是一款太空题材第一人称射击游戏，营造出具有现实感的近未来空间战术环境，游戏开发时间已超过 6 年，在虎牙成为《边境》的独家发行代理、腾讯成为柳叶刀科技的最大股东后，《边境》仍然是最值得期待的国产科幻游戏之一。《Project DT》是一款科幻世界观下的格斗游戏，主打爽快高速的战斗体验，游戏对接国际上流行的机甲风格，同时在服装上添加民族要素，在战斗中融入传统功夫招式。这款融合了机甲和东方元素的科幻格斗游戏当前处于初级开发阶段，未来值得一定的关注。《纪元：变异》是一款像素风格的赛博朋克动作冒险游戏，游戏将 2D 与 3D 风格相结合，具有赛博朋克世界的常见要素——人体改造、大型企业、黑客、地下交易、数码病毒……游戏现已在 Steam 等平台发售，获

---

① 虚幻引擎 4 是由 Epic Games 公司推出的一款游戏开发引擎。

得了 IGN[①] 等游戏评测机构较高的分数，不论是游戏体验还是视觉效果均表现上乘，部分细节还有待持续的优化和更新。综合来看，电脑端和主机端科幻游戏具有一定的准入门槛，该市场目前在我国处于不饱和状态，而部分厂家已开始试水这片"蓝海"领域，为未来发展储蓄能量。

第五，产业链出现线下延伸趋势。

科幻游戏产业的线下部分作为线上部分的延伸，承担着科幻游戏面向大众、开拓市场的职责，当前我国科幻游戏市场呈现出线上与线下相结合的趋势，产业链得到延伸。从线下活动来看，2021 年《王者荣耀》举办多场线下活动，既有 Cosplay[②] 活动，吸引众多知名角色扮演者（coser）参加；也有相关文艺演出，在明星演职人员带动下，视频播放量和网络讨论量大、传播力广；六周年时与部分美食联名的活动推陈出新，催生一批网红美食店铺……整体活动形式、内容多样化，具有一定的影响力，推高了游戏热度，为游戏下载量和游戏内购买次数、购买力度的增加作出了贡献。《和平精英》请来《流浪地球》的导演郭帆作为游戏版本架构师并拍摄宣传片，为其"科幻"标签背书，并借助郭帆电影导演的身份探索其背后的用户圈层。《科幻世界》加大与科幻游戏的合作，先是在 2021 年 8 月联合《和平精英》在线上线下围绕游戏资料片《重启未来》推出 2050 时空电子特刊，制作了巨型《科幻世界》杂志实体特刊，落地上海漕河泾印象城；后于 2021 年 12 月刊与《幻塔》进行联动，介绍了《幻塔》产品研发过程中对于科幻题材从设计到产出的过程。《科幻世界》作为中国顶级科幻期刊，这一系列与游戏合作的举措不管是在游戏界还是在科幻界都获得一致好评，说明科幻界越来越重视与科幻游戏的互动。除此之外，2021 年的 ChinaJoy[③] 活动中设立了科幻游戏展区，部分游戏媒体如机核网[④] 等开设线下活动沙龙，活动属于"小而精"的类型，在玩家中获得了较好的口碑，在游戏圈具有一定的传播和影响力，未来力争打造知名度广、参与人数多的品牌活动。

———————

① IGN 是全球最大的游戏娱乐媒体。

② Cosplay 一般指利用服装、饰品、道具以及化妆，扮演动漫、游戏及影视作品中的人物角色。

③ ChinaJoy：中国国际数码互动娱乐展览会，是由国家新闻出版署和上海市人民政府共同指导，中国音像与数字出版协会和上海汉威信恒展览有限公司主办，上海市新闻出版局和浦东新区人民政府协办的综合性国际数字娱乐产业盛会。

④ 机核网是以分享游戏玩家生活，探讨游戏和游戏相关文化为主的网站。

三、中国科幻游戏产业未来发展路径

中国科幻产业当前步入新的发展阶段，在倡导全民科学素质提升的环境下，科幻与游戏的结合成为文化与科技融合的一部分，科幻游戏应当积极探索科学、健康的发展路径，在保证自身稳步前行的同时，推动科幻产业高质量发展，充分释放科幻对文化建设的支撑作用，走出一条具有中国特色的发展道路，为社会主义文化强国建设作出贡献。针对中国科幻游戏产业现状，未来可从以下几个方面探索发展路径。

第一，丰富现有科幻游戏内容，植入更多科幻元素。当前我国科幻游戏面临最大的问题是科幻元素不够突出，部分游戏以玩法为主，以科幻为辅，有的甚至将科幻"架空"，导致的结果是中国的科幻游戏处于玩家众多，产值居高不下，但口碑一般的尴尬境地。其中《王者荣耀》在2018年获得中国科幻银河奖"最佳科幻游戏奖"[①]后引起不小的争议，争议集中在《王者荣耀》是否属于科幻游戏。根据《王者荣耀》游戏内推出的"王者大事记"显示，游戏背景设定在地球毁灭后重组、新生的星球"王者大陆"上，整个故事围绕究极力量宇宙之心展开，虽然其世界观架构中确实有科幻元素，但是玩家在游戏体验中对于"科幻"的感知很弱。《和平精英》作为另一款科幻重头游戏，游戏的本体同样缺乏科幻元素，但在后续更新中不断增强科幻元素，资料片《重启未来》不论是从游戏发生的场景、剧情、玩法，还是从游戏内武器装备上，都极具科幻感，未来进一步加强科幻与游戏玩法的融合，是《和平精英》作为一款合格的科幻游戏需要重点考虑的内容。未来中国科幻游戏需要丰富相关科幻内容，除了围绕科幻概念打造世界观，还应增强科幻在游戏体验中的存在感，突出科幻元素对于推动游戏进程的作用，实现科幻属性与游戏玩法的平衡。

第二，打造科幻游戏产业集聚区、科幻主题公园。当前我国科幻产业集聚区处于建设阶段，2021年9月，以首钢工业遗址公园为载体的首钢园科幻

---

① 中国科幻银河奖最初设立于1986年，被誉为中国幻想小说界最高荣誉奖项。该奖项于2015年增设最佳科幻游戏奖。

产业集聚区成立，已成为我国科幻产业的新地标，致力于打造"三中心一平台"——科幻国际交流中心、科幻技术赋能中心、科幻消费体验中心和科幻公共服务平台。首批科幻产业联合体成员单位有北方华录、保利影业、腾讯等文化、科技和影视公司，清华大学、中国科幻研究中心等科研机构，还有京东方等硬件制造厂商。电竞产业园选址在金安桥区域和首钢工业遗址区域，实施路径为"一园、一馆、N队、一平台"，致力于通过首钢园区特色的电竞IP来吸引顶级战队入驻，打造集文化交流、传播、教育于一体的全国高级电竞产业平台。其他城市如成都、重庆、深圳等也在积极规划相关科幻产业园区建设。在主题公园建设上，我国贵阳市现有一座"东方科幻谷"科幻主题公园，利用VR技术打造出多个虚拟现实景点，园区自主研发了一款对战手游《星与心愿》，游戏中的虚拟场景与园区实景同步叠加，为玩家带来丰富的沉浸式游戏体验，二期将建设UFO主题乐园酒店和科幻影视基地等。此外，腾讯游戏与北京环球度假区进行了合作，北京环球度假区将在季节性活动中与《王者荣耀》《和平精英》等展开联动。未来科幻主题公园是科幻游戏产业，同时也是整个科幻产业发展的重要着力点，有助于实现科幻资源从线上到线下、从虚拟世界到现实世界的转移，扩大市场，拓展格局。

第三，挖掘文化资源，推出具有中国特色的科幻游戏。来自中国音数协游戏工委的《2021中国自研游戏IP研究报告》显示，中国用户最倾向于"神话／传说故事"题材IP改编的移动游戏，当前亦不乏具有中国特色的游戏实现"破圈"效应的例子，如以《西游记》主人公孙悟空为主角的游戏《黑神话：悟空》，宣传片推出后热度迅速突破游戏圈层，后续实机演示视频再次在网络上引起强烈关注，甚至成为全球范围内最受期待的游戏之一；《原神》2.4版本新角色云堇的戏曲唱腔不仅吸引中国用户的注意，还引发了外国用户的热议和模仿，一度被称为通过游戏进行"文化输出"……这些案例说明中国文化与游戏的结合拥有大量潜在玩家。在科幻小说领域有一批优秀的作品具有强烈的中国特色，如钱莉芳的历史科幻小说《天意》《天命》中涉及韩信、苏武等中国历史人物，以及"伏羲""玄女"等中国古代传说，以科幻的方式对历史进行想象与重构；陈楸帆的《荒潮》《巴鳞》等作品对于故乡潮汕的书写，提供了一种工业信息化时代的乡土科幻小说类型，"乡土"与"科幻"的融合带来别样的阅读体验和美学效果——在对未来城市、科技的想象中夹杂着对渐行渐远的故乡的怀念，既有后未来风格，又极具中国故土气息……随着当前"国潮"在年轻人中的盛行，中国游戏厂商可以依靠本土优秀科幻作品打造具有中国特色的科幻游戏，在吸引科幻迷、游戏迷的同时引起更多年轻人和"国风迷"的注意。中国元素与科幻游戏的融合作为未来科幻游戏产业发展路径之一，能够充分利用中国原创 IP 的影响力与现有科幻资源，实现以存量带动增量，在保证游戏质量、坚定文化自信的前提下，不仅助力中国科幻产业发展，还有利于增强数字文化产业的原创内涵，展示中国形象，弘扬中国精神。

第四，围绕电子竞技行业，打造一批科幻智慧城市。电子竞技自 2003 年被我国体育总局列为中国正式开展的第 99 个体育项目开始，到 2021 年被正式列为 2022 年杭州亚运会（已延期至 2023 年 9 月）的比赛项目，历经数年完成了官方合法化进程。在政策助推以及相关法律法规逐渐完善的背景下，未来可以围绕重点科幻游戏开展跨区域电子竞技比赛，在具有"科幻气息"的城市如成都、上海、重庆、武汉等设置赛区，并针对不同赛区的特点开展多样化的线上、线下活动。上海致力于打造全球电竞之都，国内一些大型电竞赛事陆续落地，相关配套产业如直播机构、电竞战队、行业协会、高端论坛等都在签约行列。成都在中国科幻发展史上的地位不可忽视，聚集了一批科幻作家和学者，多次举办具有影响力的科幻活动，并正式成为 2023 年世界科幻大会的举办城市。当前成都正大力发展科幻文化产业，提出了建设成都影视硅谷和"中国科幻城"项目建设。重庆独特的地理条件使其成为一座以大江大河为发展基础，城市中有过江索道、多层大厦高架、穿墙轻轨等元素相结合的独一无二的 4D 现代化都市，自带科幻的"质感"，加上常年阴雨形成的雾气环绕的自然环境，被科幻迷称为最具有赛博朋克气息的中国城市。武汉坐拥庞大的大学生群体，中国光谷已经成为每年大型电竞比赛线下最火爆的观赛地点之一，现场氛围极佳，火爆程度屡次在互联网平台引起大量转发和热议。武汉已将电竞产业作为文化产业的一部分列入武汉市"十四五"战略规划，致力于从电竞赛事、教育、产业基地着手，形成立足武汉、辐射华中、享誉全国的电竞产业集聚区。除此之外，还有北京、深圳、西安、南京等城市具有科幻发展的潜力。未来我国电竞市场发展持续向好，科幻游戏应当借助电竞平台，通过比赛、直播的方

式扩大受众群体，根据城市自身资源禀赋和功能定位，打造一批科幻人文新地标和电竞产业高地，形成具有城市特色的科幻文化产业空间布局，推出不同风格的科幻城市名片，建设"科幻智慧城市"。

参考文献

［1］GAMELOOK.二次元手游2021年收入榜：原神一骑绝尘，幻塔半月入账近5亿 [EB/OL].（2022-01-12）[2022-03-29]. http://www.gamelook.com.cn/2022/01/469193.

［2］百度国游销量吧.2021年《国游销量榜》发布，锦鲤活动开启［EB/OL］.（2022-01-14）[2022-03-30]. https://tieba.baidu.com/p/7694727801?pn=1.

作者简介：

方舟，武汉大学国家文化发展研究院教师，主要研究文化发展、科幻小说等，主持国家社科基金项目，在CSSCI刊物发表论文十余篇。

年度科幻周边产业发展报告

柯昊纯　姚利芬

2021 年，中国科幻周边产业在进一步开发现有 IP、发展多品类周边产品、拓展新产品形式、探索潜在 IP 类型等方面均有建树，推出了一批典型 IP、典型产品、典型活动的同时，紧抓时代潮流，让科幻对企业、对社会、对大众日常生活的赋能作用进一步凸显，将科幻的影响力延伸到了方方面面，实现了中国科幻周边产业的阶段性发展。

2021 年，中国科幻周边产业总产值约为 60.65 亿元。其中，许可环节产值约为 2 亿元，约占总产值的 3%；制造和销售环节产值约为 58.65 亿元[①]，约占总产值的 97%。国内原创科幻 IP 周边制造与销售产值约为 25.48 亿元，占比约为 43%，主要 IP 类型为刘慈欣科幻 IP、国创儿童科幻 IP、国创二次元科幻 IP，产值相比 2020 年同期大幅增长，约为 140%；国外科幻 IP 周边制造与销售产值约为 33.17 亿元，占比约为 57%，主要类型为影视科幻 IP、ACG 科幻 IP、融合型科幻 IP。这一成绩充分说明，随着我国经济在 2020 年新冠肺炎疫情过后实现触底反弹，科幻周边产业随之回暖，我国科幻周边产业已经完成了萌芽期的积累，迈入了全新的发展阶段。

---

① 本文涉及的周边制造与销售相关数据均整理自原仓数据平台。

一、概述

"周边"是围绕某个 IP 所制造的各类带有该 IP 特征的授权商品之总称①。与"周边"相对的"中心",就是其围绕的 IP。围绕科幻 IP 衍生出的周边,就是科幻周边。从世界范围来看,周边产业的全产业链主要包含许可、制造、销售三个环节。我国在周边产业的三个环节上均有建树,拥有从上游到下游的全产业链,但具体到每个 IP、每种周边商品上,我国并不一定包揽了许可、制造、销售的全过程。例如,某些世界知名的科幻 IP,如《星球大战》《变形金刚》等,其周边制造和销售在我国十分火热,但版权被外国公司控制,我国无法涉及上游的许可环节。而我国的一些原创知名科幻 IP,如《三体》《流浪地球》等,其周边的许可和制造均在国内完成,部分周边商品则远渡重洋,行销海外,销售环节不完全在国内进行。本报告所提及的中国科幻周边产业,指的是在中国境内完成许可、制造或销售的科幻周边及其涉及的国内产业,所提到的相关产值指的是在中国境内完成的周边许可、制造或销售所带来的产值。

2021 年,中国科幻周边产业年度总产值约为 60.65 亿元。其中,许可环节产值约为 2 亿元,约占总产值的 3%;制造和销售环节产值约为 58.65 亿元,约占总产值的 97%(图 1)。

在制造和销售环节,国内市场上的科幻周边所围绕的 IP 可以分为两大类:国内原创科幻 IP 和国外科幻 IP。国内原创科幻 IP 是所有权属于中国公民、机构或企业的科幻 IP;国外科幻 IP 是所有权属于非中国公民、机构或企业的科幻 IP。其中,国内原创科幻 IP 周边制造与销售产值约为 25.48 亿元,占比约为 43%,产值相比 2020 年同期大幅增长,约为 140%;国外科幻 IP 周边制造与销售产值约为 33.17 亿元,占比约为 57%(图 2)。

---

① "周边"也被广泛地称为"衍生品",或在某些语境下被称为"文创产品",本文统一使用"周边"一词描述。

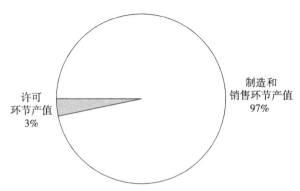

图1 2021年度中国科幻周边产业许可环节与制造和销售环节产值占比

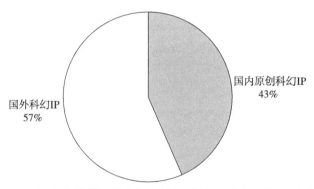

图2 2021年度中国科幻周边产业制造和销售环节国内外IP产值占比

短期来看，这反映了我国经济在2020年受新冠肺炎疫情影响过后实现了触底反弹，与文化娱乐消费的整体回暖同步。长期来看，这反映了我国科幻文学、科幻影视、科幻游戏等IP原生领域长期以来的不断发展，以及我国科幻周边产业IP开发和转化水平近10年从无到有的巨大提升。尽管国外科幻IP的周边产品仍在国内市场中占据半壁江山，但国内原创科幻IP的周边已经迎头赶上，在国内市场上与国外科幻IP的产值来到了同一个数量级。国内原创科幻IP周边在市场不断扩大的过程中成功实现了市场份额的代差追赶，这一成绩十分值得肯定，也证明了我国科幻周边产业已迈入新的发展阶段。

二、年度科幻周边产业主要 IP 情况

（一）国内原创科幻 IP

2021 年全年，我国市场上国内原创科幻 IP 周边制造与销售产值约为 25.48 亿元，相比 2020 年同期大幅增长，成绩喜人。在 2021 年国内科幻周边市场上取得了显著成绩的国内原创科幻 IP，主要可分为三类：刘慈欣科幻 IP、国创儿童科幻 IP、国创二次元科幻 IP。

其中，刘慈欣科幻 IP 产值约为 3.49 亿元，占比约为 14%；国创儿童科幻 IP 产值约为 19.38 亿元，占比约为 76%；国创二次元科幻 IP 产值约为 2.61 亿元，占比约为 10%（图 3）。

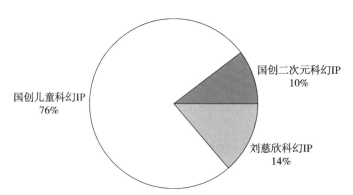

图 3　国内原创科幻 IP 各大类产值占比

三者的区别绝不仅是 IP 属性不同，而是在于商业逻辑的巨大差异。这一差异导致其各自的发展历史、现状和可预期的未来都不尽相同。有的是特殊历史时期和杰出创作者的天作之合，有的是极为类型化的绝对主场，还有的是国际上的成熟模式在国内的本土化。下面将一一展开介绍。

1. 刘慈欣科幻 IP

刘慈欣科幻 IP 主要包括两个："三体"和"流浪地球"。在刘慈欣科幻 IP

创造的 3.49 亿元周边产值中，"三体"贡献了约 1.22 亿元，约占 35%；"流浪地球"贡献了约 2.27 亿元，约占 65%（图 4）。

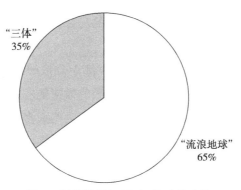

"三体"
35%

"流浪地球"
65%

图 4 刘慈欣科幻 IP 各 IP 产值占比

刘慈欣科幻 IP 在周边市场上取得的成绩是特殊历史时期和杰出创作者的天作之合。在 2011 年左右，我国科幻周边产业刚刚起步之时，"三体"这一 IP 就开始进行周边化运作，和我国科幻周边产业一起从零开始成长了起来。它不仅是我国在周边市场上最早取得显著成绩的科幻 IP 之一，更为特殊的是，"三体"至今为止仍然是一个文学 IP。

刘慈欣科幻 IP 是国内唯一拥有文学 IP 的科幻周边产业类型，但这并不代表我国其他科幻文学作品的水平不如刘慈欣科幻 IP 中文学作品的水平。即使放眼全球，在取得了显著市场份额的科幻 IP 之中，直接从文学转化为周边的 IP 也是极其罕见的。而在国内周边市场销量可观的国外科幻 IP 之中，直接来源于科幻文学的更是一个都没有。这充分说明，刘慈欣科幻 IP 是全球范围内十分特殊的一类，它的存在不仅是刘慈欣本人和我国科幻文学水平的体现，更是我国科幻周边市场近十年逐渐发展和成熟的见证，是特殊历史时期的产物，反映这一时代的独有特点。

文学是科幻这一艺术主题的起源地，是许多科幻影视、科幻游戏、科幻绘画、科幻戏剧的来源，被誉为"IP 之母"。然而，文学科幻 IP 的周边市场在世界范围内十分狭小，显著低于影视、游戏等。究其原因，主要有以下两点。

第一，周边产业对 IP 的基本要求是原创性、代表性、符号化。文学在代表性和符号化这两个因素上，由于没有具体形象的视觉呈现，所以全面落败于影视、游戏等各种拥有视觉形象的艺术形式。尤其在今天，普通人观看一段视频的难度很低，人们打开抖音、快手、B站就能免费享受到大量视觉刺激，对那些拥有视觉形象的艺术形式来说是极大的利好，而对文学这一没有视觉形象的艺术形式就是极大的不利了。

在任何一个时代，商品的宣传和销售都十分依赖视觉刺激，对于周边产品这种特殊的商品而言更是如此。视觉刺激的效果能够极大地左右周边产品的销量，几乎是一款周边产品的生命线。这是因为绝大多数周边产品消费的本质是娱乐消费，视觉刺激本来就是娱乐产品销售的最主要手段之一。大多数消费者选择周边产品的时候，首先会排除自己觉得不好看的产品，然后再从好看的产品中考虑价格、品质等因素进行购买。

这就导致能够改编为多种艺术形式、拥有极大可能性的"IP之母"文学，由于没有固定的视觉形象、持久的视觉刺激，几乎无法打开周边产品的市场。在刘慈欣最知名的科幻作品"三体"系列中，主要人物罗辑拥有极高的人气，看似可以推出周边产品，但一千个人心中有一千个罗辑的形象，厂商做罗辑玩偶的时候该怎么办？玩偶做出来了，一千个喜爱罗辑的人中，也许会有一个去购买，但可能有九百个绝不购买，还可能有九十九个在网上怒斥这个玩偶根本不像罗辑。其实他们也不知道自己心中的罗辑是什么形象，因为罗辑直到今天也并没有官方视觉形象。这就是文学直接转化为周边产品最大的症结所在。

第二，科幻文学进行了影视、游戏等视觉化改编之后，所开发的周边产品并不算作科幻文学自己的周边产品，而算作改编后的科幻影视、科幻游戏的周边产品。这一方面是统计口径上的惯例，另一方面来说，这种惯例也有其合理性。

首先，视觉刺激是周边产品的生命线，所以很多周边依托于视觉化改编后的作品而存在，没有视觉化改编就没有这些周边。例如，刘慈欣的科幻小说《流浪地球》改编为电影《流浪地球》之后，才有了"流浪地球"这个一直火爆到今天的科幻周边IP。2021年，"流浪地球"的周边产值超过了"三体"，一方面说明了视觉化改编的重要性，另一方面也证明了将这些周边产品归属到视觉化改编后的作品，是十分合理的事情。

其次，改编本来就具有原创性，世界上任何一个国家的著作权相关法律都不认为原作者的作品被改编为其他艺术形式之后，原作者能理所当然地享受改编作品的全部权利。这就如同孩子的 DNA 虽然来自父母，但孩子也是一个独立的自然人，父母不能理所当然地认为自己拥有孩子的全部权利一样。因此，文学虽然是"IP 之母"，但影视、游戏这些"孩子"在科幻周边领域取得的巨大成绩，也不应该划到文学的名下。

因此，即使国内外许多科幻 IP 发源于科幻文学，但由于其周边产品围绕这些科幻文学视觉化改编后的成果而存在，所以就不能算作科幻文学的周边产品，只能算作那些视觉化改编的成果的周边产品。当然，这里需要注意的是改编这一行为并不能产生周边，改编产生的是该 IP 在其他艺术形式中的新作，理由依然是 IP 存在原创性。仍然以《流浪地球》为例，电影《流浪地球》不能算作小说《流浪地球》的周边，就是这一原则的体现。

在这些巨大的不利因素影响之下，科幻文学 IP 在世界范围内都难以打开周边市场。刘慈欣科幻 IP 能在国内科幻周边市场取得如此成绩，其特殊性就在于我国科幻周边市场和科幻改编领域在最近 10 年突飞猛进式的发展。过去 10 年只是这个市场、这个领域从无到有的孩提时代，而刘慈欣恰好遇上了这个时代。

刘慈欣最著名的作品"三体"三部曲最后一部出版于 2010 年年底，由于全系列出色的质量，"三体"系列的知名度在完结后就达到了国内科幻领域的第一梯队。此后，"三体"系列第一部于 2015 年获得雨果奖，既标志着"三体"被国际认可，也标志着"三体"的知名度正式"破圈"，不仅冲出国门，而且冲到了千家万户之中。大量对科幻兴趣平平的人群，即使没读过"三体"，也听说过"三体"，说明其知名度就是当仁不让的国内科幻 IP 第一。而那时正是我国科幻周边产业的萌芽期，消费者渴求着国产原创科幻 IP 的周边产品，市场可以说是一片蓝海。可同期的国产科幻影视、国产科幻游戏还有巨大的进步空间，即使有国产这一属性的加持，也无法和国外早就成熟的科幻 IP 同台竞技，IP 自身的生存都成问题，遑论开发周边产品了。在这样特殊的历史背景下，"三体"作为国内原创科幻 IP 的代表，尽管完全没有视觉化改编，其周边还是成了那个时代唯一销量可观的国内原创科幻 IP 周边，为国内原创科幻 IP 在周边领域保留了珍贵的火种。

时至今日，国产科幻影视、国产科幻游戏等国内原创科幻 IP 不断涌现，国内科幻周边开发不断完善，国内科幻周边市场不断发展，产值与日俱增，和

2015 年相比实现了数量级的提升。因此，国内科幻文学即使再有"三体"系列这样"破圈"级别的知名作品，也很难在没有视觉化改编的情况下实现"三体"的周边销量了。这种现象其实才是全球科幻周边产业成熟后的常态。但"三体"系列自身，连同刘慈欣的其他科幻文学作品一起，尽管不再拥有绝对领先的科幻周边市场份额，却必将作为一个时代的痕迹、一个成长的印记，一直伴随着我们的科幻周边市场不断发展，不断壮大。

2. 国创儿童科幻 IP

国创儿童科幻 IP 主要包括 4 个 IP："百变布鲁可""超级飞侠""迷你特工队""咖宝车神"。在国创儿童科幻 IP 创造的 19.38 亿元周边产值中，"百变布鲁可"贡献了约 8.18 亿元，约占 42%；"超级飞侠"贡献了约 6.19 亿元，约占 32%；"迷你特工队"贡献了约 2.69 亿元，约占 14%；"咖宝车神"贡献了约 2.31 亿元，约占 12%（图 5）。

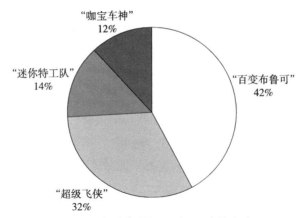

图 5　国创儿童科幻 IP 各 IP 产值占比

国创儿童科幻 IP 指的是 IP 本身和周边产品都完全面向儿童，尤其是针对 2~6 岁的儿童所开发的科幻 IP。在这一类型中，2021 年国创 IP 的科幻周边产品对国外 IP 的科幻周边产品形成了压倒性的优势，成功将这一市场化为了国创 IP 的绝对主场。

这一类科幻 IP 本身是科幻元素比较浓厚的儿童动画，目标观众是年龄较小的儿童，以 2~6 岁为主。这类动画往往以数个孩子组成的团队为主人公，在道具的帮助下，和其他生命体交朋友，一起对抗邪恶组织，或者在一个科幻世界中冒险。这种极为类型化的作品在各国的文化产业中都占有一块十分稳定的市场，且故事架构和人物形象都十分相似，原因是年龄较小的孩子所能接受的文化产品本来就十分相似，孩子们无法消化过于复杂的剧情，只能从简单的开始。

这一类 IP 及其周边产品的兴旺，标志着我国文化产业收回了一块本就属于自己的阵地。这类 IP 和配套的周边产品在国外有许多，曾经很受我国 2~6 岁儿童及其家长的欢迎，在科幻周边市场上占据很大的份额，2021 年却风光不再。其中的原因在于，这一阶段的儿童尚未完全识字，无法跟上字幕的速度，国外的 IP 又不使用汉语制作，因此在这一类型化的市场上劣势显著。这一劣势虽然可以靠配音弥补，但这一类 IP 简单的故事和人物使得原创基本只受到文化产业技术水平的限制，只要文化产业的技术水平上来了，能够满足我国儿童的需求了，配音的外国 IP 就无法再占据我国市场了。因此，2021 年国创儿童科幻 IP 在我国周边市场上对国外的同类型 IP 形成压倒性的优势，标志着我国已经夺回了这块优势巨大的主场。

这一领域的市场是巨大的。国创儿童科幻 IP 是三个国内原创科幻 IP 类型中周边产值最大的一类，占到了所有国内原创科幻 IP 在周边市场上产值的75%以上。"超级飞侠""百变布鲁可""咖宝车神""迷你特工队"，每一个 IP 在周边市场上的年产值都比"三体"要高出许多。其中最为成功的"百变布鲁可"系列，年产值比"三体"和"流浪地球"加起来还要高，相当于整个刘慈欣科幻 IP 的周边产值。即使是 4 部作品中产值最低的"咖宝车神"，月产值也接近 2000 万元。这充分证明了原创 IP 的重要性。这一类型的 IP 在文化领域击败了国外的竞争对手，吸引到了海量的国内目标观众，所以即便它的周边产业还不是非常完善，依然能占据十分庞大的市场，而且还有进一步发展的空间。"三体"虽然也击败了国外的对手，但它更像一根独苗，独木难支，而国创儿童科幻 IP 作为一个整体已经把国外的竞争者拒于国门之外了，每一个 IP 个体也因此实现了比"三体"更高的销售额。我国科幻周边产业需要我国原创科幻 IP 的整体水平不断提高，达到甚至超越国外科幻 IP 的水平，才能实现进一步的发展。

3. 国创二次元科幻 IP

国创二次元科幻 IP 主要包括 4 个 IP："崩坏 3""明日方舟""灵笼""洛

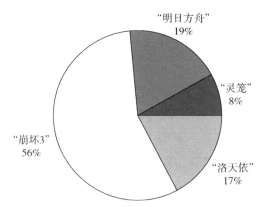

天依"。在国创二次元科幻IP创造的2.61亿元周边产值中，"崩坏3"贡献了约1.47亿元，约占56%；"明日方舟"贡献了约0.48亿元，约占19%；"灵笼"贡献了约0.21亿元，约占8%；"洛天依"贡献了约0.45亿元，约占17%（图6）。

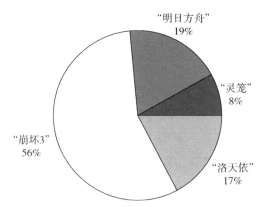

图6 国创二次元科幻IP各IP产值占比

国创二次元科幻IP是国际上成熟的商业模式在我国的本土化。这一类IP的特点是带有"二次元"属性。在国内科幻周边市场上取得了明显成绩的IP主要是其中的二次元游戏和二次元动画。二次元的基本要求是卡通化的视觉形象，其本身就比真人更加符合周边产业对IP的基本要求，即原创性、代表性、符号化。但是，国创儿童科幻IP就动画而言，在卡通化的程度上与二次元动画不相上下，却不属于二次元动画，原因就在于"二次元"这一属性特殊的内在逻辑，及其衍生出的一整套独特的商业模式。

二次元发源于日本，在我国也被称为"ACG"，即动画（animation）、漫画（comic）、电子游戏（game），它们正是二次元所涉及的三大领域。二次元不只是一种商业属性，更是一种文化属性，是一种较为独立又较为庞大的亚文化。现如今，我国有数以千万计的人群部分认同或属于这个亚文化群体，支撑起了一个庞大的周边市场。这一亚文化在IP开发上的特点是内循环，即一般来说，只有认同二次元的群体才能创作出富有二次元精神的艺术作品；这些艺术作品在成为IP之后，如果想进行周边开发，基本也只能按照二次元的商业模式进行；至于这些周边产品的目标消费者，正是认同二次元的群体。由此，二次元亚文化形成了一个闭环。这种独立性、封闭性、内部循环的特性使得二次元科幻IP的周边产业具有一整套独特的商业模式，而这种独特的商业模式正是区分二次元科幻IP和其他科幻IP的关键所在。

二次元科幻IP的版权方，往往在制作一部动画或游戏时并不会考虑周边产品这种遥远的事情，而是着眼于其本身的销量。周边对于版权方来说，更像是一份额外的收入而非追求的目标，是锦上添花而非雪中送炭。这与国创儿童科幻IP完全不同。例如，国创儿童科幻IP的典型成功案例、上文提到的"百变布鲁可"的版权方布鲁可集团，核心业务其实是玩具积木。在某种程度上，《百变布鲁可》动画可以视为其玩具积木的宣传片。国创儿童科幻IP大多如此。

由于并不直接追求周边的销量，二次元科幻IP虽然喜欢做一些非常简单的小周边当成宣传品，如抱枕和钥匙扣，但真正能依靠开发周边持续盈利的十不存一。大量的二次元科幻IP在市场上不断竞争，只有那些人气很高的IP才会真正制作盈利性的周边，其中标志性的核心产品就是手办（动漫形象的立体静态模型）。手办动辄上千元一个，脆弱到掉下桌子就会摔坏，但就是被二次元群体追捧，是二次元IP的代表性周边。

当版权方意识到自己的二次元科幻IP人气很高后，就会授权领域内的相关公司生产诸如手办、粘土人、扭蛋、Figma（可动式人物模型）等二次元周边代为销售。同时，版权方也会自己生产一些简单的二次元周边，如明信片、立牌、钥匙扣、徽章等，利用自己版权方的身份贩卖。其实，人气较高的二次元科幻IP往往在版权方制造周边之前就有许多简单的周边被个人制作出来，通过漫展这种二次元文化的大型集散市场在二次元群体之间流通了。但是版权方一般不打击这种事实上的个人盗版行为，反而加以鼓励，因为它们的产值不高，而且版权方正是靠这些自发制作的周边及其流通情况来判断是否要进行大规模周边开发的。它们是免费而真实的市场晴雨表。

不管是国内原创的二次元科幻IP，还是国外的ACG科幻IP，基本都遵循这套商业模式进行周边开发。所以在二次元文化大型集散市场，也就是漫展，比如ChinaJoy上，既能看到国外的IP，也能看到国内的IP。由于商业模式的高度相同以及日本在这一亚文化领域的先发优势，即使在国内市场上，国创二次元科幻 IP 周边的产值也远不如国外 ACG 科幻 IP 周边的产值,整体来说比对方差了一个数量级左右。

但是在一些日本先发优势并不明显的领域,我国的原创二次元科幻 IP 交出了十分喜人的答卷。例如,智能手机的普及是近 15 年才逐渐发生的,所以在二次元科幻手机游戏周边这个细分领域上,日本的先发优势较小。再加上语言的隔阂和手机游戏本身的特殊商业逻辑,以及国内手机游戏公司的不懈努力,二次元科幻手机游戏周边已经成为国创二次元科幻 IP 周边产业的顶梁柱,基本把日本手机游戏及其周边拒于国门之外,成了国创二次元科幻 IP 中唯一对国外具有绝对优势的细分领域。其典型代表就是 2011 年成立的米哈游科技(上海)有限公司在 2016 年推出的二次元科幻手机游戏《崩坏 3》,2017 年成立的上海鹰角网络科技有限公司于 2019 年推出的二次元科幻手机游戏《明日方舟》,以及 2015 年成立的上海散爆网络科技有限公司于 2016 年推出的二次元科幻手机游戏《少女前线》。三款游戏都是在本体取得很高的收入和人气之后进行了周边开发,推出手办、立牌等典型二次元周边,并在周边方面也取得了很好的销售额。但即便如此,2021 年三个 IP 的产值之和也略低于"咖宝车神"的周边产值,《少女前线》游戏更是被玩家们称为"过气",观察不到较为可观的周边产值。其原因就在于有限的二次元群体被国外 ACG 作品大量分流。国创二次元科幻 IP 在周边产业上的进一步发展,仍然有赖于更多的原创优秀二次元科幻作品,去和日本以及其他国家的对手竞争二次元人群的周边市场。

(二)国外科幻 IP

2021 年全年,我国市场上国外科幻 IP 周边制造与销售产值约为 33.17 亿元。在 2021 年的国内科幻周边市场上取得了显著成绩的国外科幻 IP,主要有 7 个:"哆啦 A 梦""钢铁侠""变形金刚""星球大战""奥特曼""机动战士高达""侏罗纪世界"。

其中,"哆啦 A 梦"产值约为 7.57 亿元,占比约为 22.8%;"钢铁侠"产值约为 3.67 亿元,占比约为 11.1%;"变形金刚"产值约为 3.79 亿元,占比约为 11.4%;"星球大战"产值约为 1.69 亿元,占比约为 5.1%;"奥特曼"产值约为

10.47 亿元，占比约为 31.6%；"机动战士高达"产值约为 4.79 亿元，占比约为 14.4%；"侏罗纪世界"产值约为 0.78 亿元，占比约为 2.4%；其他 IP 产值合计 约为 0.41 亿元，合计占比约为 1.2%（图 7）。

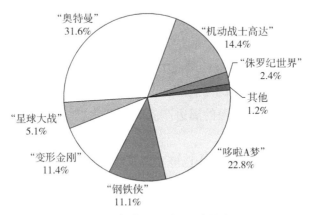

图 7　国外科幻 IP 各 IP 产值占比

　　这 7 个 IP 都是诞生于 20 世纪，长期有新作问世，以影视和动画为主的全 球性系列科幻 IP。这些科幻 IP 不仅在我国和其 IP 所属国家拥有巨大的周边销 量，在全球文化市场上也拥有巨大的产值。由于长期的创作改编，以及目标受 众的庞大和分散，这些 IP 大多不像国创科幻 IP 那样拥有清晰的定位，大多是 多种周边产业商业模式的混合体，只是各有侧重。其中有三条清晰的主线：影 视科幻 IP、ACG 科幻 IP、儿童科幻 IP，它们是国际科幻周边市场的三种主要商 业模式。以上 7 个科幻 IP 大多属于这三种商业模式的混合体。

　　1. 影视科幻 IP

　　影视科幻 IP 将真人科幻电影或真人科幻电视剧作为核心 IP 开发周边，上 游版权方多为欧美公司，典型案例是迪士尼公司和其全球知名的科幻 IP "星 球大战"。"星球大战"的周边产品在我国的销售额略低于"咖宝车神"，文化 上的影响却远远大于后者，因为这一类 IP 的目标受众十分广泛，不仅是 2~6 岁的儿童，青少年、成年人都是其潜在受众。

　　在影视科幻 IP 成熟的周边开发模式中，总体的理念是"早期介入，全程 控制，良性循环"。这一模式的理想状态是由 IP 版权方，也就是影视的出品方

完全主导，全面把控各类周边的制造，销售也要按照影视出品方的规定进行，全面配合影视本身的热度，让影视和周边产品互为宣传，形成影视人气和周边人气的良性循环。

这种商业模式以美国的迪士尼公司最为典型。迪士尼公司2012年收购"星球大战"系列原版权方卢卡斯影业后继续拍摄"星球大战"系列真人科幻电影，2015年的《星球大战：原力觉醒》、2016年的《星球大战外传：侠盗一号》、2017年的《星球大战：最后的绝地武士》、2018年的《游侠索罗：星球大战外传》以及2019年的《星球大战：天行者崛起》，都是这一模式的典范。"星球大战"系列在我国的周边产值及其文化影响力，就是其成功最好的说明。

我国在影视科幻IP周边化上已经实现了零的突破。2019年的国产电影《流浪地球》基本实现了周边化，并且在2021年仍然取得了2.27亿元的周边产值。

2. ACG 科幻 IP

ACG科幻IP将ACG作为核心IP开发周边，具有独特的亚文化属性和商业模式，与国创二次元科幻IP十分类似，只是涵盖的范围更广，产值更高，模式更成熟。

在ACG科幻IP成熟的周边开发模式中，总体的理念是"物竞天择，官私共生，圈地自萌"。这三点在国创二次元科幻IP中均有体现，不再赘述。其理想状态是IP的粉丝们自发维护IP的人气，也就是粉丝大量使用IP中的形象进行绘画、剪辑等二次创作，从而打造独属于本IP的亚文化圈层（即所谓的同人文化），进而保持粉丝的数量和忠诚，带动周边产品的销量。

这种商业模式发源于日本，典型公司是日本万代南梦宫控股。由其子公司日昇制作的系列科幻动画《机动战士高达》包含了超过40部动画作品，而其另一子公司万代制造的"机动战士高达"周边产品，在我国的销售额约为"咖宝车神"的3倍，证明了这一商业模式的巨大成功。

我国在ACG科幻IP的基础上发展出了本土的二次元科幻IP，虽然产值仍然与国外同类IP有较大差距，但作为一个整体已经取得了不俗的成绩。

3. 儿童科幻 IP

儿童科幻IP特指面向儿童，尤其是2~6岁儿童的科幻IP，其周边产品的商业模式在前文"国创儿童科幻 IP"中已有详述。

我国的儿童科幻 IP 已经夺回了这块市场。国外的非融合型儿童科幻 IP 在我国几乎没有市场。

4. 融合型科幻 IP

兼具多种科幻 IP 的特点，融合了不同商业模式于一身的科幻 IP 就是融合型科幻 IP。这种 IP 是全球性科幻 IP 中的主流，但它们之间并没有显著的相似之处，甚至完全不相同，只是因为都吸取了三种单一模式的部分特点，所以才被归为融合型科幻 IP。它们所吸取的特点和融合的方式都不相同，每一个都走出了自己独特的道路。

其中，"哆啦 A 梦"是儿童科幻和 ACG 科幻的融合型科幻 IP；"变形金刚"是儿童科幻和影视科幻的融合型科幻 IP；"钢铁侠"是发源于 ACG 却使用影视科幻商业模式发展的融合型科幻 IP；"侏罗纪世界"是发源于影视科幻却使用儿童科幻商业模式发展的融合型科幻 IP；"奥特曼"则是儿童科幻、ACG 科幻和影视科幻结合在一起的融合型科幻 IP。

上述 5 个国外科幻 IP 在国内科幻周边市场上的产值之和，高于全部国内原创科幻 IP 的产值之和。由于它们各自特殊的融合型 IP 商业模式在国内还没有竞争者，其庞大的市场份额还会持续许多年，需要国内原创科幻 IP 本身和配套的周边产业实现长足进步之后，才能挑战它们的地位。

（三）小结

IP 之所以是周边所围绕的核心，不仅是因为周边产品围绕 IP 生产，更在于 IP 本身的属性就代表了一种商业模式。在影视科幻 IP、ACG 科幻 IP、儿童科幻 IP 这三种主流商业模式上，我国都有成功的案例和一定的市场份额。尤其值得欣慰的是，国内科幻 IP 主要以近 10 年内开始创作的新 IP 为主，IP 年限最长的也不过是 2006 年开始连载的"三体"系列科幻小说；而国外科幻 IP 主要是老牌科幻 IP，没有 2000 年以后才诞生的科幻 IP。这证明了我国在 IP 领域和周边产业上的不断发展，以及我国科幻周边产业值得期许的未来。

三、年度科幻周边产业主要产品品类

科幻周边产品可以粗略地分为硬周边（core hobby，指扭蛋、立牌、模型、手办等基本仅用于观赏和收藏的周边产品）与软周边（light hobby，指文具、服饰、食品、饮料等具有一定实用性的周边产品）。硬周边在品类上主要集中于玩具游艺大类，主要包括模型和玩具两个小类，另有珠宝首饰和文旅礼品两个大类为辅。软周边则包罗万象，服装鞋帽、食品饮料、家居用品、个人护理、办公文具是其主流大类，皮具箱包、母婴用品、数码3C乃至医药健康等大类，也在不同的IP中占据重要份额。

这种分类方式着眼于商品本身的实用性，在一定程度上代表了消费者购买的目的，背后是不同商业模式所面向的不同消费者，以及这些商业模式下消费者的不同消费倾向。使用相同商业模式的IP，其周边产品的品类也是相似的。因此本章不作国内外区分，而是着眼于影视科幻IP、ACG科幻IP、儿童科幻IP及融合型科幻IP的产品品类，表述国内外科幻IP周边产品品类情况，为国内科幻IP的进一步发展提供建议。

（一）影视科幻IP

国内外含有影视科幻IP成分的科幻IP，如"流浪地球"，均属于影视科幻IP。由于"早期介入，全程控制，良性循环"的总体理念，IP版权方的全产业链把控，以及周边产品需要和影视本身互相宣传的产品定位，这一模式的周边品类偏多，产品偏软。

例如，"星球大战"作为全球性老牌影视科幻IP，2021年在我国实现了1.88亿元的产值，覆盖了58个小类的周边产品。其销量最好的单品是服装鞋帽大类中运动服饰小类的联名T恤，紧随其后的是同一小类的联名卫衣、长裤、短袖等周边产品。硬周边的代表大类玩具游艺，只占到其销售额的30%左右。

"流浪地球"IP在这一点上需要加强。"流浪地球"这一IP在2021年实现了2.27亿元的产值，只覆盖了39个小类的周边产品，其中玩具游艺大类的贡献在 60% 以上。纵观影视科幻 IP 的成功案例，"流浪地球"周边的发展方向应当是越来越软，品类越来越多，从而越来越贴近生活，走进千家万户。

（二）ACG 科幻 IP

含有 ACG 成分的国创二次元科幻 IP 和国外科幻 IP，均可归为 ACG 科幻 IP。由于"物竞天择，官私共生，圈地自萌"的总体理念，亚文化消费的内部循环特征，以及同人文化的影响，这一模式的周边品类偏少，产品偏硬。

例如，"机动战士高达"作为全球性老牌 ACG 科幻 IP，2021 年在我国实现了远高于"星球大战"的 5.33 亿元产值，覆盖的小品类却没有"星球大战"多，仅为 46 个。其中，硬周边最典型的代表——玩具游艺大类下属的模型小类，就占到了其销售额的 70% 以上。这是非常典型的 ACG 科幻 IP，体现了 ACG 科幻 IP 周边产品普遍偏硬的特点。

国创二次元科幻 IP 的代表——手机游戏 IP"崩坏 3"在 2021 年实现了 1.47 亿元的产值，但覆盖的小品类只有 25 个。它在玩具游艺大类上的销售额占比达到了 80% 以上，在排名第二的服装鞋帽大类上的销售额的很大一部分属于一种特殊的硬周边——Cosplay 服装，而非服装鞋帽大类通常所属的软周边。这是国创二次元科幻 IP 趋于成熟的正常现象，应当秉持这一理念继续发展。

（三）儿童科幻 IP

在 2021 年的国内市场上，只有国创儿童科幻 IP 完全属于儿童科幻 IP 这一类型。正如前文所述，这一类 IP 的商业模式非常类型化，受众精准指向 2~6 岁的儿童，因此周边品类极少，销量可观的周边产品几乎只有一种——儿童玩具。

"百变布鲁可"作为国创儿童科幻 IP 的代表，在 2021 年实现了 8.18 亿元的产值，覆盖的小品类却只有 7 个，95% 以上的销售额都来自玩具游艺大类，而且都是儿童玩具。这更加说明了主业为玩具积木的布鲁可集团所制作的动画《百变布鲁可》，本质上是其玩具积木的宣传片。其他国创儿童科幻 IP 的情况均与此十分相似，而这正是儿童科幻 IP 商业模式的精髓，这些公司已经深谙其道。

（四）融合型科幻 IP

融合型科幻 IP 兼具多种 IP 的特点，融合了不同商业模式于一身，主要指的是"哆啦 A 梦""变形金刚""钢铁侠""侏罗纪世界""奥特曼"5 个 IP。总体而言，它们的特点是周边品类偏多，软硬兼有，根据各自的特点有不同的偏向。

例如，2021 年产值最高的科幻 IP"奥特曼"，覆盖了 43 个小品类，玩具游艺大类占到了销售额的 80% 以上，十分偏向于硬周边。而 2021 年产值次高的 IP"哆啦 A 梦"，虽然也融合了 ACG 科幻 IP 的部分特征，却覆盖了高达 79 个的小品类，是所有 IP 中最多的；同时玩具游艺大类占其销售额的比例不到 10%，是所有 IP 中最低的，因此是最偏向软周边的。其各自的特点不一而足，互相之间并不相似。

（五）小结

从周边产品的品类来看，影视科幻 IP 是我国最需要发展的科幻周边产业 IP 类型，需要更多的软周边品类和影视本身形成宣传上的配合；ACG 科幻 IP 是我国较为成熟的科幻周边产业 IP 类型，需要和具有先发优势的国外同类 IP 长期竞争；儿童科幻 IP 是我国最为成熟的科幻周边产业 IP 类型，下一步是向融合型科幻 IP 进行产业升级；融合型科幻 IP 是我国目前没有的科幻 IP 类型，是我国科幻 IP 的学习对象，需要进一步的发展和产业升级。

四、年度科幻周边产业重要现象观察

2021 年，我国科幻周边产业实现了进一步的发展。在这一发展过程中，有一些重要的现象由于分类的缘故或者产值的因素未能在上文中展开介绍和分析。其中有三个现象最值得关注：航天周边产品的庞大市场、科幻 NFT 在我国的首次发售、虚拟偶像产业的科幻 IP 可能性。

（一）航天周边产品的庞大市场

航天周边产品是以真实存在的航天器、航天活动、航天技术或航天机构为核心 IP 开发的周边产品，2021 年度总产值约为 10.73 亿元。相比 2021 年度科幻周边产业的 60.65 亿元总产值而言，这也是一块庞大的市场，主要包括两个 IP：中国航天、NASA（美国国家航空航天局）。

其中，中国航天的产值约为 3.05 亿元，约占 28%；NASA 的产值约为 7.68 亿元，约占 72%（图 8）。

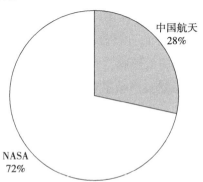

图 8 航天周边产品各 IP 产值占比

航天周边产品十分偏向软周边，尤其是服装鞋帽大类，在"中国航天"里占据了销售额的 40%，在"NASA"里占据了销售额的 90% 以上。在服装鞋帽大类中，二者的选择也十分一致，主要的周边产品都是联名 T 恤。在服装以外，办公文具、数码 3C 等都是常见的品类，硬周边的代表玩具游艺的销售额占比均不到 10%。其中，"中国航天"充分发挥主场优势，和国内大量企业进行了多种多样的联名，包括大米、手机、茶叶等，十分有活力。

航天周边产品所围绕的 IP 是真实存在的事物，因此没有列入科幻周边产品进行统计和分析。但高度发达的航天技术是科幻作品中非常常见的要素，许多科幻作品直接围绕宇宙航行而展开，如《流浪地球》。所以，航天周边产品和科幻周边产品最为接近，许多制造、销售科幻周边产品的企业也会制造和销售航天周边产品，许多购买科幻周边产品的消费者也会购买航天周边产品，尤其是其中的硬周边。典型案例就是成都翌星文化传媒有限公司下属的品牌赛凡科幻空间，制造、销售了大量"三体"和"流浪地球"的周边的同时，也制造、销售了"祝融"Q版火星车模型，以及许多中国航天、中国探月相关的徽章等。这无疑是一个值得长期关注的领域。

（二）科幻NFT在我国的首次发售

NFT（non-fungible token）即非同质化令牌，是一种经过区块链技术加密的数字资产，无法分割、无法替代、独一无二。目前，NFT作为一种新兴的数字收藏品风靡于国外，在周边产业中属于硬周边。

2021年9月，上海浦东新区科幻协会联合上海上亿传媒股份有限公司，推出了中国第一套科幻题材的NFT。该套NFT是刘慈欣、王晋康、韩松等16位国内知名科幻作家亲笔签名的科幻绘画，共16款，每款限量2000~10000张不等，一经发售即被抢购一空。虽然只产生了百万元级别的销售额，但作为一种全新的周边产品在我国首次和科幻合作的成果，具有先驱级的意义，被多家媒体报道。上海浦东新区科幻协会主席顾备表示，这是科幻领域第一次尝试NFT数字艺术，也是第一次尝试数字艺术发行与科幻小说的联动，未来或可尝试更多的联动。相信在2022年的科幻周边市场上，NFT会取得更大的成绩。

（三）虚拟偶像产业的科幻IP可能性

虚拟偶像脱胎于Virtual YouTuber（VTB, Vtuber），即虚拟up主。虚拟up主指在视频、直播等活动中均以虚拟形象示人，并且强调该虚拟形象的流媒体平台账号。虚拟偶像则在此基础上更进一步，指以盈利为目的，以直播为主要手段，部分依靠唱歌、跳舞等行为，只使用虚拟形象面对观众的流媒体账号，也指该虚拟形象本身。虚拟偶像的虚拟形象通常是人形，在直播时，由一名演员穿着动作捕捉服并使用表情捕捉设备，将演员的动作和表情实时转化为虚拟形象的动作和表情，以此完成直播。其收益主要来自直播打赏和有偿会员服务。

虚拟偶像产业自2019年萌芽开始，到2021年已经初步形成规模。2021年全年，由北京乐华圆娱文化传播有限公司进行偶像运营，北京字节跳动科技有限公司提供技术支持，以B站为直播主阵地，成立于2020年年底的虚拟偶像女团A-SOUL使乐华的泛娱乐板块收入由2108万元暴增至3787万元，成本却由 917 万元下降到 845 万元,毛利率高达 77.7%。与此同时,大量虚拟偶像如同雨后春笋一般从各平台开始了"野蛮生长",虚拟偶像带动的核心市场规模高达 62.2 亿元。

在虚拟偶像获得知名度后,公司常常通过销售周边产品来增加收入。仍以 A-SOUL 为例,截至 2021 年年底,其已经与 KFC、欧莱雅、KEEP 等多家企业联名进行了周边销售,其本身的硬周边也早已推出,且销量不俗。尽管具体的商业模式还有待摸索,但虚拟偶像俨然已成为一种全新的 IP,这次我国并未落后,国外虚拟偶像的先发优势并不明显。

虚拟偶像产业的科幻 IP 可能性:一方面来自其本身和元宇宙概念的互动,即虚拟偶像是居住在元宇宙中的偶像;另一方面许多虚拟偶像本身就带有科幻元素,例如设定是来自未来的,直播间充满科幻风格等,具有近乎无限的可能性。

五、总结与展望

在国内原创科幻 IP 的三种类型中,刘慈欣科幻 IP 是特殊历史时期的产物,不具备可复制性,但是它可以进一步开发为 ACG 或影视科幻 IP,从而实现周边销售产值的进一步提升。比较成功的案例就是《流浪地球》的影视化改编,它模仿了国外影视科幻 IP 的商业模式,虽然由于缺少经验和行业面对新模式的谨慎,没有能够完全做到"早期介入,全程控制,良性循环",但也为国内影视科幻 IP 的周边开发树立了榜样。

国创儿童科幻 IP 是我国已经夺回的阵地,代表着一个国际主流的科幻 IP 种类——儿童科幻 IP,以及配套的周边产品商业模式。如今,单一属性的国外儿童科幻 IP 已经无法在国内立足,因此在当下,国创儿童科幻 IP 成了国内原创科幻 IP 在周边行业中的顶梁柱。下一步发展应当丰富周边品类,在面向儿童的前提下考虑玩具之外的更多可能性,以世界级的融合型科幻 IP 为目标,实现蜕变式的发展。

国创二次元科幻 IP 是各方激烈交锋的领域,代表着一个国际主流的科幻 IP 种类——ACG 科幻 IP,以及其配套的周边产品商业模式。然而,日本等国家的先发优势在这一领域过于明显，虽然我国原创二次元 IP 走出了手机游戏这条独特的道路，部分抵消了他国的先发优势，取得了喜人的成果，但是手机游戏毕竟只是 ACG 科幻的一小部分，动画、漫画、电脑和主机游戏的周边产品才是产业的大头。这就需要我国文化产业的进一步发展，在这些领域创作出更多优秀的科幻 IP，与那些世界级的老牌 ACG 科幻 IP 进行长期竞争。

与此同时，国外科幻 IP 已经走出了自己的道路。国外影视科幻 IP 和国外 ACG 科幻 IP 代表了两个国际主流的科幻 IP 种类及其配套的周边产品商业模式。在影视科幻 IP 方面，我国目前只有"流浪地球"一根独苗，还处在萌芽阶段；ACG 科幻 IP 则是激烈交锋的领域，而国外 IP 在其中明显占优。然而，真正的世界级科幻 IP 往往是不同模式的融合体，在取长补短之中成功获得了超脱的地位与巨大的优势，创造出了独有的模式。"哆啦 A 梦""变形金刚""钢铁侠""奥特曼""侏罗纪世界"这 5 个世界级 IP 均是如此。要想挑战这些 IP，我国还有很长的路要走。

但是，在航天周边产品、NFT、虚拟偶像产业的科幻 IP 可能性等新现象上，我们看到了可能的未来，看到了异军突起、弯道超车的机会。我国科幻 IP 普遍比国外科幻 IP 更加年轻，更加具有可塑性，有更多的方向可以去挖掘、去探索、去试验、去超越。

总之，2021 年是我国科幻周边产业童年的结束，少年的开始。在经过了萌芽期和草创期突飞猛进的增长之后，我国科幻周边产业已经发展到了能在国内市场中与国外科幻 IP 分庭抗礼的状态。这一成果无疑是喜人的，但接下来的发展过程不会再像以前那样轻松。我们需要学习的东西会越来越多，需要经历的过程也一个都不会少。三种基本模式我们还没有全部吃透，世界级的融合型 IP 更无从谈起，几种未来的可能性还需要漫长的探索。过去的成绩固然伟大，新的起点却更加迷人。雄关漫道真如铁，而今迈步从头越。希望科幻和周边产业的各位一起努力，在这条道路上留下我们来过的痕迹。

作者简介：

柯昊纯，笔名活都，中国科普作家协会会员，中国农业科学院农业环境与可持续发展研究所研究生。2021 年以第一作者身份在《北京科幻产业发展研究》中发表《北京科幻周边产业发展研究》，同年参与《2021 中国科幻产业报告》的调查和写作。其科幻产业研究、科幻小说等作品另见于《中国青年报》《科普时报》《青少年科技报》等。

姚利芬，中国科普研究所副研究员，主要从事科幻文学、科幻产业、科普创作研究，主持国家级、省部级项目多项，发表论文多篇。

年度科幻文旅产业发展报告

王嘉诚

科幻文旅产业以科幻文化为内容主体，以促进文化旅游发展、完善科幻事业、普及科学思想、承接科幻 IP 转化、传播科幻文化、发展科幻娱乐等为旨归，属于文化旅游产业的组成部分，其本身具有科技属性、文化属性、经济属性与意识形态属性等[1]。

中国科幻文旅产业虽然在 2021 年受到新冠肺炎疫情冲击，但在投资方面保持稳健发展，产业链建构方面实现转型升级，促进科幻产业从集中于文本创作比赛、科幻大会等文化生产端转向文旅等文化消费端。本报告依据科幻文旅产业的形态，将科幻文旅产业分为科幻文旅综合体，科幻主题乐园，科幻小镇、科幻公园、科幻基地、科幻影视园，科幻展览。由于数据获取等相关问题，本报告主要聚焦于 2021 年中国内地的科幻文旅产业项目，考察内地市场。

总体来看，2021 年中国科幻文旅产业投资力度逐渐加大，由于新开发的科幻文旅综合体等相继落地营业，营收为 194.10 亿元。

首钢科幻产业集聚区与成都"中国科幻城"是科幻文旅综合体的典型代表，形成以国家政策为主导、以发展科幻事业为旨归的科幻文旅产业，其特点是国家政策大力扶持、科幻资源产业化明显，形成科幻文化生产—研究—产业转化的发展模式，破除了以往研究、产业转化与市场之间的隔阂，集聚了科幻文化资源与产业资源。首钢科幻产业集聚区的北七筒、1 号高炉"幻真乐园"、"中国科幻大会"等科幻文旅项目在 2021 年逐步投产开放。据相关负责人统计，年营收约 100 亿元。成都"中国科幻城"相应的文旅项目也在建设当中，但项目还未落地，因此暂不计入营收。2021 年，科幻文旅综合体营收为 100 亿元，形成具有中国特色的科幻产业集聚区。

科幻主题乐园包括北京环球度假区、上海迪士尼度假区、中华恐龙园、方特欢乐世界、长隆海洋王国、广州长隆欢乐世界、珠海长隆海洋科学乐园、海昌海洋公园。北京环球度假区于 2021 年 9 月开业，与上海迪士尼度假区形成南北竞争的局面。北京环球度假区采取与上海迪士尼度假区相同的市场化战略，乐园中的科幻文旅项目以大型科幻 IP 的开发为主，将 IP 内容与沉浸式技术结合，为骑乘、游乐项目赋能，开发周边产品进行售卖等，其产业化附着在每一环节，而非对某一环节进行单独开发。相关负责人表示北京环球度假区的科幻文旅项目自开园至今，营收约 11.75 亿元。相比而言，上海迪士尼度假区的科幻文旅项目较少，财报显示年营收约 9.10 亿元。较 2020 年相比，中华恐龙园在 2021 年扭亏为盈，实现营收的稳步增长，财报显示其营收约 4 亿元。华强方特的文化科技文旅项目、长隆集团、海昌海洋公园等都在 2021 年保持了稳健的发展。值得一提的是，华强方特自主开发的科幻 IP "熊出没" 借鉴了好莱坞的开发模式，在线下乐园投放时赢得不俗的口碑，成为中国科幻 IP 转化的代表性项目。长隆集团、海昌海洋公园以中国本土海洋动物为开发热点，形成本土海洋科普 IP 的开发模式。据公司以及相关财报统计，方特欢乐世界 2021 年营收约 3.28 亿元，长隆海洋王国和广州长隆欢乐世界合计营收约 30 亿元，海昌海洋公园营收约 24.60 亿元。综合而言，2021 年科幻主题乐园营收约为 82.73 亿元，显示出平稳发展趋势。

2021 年，科幻小镇、科幻公园、科幻基地、科幻影视园开始尝试摆脱以地产带动文旅的不良发展模式，探索出以科幻想象、科普传播与地方文化特色相结合的发展模式，如贵州平塘县克度镇 FAST 天文小镇、冷湖火星营地、金昌 "火星 1 号基地" 等。当地政府与相关企业在考察自身文化旅游资源的基础上，以天文探索、航天科普、科幻想象为 IP 开发内容，形成独特的科幻文化与旅游资源。这些项目已经全面运营。据当地政府与各公司统计，2021 年 FAST 天文小镇财政收入约为 4694.76 万元，冷湖火星营地营收约为 3000 万元，金昌 "火星 1 号基地" 约为 3000 万元。另外一些项目试图破除以地产为盈利点的发展模式，如海南乐东科幻影视乐园、贵阳东方科幻谷（正在改造升级为

贵州双龙航空港教育科技文旅产业综合体）、清镇侏罗纪恐龙文化科普特色小镇、古龙湖航天文旅小镇、南京江宁蓝星球科幻生态谷等项目，虽然这些项目处于部分开放的状态，但相信在根据自身优势进行产业升级之后，会迸发出新的活力。据当地政府公布的数据来看，2021年开展部分运营且已有营收的项目有贵阳东方科幻谷与古龙湖航天文旅小镇，其中贵阳东方科幻谷2021年营收约为7亿元，古龙湖航天文旅小镇营收约为2.8亿元。综合全面运营与开启部分运营的项目状况来看，2021年科幻小镇、科幻公园、科幻基地、科幻影视园的营收约为10.87亿元。

2021年，科幻展览为科幻文旅产业带来鲜活的动力。其中，科幻展览分为商业化项目与公益性项目。第一种商业化项目包括以《三体》为IP改编的上海三体时空沉浸展、刘慈欣科幻漫画展，以及以"科技创梦　乐赢未来"为主题的ChinaJoy展览，其中ChinaJoy首次增设了"Sci-Fi CON科幻主题展"，丰富了科幻文旅产业的实体形式。第二种则是公益性项目，包括北京科技周科幻分会场"科幻世"科技艺术概念展，以及马门溪龙科幻图书馆，形成科幻与艺术、公益相结合的发展道路。据相关网站数据统计，上海三体时空沉浸展2021年营收约为1400万元，ChinaJoy营收约为3240万元。综合来看，2021年科幻展览营收约为5000万元，形成灵活的发展动力，为科幻文旅产业提供源源不断的创意。

一、科幻文旅综合体形成科幻资源集聚

2021年科幻文旅综合体发展平稳，形成规模性的集聚。

（一）已开启部分运营的项目

2021年6月，国务院在颁布的《全民科学素质行动规划纲要（2021—2035年）》中指出，鼓励有条件的地方设立科幻产业发展基金，打造科幻产业集聚区和科幻主题乐园等，为科幻文旅产业在政策方面提供了大力支持。首钢科幻产业集聚区可以被视为科幻文旅综合体的主要代表之一，以国有资产开发主导，形成以"科幻文化"为基础的文化创意产业集聚区。目前首钢科幻产业集聚区已引进中国科幻研究中心和科技与影视融合中心等，力图将园区打造成"产—学—研—旅"一体化的产业区域。其中北六筒、七筒由腾讯集团租借，进行科幻演播厅与秀场的建设与展览，北七筒已成功举办了 3D 沉浸式光影秀。1 号高炉"幻真乐园"在 2021 年底正式建成并进入投产阶段。园区将 1 号高炉命名为"1 号高炉 SoReal 超体空间"，通过 VR、AR 技术等，与剧场、游戏相融合，形成 VR、AR 体验馆，虚拟现实博物馆，智能电竞馆，科技艺术展览馆，等等。在未来发展计划方面，首钢科幻产业集聚区计划通过招标、投资等方式，举办超过 100 场与科幻产业、科幻文学相关的学术会议、企业活动、科技论坛等；开发相关产业链产品，如科幻影视、科幻电子书、有声书等预计不低于 100 项，力图达到上亿人次的购买量，打造科幻消费新形态；发展科幻文化企业，为相关企业提供政策支持，力图引入超过 100 家科幻文化企业，发展与科幻文化产业相关的大数据、人工智能等技术。据相关负责人统计，首钢科幻产业集聚区年营收将超 100 亿元[2]，力图搭建 10 个以上的大型科幻文化体验场景，通过游览观光吸引消费者，预计客流量将达到上亿人次。由于新冠肺炎疫情影响，首钢科幻产业集聚区已开启部分项目的运行，但并未完全开放。相信随着市场的复苏，首钢科幻产业集聚区将会迎来井喷式发展。

（二）将要开启的项目

成都"中国科幻城"是国有科幻文旅综合体的另一个典范。2017 年，四川省政府在中国（成都）国际科幻大会上正式对外发布了《成都科幻宣言》。宣言指出：加快推进"中国科幻城"（科幻产业园）项目，建设具有显著产业集聚效应的主题文化产业园；持续加强科幻学术理论研究，积极发现培养科幻创作与传播人才；升级打造中国（成都）国际科幻大会成为具有国际影响力的科幻活动品牌，永久落户成都；打造对内对外科幻交流合作平台，成立并依托四川省科幻协会，积极筹备申办世界科幻大会在成都举办。由四川省科学技术协会与成都空港新区管委会筹办的"中国科幻城"于 2017 年进行全面落实，于 2019 年开始投入建设阶段。"中国科幻城"选址位于成都空港新区，拟投资 120 亿元，致力于成为中国首个从科幻文化生产到科幻文化消费全产业链开发的文旅基地，为成都成为世界"科幻之都"服务。一期项目计划于2020年年底完成，由于新冠肺炎疫情影响，正在最后的建成阶段。中国首座科幻城将建设"中国科普科幻影视基地""中国科博场馆研究设计中心""中国科普科幻传媒基地""中国科幻文博馆""科幻文创孵化园""科幻创意教育园区""四川自然博物馆""未来人工智能动漫产业区""科幻世界乐园"九大区域，力图实现城市转型升级、地域文化重塑、文化产业发展三大目标，为中国科幻产业实现集群化、规模化发展提供了先例。据四川省科学技术协会相关负责人介绍，"中国科幻城"建成正式投入运行后，每年将创造收入20亿元以上，预计能够每年吸引1200万人次的游客来成都游览[3]，增强西部文化创意产业产能，成为国家级科幻文化产业示范城市。由于项目暂未落地，暂不计入统计之中。

结合正在全面运营以及开启部分运营的项目数据来看，2021年科幻文旅综合体产值为100亿元，形成了两种特色：一是以科幻文化赋能城市文旅综合体，破除了科幻文旅产业集中于主题乐园的发展模式，成功将科幻文化与城市功能相结合，形成以科幻文化为主的城市功能区，而非功能单一的主题乐园；二是与中华文化相结合，如成都"中国科幻城"在科幻文化立城的基础上，与巴蜀文化相结合，形成带有成都地方特色的科幻文旅产业。

二、科幻主题乐园形成中外合资与自主开发的双重发展路径

2021年中国科幻主题乐园平稳运行。北京环球度假区的落地运营，与上海迪士尼度假区形成主题乐园南北竞争的局面；中华恐龙园、华强方特、长隆集团、海昌海洋公园的科幻项目稳健发展。

北京环球度假区一期与上海迪士尼度假区项目已全面运营。北京环球度假区一期投资460亿元，预计一期项目每年的客流量能够达到1200万人次，在后期全部项目建成之后，客流量可达到3500万人次[4]，年营业额能够达到250亿~300亿元的直接经济效益[5]。北京环球度假区一期项目于2021年9月20日开始营业，相关发布会公布开业以来实现当年营收16.45亿元，累计接

待客流量 210 万人次^[6]。北京环球度假区共包含 5 个科幻旅游项目，共营收约 11.75 亿元。项目包括"好莱坞""变形金刚基地""小黄人乐园""未来水世界""侏罗纪世界努布拉岛"。其中，"好莱坞"项目包含了科幻大片的拍摄现场，在影棚内部可以看到火灾、暴雨等科幻灾难片的拍摄流程，将好莱坞工业化的电影拍摄形式展现在游客面前，为游客讲述电影工业的发展史。"变形金刚基地"项目是环球影城全球首个以"变形金刚"为主题打造的乐园，其中"霸天虎过山车"为游客带来了惊险刺激的过山车体验。"大黄蜂回旋机"服务对象为儿童游客。"变形金刚：火种源争夺战"为室内过山车项目，为游客讲述了汽车人保卫地球的故事。同时，游客还可以和变形金刚进行互动交流，体验"赛博坦"生活与文化。"小黄人乐园"项目以科幻动画电影《神偷奶爸》为脚本，通过游乐设施对小黄人故事的发展线进行叙事，主打亲子旅游。其中，"超萌漩漩涡"与"萌转过山车"为游客带来了紧张刺激的小黄人世界之旅。"神偷奶爸小黄人闹翻天"通过 4D 技术，将游客带入小黄人的冒险世界。"小黄人见面会"为游客提供与小黄人见面交流的机会，让游客近距离感受小黄人的可爱。"未来水世界"的"特技表演"为游客提供了精彩绝伦的水上特技表演。"流浪节拍"为游客提供了与众不同的乐器表演。"侏罗纪世界努布拉岛"中包含"侏罗纪世界大冒险""飞越侏罗纪""奇遇迅猛龙"等项目，为游客提供了恐龙世界的冒险体验。

上海迪士尼度假区于 2016 年正式开业，标志着全球主题乐园产业东移的趋势。2021 年迪士尼乐园财报显示全年营收 112.12 亿美元，迪士尼海外主题乐园营收为 18.59 亿美元^[7]，上海迪士尼度假区年营收约为 5 亿美元，约为人民币 31.87 亿元。上海迪士尼度假区包含 7 个游乐项目，其中科幻文旅项目共有 2 个，2021 年科幻文旅项目总营收约合人民币 9.10 亿元。上海迪士尼度假区科幻项目包括"探险岛"与"明日世界"。其中"探险岛"项目有"雷鸣山漂流""古迹探索营""翱翔·飞越地平线"。"明日世界"项目共分为 6 个小项目，分别为"创极速光轮""巴斯光年星际营救""喷气背包飞行器""漫威英雄总部""太空幸会史迪奇"。其中"创极速光轮"骑乘项目以赛博朋克电影《创：战纪》为背景，游客乘着两轮式过山车浏览神奇的电子世界。"巴斯光年星际营救"以《玩具总动员》为基础，将原有的故事内容与射击游戏相结合，让游客可以以太空骑警的身份维护世界和平，为游客提供了有趣的电子射击体验。"喷气背包飞行器"以太空主题为背景，游客可以乘坐飞行器，进行高空瞭望，欣赏迪士尼"明日世界"的景色。"漫威英雄总部"以漫威英雄世界为背景，为游客介绍了漫威杂志及各个英雄的发展史，游客可以与漫威英雄们进行互动，增强了临场体验感。"太空幸会史迪奇"以《星际宝贝》为基础，为游客们提供了精彩的实时互动表演。

中华恐龙园是国有资产恐龙园文化旅游集团旗下的科幻文旅项目，以恐龙世界为主题，游乐内容共有"疯狂恐龙人""中华恐龙馆""鲁布拉""库克苏克峡谷""魔幻雨林""梦幻庄园""冒险港"7个科幻项目，为游客介绍了恐龙的化石历史，提供恐龙科普、幻想的旅游项目。由于新冠肺炎疫情影响，恐龙园文化旅游集团公布2020年中华恐龙园营收为3.14亿元[8]，产生了明显亏损。及时调整政策后在2021年扭亏为盈，中华恐龙园预计2021年营业额约为4亿元，展现出恐龙主题乐园的强劲发展动力。

华强方特在国内各市布局，其主营业务包括文化科技主题公园。据华强方特文化科技集团2021年财报统计，2021年华强方特总收入约44.97亿元[9]，主题公园运营收入为26.25亿元。其中科幻类文旅项目主要集中在方特欢乐世界，2021年营收约3.28亿元。其中包含高空飞翔体验（VR Soaring）项目"飞越极限"、大型混合现实影院（MR Theater）项目"海螺湾"、混合现实骑乘（MR Ride）与恐龙复活体验项目"恐龙危机"、悬挂式过山车"火流星"、火山探险项目"维苏威火山"，以及"儿童王国""熊出没舞台剧"。值得注意的是，华强方特的科幻项目具有完整的产业链，如"熊出没"等是其自主开发的IP，在创造"熊出没"人物形象的开始，华强方特就着力建构该IP的全产业链，最终形成"科幻影视—线下乐园—周边"的产业运行模式。"熊出没"乐园涉及森林保护、机器失控等亲子游乐项目，成为实现国内原创科幻IP线下文旅转换的典范。

长隆集团开发的长隆海洋王国、广州长隆欢乐世界、珠海长隆海洋科学乐园等主打海洋科普幻想主题，主要项目包括普及海洋生物知识、发展海洋文化旅游、科学实验游学、海洋幻想之旅以及亲子旅游等。由于受新冠肺炎疫情影响，原定于2021年内开业的珠海长隆海洋科学乐园延期到2022年开业，配套的珠海长隆海洋科学酒店已于 2021 年营业。据长隆集团 2020 年全年财政报告统计, 2020 年营收为 25.35 亿元[10]。由于新冠肺炎疫情管控见效, 旅游业相对复苏, 长隆海洋王国、长隆欢乐世界游客激增, 2021 年节假日客流量恢复到 2019 年的 90% 左右, 但仍受到新冠肺炎疫情的持续影响, 营收约 30 亿元。

海昌海洋公园以传统的海洋世界游览项目为主, 包括海洋公园、海底世界、海洋动植物馆、科普秀场、欢乐剧场等展区, 为游客带来科普科幻的神奇海洋之旅。据海昌集团 2021 年财报公布, 海昌海洋公园 2021 年度营收为 24.60 亿元[11], 在新冠肺炎疫情期间有着可观的收入。

2021 年, 科幻主题乐园营收为 82.73 亿元。北京环球度假区与上海迪士尼度假区在中国的落户是全球主题乐园东移的标志, 并且带来了好莱坞完整的 IP 开发模式。其优势在于: IP 的开发在影视化过程中就已开始, 影视是其 IP 产业的宣传口, 目的是为线下主题乐园、周边产品的售卖服务, 从而形成良性的消费循环。中华恐龙园、华强方特、长隆集团、海昌海洋公园等以开发中国恐龙文化、中国传统神话文化, 介绍海洋物种为基础, 为中国科幻文旅产业未来的发展道路提供了明确的方向, 而这也为国内原创科幻 IP、主题乐园、周边产业的开发提供了宝贵经验。

三、科幻小镇、科幻公园、科幻基地、科幻影视园形成科幻与当地文化资源结合的开发模式

科幻小镇、科幻公园、科幻基地、科幻影视园以地方性科幻文旅项目为主, 形成科幻文化与地方文化相结合的开发模式。2021 年各市政府与企业对相关项目的投资力度加大, 在原有项目的基础上, 许多新兴投资项目得到开展与落实。

（一）已全面运营的项目

贵州平塘县克度镇 FAST 天文小镇是科幻小镇的典型代表, 由镇政府牵头, 于 2016 年建立。2016 年贵州平塘县通过对 FAST 天文项目与平塘县旅游产业进行考察与规划, 提出开发"文化＋旅游＋天文""文化＋旅游＋地

质""文化 + 旅游 + 桥梁"等相关旅游景点，具体包括瞭望台、天文体验馆、南仁东先进事迹馆、九号宇宙航天科技馆、天幕商业街、球幕飞行影院、桃源洞静生活体验区、光影馆等项目，开发出科普介绍、科幻旅行、VR/AR 体验等游戏体验项目。据统计，天文科普研学日接待能力达 3 万人次以上，显示出带动地方经济发展的巨大潜力。据平塘县报告统计，2021 年平塘县税收收入为 3.78 亿元[12]，FAST 天文小镇及相关产业税收占全县税收比例为 12.42%，为 4694.76 万元。

冷湖火星营地是以火星探险文化为主题的科幻基地项目，在考察冷湖镇的工业历史以及自然地理的基础上，由原冷湖行政委员会与北京行知探索文化发展集团共同开发，包括火星生存等娱乐及游学项目，是国内首个火星模拟基地与火星研学旅行实践基地，投资约 4 亿元。据茫崖市政府旅游统计报告，2021 年茫崖市接待游客超 100 万人次[13]，冷湖火星营地接待游客量约 2 万人次，门票平均为 1500 元，营收约为 3000 万元。冷湖火星营地主要涵盖火星知识科普教学、天文观测、STEM（science，technology，engineering，mathematics）教学等项目，同时也包括根据冷湖镇发展历史所设立的冷湖科幻文学奖，到 2021 年为止已运行了四届，成功将文学 IP 进行了实体转化，丰富了冷湖镇的旅游资源。

金昌"火星 1 号基地"是中国青少年科普节目"太空 C 计划"的实体组成部分，由金昌市政府、深圳太空科技南方研究院以及五洲传播中心共同开发，总投资约 30 亿元。"火星 1 号基地"共包括 8 个项目，分别为"太空总署""地外生存基地""太空探索营""时空走廊""火星登陆""穹顶之下""星际舰队""银河穿越"，用于航天器材、基地、火星知识等科普活动。相关配套项目全部建完后，金昌"火星 1 号"基地年营收约 3000 万元[14]。

（二）已开启部分运营或待运营的项目

海南乐东科幻影视乐园是科幻影视园项目，由乐东大科幻影业传媒有限公司开发建设，位于海南省陵水县，项目总投资约 300 亿元[15]。乐东科幻影视乐园以科幻影视产业为基础，形成海南影视产业辐射带，带动海南影视的发展，并力图成为中国科幻影视产业的主要阵地。乐东科幻影视乐园共分为四大板块，形成科幻影视城、民宿酒店，康养、科幻展示为一体的综合性产业园。影视乐园部分项目已开始运营，已成功举办第十一届全球华语科幻星云奖，但还未开启其他文旅项目的运营。

贵阳东方科幻谷是具有贵州地方特色的科幻公园，总投资达到100亿元，共包含15个主题各异的场馆，目前一期只开放8个场馆。东方科幻谷通过"外星文明"的主题，为游客提供运用VR、AR等高科技的未来游乐设施，共包含7个科幻游乐项目，分别为"科幻大剧院""趣游太阳系""星座主题游艺馆""UFO博物馆""拯救东方之神—虚拟骑乘""飞越贵州""世界第一高变形金刚机器人"。东方科幻谷将科幻文化与贵州文化相结合，通过科幻创意的方式，将贵州文化展现在游客眼前。由于新冠肺炎疫情影响、运营改制、自身改造升级等，2021年东方科幻谷开业时间较短，目前仅开启部分项目的运营。据贵阳市政府发布会公布，2021年东方科幻谷营业期间开始改造，升级为贵州双龙航空港教育科技文旅产业综合体，预计年客流量达到100万人次，年营业额达到7亿元[16]。

清镇侏罗纪恐龙文化科普特色小镇位于贵州清镇职教城，总投资9.8亿元左右，包括"恐龙文化科普特色小镇配套综合体""恐龙王国科普乐园""远古部落"3个主要项目。其中"恐龙文化科普特色小镇配套综合体"主要承载游客住宿、接待等功能，"恐龙王国科普乐园"推出了"神秘河谷区""顽辉陨石区""奇幻童堡""冰雪奇缘""古化石之歌"5个游乐项目。由于受到新冠肺炎疫情影响，清镇侏罗纪恐龙文化科普特色小镇处于待运营状态，开园时间待定。开园后预计年均接待游客量45万人次，日均接待人数约1250人次[17]。

古龙湖航天文旅小镇位于湖南湘乡市，项目对湘文化及红色文化资源进行开发，将乡村振兴与航天文旅相结合，主要包括航天科普、军事文化科普、红色文旅、影视文化娱乐、观光农业等，已开启部分项目的运营。据湘潭市政府公布，古龙湖航天文旅小镇总投资50亿元，预估年税收为2.8亿元[18]，接待游客量达到200万人次，形成航天科技科普与地方文化旅游结合的新发展道路。

南京江宁蓝星球科幻生态谷正式落项于南京牛首山，旨在打造国际化科幻影视工业制作、科技生产、娱乐出行的综合体，以蓝星球科幻电影周为主要基础，推动中国科幻电影工业化发展，培养科幻影视创作、组织、发行等方

面的人才，将中国科幻影视的大门向全世界打开。同时，通过科幻影视的工作棚、制作室、拍摄现场的搭建，带动蓝星球科幻生态谷的旅游项目，吸引更多的游客前来参观，形成科幻人才培养、科幻影视拍摄、科幻文旅三方面相融合的发展模式。到2021年为止，数字王国、Discovery、知乎等国内外知名科技文化机构已入驻其中。目前已举办第三届蓝星球科幻电影周，同时国产科幻电影《749局》已在蓝星球科幻生态谷拍摄完毕，但还未展开其他文旅项目的运营。

结合正在全面运营以及开启部分运营的项目数据来看，2021年科幻小镇、科幻公园、科幻基地、科幻影视园的营收约为10.87亿元，相对于科幻文旅综合体、主题乐园来说，科幻小镇、科幻公园、科幻基地、科幻影视园由地方政府与企业共同发展，呈现出本地化趋势，形成当地文化与科幻科普内容相结合的特色发展道路。其中，一些项目已找到自身发展的优势，正在逐渐摆脱以地产为盈利点的发展乱象，走向自主开发当地文化、发展科普科幻的道路，为地方科幻文旅产业提供了良好的发展模式。

四、科幻展览模式多元化，为科幻文旅产业增添活力

2021年，科幻展览出现多元的发展模式，不再局限于传统的线下讲座、报告等。一些项目在对国内爆火的科幻IP进行改编的基础上，与时兴的虚拟现实技术相结合，开展科幻展览。另一些则是通过当代艺术展览来表现对未来的幻想。科幻展览有着灵活多变、创意集聚快等特点，包括科幻文化艺术展览、科幻图书馆等商业化项目与公益性项目。

（一）商业化项目

上海三体时空沉浸展位于上海中心大厦，由"三体宇宙"进行授权和开发，上海尊安同恒文化创意发展有限公司进行场景设计、布置与主办，以《三体》原著内容背景，展开对《三体》内容的精彩呈现。三体时空沉浸展开展时间于2020年1月10日，闭展时间为2021年2月28日，门票平均价格为140

元。自从开展以来，三体时空沉浸展的游客接待人次已经超过 10 万人次[19]，旅游营收约 1400 万元。展览包括 3 层公共开放区域，6 大主题场景，通过 AR、VR 等技术，精彩呈现了"古筝行动""三体游戏世界""时空隧道""水滴""四维空间"等内容，为游客提供强烈的末日视觉效果。

由中图云创智能科技（北京）有限公司与漫传奇文化传播有限公司联手举办的刘慈欣科幻漫画展于 2021 年 7 月 17 日在北京石景山区开展，结束日期为 10 月 31 日。漫画展以 VR、AR 沉浸式展览为技术依托，一共包括 4 大主题展厅，分别是"圆圆的肥皂泡""乡村教师""流浪地球""梦之海"。漫画展对刘慈欣原著进行改编与线下投放，形成原创 IP 从文字到漫画再到线下文旅的全产业链开发。刘慈欣科幻漫画展票价有三种价格，分别为 98 元，128 元，158 元[20]，展览受到了游客的好评。

2021 年第十九届 ChinaJoy 于上海新国际博览中心开展，以"科技创梦乐赢未来"为主题，主要包含科技科幻类产品的展览，其中首次增设"Sci-Fi CON 科幻主题展"。展览日期为 7 月 30 日至 8 月 2 日[21]，门票分别为 110 元，130 元，180 元，线下参观人次超 18 万，门票营收约 3240 万元。展览种类既包括了科幻阅读、科幻游戏、科幻影视教育、科普教育、周边产品等传统科幻项目，也包括了新兴技术如 AI 机器人，以及各类科幻科技艺术展品，形成科幻产品的汇集，从主题展方面为科幻文旅产业提供了可行性的发展道路。

（二）公益性项目

北京科技周是公益性的科幻文旅项目，2021 年的举办日期为 5 月 22 日至 27 日，地点位于首钢科幻产业集聚区。此次展出首设科幻分会场，以"创新科幻、智享未来"为主题，为游客展现中国科幻的前沿创作。本次展览内容集结了国内外科幻作家、艺术家的前端成果，并汇集了北京国际科技创新中心建设成果。展览包括"科幻世"科技艺术概念展等 10 多场科幻艺术创作展，以及"科幻之夜"活动等五场科幻主题论坛、沙龙。此次展览共展出 50 余件科幻画作、雕塑以及影视作品，来展现"科幻世"的主题以及"人类·幻相""城市·幻乡""宇宙·幻想"三条主线[22]。

马门溪龙科幻图书馆是中国第一家公益性质的科幻图书馆，位于成都市武侯区，由科幻迷华文打造，共收藏中华人民共和国成立后的科幻杂志、书籍、传记等 3000 余种，5000 余册[23]，开放时间是周二至周四。图书馆内部有藏书部、阅览室、档案部、外借部、门市部、活动室、自习室以及办公室。马门溪龙科幻图书馆在翻修之后，于 2021 年 1 月 6 日重新对外开放，为科幻爱好者以及社会各界人士提供免费的借阅服务。

综合来看，2021 年科幻展览营收约为 5000 万元，表现出良好的发展态势。

五、科幻文旅产业面临的问题与解决策略

（一）科幻资源向头部垄断，需合理分配市场资源

2021 年，中国科幻文旅产业开始形成规模性集聚，将地理与资源优势进行充分利用。科幻文旅综合体、科幻主题乐园有着先天发展优势，但有可能进一步形成市场垄断。科幻小镇、科幻公园、科幻基地、科幻影视园由于受到科幻文旅综合体、科幻主题乐园等项目的钳制，易形成人才与消费者的流失，最终导致破产。同时，科幻展览因为其流动性强、市场波动性大等特点，在发展过程中更倾向依附于科幻文旅综合体或科幻主题乐园，易忽视其独立自主性，从而降低了创新性。因此，科幻文旅综合体与科幻主题乐园需要在自身发展的基础上，对市场资源进行合理分配，可以与科幻小镇、科幻公园、科幻基地、科幻影视园进行 IP 联动、项目互助等，需加大对科幻产业欠发达地区的扶持力度，避免垄断。同时，科幻文旅综合体、科幻主题乐园可以对科幻展览进行资金、创意等方面的支持，在其发展成熟之后，依据项目的自主性，为其独立发展提供支持，保障科幻文旅市场的平稳运行。同时，与北京环球度假区、上海迪士尼度假区相比，国内科幻文旅综合体、主题乐园仍需加快 IP 自主开发的进程，应充分利用中国丰富的文化资源，与高新科技相结合，形成"文化 + 科技"的产业发展道路。

（二）科幻小镇、科幻公园、科幻基地、科幻影视园出现文化创意不足、融资难、易破产等现象，需进一步开发地方文化资源并参与市场合作

2021年，部分地区加大对当地科幻文旅市场投资与开发的力度，虽然拓展了科幻文旅市场，但缺乏有效的投资、建议引导以及政策上的支持，加上受新冠肺炎疫情影响，亦形成资金浪费，资金链断裂，文旅项目停滞、破产等现象。一些项目虽然走向探索开发当地文化特色的道路，但仍有项目未摆脱以地产为盈利点的发展路径，出现消费力不足、不注重IP创意等问题。因此，科幻小镇、科幻公园、科幻基地、科幻影视园需要集中于对当地文化资源的开发，采用科幻与当地文化相结合的模式，加大相关IP的开发力度，形成以"科幻文化赋能"的产业发展模式，破除以"地产带动文旅产业发展"的局面。同时可以和科幻文旅综合体、科幻主题乐园进行项目上的商谈，寻求创意创新、发展模式上的意见，完善产业链。

（三）科幻展览难以做大做强，需寻找自主发展道路

2021年的科幻展览体现了轻资产、创意来源广泛等特点，但也出现了依附现象、市场挤压等问题。项目开发多是集中于对《三体》等头部IP的开发，缺少与其他文学作品、艺术作品的互动。科幻展览要保持自身的独立性，利用自身灵活发展的优势，寻求新的IP，激发创新意识，树立品牌独特性，从而破局。

六、总结

受新冠肺炎疫情的持续影响，2021年我国科幻文旅产业发展较为缓慢。同时，由于科幻文旅产业工程建设需要大量的资金与人力的支持，以及较大力度的宣传，因此游客量与年营收短期出现大幅增长的可能性较低。但科幻文旅投资力度在不断增强，项目数量在不断增加，显示出自身未来发展的良好前

景。相信随着新冠肺炎疫情的好转以及旅游市场的复苏，科幻文旅市场将会进一步发展，显示出对于中国科幻产业的利好作用。

参考文献

[1] 敖建明，黄竞跃，邹和福．中国科幻产业发展研究［M］．北京：中国文史出版社，2014：2.

[2] 北京新闻．2020 中国科幻大会昨日开幕 首钢园打造 71.7 公顷京西"科幻之城"［EB/OL］．（2020-11-02）［2022-02-20］．https://sdxw.iqilu.com/w/article/YS0yMS03MjA1ODM0.html.

[3] 每日经济新闻．投资 120 亿建中国科幻城！中国科幻产业，将从成都航向星辰大海［EB/OL］．（2017-11-13）［2022-02-21］．http://www.nbd.com.cn/articles/2017-11-13/1160816.html.

[4] 新京报．北京环球度假区三期建成后将带来每年 3500 万人次客流量［EB/OL］．（2021-10-14）［2022-02-23］．https://bjnews.com.cn/detail/163421619114048.html.

[5] 新京报．环球影城开园将形成哪些辐射效应？［EB/OL］．（2021-09-06）［2022-02-24］．https://www.bjnews.com.cn/detail/163090078514853.html.

[6] 迈点．北京环球主题公园营收 16.45 亿元［EB/OL］．（2022-02-10）［2022-04-05］．https://www.meadin.com/kx/239081.html.

[7] THE WALT DISNEY COMPANY．TheWaltDisneyCompany：FiscalYear2021AnnualFinancialReport［EB/OL］．（2021-10-02）［2022-02-25］．https://thewaltdisneycompany.com/app/uploads/2022/01/2021-Annual-Report.pdf.

[8] 新浪财经．恐龙园 IPO 锲而不舍，自主 IP 打造在路上［EB/OL］．（2020-12-25）［2022-03-03］．https://baijiahao.baidu.com/s?id=1687018857352788506&wfr=spider&for=pc.

[9] 挖贝网．华强方特 2021 年亏损 2.45 亿同比由盈转亏 其他收益减少［EB/OL］．（2022-04-08）［2022-02-27］．https://baijiahao.baidu.com/s?id=17

29542000495755841&wfr=spider&for=pc.

［10］李天骄．干货！2021中国主题公园行业龙头企业分析——长隆集团：打造超大型综合旅游度假区［EB/OL］．（2021-11-16）［2022-03-01］．https://www.qianzhan.com/analyst/detail/220/211116-c96d886d.html.

［11］北京商报．海昌海洋公园：2021年公园运营收入恢复疫情前66.8%［EB/OL］．（2022-03-28）［2022-03-28］．http://m.bbtnews.com.cn/article/260600.

［12］平塘县人民政府．平塘县简介［EB/OL］．（2022-02-21）［2022-03-06］．http://www.gzpt.gov.cn/zjpt/.

［13］中新网．茫崖游客突破百万人次［EB/OL］．（2022-03-23）［2022-03-30］．http://www.mangya.gov.cn/info/1002/44876.htm.

［14］金川区招商服务局．"火星1号基地"配套文旅项目［EB/OL］．（2021-07-29）［2022-04-03］．http://www.jinchuan.gov.cn/zfxxgk/nmxxgk/qzbm/qzsj/xxgkml_8873/202106/t20210629_2048177.html.

［15］中国商报网．《海南乐东科幻影视乐园》之科幻城文旅项目正在推进［EB/OL］．（2021-05-13）［2022-03-03］．http://www.cneo.com.cn/article-8184-1.html.

［16］天眼新闻．招商引资"虎力"全开！双龙航空港经济区再添发展新力量［EB/OL］．（2022-02-16）［2022-03-05］．https://baijiahao.baidu.com/s?id=1724896838230590271&wfr=spider&for=pc.

［17］乐居网．投资9.83亿，占地逾37万方！清镇恐龙特色小镇发布公示［EB/OL］．（2019-04-02）［2022-02-26］．https://baijiahao.baidu.com/s?id=1629691379390263187&wfr=spider&for=pc.

［18］湘潭再线．奋力奔跑 合力攻坚丨古龙湖航天文旅小镇项目加快推进［EB/OL］．（2020-12-21）［2022-03-26］．http://www.xiangtan.gov.cn/109/171/173/content_908568.html.

［19］新华网．上海："三体"科幻世界展吸引逾十万人次参观［EB/OL］．（2021-03-03）［2022-03-29］．http://www.xinhuanet.com/expo/2021-03/03/c_1211048583.htm.

［20］fmyy．2021北京刘慈欣科幻漫画展（时间＋地点＋门票＋展览介绍）［EB/OL］．（2021-07-17）［2022-03-27］．https://www.dahepiao.com/news1/yanchu/20210717208625.html.

［21］ChinaJoy．打造一场科幻嘉年华！2021ChinaJoy同期增设"Sci-FiCON科幻主题展"［EB/OL］．（2021-03-23）［2022-03-27］．https://www.chinajoy.net/c/2021-03-23/506864.shtml.

［22］中国山东网．创新科幻　智享未来：北京科技周"科幻世"科技艺术概念展在京举办［EB/OL］．（2021-05-25）［2022-03-28］．http://www.ceh.com.cn/UCM/wwwroot/zgjjdb/syzx/1374167.shtml.

［23］马门溪龙科幻图书馆．中国第一家科幻图书馆概览——马门溪龙科幻图书馆［EB/OL］．（2020-09-17）［2022-03-30］．https://www.bilibili.com/video/av372027927/.

作者简介：

王嘉诚，山东师范大学文学院文学与文化产业管理博士研究生，主要研究方向为文化产业与科幻产业。

▲ 科幻研究、译介、教育及活动综述

年度科幻研究论文综述

朱钰婷

2021 年，人类社会依旧面临着来自气候变化、全球新冠肺炎疫情持续蔓延、区域战争爆发等诸多挑战，危机意识令我们更为关注人类的未来将会走向何方。科幻文学作为书写未来向度的典型文类，自然而然地承载了人们的希望、焦虑和思考。尽管面对新冠肺炎疫情沉重的冲击，中国科幻依旧显示出了蓬勃不屈的生命力。成都市科幻协会的成立、《世界科幻动态》与《科幻研究通讯》的创办、首届"科幻研究新星论坛"和第一届高校青年教师 / 研究生科幻学术研习营活动的顺利举办、成都申幻成功等都力证了 2021 年中国科幻依旧在困难中砥砺前行。对 2021 年度研究中国科幻的论文进行总结，有助于我们对中国科幻研究进行阶段性的回望，也是我们对未来进行展望的基础。

限于研究范围与课题时间，此次研究主要关注 2021 年大陆学者对中国科幻的研究现状，因此笔者在中国知网（CNKI）输入科幻主题相关的关键词，对 2021 年 1 月 1 日至 2021 年 12 月 31 日发表的文章进行文献检索，包括期刊、会议、学术辑刊、报纸等，得到与科幻研究相关的各类中文文献共计 1348 篇，涉及文学文化研究、语言学研究、科技哲学与科学传播、产业研究以及影视文化研究等众多领域。由于文献量过大，本文剔除了硕博士学位论文、报纸、杂志等非学术刊物的文章，在阅读摘要和关键词的基础上，通过进一步梳理文献，将研究对象缩小至 2021 年 CSSCI 来源的期刊论文以及少数重要但发表在普通期刊上的学术论文，数量为 132 篇[①]。由此，笔者发现 2021 年国内研究中

---

① 由于 2021 年中国科幻产业研究方面的代表性作品为王挺、姚利芬主编的《北京科幻产业发展研究》，因此也将其纳入此次的研究范围。

国科幻的论文主要分布于科幻文学理论、科幻文学译介与传播、科幻电影、科幻产业、科幻教育五个方面，取得了较为丰硕的研究成果和长足的进步。具体而言，一是2021年主题研究依旧是中国科幻文学作家作品研究的重心，不少论文以深厚的文本细读功力和独特的研究视角提出了新见。刘慈欣及其作品虽然仍是研究重镇，但其他科幻作家及作品在研究层面也有了更多的研究成果。二是中国科幻文学相关理论的建构在稳步地朝着多元性、系统性和完整性的方向发展，涉及中国科幻文学的历史脉络、基本概念的厘清，并将其放置于世界文学之中进行观照。三是中国科幻文学译介与传播研究与2020年一样，更为关注中国科幻"走出去"，不仅继续着力于个案译评研究，对中国科幻小说翻译的系统性述评也不在少数。四是科幻电影研究在技术实践、电影文本、理论建构、跨文化传播等方面得到了多元探索。五是中国科幻产业研究取得了又一阶段性的成就，2021年有多篇文章从多个方面对于北京科幻产业发展样态进行了较为细致的综合性勾勒。六是科幻教育研究方面虽然还存在空白，但2021年相关研究文章继续在理论建构和教学设计、实践两方面扎根深入，提供有益的经验和有价值的指导。总而言之，2021年中国科幻研究论文主要呈现出宏观视野与微观深入双开花、求新与守成并重以及更高的理论自觉三大特征。需要指出的是，在充分肯定中国科幻研究论文实绩的同时，也必须要承认2021年研究论文的不足之处，主要体现在关注焦点过于集中，史料的发掘、整理和辨析不足，以及研究模式化等问题。

笔者将采集的2021年全年发表的科幻相关研究性期刊文章于知网可视化中心进行主要主题分布，得到图1。

同时，笔者采集了2011—2021年国内科幻相关研究性文章，于知网可视化中心进行总体趋势分析，发现近十年来，国内科幻研究热潮在2019年达到了一个相对的最高点，2020年热度虽略有短暂下降，但可以直观地发现，文献发表量依旧比2011—2018年各年份的数值要高，并且在2021年继续呈上升趋势（图2）。

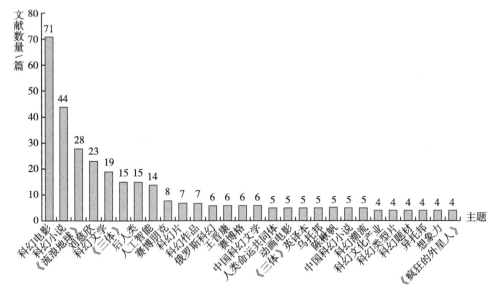

图1　2021年期刊文章科幻相关主要主题分布

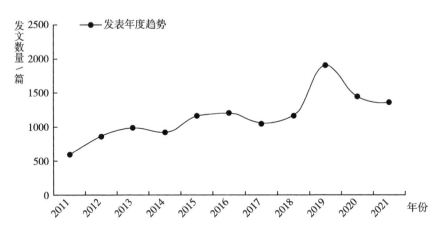

图2　2011—2021年国内科幻相关研究性文章发表的总体趋势

一、科幻文学作家作品研究

对于作家和作品的研究是 2021 年的热点之一，具体表现为作家创作论研究和主题研究。2021 年，刘慈欣、王晋康、韩松、陈楸帆依旧是讨论度排列前位的科幻作家。如乔世华的《王晋康小说：让科学流光溢彩》[1]围绕科学普及、科学之美，从创作层面论述了王晋康科幻小说的叙事表现与价值。李响的《从跨过彼岸到搭建桥梁——王晋康宇宙科幻文学作品研究》同样考察了王晋康科幻作品的创作脉络，着重探讨其创作如何在科学理性与人文关怀之间游走[2]。值得注意的是，2021 年 8 月《长江文艺》组织专栏讨论了王侃瑜的写作，如赵天成的《科幻如何写情——王侃瑜小说片论》[3]、李静的《性别视野里的未来罗曼司——评王侃瑜的科幻创作》[4]、李馨的《贴地的飞行——论王侃瑜的科幻叙事》[5]、张莉的《科幻写作与基于女性视角的想象》[6]都关注到了王侃瑜科幻作品中的"文学性"与"女性视角"，提升了这位女性科幻作家在研究层面的能见度。21 世纪以来，以人工智能、基因技术、纳米技术等为代表的现代科技的发展，早已深刻地改变了人类生活。部分主流作家开始讨论人类与科技、未来之间的可能性，试图回应时代和社会的问题，尝试拓展主流文学创作的边界。因此，2021 年也有一部分文章对此进行了评述。如李宁的《新的现实类型的创作——评路内〈雾行者〉》[7]认为《雾行者》这部小说中带有末日色彩的"不真实感"，末日意象的选用都具有些许通常科幻文学才有的质地，散发着以时代为主题的写实文学少有的风格，显示出作家对小说技艺探索的意图。作者虽然指出《雾行者》不是科幻小说，但也承认科幻文学融入现实元素、介入现实思考已经成为当下不容忽视的现象。杨庆祥的《后科幻写作的可能——关于王威廉〈野未来〉》[8]一文中注意到王威廉的这部最新的短篇小说集中充满着大量"科幻文学"中才有的元素，作者写作的取景框已然有别，写作的质地和风格也同时发生了位移。他特别指出，王威廉等一代写作者从"新伤痕文学"出发，规避了刘慈欣的道路而开辟了一种后科幻写作的叙事路径。传统文学的质素因为科幻的进入而获得了新奇和诡异，而类型科幻作

品因为传统文学的基质而获得了深度和内在。

主题研究主要是围绕一部或多部作品对某一主题进行深入解读，2021 年讨论热度较高的有后人类、人工智能、科技伦理、命运共同体等主题。在新技术时代下如何反思人类文明以及批判人类中心主义，成为后人类主义思潮无法绕过的问题，科幻文学为讨论相关议题提供了丰富的文本空间。刘茸茸的《性别·寓言·乌托邦——刘慈欣〈三体〉中的文化启示与后人类想象》[9]一文认为《三体》塑造的人物形象在象征性、功能性和整体性上与传统文学批评中的典型人物确有较大的差别。因此刘茸茸在文章中讨论《三体》中的性别意识及其象征寓意，以此发掘《三体》的后人类想象及其美学内涵。姚利芬的《超人、末人还是野兽——论王晋康科幻小说中的后人类形象》[10]以尼采的"超人"哲学为路径，对王晋康科幻作品中的后人类群像及其身份归属进行了细致论述，并对其作品所展现的后人类和人类的关系语境展开分析，以此管窥中国科幻作家理解和建构后人类的方式。岳丽媛的《无解的悖论——王晋康科幻小说的生命伦理哲思》[11]集中于考察王晋康的"哲理科幻"小说，从现代医学、基因科技等方面分析了作品中反映出的生命伦理困境。刘阳扬的《后人类、赛博空间与铁屋幻境——略论韩松的"〈医院〉三部曲"》[12]重点探索了韩松如何在作品中通过描写人工智能、医药技术和生物科技等新的科技手段，以后人类视角重审他一直思考的革命、启蒙以及人类的命运问题。他的另一篇文章《"赛博格"与陈楸帆小说的动物叙事》[13]通过讨论陈楸帆作品中动物与人之间的边界，试图揭示陈楸帆如何立足于本土经验、情感体验和现实启迪来表达个人的科幻现实主义理念和对后人类问题的探索。贾立元的《人形智能机：晚清小说中的身心改造幻想及其知识来源》[14]一文将晚清小说中对身体改造的幻想置于西学新知传入的背景下考察，探讨虚构叙事如何搬运、模拟、戏仿科学话语，力证在晚清科幻想象中，"人"实质上成了躯体与精神皆可编辑、又需要能量驱动的机器，"后人类"时代的种子由此埋下。郁旭映的《后人类时代的潮汕——陈楸帆科幻中的故乡书写》[15]则是结合作家本人的家乡经验，以其故乡书写为切入点，在传统与现代、技术与乡土等张力与矛盾中进一步对后人类问题进行追问。

人工智能技术现已得到突飞猛进的发展，2017 年《新一代人工智能发展规划》的发布表明了它将成我国科技创新的中坚力量，因此也受到了人文学界的关注。史鸣威的《论新世纪科幻小说的人工智能书写及其社会启蒙价值——以刘慈欣和韩松为中心》[16]通过考察韩松与刘慈欣作品对人工智能形象的建构、思考与书写，发现新世纪科幻小说里人工智能书写的社会启蒙价值。周建琼的《人工智能写作背景下作者主体性的消解与重构——以陈楸帆人机交互写作实验为中心》[17]探究了人工智能时代下创作的主体性问题。文章指出陈楸帆通过人机交互科幻小说创作，把科幻小说变为人工智能文学写作的先锋实验场，作家以平等对话的方式，肯定多元写作主体共存，充分利用人工智能和人类作者的优势，构建了具有"人—机"间性的作者主体，为人工智能写作背景下作者主体的重构提供了有效路径。

2015 年习近平总书记在出席联合国成立 70 周年系列峰会时首次提出了"人类命运共同体"理念，此后得到广泛的传播，并逐渐成为科幻文学理论建构与批评实践的新方向。陈舒劼的《"黑暗森林"还是"自由人联合体"——20 世纪 90 年代以来中国科幻小说的命运共同体想象》[18]注意到了命运共同体想象是 20 世纪 90 年代以来的中国科幻小说的重要主题，作者从历史溯源开始，结合现实的重大问题，探究了这批小说与文明共同体间的关系，展演了这些小说如何想象、审视和呈现人类命运共同体的未来。在陈舒劼的另一篇文章《二十世纪九十年代以来中国科幻小说的空间想象》[19]里，他将关注点转移到了空间想象这一主题上，认为这批小说突破了传统文学观对地方美学的深耕营造，聚焦于特定空间场域中各种关系的相互纠缠和彼此冲突。正是在发掘空间的丰富性、分析空间构成诸要素的生产与相互作用、思考面对空间的价值立场之中展现了未来科幻小说空间想象的魅力。

对神话与科幻的研究正在逐渐成为学界关注的热点。王瑞瑞在《造物体验、伦理断裂与失控的未来——论我国科幻小说中的"造物"》[20]中认为科幻与神话作为两种对立的文类，造物（包括造人）主题使它们能够同躯共生。她指出引入科幻小说是神话得以延续的方式，神话中造物运动的实用性和游戏性在科幻小说中得以保留，神圣性却逐渐与之分离。作者强调促使人取代上帝的是人的有限性，有限性促发探索欲与生存欲，使生命演变过程持续不断。然而这场造物运动里，后人类时代呼啸而来的新人、新物将重复僭越行为，人类中心主义的壁垒也会土崩瓦解。张栋的《技术时代的抒情声音——论刘慈欣〈三体〉的神话叙事》[21]一文揭示了刘慈欣在《三体》中如何通过神话的技术叙事阶段开辟出"抒情"一路，并认为该系列作品为科幻叙事的民族化进路提供了具有代表性的创作实践。

此前有不少研究者从叙事模式、文化内涵、语体特征等方面对"三体"三部曲进行研究。不难发现，在2021年度的这些研究成果中，以刘慈欣作品为个案进行分析的论文仍旧不在少数，除却以上提及的论文以外，还有一些文章提供了一些独有的视角和新颖的观点。张大为的《宇宙的尺度与文明的高度——论〈三体〉的文明诗学与文明理性意涵》[22]一文试图深入到科幻诗学的根本机理，认为这部作品将科学理性以文学的形式，展示出具有犀利的思想锐度与开阔的认知广角的问题性空间，造成了科学与诗性的聚变效应。因此"三体"式的科幻诗学探索，使其具有了某种普遍性的范式与意义。张泰旗的《历史转轨与不断重释的"新纪元"——论刘慈欣科幻小说〈超新星纪元〉的版本演进》[23]则选取了刘慈欣较少被研究的《超新星纪元》，采用版本研究方法考察这部作品各个版本的修改过程，致力于在历史化的视域下勾勒出刘慈欣思想发展的脉络，文章展现了"新生代"科幻作家如何与时代、现实进行深度对话。

此外，还有一些文章以独特的角度对中国科幻文学进行了考察。如石娟的《阅读视域中的"科"与"幻"——以2014年、2016年科幻小说阅读调查及通信为中心》[24]选取传播与接受的视角，从大众阅读和专家集体阅读两个方面考察"科"与"幻"在科幻小说接受中产生争议的原因以及阅读动力的发生机制。蔡鸣雁的《晚清科幻政治小说与押川春浪科幻小说的主题比较研究》[25]中将押川春浪的科幻小说与晚清科幻政治小说的主题进行比较，发现二者在异域空间想象、世界新秩序构想和西方现代文明批判三大主题上均融入本国的时代政治主音。押川春浪科幻小说中的"国家主义＋科幻想象"完美切中晚清文人现代转型期的文学理想，晚清科幻政治小说认同、接受这一文学主题范式，并在本土创作中呈现出独特的文学面貌。罗小茗的《解锁未来：当代中国科幻小说中的"希望"设定》[26]认为未来构成了中国科幻展开书写的前提，文章以《高塔下的小镇》为切入点，讨论和分析此后20年间，中国当代科幻书写如何从拒绝进化的野蛮世界、低技术社会和个人与未来之间关联这三个方面展开的想象过程。并在这一系列分析的基础上指出，由当代中国科幻书写展现的整个社会探索希望、设想未来的能力具有什么样的优势和不足。

二、科幻文学理论的建设和拓展

与科幻文学作家作品研究相呼应的是对相关理论的建构。科幻文学作为一种舶来品，长久以来处于学界研究的边缘地带，尽管现在中国科幻文学已一改往日的孱弱之势，但是其总体地位始终无法像主流文学一样获得认可。科幻文学的一路前行不仅需要学者将其纳入学理层面进行建构，加强对中国科幻文学中核心问题的探讨，相关理论的建设与拓展更是迫在眉睫。

与此相关的，陈舒劼在《"硬科幻"：内涵的游移与认同的犹疑》[27]中回归到科幻小说文类的核心层面，对"硬科幻"这一常见且重要的概念进行阐述，从20世纪80年代初科幻"软硬"之争的回顾中再度理解中国科幻传统和思考当代科幻。苏湛的《科普传统与中国科幻文学的范式》[28]利用知识社会学的分析框架，对中国科幻文学范式的形成与演变过程进行考察，指出科普传统在中国科幻文学范式化过程中发挥了至关重要的作用。在他的另一篇文章《科普传统与中国科幻共同体的演变》[29]中，苏湛通过追溯中国科普性科幻传统的起源，进一步讨论了科普传统在中国科幻共同体形成和演化中扮演的角色。任一江的《论中国新文学研究的思维范式及转向可能——从"典型论"与"新科幻"的"断裂"说开去》[30]展现出深远的历史观照意识，文章探索了20世纪90年代以后，中国新文学研究中出现的范式转向的趋势。他首先指出滥觞于"五四"时期的中国新文学研究是一种基于科学"归纳"思维范式下的研究形态。正是在这种思维范式影响下，文学创作和批评集中体现为"典型论"的话语模式，并共同形成了一条"向后看"的文学路径。而受到中国当代新科幻小说"向前看"创作思维影响的科幻研究，逐渐改变研究本身的传统模式，出现了具有"演绎"思维范式的研究样态，在与传统批评的不断对话中，为文学研究提供了新的视角。肖汉的《内容创新开拓与学科体系建设——

2020 年中国科幻图书盘点》[31] 一文认为 2020 年度中国科幻图书兼顾主流科幻的良性发展与新锐作家作品的挖掘，在少儿科幻一隅更注重分级阅读与想象力培养，同时通过理论著作进行学科体系奠基工作，该年度，无论是小说还是理论作品，都在尝试对本土话语权进行建构。同时，我们也注意到，一部分学者在历史回溯中对科幻文学这一文类在中国当代文学中的价值和地位进行评价。如南帆的《文学虚构类型：现实主义、欲望与乌托邦》[32] 将文学虚构分为三种类型：①虚构与文学成规、文类的呼应；②常识范畴之内的虚构与常识范畴之外的虚构；③不同类型的虚构涉及的欲望、历史逻辑与乌托邦。论者指出这些范畴与 20 世纪文化语境中革命与反抗的主题形成复杂纠缠，认为按照弗莱的理论，根据读者与作品主人公位置的对比划分文学作品的类型来看，神魔小说、武侠小说、"穿越"文学和科幻小说的读者与作品主人公有巨大的距离。尽管欲望的"白日梦"结构和乌托邦解释了这种距离，但当二者与历史逻辑失去联系后，这些文学类型更多地被纳入了中产阶级的娱乐节目。陈晓明的《后文明时代的写作或后文学的诞生——百年中国文学开创的现代面向思考之五》[33] 审视了中国文学史的叙事格局与文学艺术的存在方式和意义，认为与网络文学的兴盛相关，科幻文学在当今中国也迎来了一个崭新的阶段，并指出科幻文学或许会成为未来文学最重要的一脉。李怡在《科学与想象：对立还是对话？——当代科幻文学视野下的〈敬告青年〉》[34] 里则重新检视"科幻"的历史，通过仔细剖析现代文化的思想逻辑，触及当下中国科幻文学发展的深度症候。

部分学者则将中国科幻文学放置于世界文学的场域中进行考察，尝试引入"世界文学""第三世界"等研究面向，在比较的视野中提供理论新见。如李广益的《作为世界文学的科幻文学》[35] 强调应该在"世界文学"的相关讨论中对科幻文学这一文类的价值予以认可。他表示科幻文学的发展轨迹体现了世界体系的变动及其对于文化领域的曲折影响，但更值得关注的是科幻文学与外部支配力量之间的张力，以及这一文类所具有的文化能动性。同时对于世界文学的探讨也不能局限于经由翻译流传世界，尤其是拿到国际奖项的作品，而要关注作品中的开创性、世界图景和人类共同体意识。此外，中国科幻文学引发的世界兴趣，同样应该结合世界体系的深层动向来理解。范轶伦的《从"第三世界科幻"到"科幻第三世界"：中国科幻的拉美想象与拉美启示》[36] 指出近年来，后发达国家或地区的科幻已成为科幻界的新关注点。首先文章厘清"第三世界"这一概念，尝试回归中国和拉美两地科幻诞生的历史社会语境，观照二者迥异的当代发展。其次，作者以 20 世纪 70 年代至今中国科幻作品中出现的拉丁美洲形象为例，反思中国科幻与世界未来的关系。最后，指出与其沿用政治经济层面的"第三世界"来定义中国科幻在全球坐标系中的位置，不如以"科幻"本身为参照系建立起更具主体性的"三个世界"体系。

三、科幻文学译介与传播研究

21 世纪以来，中国现代化建设取得的突出成就使其在世界格局中日益发挥更加举足轻重的作用，也令其成了世界关注的焦点。不可忽视的是，文化建设是综合国力强盛和民族复兴的题中应有之义。自十七届六中全会提出建设社会主义文化强国以来，十九大五届全会进一步明确要求在 2035 年建成文化强国的战略目标。中国文学"走出去"不仅积极响应了国家政策，增强文化自信，同时还是其他国家全面、真实地了解和审视中国的一条重要渠道。随着刘慈欣的《三体》、郝景芳的《北京折叠》先后获得了极具影响力的雨果奖，电影《流浪地球》在海内外也好评如潮，加之刘慈欣、王晋康、韩松、陈楸帆、夏笳、宝树等科幻作家的作品在国外的译介呈井喷式增长，以及中外学界持续的积极交流，科幻文学在海外的影响力有了明显的提升，并引起了部分学者的关注。相较于往年，2021 年科幻译介研究领域的论文主要呈现两方面的特点。

一方面，继续着力于个案译评研究。刘慈欣的《三体》作为亚洲首部获得雨果奖的作品，于 2015 年起逐渐在多个国家实现译介，并斩获多项国际科幻文学奖，是中国科幻文学"走出去"的最典型范例，因此对其外译的个案研究热度依旧不减。吴瑾瑾的《中国当代科幻小说的海外传播及其启示——以刘慈欣的〈三体〉为例》[37]以较为充分的数据力证了《三体》在海外接受程度高、影响面更广的传播现状，认为新奇性、世界性和本土性正是这部作品成功传播海外的核心文本特征，同时也为中国当代文学的海外传播提供了有益借鉴和参考。赵晨宇则将研究对象从"三体"三部曲的俄译拓展至刘慈欣的其他科幻小说，在《刘慈欣科幻作品在俄罗斯的译介传播研究——以〈三体〉为中心》[38] 中，他从刘慈欣科幻小说在俄罗斯广泛译介传播的现状出发，探讨性地分析中国当代科幻作品能在俄罗斯广受欢迎的原因，并对推动中国文学"走出中国，走进俄罗斯"的策略进行思考。

另一方面，对中国科幻小说翻译的系统性研究也值得关注。中国科幻文学现已开始成体系、规模地对外输出，并以旺盛的生命力在国际舞台逐渐有了能见度，因此对这一现象进行系统性的述评无疑具有重要意义。张恒军在《亮点、难点、着力点：新时代当代文学的国际传播》[39] 一文中从整体性的视野出发，考察当代文学的国际传播，提出经典文学一家独大的格局已悄然改变，科幻文学、网络文学和儿童文学等竞相发力，在国际舞台显示出了特有的生机和活力。唐润华、乔娇的《中国科幻文学海外传播：发展历程、影响要素及未来展望》[40] 则回顾了中国科幻文学自中华人民共和国成立后走向世界的艰辛历程，系统梳理了中国科幻文学海外传播的历史脉络，总结归纳了阶段性特征，并从环境、作品、翻译及渠道四个方面深入分析了中国科幻文学海外传播成功的原因及存在的问题，对今后的发展趋势和努力方向进行了展望。高茜、王晓辉的《中国科幻小说英译发展述评：2000—2020 年》[41] 系统梳理了 2000—2020 年中国科幻小说在英语世界的译介情况，从类型、数量、出版形式和译者构成等进行数据统计与分析，根据不同时期译著出版的特点将中国科幻文学英译划分为三个阶段：零星出现期（2000—2010 年），初步探索期（2011—2014 年），稳定发展期（2015—2020 年）。而这一热潮兴起的影响因素可归结于原作及译本质量上乘、中外科幻界交流日趋频繁、美国对非英语科幻态度逐渐开放这三方面。卢冬丽的《转生、再生与共生：中国当代科幻文学英日转译的文本生命存续》[42] 聚焦于中国当代科幻文学英日转译这一现象。文章基于文本生命的生态范式，构建了"转生—再生—共生"的生命连续体模式与分析框架。作者指出中国当代科幻以其鲜明的中国元素与多样性特征，构成了中国科幻在海外场域再生的内在驱动力。转译文本的转生和再生进一步延续并拓展了中国科幻的海外生存时空，反哺中国当代科幻，双向互动获得更为丰富的生命活力，从而构筑起"生生与共"的中国当代科幻文学共同体，共筑世界科幻文学。李雅婷、余泽梅、汤黎在《科幻小说翻译的现状与未来——

"再造科幻巴别塔"高峰论坛》[43]一文回顾了过去40年以来中国科幻翻译研究的现状并作出展望，对中国科幻小说的民族性与国际化、中国科幻在德国和日本的译介与传播等问题亦进行了细致探讨。刘健则关注到了海外学者对中国科幻文学作品的研究，在《当前海外中国科幻文学研究述论》[44]中，他以翔实的资料从中国文学史研究、刘慈欣科幻创作研究、中国当代科幻作家及作品研究、科幻小说翻译研究四个方面总结和论述了海外学界对中国科幻文学的关注点和代表性的研究成果，认为当前仍然存在研究主体背景较为单一、对作品的分析受意识形态和刻板印象影响等问题，并以此给出了建设性的对策。刘健对海外学者对中国科幻研究的梳理考察，体现出学术自觉和敏锐力，强调了中外学界的互为关照、交流的重要性。

四、科幻电影研究

诚如前文所述，近年来我国科幻电影不断走向成熟，走向世界，加之国家电影局和中国科学技术协会印发了《关于促进科幻电影发展的若干意见》，给予了政策上的支持，使其不仅逐渐成为中国电影的重要增长点，也成了新的学术增长点。2021年对于中国科幻电影的研究主要集中在以下几个方面：

首先是对单部电影作品的研究。《流浪地球》作为中国科幻电影的标杆，虽然此前已多有讨论，但主要集中在电影文学与大众文化领域。陈韬的《从"琉璃瓦"到"长城星球"：民族性视域下电影〈流浪地球〉价值新探》[45]提出了一些新见，文章将这部影片放置于中国科幻民族性视域下，重新审视其价值所在，并阐明了它对于中国科幻民族化的里程碑意义。2021年1月由江波的小说《移魂有术》改编的电影《缉魂》上映，也引起了不小的波澜。周星的《〈缉魂〉：杂糅与缉捕魂灵》[46]一文围绕家庭伦理的现代性思考、警匪侦探的反常性以及科幻时代的反思，层层递进地考察了影片的叙事结构。刘立琴的《〈被光抓走的人〉的创作逻辑与情感表达》[47]一文从主题、主旨、情感入手探讨了这部电影的创作逻辑，由此分析了影片如何通过现实情感的叙事介入、虚拟情感的巧妙植入、大众情感的整体建构来完成情感表达，进而实现影片创作主旨的现实回归。

其次是理论建构方面的研究。陈旭光、薛精华的《论中国科幻电影的想象力与"想象力消费"》[48] 先是对科幻电影与"想象力消费"进行了概念界定，然后考察了科幻电影如何实现想象力的打造、实现和限度，指出在顺应了互联网环境下网生代观众观影需求的同时，中国科幻电影仍然具有浓厚的经验色彩，其想象力方式及相应的艺术思维需要进行新的整合、发挥与超越。黄鸣奋依旧以其广泛的阅读量和深刻的批评意识在中国科幻电影研究领域发光发热。他的《科幻电影视野下的中国》[49] 一文关注到国产科幻电影视野下的中国，将其划分为中国之人、中国之物、中国之事三个角度进行关照，并结合西方数码艺术、马克思主义等理论，解释我国科幻电影中的中国特色。在《我国科幻电影创意中的共同体观念》[50] 一文中，黄鸣奋为讨论科幻电影中的共同体提供了理论话语背景，从"人以群分"的角度考察对于共同体的需要，从"推己及人"的角度考察基于共同体需要的观念，从"止于至善"考察涉及共同体需要的行动。乔新玉的《国产科幻电影的反乌托邦意象塑造与空间生产——基于西方反乌托邦电影的比较》[51] 将视线延伸至民国时期，以爱德华·索亚的空间理论等为路径，在比较的视野中勾勒出国产科幻电影中反乌托邦意象的塑造和其所依托的空间生产的历史脉络。

再者，《流浪地球》的成功带动了中国科幻电影的持续增长，也让部分研究者试图对中国科幻电影的历史进行梳理和价值界定。左亚男、程晖与张宪席都关注到了 20 世纪 80 年代的中国科幻电影。前者的《1980 年代中国类型电影的新变与主体性渴求》[52] 重返"80 年代"，以期在历史的纵深中发现特定时代赋予中国类型电影的意义，将科幻片作为类型电影的其中一种进行观照，特别指出 20 世纪 80 年代的电影技术限制了它的提升。不同于左亚男、程晖，张宪席则将目光主要聚焦于 20 世纪 80 年代的国产科幻电影，他的《现实的显影——20 世纪 80 年代国产科幻电影研究》[53] 一文将这一时期科幻电影的发展划分为两个阶段：20 世纪 80 年代前期，科幻电影着力塑造科技报国的知识分子形象，呈现出对科技理性与启蒙现代性的宣扬；20 世纪 80 年代中后期开始塑造了"疯狂科学家"与"后人类"两种主要人物形象，与彼时整个社会的文化、科技思潮形成了紧密的互动关系，以此展开对科技理性的反思与对个体身份焦虑的书写。作者表示，这些作品表现出非常浓郁的世俗生活感与现实指涉性，其创作应和了彼时科幻文艺备受打压、"人体科学"风靡一时、转型期思想意识多元、科学意识充满局限性等社会现象与时代特质。

最后，2019 年《流浪地球》的火爆让中国科幻电影进一步打开了国外市场，也令中国电影在跨文化传播中的"失语状态"有了一定的缓解。石嵩、金利泰在《近年来中国影片在韩国的接受特征分析及传播力提升研究》[54] 一文从受众接受角度出发，收集整理了 2018—2019 年（2020 年没有中国影片在韩国院线上映）在韩国传播的中国影片在上映院线、观影人次、票房收入、网络媒介渠道等方面的重要素材信息，较为简略地论述了《流浪地球》在韩国电影市场的接受和评价情况，这在一定程度上也被认为是中国电影迈进韩国电影市场在影片类型方面的一个新路径。白丽芳、李朋飞的《基于语料库的〈流浪地球〉英文报道研究》[55] 采用语料分析法，通过收集 2019 年 1 月 1 日至 7 月 31 日的《流浪地球》英文报道以做定量和定性分析。作者指出英文媒体对《流浪地球》的关注热点包括影片的票房和意义、内容和制作及对好莱坞的影响，肯定了这一科幻大片的商业成就、开创意义及制作中的工匠精神。各类报道对情节的评论褒贬各半，对主题意义则以肯定为主，认为影片最大的亮点在于视觉效果，最大的不足为角色塑造。有媒体认为，影片以中等的投入，获得丰厚的回报，且视效逼真，角度独特，对好莱坞大片构成了一定的挑战。不难注意到，目前关于中国科幻电影的海外传播基本上仍然聚焦于《流浪地球》这部作品上，这对我国科幻电影的创作也提出了进一步的要求。

五、中国科幻产业研究

从 2008 年"科幻产业"概念在中国的提出，到 2013 年首届中国科幻产业论坛在成都市举办，2014 年《中国科幻产业发展研究》的出版，再到历年中国科幻大会发布的《中国科幻产业报告》，都证实了中国科幻产业正在稳扎稳打地往前迈进。2021 年由王挺、姚利芬主编的《北京科幻产业发展研究》是对中国科幻产业研究的又一次集体亮相。这本书结合政策、技术、社会、经

济环境，从多个方面对 2015—2020 年北京科幻产业发展的样态进行了勾勒，探讨了产业发展特征、路径，研析了文化与科技融合模式、科幻品牌建设等问题，并对其存在的问题给出对策性的思考，为中国科幻事业、产业发展提供了基础参考。如王卫英、李英、凌晨的《北京科幻阅读产业发展研究》[56]主要从科幻图书出版、数字阅读和有声阅读市场发展、版权引起与输出三方面进行分析，结合对北京科幻作者及创作情况、产业发展环境调查，总结了其内容、渠道和产业融合三方面的总体特征。朱钰婷、郑军的《北京互联网科幻产业发展研究——以科幻网文产业为例》[57]指出科幻网文产业具备了审美性、艺术性、娱乐性和商业价值。它在内容生产、业态走向、投融资方面呈现出重质重量、多业态融合以及资本大量涌入等新特征和新趋向。然而其发展过程中也面临人才储备不足、优质作品稀缺和产业链互渗度不够等问题。刘宇坤、姚利芬的《北京科幻游戏产业发展研究》[58]以完美世界游戏为典型案例，对北京科幻游戏产业中的企业、人才培养、政策生态、相关线下展会与活动进行了细致梳理，总结了其存在的同质化、研发人才匮乏、内容策划的科学支撑不强等问题。崔亚娟、徐涛、俞必忠、袁红波、张晓慧的《北京科幻影视与音频产业发展研究》，刘芳、崔亚娟的《北京科幻动画产业发展研究》，金业的《北京科幻类会展发展研究》，柯昊纯、姚利芬的《北京科幻周边产业发展研究》，韩旭的《北京科幻产业园建设研究》，姚利芬、陈玲的《以科幻为抓手，实现北京文化产业突破发展》同样值得关注，本文不再赘述。

除此以外，刘健的《科幻产业及其对城市产业经济转型升级的影响》[59]则通过厘清科幻产业的基本概念、形态和特性，以美国和日本科幻产业发展路径为观照对象，对科幻产业在中国城市产业经济转型升级过程中所能发挥的作用进行了深入的分析和阐释，为有志于发展科幻产业的城市的政府相关部门制定发展战略提供了不少建设性的合理化意见和建议。

六、中国科幻教育研究

科幻文学的繁荣使其在社会大众中的影响力日益飙升，部分中小学和高校尝试将科幻文学转化为一种教学实践的资源，随之也拉动了科幻教育的发展。总体来看，2021年科幻教育研究主要分布于两个方面：

其一是科幻教育理论研究。孟庆枢、吴岩在《科幻与"文学"、中国科幻热、科幻与教育》[60]一文中，力争站在时代前沿，以多年理论与实践结合所沉淀的经验对当下最需深入研究的问题进行思考。在讲到科幻与教育时，他们围绕科幻文学课程体系的规范化建设、科幻相关的机构设立、科幻资料平台的组建等现象进行了探讨，并指出未来的工作重心应该关注以下四点：一是当代中国科幻文学和多种文化形式兼容，与许多相关体裁的结合，研究"大科幻文学"或"泛科幻文化"的发展演化，这理应成为当代中国文学研究新的增长点，而科幻教育在其中具有重要作用；二是高校的科幻可以更加高扬人文精神，促进立德树人；三是当代中国科幻文学的兴盛是中国在政治经济文化思想领域全面复兴的反映，而中国科幻又反过来强烈地表现这一伟大进程，科幻教育能培养人的危机意识和对抗灾难的精神；四是高校重在培养青年学子的创新精神，科幻同样大有可为。顾小清、蔡慧英的《预见人工智能的未来及其教育影响——以社会性科幻为载体的思想实验》[61]结合人工智能驱动下未来社会发展的趋势，反思当下的教育改革。作者点明需要把握人工智能驱动下教育系统的核心价值取向，定位创新人才培养的教育目标。在此基础上，聚焦人工智能驱动下教育系统的关键要素，从大规模个性化学习、重塑知识观及教学创新模式、未来教师教育及专业发展等维度，形成实现教育目标的实践路径。最后，需要着眼人工智能驱动下教育系统的结构性变迁，科学治理教育生态系统。

其二是科幻教学设计。孙素英的《科幻小小说的写作教学策略》[62]认为科幻小小说与科幻小说有着共同的文体特点，以提供学习支架，唤醒已有经验；确定科学元素，进行科幻构思；展开合理想象，注意逻辑自洽；借助细节刻画，引发现实反思这四种写作策略，激发学生的创作欲望，以期提升其对科幻小说的鉴赏能力与写作能力。姚咏梅的《〈科幻小小说写作指导〉教学实录》[63]一文以刘慈欣的《流浪地球》《信使》为素材和基础，通过阅读相关科学知识的资料，分享阅读体会，创作科幻小小说以及修改指导，帮助学生鉴赏、理解科幻小说，锻炼学生书面语言的表达能力。这些扎实的实践探索无疑为中小学科幻教学提供有益的经验和有价值的指导。除此之外，张然的《科技馆线上教育活动实践与思考——以中国科技馆为例》[64] 介绍了新冠肺炎疫情发生以来中国科技馆线上教育活动的实践案例，分析中国科技馆相关实践带来的启示，为科技馆线上教育活动的发展提供了思路。毋庸置疑，科幻教育的发展将有效地帮助学生激发想象力、培养创新精神、理解科学知识、进一步了解科幻文学，甚至为中国科幻文学扩大潜在的创作者队伍。

七、结语

毋庸置疑，以上研究都不同程度地对中国科幻进行了梳理和评析，研究方法和视角也相当多元化，使得中国科幻在学术层面逐渐变得清晰。其中一部分文章更是堪称旗帜般的论述，在一定程度上填补了相关研究的空白，颇有启发意义。总体来看，2021 年的科幻研究现状具有以下特征：

第一，宏观视野与微观深入双开花，研究视角多样化。对单部作品、单个作家的研究往年占比较多，然而近年来，我们发现选取科幻作家群体或某一特定时期具有代表性的科幻作家及作品进行综合性的论述也不在少数。这些文章不仅有对科幻文学中的核心论争的探讨，也有对理论问题的建构和拓展，还涉及中国科幻产业发展特征和路径，以及科幻教育中的教学设计等，充分地张扬了中国科幻的多面向发展、研究生态和旺盛的生命力。

第二，求新与守成并重。2021 年不少论文沿着前人开拓的路径继续在经典主题、经典文本里深耕细作。但我们也注意到不乏一些文章借鉴其他学科的治学思路寻求批评新变，探索新的研究路径、研究模式和研究方法，如一些学者围绕神话与科幻等相关前沿问题进行探讨，又或是在比较文学或跨文化的视野下考察中国科幻的发展、传播与接受等。

第三，显示出更高的理论自觉。具体而言，科幻文学研究方面不仅关注中国科幻文学的转型过程，同时对中国科幻文学研究长期以来的成果进行梳理，还对科幻文学史中重要的概念内涵、文学现象、文学论争以及未来路径，进行反思、定位和评价。同样，科幻电影研究一方面在回顾视野中总结国产科幻电影的发展历史，另一方面也尝试提出新的理论话语。

　　尽管 2021 年中国科幻的研究可以说是硕果累累，但仍然存在一些缺憾。首先，中国科幻文学相关研究在一定程度上都存在重此略彼的现象。从时间上来说，研究偏重于晚清时期和新生代时期。对晚清时期这一阶段的科幻文学进行研究，有助于我们更为清晰地梳理 20 世纪中国科幻文学的发展和演变，了解中国首批科幻作家如何立足于现实之壤对未来展开想象。在多方努力的作用下，20 世纪 90 年代以来，中国科幻文学再次从低谷走向了繁荣。因此 20 世纪 90 年代以来的科幻作品向来也深受研究者的重视。然而对民国时期、中华人民共和国成立早期以及新时期的科幻作品研究较少。从地域上来说，对大陆科幻作品的观照多，对港台科幻作家作品的观照较少。其次，从微观层面来说，研究重心依旧集中于刘慈欣的作品。2021 年的研究主要集中在对刘慈欣作品的译本或译介现象上，对译者的研究主要围绕刘宇昆展开，其他具有代表性和突出成就的译者没有受到足够的关注。中国科幻学界交流的研究论文2021 年同样比较稀缺，仅有王慧的《叶永烈与中日科幻交流》[65] 专文梳理了20 世纪 70—80 年代，叶永烈与日本科幻界人士通过定期通信、会晤、访谈等的交流实践，并总结了他在中日科幻交流中所取得的成果和经验。最后，对中国科幻文学史料的发掘、整理和辨析依旧是中国科幻研究的薄弱环节。此外，综观 2021 年对中国科幻论文的研究，不难发现，尽管文章发表数量可观，但依旧有不少注水之作和模式化的研究文章。

　　2021 年度中国科幻研究领域可谓是取得了相当的进步。中国科幻现已成为一个蓬勃发展的学术开采地，愿 2022 年在各位学仁的努力下，突破以往的研究局限，在沉淀与融通中发展，为中国科幻研究的发展继续留下浓墨重彩的一笔。

参考文献

[1] 乔世华. 王晋康小说：让科学流光溢彩 [J]. 当代作家评论，2021（6）：145-152.

[2] 李响. 从跨过彼岸到搭建桥梁——王晋康宇宙科幻文学作品研究 [J]. 小

说评论，2021（3）：106-111.

［3］赵天成．科幻如何写情——王侃瑜小说片论［J］．长江文艺，2021（15）：144-146.

［4］李静．性别视野里的未来罗曼司——评王侃瑜的科幻创作［J］．长江文艺，2021（15）：137-139.

［5］李馨．贴地的飞行——论王侃瑜的科幻叙事［J］．长江文艺，2021（15）：140-143.

［6］张莉．科幻写作与基于女性视角的想象［J］．长江文艺，2021（15）：136.

［7］李宁．新的现实类型的创作——评路内《雾行者》［J］．当代文坛，2021（5）：124-130.

［8］杨庆祥．后科幻写作的可能——关于王威廉《野未来》［J］．南方文坛，2021（6）：75-77.

［9］刘茸茸．性别·寓言·乌托邦——刘慈欣《三体》中的文化启示与后人类想象［J］．小说评论，2021（5）：157-165.

［10］姚利芬．超人、末人还是野兽——论王晋康科幻小说中的后人类形象［J］．小说评论，2021（3）：89-96.

［11］岳丽媛．无解的悖论——王晋康科幻小说的生命伦理哲思［J］．小说评论，2021（3）：97-105.

［12］刘阳扬．后人类、赛博空间与铁屋幻境——略论韩松的"《医院》三部曲"［J］．小说评论，2021（5）：147-156.

［13］刘阳扬．"赛博格"与陈楸帆小说的动物叙事［J］．当代作家评论，2021（2）：116-122.

［14］贾立元．人形智能机：晚清小说中的身心改造幻想及其知识来源［J］．文艺理论与批评，2021（1）：88-106.

［15］郁旭映．后人类时代的潮汕——陈楸帆科幻中的故乡书写［J］．扬子江文学评论，2021（4）：82-89.

［16］史鸣威．论新世纪科幻小说的人工智能书写及其社会启蒙价值——以刘慈欣和韩松为中心［J］．上海文化，2021（8）：47-54.

［17］周建琼．人工智能写作背景下作者主体性的消解与重构——以陈楸帆人机交互写作实验为中心［J］．当代文坛，2021（4）：145-150.

［18］陈舒劼．"黑暗森林"还是"自由人联合体"——20世纪90年代以来中国科幻小说的命运共同体想象［J］．文艺研究，2021（3）：63-74.

［19］陈舒劼．二十世纪九十年代以来中国科幻小说的空间想象［J］．社会科学，2021（3）：184-192.

［20］王瑞瑞．造物体验、伦理断裂与失控的未来——论我国科幻小说中的"造物"［J］．南方文坛，2021（6）：69-74.

［21］张栋．技术时代的抒情声音——论刘慈欣《三体》的神话叙事［J］．粤海风，2021（6）：98-106.

［22］张大为．宇宙的尺度与文明的高度——论《三体》的文明诗学与文明理性意涵［J］．文艺评论，2021（5）：53-71.

［23］张泰旗．历史转轨与不断重释的"新纪元"——论刘慈欣科幻小说《超新星纪元》的版本演进［J］．中国现代文学研究丛刊，2021（2）：38-51.

［24］石娟．阅读视域中的"科"与"幻"——以2014年、2016年科幻小说阅读调查及通信为中心［J］．山东社会科学，2021（3）：76-84.

［25］蔡鸣雁．晚清科幻政治小说与押川春浪科幻小说的主题比较研究［J］．首都师范大学学报（社会科学版），2021（5）：119-128.

［26］罗小茗．解锁未来：当代中国科幻小说中的"希望"设定［J］．文学评论，2021（2）：98-106.

［27］陈舒劼．"硬科幻"：内涵的游移与认同的犹疑［J］．扬子江文学评论，2021（5）：53-59.

［28］苏湛．科普传统与中国科幻文学的范式［J］．文艺理论与批评，2021（4）：55-60.

［29］苏湛．科普传统与中国科幻共同体的演变［J］．中国现代文学研究丛刊，2021（8）：1-18.

［30］任一江．论中国新文学研究的思维范式及转向可能——从"典型论"与"新科幻"的"断裂"说开去［J］．山西大学学报（哲学社会科学版），2021，44（6）：11-18.

［31］肖汉．内容创新开拓与学科体系建设——2020年中国科幻图书盘点［J］．中国图书评论，2021（6）：95-107．

［32］南帆．文学虚构类型：现实主义、欲望与乌托邦［J］．文艺研究，2021（8）：64-80．

［33］陈晓明．后文明时代的写作或后文学的诞生——百年中国文学开创的现代面向思考之五［J］．文艺争鸣，2021（9）：6-15．

［34］李怡．科学与想象：对立还是对话？——当代科幻文学视野下的《敬告青年》［J］．文艺争鸣，2021（6）：29-33．

［35］李广益．作为世界文学的科幻文学［J］．文艺理论与批评，2021（4）：66-70．

［36］范轶伦．从"第三世界科幻"到"科幻第三世界"：中国科幻的拉美想象与拉美启示［J］．中国现代文学研究丛刊，2021（8）：19-38．

［37］吴瑾瑾．中国当代科幻小说的海外传播及其启示——以刘慈欣的《三体》为例［J］．山东大学学报（哲学社会科学版），2021（6）：172-184．

［38］赵晨宇．刘慈欣科幻作品在俄罗斯的译介传播研究——以《三体》为中心［J］．当代作家论，2021（4）：193-198．

［39］张恒军．亮点、难点、着力点：新时代当代文学的国际传播［J］．出版发行研究，2021（1）：85-92．

［40］唐润华，乔娇．中国科幻文学海外传播：发展历程、影响要素及未来展望［J］．出版发行研究，2021（12）：83-92．

［41］高茜，王晓辉．中国科幻小说英译发展述评：2000—2020年［J］．中国翻译，2021，42（5）：57-64，192．

［42］卢冬丽．转生、再生与共生：中国当代科幻文学英日转译的文本生命存续［J］．外语与外语教学，2021（6）：80-89，149．

［43］李雅婷，余泽梅，汤黎．科幻小说翻译的现状与未来——"再造科幻巴别塔"高峰论坛［J］．写作，2021，41（4）：47-54．

［44］刘健．当前海外中国科幻文学研究述论［J］．天津师范大学学报（社会科学版），2021（4）：58-63．

［45］陈韬．从"琉璃瓦"到"长城星球"：民族性视域下电影《流浪地球》

价值新探［J］.中国文艺评论，2021（11）：82-94.

［46］周星.《缉魂》：杂糅与缉捕魂灵［J］.电影艺术，2021（2）：95-97.

［47］刘立琴.《被光抓走的人》的创作逻辑与情感表达［J］.电影文学，2021
（9）：151-153.

［48］陈旭光，薛精华.论中国科幻电影的想象力与"想象力消费"［J］.电影
艺术，2021（5）：54-60.

［49］黄鸣奋.科幻电影视野下的中国［J］.北京电影学院学报，2021（6）：
9-21.

［50］黄鸣奋.我国科幻电影创意中的共同体观念［J］.吉首大学学报（社会
科学版），2021，42（1）：106-115.

［51］乔新玉.国产科幻电影的反乌托邦意象塑造与空间生产——基于西方反
乌托邦电影的比较［J］.电影文学，2021（13）：77-81.

［52］左亚男，程晖.1980年代中国类型电影的新变与主体性渴求［J］.电影
文学，2021（18）：3-8.

［53］张宪席.现实的显影——20世纪80年代国产科幻电影研究［J］.当代
电影，2021（4）：164-170.

［54］石嵩，金利泰.近年来中国影片在韩国的接受特征分析及传播力提升研
究［J］.电影评介，2021（7）：7-14.

［55］白丽芳，李朋飞.基于语料库的《流浪地球》英文报道研究［J］.海南
大学学报（人文社会科学版），2021，39（1）：71-80.

［56］王卫英，李英，凌晨.北京科幻阅读产业发展研究［M］//王挺，姚
利芬.北京科幻产业发展研究.北京：中国科学技术出版社，2021，
49-77.

［57］朱钰婷，郑军.北京互联网科幻产业发展研究——以科幻网文产业为例
［M］//王挺，姚利芬.北京科幻产业发展研究.北京：中国科学技术出
版社，2021，78-97.

［58］刘宇坤，姚利芬.北京科幻游戏产业发展研究［M］//王挺，姚利芬.
北京科幻产业发展研究.北京：中国科学技术出版社，2021，98-119.

［59］刘健.科幻产业及其对城市产业经济转型升级的影响［J］.南京航空航

天大学学报（社会科学版），2021，23（4）：39-44.

[60] 孟庆枢，吴岩. 科幻与"文学"、中国科幻热、科幻与教育 [J]. 国际比较文学（中英文），2021，4（4）：755-765.

[61] 顾小清，蔡慧英. 预见人工智能的未来及其教育影响——以社会性科幻为载体的思想实验 [J]. 教育研究，2021，42（5）：137-147.

[62] 孙素英. 科幻小小说的写作教学策略 [J]. 中学语文教学，2021（11）：30-35.

[63] 姚咏梅.《科幻小小说写作指导》教学实录 [J]. 中学语文教学，2021（11）：30-33.

[64] 张然. 科技馆线上教育活动实践与思考——以中国科技馆为例 [J]. 学会，2021（1）：51-55.

[65] 王慧. 叶永烈与中日科幻交流 [J]. 文化创新比较研究，2021，5（34）：40-43.

作者简介：

朱钰婷，浙江大学文学院中国现当代文学博士研究生，主要研究领域为中国当代科幻文学、海外华文文学等。

年度科幻翻译引进综述

李 琴

引言

2021年我国共翻译引进科幻类作品365部，呈现出欣欣向荣的发展态势，发表平台多元化，但仍以传统书刊为主。平装仍为图书市场的主要装帧形式，2021年平装作品共有280部，占作品总数的76.7%。精装作品有83部，还有2部为电子作品。2021年引进出版的小说单行本数量最多，占作品总数的65%，其次是图像小说与个人作品集，分别占比18%与8%。

从目标读者类型来看，非少儿类作品有335部，仍占绝大多数，少儿类作品有30部，占比较小。按出版地划分，大陆仍然是引进科幻作品的主阵地，2021年翻译出版304部各类科幻作品，香港和台湾地区引进出版61部。

本报告的主要述评对象为翻译出版的小说单行本，特别是长篇小说，同时兼顾图像小说与个人作品集等，正文从文本选择、翻译出版与译作接受情况三个方面进行评述。

一、文本选择

本报告主要从原作质量、背景信息、作品类型及主题分布四个角度对2021年引进的科幻作品展开分析。

（一）原作质量

2021 年引进出版的科幻作品质量较高，除了经典作品，其他作品均为国外出版后多次获奖、媒体极力推荐、深受读者好评的畅销佳作。经典作品方面，法国科幻作家儒勒·凡尔纳的《八十天环游地球》《海底两万里》《地心游记》，英国作家玛丽·雪莱的长篇小说《弗兰肯斯坦》，以及美国作家斯蒂芬·金的《魔女嘉丽》等再度重译出版。2021 年引进的科幻新作也为源语国家的畅销佳作，作品主题多样、思想深刻，多与当下时代背景密切相关，创作手法新颖独特，语言流畅优美，得到媒体、读者与译者的一致认可。例如，由译林出版社翻译引进的美国科幻作家安迪·威尔的《挽救计划》，其原作于 2021 年 5 月正式出版后迅速占据《纽约时报》《华尔街日报》《洛杉矶时报》等各大报刊的畅销书排行榜，连续 16 周稳居亚马逊科幻畅销榜。同时，《挽救计划》也入选"奥巴马 2021 夏日书单"，并且还得到《冰与火之歌》的作者、著名科幻作家乔治·R. R. 马丁的大力推荐。译者耿辉把对作品的阅读体验形象地比喻为"大脑的一场烟花表演"。从媒体评论中也可窥见原作的高品质，《柯克斯书评》给出了这样的评语："读者会坐上一个通宵，双眼充血地读完这部情感强烈、主题深刻的小说。这是一个有关生存的故事，一部关乎友谊力量的科幻杰作！"

奖项是衡量作品质量的重要指标，是作家作品获得业内人士认可的直接体现。2021 年翻译引进的科幻作品大多已获奖，其质量可见一斑。例如四川科学技术出版社与《科幻世界》杂志社联袂翻译引进玛丽·罗比内特·科瓦尔的《计算群星》同时荣获第五十四届星云奖"最佳长篇小说"、第六十五届雨果奖"最佳长篇小说"、第四十九届轨迹奖"最佳长篇科幻小说"与 2019 年侧面奖"最佳长篇小说" 4 个重要奖项。江苏凤凰文艺出版社引进的美国国家图书奖得主理查德·鲍尔斯的《树语》也荣获多个奖项，例如普利策文学奖、意大利雷佐里外国小说奖、美国国际笔会奥克兰卓越文学奖、美国艺术文学院豪威尔斯奖等。该作品还入围布克奖"短名单"，福克纳奖"短名单"。此外，《树语》还在美国亚马逊文学类榜单 THE BEST、Goodreads 文学类年度榜单中位居前十。

（二）背景信息

背景信息部分主要从作品国别分布与作家作品数量两个方面对2021年引进的科幻作品进行评述，以美国、英国、日本以及法国等引进作品数量较多的国家为重点，同时也对其他国家作品的引进情况进行简要分析。作家作品以传统经典作品和获奖畅销作品为主进行概述。

1. 作品国别分布

就翻译引进科幻作品的国别来看，2021年共有30多个国家的作品被引进，与2020年基本持平，作品来源多元化，美国、日本、英国、法国、加拿大及俄罗斯等国家仍为科幻作品翻译引进的主要来源国。2021年我国翻译引进科幻作品数量最多的国家仍为美国，日本和英国分别位于第二和第三，法国、加拿大以及俄罗斯等国紧随其后（图1）。2021年引进的俄罗斯作品数量增幅较大，比2020年增加9部；澳大利亚作品的引进数量明显下降，由2020年的12部减为2021年的2部。除以上来源国，从芬兰、挪威与德国引进的科幻作品数量有所增加。

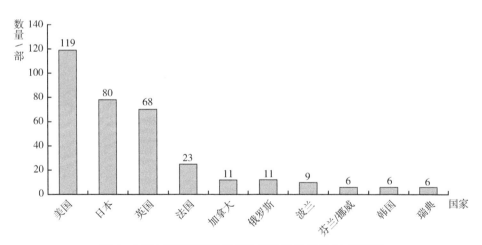

图1　2021年翻译引进科幻作品数量排名前10的国家

2021年引进的365部科幻作品中，美国作品为119部（32.6%），日本作品80部（21.9%），英国作品68部（18.6%），形成"三足鼎立"的基本格局。上述三个国家为我国引进科幻作品的主要来源国，表明出版社和读者对这三国的科幻作品具有较高认可度。虽然英语作品仍领先于其他语种作品，但与往年相比，其占比有所减少，从 2020 年的 67.4%[1] 降为 51.2%。2021 年出版社对非英语国家作品的关注力度加大，例如从挪威、牙买加等国引进科幻作品 2 部，从比利时、阿根廷等国翻译引进科幻作品各 1 部，虽然引进数量较少，但延续了上年度的良好传统，继续拓宽科幻作品的国别疆界。值得注意的是，2021 年还翻译引进了 6 部由芬兰和挪威作家合著的科幻作品。至此，我国翻译引进的科幻作品已涵盖美洲、欧洲、亚洲及大洋洲的主要国家和地区。

2. 作家作品数量

2021 年引进科幻作品的作家情况与 2020 年有所不同，图 2 所示为 2021 年引进科幻作品数量排名前 10 的作家，作品数量均为 4 部（含）以上。在这些作家中，经典科幻作家继续占有相当大的比重，例如 2021 年共引进再版波兰作家斯坦尼斯瓦夫·莱姆的作品 8 部，位居榜首；儒勒·凡尔纳的作品 7 部；斯蒂芬·金的作品也有 5 部。2021 年是斯坦尼斯瓦夫·莱姆诞辰 100 周年，2021 年翻译引进了莱姆的 8 部作品，旨在致敬这位 20 世纪博学多才的波兰科幻作家和哲学家。译林出版社倾情打造了莱姆 100 周年诞辰纪念版系列丛书，包括《未来学大会》《无敌号》《惨败》《伊甸》《其主之声》和《索拉里斯星》6 部作品，前 5 部作品均为首次译介。波兰驻华大使赛熙军亲自为译作撰写序

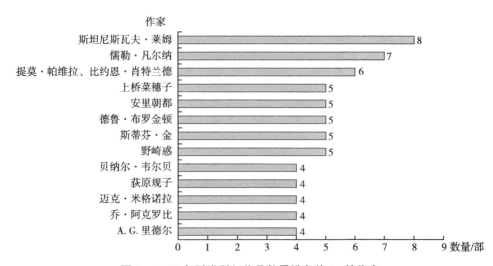

图 2　2021 年引进科幻作品数量排名前 10 的作家

言，称莱姆秉持着"好奇和从容"的态度看待未来，其作品所表达的并非仅是"物质与技术层面的想象，而是道德层面上的深刻思考"[2]。国内科幻作家刘慈欣以及科幻文学研究学者吴岩对莱姆的作品大力举赞。刘慈欣评价莱姆有非常了不起且真正独一无二的想象力，对人和宇宙的关系描述深刻，与美国科幻小说相比，更具有文学的精致特性，也蕴含着更为深远的意境，带给读者无穷的回味和思量。吴岩更是坦言："莱姆总是能从核心处嘲弄我们的生活，他能把科技论文、民间故事、寓言、神话传说等都烹调在一起，并用幽默而力透纸背的荒诞语言和荒诞情节，返照我们的世界。"[3]凡尔纳的经典科幻作品自不待言，早已深入国内读者心中，近年来被多次重译、一版再版，浸润着一代代读者的心田。

2021 年科幻作品引进继续呈现系列化趋向，多部系列丛书被翻译引进，例如"世界科幻大师"丛书、"世界奇幻大师"丛书、《神秘博士》官方小说系列等。2021 年浙江人民出版社引进日本科幻作家上桥菜穗子的"野兽召唤师"系列，包括《野兽召唤师Ⅰ：逃离斗蛇村》《野兽召唤师Ⅱ：王兽飞上天》《野兽召唤师Ⅲ：艾琳的选择》《野兽召唤师Ⅳ：疯狂大混战》以及《野兽召唤师Ⅴ：时光的碎片》。重庆出版社再版了英国当代奇幻作家、轨迹奖得主乔·阿克罗比的"第一律法"系列作品：《第一律法：无鞘之剑》《第一律法：世界边缘》《第一律法：最后手段》，此外乔·阿克罗比的长篇小说《英雄》首次以单行本形式出版。2021 年还引进由两位或多位作者共同创作的科幻作品系列，例如广西师范大学出版社出版的"开普勒 62 号"系列，包括《开普勒 62 号 1：邀请》《开普勒 62 号 2：计时》《开普勒 62 号 3：旅行》《开普勒 62 号 4：先行者》《开普勒 62 号 5：病毒》《开普勒 62 号 6：秘密》。该系列作品由芬兰儿童文学作家提莫·帕维拉和挪威儿童文学作家比约恩·肖特兰德合作而成，并由芬兰知名绘者帕西·皮特卡能设计插画，作品集科幻与推理于一体，描绘了一段扣人心弦且发人深思的星际旅程。

（三）作品类型

2021 年引进的科幻作品类型共有 10 大类，小说单行本历来是主打的作品类型，受到出版社和译者高度关注，作品也拥有较为坚实的读者基础。图像小说与个人作品集增幅较大，论文 / 杂文、合订本、套装书与画集等作品数量较少，没有引进编目与剧本等作品类型。据统计，2021 年共引进小说单行本 239 部，图像小说 66 部，个人作品集 28 部，论文 / 杂文 9 部，合订本 / 套装书 7 部，画集 6 部，作品选集 4 部，周边 / 设定 4 部，教材教辅与传记各 1 部（图 3）[4]。

2021 年值得关注的一个现象是图像小说的引进数量大幅增加，表明出版社开始将目标读者转向青少年群体。近年来青少年读者群体的数量在不断增长[5]，其阅读潜力进一步突显。引进的优秀图像小说得到了青少年读者的广泛青睐和好评，例如新星出版社引进的面向少儿的图像小说《烟囱之城》受到小读者的热情称赞，获得豆瓣评分 8.4 分（截至 2022 年 7 月），不少读者在豆瓣评论区留下读后感言，称赞"画面好看、欧式情怀、画风迷人味美、超级精美"，还有读者被作品的故事情节深深打动，与主人公对爱与美、善良与希望、梦想与纯真的不懈追求产生强烈共鸣。由译林出版社翻译出版的另一部图像小说《我是月亮》也深受好评，豆瓣评分 8.3 分（截至 2022 年 7 月），且在影视戏剧图书一周热门榜中排名第二。

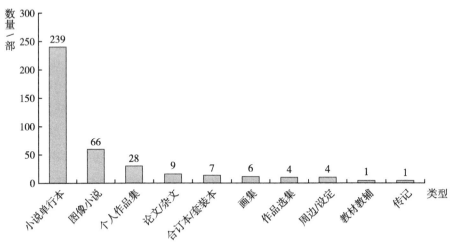

图 3　2021 年翻译引进科幻作品类型分布

（四）主题分布

2021年翻译引进的科幻作品题材广泛，涉及赛博朋克、乌托邦、星际探索、太空歌剧等传统科幻主题，如《银翼杀手》《太空猫的大冒险》等以赛博朋克为主题的经典作品得以再版。娜奥米·阿尔德曼的乌托邦主题作品《力量》讲述了女性在获得电荷的能力后改变女性地位的故事，批判了权力引发的性别歧视，超越性别之争的表象，对性别背后的权力和人性问题进行探讨。以"星际"为背景的作品仍然颇受欢迎，此类作品富含斗争、冒险等元素，如法国作家弗洛朗丝·波塞尔的《火星地平线》将时间拉伸至2080年，人类试图在火星上建造基地，作品以主人公让娜的视角记录了这一段开拓经历。《沙丘》《时间遇难者》等以太空歌剧为主题的作品将现实或历史中值得人们思考的问题映射到一个架空世界中予以批判。而在孩子的世界里，科幻作家放下犀利的笔锋，以诙谐轻快的节奏带孩子们畅游于科学幻想中，例如尼古拉·诺索夫的"小无知历险记"三部曲《小无知游绿城》《小无知漫游太阳城》《小无知漫游月球》，深受儿童读者好评。

2020年至今新冠肺炎疫情呈现常态化、反复化，国内负面社会思潮未能完全消失，转而进入潜伏期[6]。后疫情时代的人们急需精神力量以重整旗鼓、走出悲痛。在恢复社会经济秩序的同时，人类开始反思自身、科学技术与自然三者之间的关系。2021年引进的科幻作品仍以软科幻为主，基于社会思潮的变化，尤其是受网络暴力主义和生态警示主义影响，以机器人、AI为主题的作品有所减少，而以虚拟网络、生化危机和基因变异为题材的作品增多。新冠肺炎疫情给人们的生活带来诸多不便，非接触式需求急剧增加，外卖、线上教育等非接触式行业快速发展，人们希望借助科学技术获得便利、丰富的生活，但技术发展带来的并非全是益处，当新冠肺炎疫情的阴霾逐渐散去，一些理性的声音得以显现。身处日新月异的世界，人们通过科幻作品反映时代诉求，对科技发展进行深度思考和探讨。当人类失去网络，世界会是什么样子？加拿大作家马修·马瑟的《网络风暴》描写了灾害袭击与技术崩溃两大灾难：病毒和灾害席卷了纽约，而此时互联网中断，通信系统瘫痪，社会无法正常运转，法律无法保障人们的正常生活，人们为了生活放弃道德底线，作品引发读者深入思考科技对人类的反噬。后疫情时代下新冠肺炎疫情并未完全消失，对人类物质生活和精神世界的影响仍挥之不去。数字化技术的发展促进电子设备的繁荣，《消失吧！书本》呈现了一个高度发达的智能化世界，在这里纸质书经扫描传到网上后会被销毁以实现"知识共享"，人们要想获得知识只能购买智慧视镜，而身处其中的人们却丝毫没有意识到知识已经通过这种方式被垄断。作者旨在通过刻画主人公意识的觉醒呼吁人们重视文化产业，不要过度依赖数字技术。技术控制论也常见于反乌托邦作品。英国作家阿道司·赫胥黎的《美丽新世界》与尤金·扎米亚金的《我们》、乔治·奥维尔的《1984》三部作品被称为世界科幻史上"三大反乌托邦作品"。《美丽新世界》创造了一个处于极权统治下的"文明社会"，高度发达的科学技术看似为人们创造了一个"桃花源"，人们不再饥饿贫穷，没有疾病痛苦的困扰，但背后是极权主义者的阴谋，统治者通过科学技术将人类变成没有灵魂的躯壳。该作品呼吁人们思考物质文明高度发展的情况下精神文明该何去何从的问题。

灾难不仅为文学作品提供了写作素材，更激励人类探索自然、社会和自我。新冠肺炎疫情引发公众对人与自然的关系进行深入思考，后疫情时代呼吁人们更加正视人与自然的关系，如贝纳尔·韦尔贝的《蚂蚁三部曲》集科学性与文学性于一体，从生态平衡的角度讲述了人类与蚂蚁的交流和斗争，书中所描述的蚂蚁社会何尝不是人类社会的映射，两个物种文明从接触、斗争到合作共存的过程揭示了人类与自然的关系，带领读者重新认识人类。如果说《蚂蚁三部曲》是从思想层面呼吁读者重新认识自我，那么日本作家今敏的长篇漫画《海归线》则从更加现实的角度考察人类与自然的关系：当自然保护与经济发展面临冲突时，洋介一家需要在遵守归还人鱼卵的承诺和以鱼卵为噱头开发小镇之间做出选择，但拥有"像大城市一样"的繁华就是获得"更好"的生活了吗？这一问题值得人们深入思考。人鱼卵看似是一种超自然物质，实际上代表的是自然的回馈。只有当人类尊重自然时，人与自然才能实现和谐共处。人与自然的关系一直是科幻作家青睐的话题，随着物质文明的不断发展，对人类社会本质进行探讨的作品更具现实意义。

疾病对人类具有颠覆性的影响，不仅使人们意识到人类在自然面前的脆弱，还会引发对人性的探索和反思。劳伦斯·赖特的《十月之殇》与马修·马瑟的

《网络风暴》在探索和反思人性方面具有异曲同工之妙，该书探讨了病毒笼罩下人性的极限，人们在身体和精神的双重压力下变得疯狂，医疗、政治、经济、社会体系崩塌，阴谋论阴霾下的世界冰冷残酷，人性的善恶被放大到极致，在后疫情时代似乎更能引起人们的共鸣。值得注意的是，该书出版在新冠肺炎疫情出现之前，作者的预见性令人惊叹。俄罗斯作家德米特里·格鲁克夫斯基的"地铁"系列作品（《地铁 2033》《地铁 2034》《地铁 2035》）以核战争后的世界为背景，讲述受核辐射影响而产生的变异物种威胁着人类的生存，最后一批人类以地铁为避难所进行自我拯救的故事，并以此探索人类存在的意义。由此可见，人类对科学技术、自然生态和人性的探索与反思相互交织，科学幻想文学并不是一种空想，是作家基于事实和经验的合理猜想，既可总结经验，又能指向未来。

新冠肺炎疫情是百年来最严重的全球性流行疾病，对全球各行各业都产生了难以估量的影响，也为科幻作家提供了更多创作素材和认知基础，使人们对"灾害文学"产生更多共鸣。随着时间的推移，人们开始接受新冠肺炎疫情常态化的事实，并开始尝试新的生活方式，科幻文学中的预言在现实生活中得到了一定程度的印证，科幻和现实的边界逐渐模糊，人类会如何处理人与人、人与科技、人与自然的关系呢？人类最终将走向何方？这不仅是科幻作家思考的问题，更是对全人类的提问。

二、翻译出版

2021 年的翻译出版情况主要从译者情况与出版分布两个角度进行评述。

（一）译者分析

2021 年科幻作品翻译引进仍有众多译者参与，其中既有经验丰富的多产译者，也有新加入的译界新秀。初步统计，翻译科幻作品 3 部以上的译者共有 18 位，其中林涛和刘争以 5 部译作位居榜首，王蕴洁、辛如意与姚向辉 3 位译者的译作各为 4 部，其余译者均为 3 部（图 4）。一些没有科幻文学翻译经历的新人译者也加入科幻作品翻译的行列，例如翻译《有害超兽绝密报告书：Toy(e)作品集》的祝乃玲以及翻译《艾森斯坦号的逃亡》的丁旭巍等。

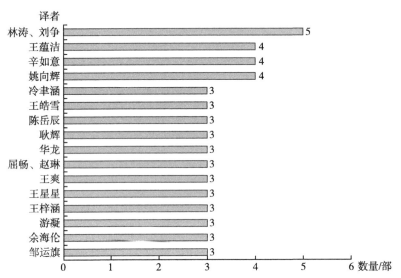

图4　2021年度翻译科幻作品数量在3部以上的译者（仅单行本、作品选集和个人作品集）

　　2021年的科幻译者队伍庞大，背景多元。首先，科幻译者的职业背景多样化，涉及科幻作家、资深翻译家、职业译者、高校教师和工程师等职业。例如译介英国科幻作家威廉·奥拉夫·斯特普尔顿《造星主》的宝树为科幻作家，在清华水木社区、豆瓣阅读等网络媒体平台创作科幻作品，出版长篇小说《三体X：观想之宙》《时间之墟》，并在《科幻世界》《超好看》等杂志发表多部中短篇小说。翻译芬兰作家伊瑞尼·卡里奥玛琪《机器兔入侵》的昼温也是科幻作家，是2021年引力奖得主、2019年新浪微博十大新秀科幻作家，其原创小说《偷走人生的少女》荣获乔治·R. R. 马丁创办的地球人奖。高校外语教师也是翻译的重要力量，2021年多位教师参与科幻作品翻译，例如翻译美国作家乔伊斯·卡罗尔·奥茨《漂流在时间里的人》的韦清琦为南京师范大学外国语学院教授、博士生导师，获得北京语言大学文学博士学位，同时担任南京翻译家协会理事，主要从事外国文学批评和翻译研究，翻译出版译著十余种，代表作包括《爱达或爱欲：一部家族纪事》《刀锋》《人性的因素》《羚羊与秧鸡》等，曾获江苏省紫金山翻译奖，以及鲁迅文学奖翻译类提名。翻译美国科幻作家奥克塔维娅·E. 巴特勒《莉莉丝的孩子 3：成熟》的耿辉为设计机车动车组牵引控制算法工程师，出于对科幻作品的热爱，业余翻译科幻小说，译作发表于《文艺风赏》《科幻世界》《人民文学》和豆瓣阅读等平台。资深翻译家和职业译者仍在科幻作品译介中发挥重要作用，如翻译经典作品《八十天环游地球》的郑克鲁为著名法文翻译家。翻译美国作家丹尼尔·伽卢耶《黑暗宇宙》的华龙为科幻译者，译作主要见于《银河边缘》杂志。翻译《太阳神试炼：混血新兵事件簿》的王心莹为台湾地区译者，译有《老虎的眼睛》《亡命化学家》《吞下宇宙的男孩》等多部作品。

其次，科幻译者的专业背景也更加丰富多元。科幻译者的专业既有外语、翻译、出版与传播等文科专业，又有电子工程、海洋学等理工科专业。翻译马德琳·米勒《喀耳刻》的姜小瑁毕业于北京大学英文系；翻译布莱恩·赫特作品集《想看　在看　看过》的宋琦为英语语言文学硕士、英国南安普顿大学访问学者；翻译《电子脑叶》的李彦桦为台湾地区东吴大学日文系硕士；翻译《地铁 2033》的陈恒哲毕业于中国传媒大学俄语专业，曾于莫斯科大学新闻系进修访学；翻译《迷人怪物：德古拉、爱丽丝、超人等文学友人》的徐楠毕业于北京外国语大学翻译系，同时获得伦敦大学学院出版专业硕士学位。理工科专业方面，翻译美国科幻作品《零 K》的靖振忠毕业于中国科学技术大学地球和空间科学系，并获美国哥伦比亚大学物理学硕士学位。《新星世：即将到来的超智能时代》的译者古滨河为美国阿拉斯加大学海洋学博士，佛罗里达大学博士后，担任南佛州水务局首席科学家与佛罗里达大学土壤与水科学系客座教授等职务。

科幻题材图像小说的译者也是不容忽视的一股新生力量。2021 年，多位译者参与图像小说翻译工作，既有科幻作家，又有新秀译者，他们的目标读者以青少年群体为主。翻译《我是月亮》的彭懿为儿童文学作家和译者，周龙梅为儿童文学译者。翻译《超人 1：明日代价》与《超人 2：秘密与谎言》的刘慧颖为科幻作家。一批酷爱科幻文学的青年译者也跃跃欲试，如翻译《秘密代号 1·代号 X》的周蕾为对外经济贸易大学韩语口译硕士，童心未泯、热爱生活，志在为少年儿童翻译有趣、有益的童书，带给孩子们温暖和力量。大多数图像小说的新秀译者刚刚开始涉足科幻翻译，例如翻译《无敌救星》的王大莹、翻译《萨朗波》的曹金波与方堃、翻译《闪点》的路半仙、翻译《新世界：秩序之书》的幸绍菲等。

2021 年科幻翻译的另一大看点是多位译者的合作翻译，例如林涛与刘争合作翻译了日本科幻作家上桥菜穗子的"野兽召唤师"系列作品；彭懿与周龙梅合作翻译了《我是月亮》；屈畅、赵琳和赵志强三人合作翻译了《第一律法：无鞘之剑》；此外屈畅和赵琳还合作翻译了《英雄》《第一律法：世界边缘》《第一律法：最后手段》等作品。合作翻译模式有助于通过不同译者之间的协商互动为翻译中出现的问题找到恰当的"解决之道"，也有助于保证翻译质量。合作翻译也是对新人译者进行"传帮带"式培养的有效途径，能够为科幻译者队伍不断注入新鲜活力。

（二）出版分布

2021 年，众多出版机构参与了科幻作品的引进出版，出现了百舸争流的喜人气象。据统计，2021 年，共有 90 余家出版社（含香港、台湾等地区）引进科幻作品，出版科幻作品达 3 部以上的出版机构将近 50 家。新星出版社仍然以引进出版 37 部科幻作品的成绩位居榜首，中信出版集团出版 18 部，位列第二；四川科学技术出版社、译林出版社与重庆出版社并列第三；人民文学出版社以 12 部位居第四，与 2020 年相比仍位居前列，但作品引进数量减少了一半以上；上海译文出版社的科幻译作数量则出现断崖式下降，由 2020 年的 25 部减少到 7 部；四川美术出版社、奇幻基地、湖南美术出版社、浙江人民出版社、浙江文艺出版社为 2021 年新晋榜单的出版机构，引进出版科幻作品 7~9 部不等（图 5）。

与 2020 年类似，2021 年部分高校出版社继续翻译引进科幻作品，广西师范大学出版社引进 6 部，数量有所下降；西南师范大学出版社引进 3 部；南京大学出版社出版的科幻译作仅为 2 部，与 2020 年相比呈急剧下滑态势；重庆大学出版社与华东师范大学出版科幻作品较少，各 1 部。

除了图书与杂志，网络媒体开始成为引进科幻作品的新平台，共有 2 家网络平台尝试发表科幻译作。豆瓣阅读发表了中短篇小说《血色瘟疫》（美国作家杰克·伦敦著、王丽斌译），以及长篇小说《大都会》（德国作家特娅·冯·哈堡著，杨子莹、高明远译）。小鸟文学发表了耿辉的译作《一抹蓝色》和《未能生还的女孩》。

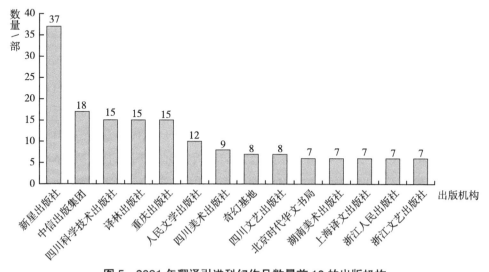

图5　2021年翻译引进科幻作品数量前10的出版机构

三、译作接受情况

译作接受情况的考察主要以豆瓣读者评分与评论为依据，同时参考国内图书市场销售情况。2021年引进的365部科幻作品中有200部获得豆瓣评分，其他165部没有相关评分数据。以10个分值区段来分析，2021年科幻译作接受情况总体较好，在获得有效评分的200部作品中，绝大多数译作分值都在6.9分以上。分值在8.5~8.9、8.0~8.4和7.5~7.9这三个分值段的作品数量基本相同，大约为40部；分值在9.0~9.5的作品有25部之多，最高分值9.5~9.9区段的作品也有5部（图6）。没有评分的165部作品分为下面三种情况：评分人数不足、该版作品未收录或虽有收录但无人评分。究其原因，主要有三点：

首先，相当一部分科幻作品在香港和台湾地区出版发行，大陆读者群体数量有限，关注度不高；其次，有些作品为2021年重译再版，参与评价的读者人数较少；最后，部分作品因出版社影响力所限或宣传力度不够等因素，未引起读者足够的关注。

一般来说，作品的接受主体包括出版商、译者、读者以及媒体。读者对译作的评价与原作质量、译者资质、年代背景、出版单位、是否为再版等因素都有关系。例如，日本科幻作家安部公房著、杨伟译的《他人的脸》由人民文学出版社于2021年再度引进出版，豆瓣数据显示该版本无人评价，由台北光复出版社于1988年引进的魏廷朝译本也显示评价人数不足。但另外三个译本均受到一致好评：1997年珠海出版社引进出版的郑民钦译本获得豆瓣评价8.3分（129人评价），2014年由华东师范大学出版社引进出版的杨伟译本获得豆瓣评价7.9分（484人评价），2018年人民文学出版社引进出版的杨伟译本获得豆瓣评价8.3分（66人评价）。

科幻作品的读者接受程度与媒体推荐紧密相关，媒体评论能激发读者的阅读兴趣，影响读者对译作的认可度。例如人民文学出版社引进出版的《海利科尼亚》得到《柯克斯书评》《金融时报》《每日电讯报》《纽约时报》等多家媒体的极力推荐，读者评价较好，获得豆瓣评分8.4分；英国《每日电讯报》的评语"几乎无人能做到这般呈现一个栩栩如生的'美丽新世界'"，以及美国《纽约时报》的评价"奥尔迪斯将科幻作品的宏大格局写到了极致"无疑会

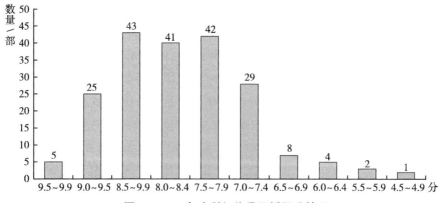

图6　2021年度科幻作品豆瓣评分情况

起到影响读者的重要作用。

从豆瓣的其他榜单数据可以看出，2021 年科幻翻译引进的效果可圈可点。在豆瓣 2021 年度高分图书榜单中，翻译引进的《挽救计划》《未来学大会》《喀耳刻》《齐马蓝》四部作品名列其中。《索拉里斯星》获得豆瓣评分 8.7 分，位列豆瓣 2021 年度再版经典图书与年度最受欢迎图书榜单，《在西瓜糖里》进入豆瓣 2021 年度"重新发现"图书目录。《挽救计划》与《其主之声》入选 2021 年度高分图书榜，分别位居第二和第六。英国作家石黑一雄的《克拉拉与太阳》入选豆瓣 2021 年度最受关注图书，该作品获得豆瓣评分 8.2 分，共有 27804 人参与评分。在 2021 年度最受关注出版方 Club 榜单中，引进出版科幻作品的上海译文出版社、理想国、读库、广西师范大学出版社、文景、人民文学出版社以及译林出版社七家出版机构榜上有名（注："译作接受情况"中作品豆瓣评分相关数据统计日期截至 2020 年 3 月 8 日）。

四、结语

通过以上分析可见，2021 年翻译引进的科幻作品质量较高，众多优秀科幻新作被引入国内，传统经典科幻作家作品也继续重译再版。作品主题分布依然多样化，既延续了 2020 年的科幻主题，又出现了与 2021 年社会文化背景紧密相关的新兴主题。译作翻译水平整体向好，读者接受度较高。译者队伍不断壮大，众多新人译者加入科幻作品翻译行列。译者专业背景既有文科专业，也有理工科专业，职业化特征明显。虽然翻译、出版规模与 2020 年相比有所下降，但译作接受情况良好，读者反应积极热情。总体而言，国内科幻作品翻译引进方兴未艾，发展空间和潜力巨大。

参考文献

[1] 李琴. 年度科幻翻译引进综述 [M] // 吴岩，陈玲. 中国科幻发展年鉴 2021. 北京：中国科学技术出版社，2021：145.

［2］斯坦尼斯瓦夫·莱姆. 索拉里斯星［M］. 北京：译林出版社，2021.

［3］吴岩，吕应钟. 科幻文学入门［M］. 福州：福建少年儿童出版社，2006.

［4］CSFDB. 中文科幻数据库［DB/OL］.［2022-03-07］. https://csfdb.scifi-wiki.com/books.

［5］喻国明，杨雅，李彪. 新传播时代图书消费新势力分析——来自《2021新青年阅读报告》［J］. 现代出版，2021（6）：65-69.

［6］王平. 后疫情时代社会思潮走向分析［J］. 人民论坛，2022（2）：26-28.

作者简介：

李琴，西安外国语大学高级翻译学院教授。

年度科幻文学外译情况综述

吕子青

　　本文对 2021 年世界范围内翻译出版的中国科幻文学整体状况进行考察，梳理并总结这一阶段中国科幻文学在世界范围内翻译和传播的情况和特点。笔者通过检索在线推想小说数据库（ISFDB.org），查阅国家图书馆资料，搜索亚马逊等海外销售平台，统计出 2021 年中国科幻文学在国外翻译并首次出版或再版的作品共计约有 132 部（篇）。

　　通过对外译作品翻译和传播模式及路径的梳理与分析，笔者发现在 2021 年外译过程中涌现了很多新作品、新面孔和新思路，例如：绝大多数作品都是首次外译到目的语国家；新秀作家（如王诺诺、苏民等）的作品被多次译介；作品的呈现形式更加多元化（如图像小说和漫画）；外译运作团队不断探索新的合作模式。2021 年，首本由英国出版社签约出版的英译中国科幻小说选集面世。未来事务管理局创办罗塞塔翻译奖（Science Fiction and Fantasy Rosetta Awards），促进科幻奇幻领域多语言和文化之间的交流。北京漫传奇文化传播有限公司主导了"刘慈欣科幻漫画系列"版权输出项目，已促使多部刘慈欣作品改编漫画在海外出版，这是我国原创漫画作品首次以相当大的规模和体量进入西方发达国家的出版市场。

一、2021 年中国科幻文学在英语世界的翻译情况

在长篇小说领域，刘慈欣的作品《白垩纪往事》（*The Cretaceous Past*）于同年由地下出版社（Subterranean）再版发行。

在中短篇小说领域，2021 年在英语世界共出版了 3 部中国科幻小说作家作品选集，分别为陈楸帆和李开复的《AI 2041：预见 10 个未来新世界》（*AI 2041：Ten Visions for Our Future*）、刘慈欣的《擎天》（*To Hold Up the Sky*）以及中国科幻小说选集《中华视角 2021：中国科幻小说选集》（*Sinopticon 2021：A Celebration of Chinese Science Fiction*）。《AI 2041：预见 10 个未来新世界》是由陈楸帆和李开复联合创作的作品，包含了《无接触之恋》《丰饶之梦》《假面神祇》《幸福岛》等 10 个有关人工智能的有趣故事。在作品中，李开复架构了人工智能的"技术蓝图"，再由陈楸帆据此构思故事，虚构的叙事与非虚构的科技评论完美结合，展现了 20 年后被 AI 技术深刻改变的未来世界。刘慈欣的《擎天》则是由地下出版社于 2021 年再版的短篇小说集，收录了 11 篇作品，其中包括《坍缩》《全频带阻塞干扰》《乡村教师》《地火》等。另一本选集由中国文化研究学者倪雪亭（Xueting Christine Ni）翻译编辑，索拉里斯（Solaris）书系出版，共收录首次翻译成英语的中国科幻小说 13 篇，包括顾适的《最终档案》、韩松的《宇宙墓碑》、郝景芳的《乾坤和亚力》、念语的《九死一生》、王晋康的《亚当回归》、赵海虹的《相聚在一九三七》、糖匪的《博物馆之心》、马伯庸的《大冲运》、吴霜的《戴珍珠耳环的少女》、阿缺的《彼岸花》、宝树的《特赦实验》、王侃瑜的《月见潮》和江波的《宇宙尽头的书店》。值得一提的是，主编倪雪亭长期致力于向英语世界介绍中国文化，并将中国科幻介绍给更多读者，而该选集也是首本由英国出版社签约出版的英译中国科幻小说选集。

在杂志收录方面，美国科幻电子杂志《克拉克世界》（*Clarkesworld Magazine*）作为中国科幻文学稳定的合作伙伴，在 2021 年一共推介了 8 篇中国科幻短篇小说，依据出版时间先后分别为王真祯的《轨道上的关二爷》、陈茜的《捕捉 K 兽》、糖匪的《孢子》、江波的《变脸》、慕明的《宛转环》、王侃瑜的《冬日花园》、飞氘的《巨人传》以及王元的《他事》。

同年，刊登中国作品较多的还有未来事务管理局主办的面向英文市场的杂志《未来纪事》（*Future Science Fiction Digest*），选登的作品分别为杨枫的《赛博酒吧的生命周期》、提沙的《毕业考试》、刘慈欣的《不能共存的节日》、万象峰年的《幻象骑士》和《一座尘埃》，共计 5 篇。美国版《银河边缘》刊登了 4 篇中国科幻作品，分别为王诺诺的《冷湖之夜》、Dhew《万物算法》、程婧波的《讨厌猫咪的小松先生》和宝树的《超时空同居》。另有几篇小说英译作品散见于托尔线上网站（Tor.com，1 篇）、《顶峰杂志》（*Apex Magazine*，1篇）和《美国科幻研究协会会刊》（*SFRA Review*，1 篇）。

2021 年，中国科幻小说外译还运用了漫画改编的新形式。"刘慈欣科幻漫画系列"是由刘慈欣本人授权，北京漫传奇文化传播有限公司进行漫画改编，并由中信出版集团负责中文出版的一套原创漫画，整个系列作品涵盖 16 册漫画书，分 4 辑。目前，该系列已实现向法国、德国、美国和英国的版权输出。2021 年，塔罗斯出版社（Talos Books）出版了其中 3 册的英文版，分别为《梦之海》（*Sea of Dreams*）、《流浪地球》（*The Wandering Earth*）以及《乡村教师》（*The Village Teacher*）；德国斯普利特出版社（Splitter）也于同年出版了《流浪地球》（*Die Wandernde Erde*）和《乡村教师》（*Der Dorflehrer*）2 册。

纵观 2021 年中国科幻小说英译发展，共有 2 部长篇小说、57 部中短篇小说进一步走进英语世界。作品公开发行的形式主要有单行本、小说集、杂志（电子、纸质）和漫画（图像小说），有很多作品是首次同英语读者见面。在外译过程中，各个优秀团队和桥梁人物发挥自身优势开展多方合作，推动中国科幻海外传播，例如：微像文化与美国科幻杂志《克拉克世界》合作，八光分文化与美国科幻杂志《银河边缘》合作，推介更多好作品；未来事务管理局以科幻春晚、另一颗星球科幻大会等事件吸引国外科幻界关注，推动在日本出版中国科幻小说选集，参与创办罗塞塔翻译奖，促进科幻奇幻领域多语言和文化之间的交流；漫传奇文化开展科幻文本漫画改编，促成漫画版权海外输出，树立了我国出版业原创内容"走出去"的一座里程碑。

二、2021 年中国科幻文学在其他语种世界的翻译情况

　　2021 年中国科幻文学共有 7 部长篇小说进一步在其他语种市场外译出版，分别是刘慈欣的"三体"三部曲和《超新星纪元》、陈楸帆的《荒潮》、吴明益的《复眼人》以及宝树的《三体 X·观想之宙》。

　　继 2020 年《三体 1》荷兰语版和保加利亚语版出版之后，《三体 2：黑暗森林》的保加利亚语版（Тъмна гора）和荷兰语版（Het donkere woud），以及《三体 3：死神永生》的荷兰语版（Het einde van de Dood）也分别于2021 年出版。此外，刘慈欣的《超新星纪元》也于 2021 年由 Heyne 出版了德语版（Supernova）。同年，宝树的《三体 X·观想之宙》有德语版本面世（Botschafter der Sterne），陈楸帆的《荒潮》有土耳其语版本（Atık İnsanları）出版，而吴明益的《复眼人》意大利语版本（Montagne e nuvole negli occhi）也于 2021 年顺利与读者见面。

　　在中短篇小说领域，2021 年中国科幻小说在日语、意大利语、韩语、罗马尼亚语、土耳其语和葡萄牙语市场均有外译出版。近年来，日本译介中国文学出现了一股热潮，早川书房这家老牌文学出版社在其中扮演了重要角色。2021 年早川书房出版了 3 本中国科幻作家小说集，分别为：刘慈欣的《圆》（『円』），一共收录了 13 篇作品，其中 7 篇《圆圆的肥皂泡》《人生》《诗云》《乡村教师》《混沌蝴蝶》《光荣与梦想》和《纤维》是首次翻译为日语；郝景芳的《人之彼岸》（『人之彼岸』），收录作品包括《你在哪里》《永生医院》《爱的问题》《战车中的人》《人之岛》《乾坤和亚力》，以及两篇非虚构作品《离超级人工智能到来还有多远》和《人工智能时代，如何学习？》；宝树的《时间之王》（『時間の王』）收录作品包括《穴居进化史》《三国献面记》《成都往事》《第一个时间旅行者》《九百九十九朵玫瑰》《坠入黑暗》。其他收录中国科幻中短篇小说的日语集册还有《中国·美国谜之科幻》（『中国·アメリカ謎SF』），其中收录了遥控的《马姨》、梁清散的《烤肉自助星》、王诺诺的《改良人类》和《为什么猫咪要在深夜开会?》。

近年来,意大利与中国科幻界的交流日益密切,意大利著名科幻作家弗朗西斯科·沃尔索(Francesco Verso)创立的未来小说出版社(Future Fiction)在2021年出版了两本中文科幻选集:《中国太阳》(il sole cinese)和《未来文字》(Futugrammi)。前者收录了科幻评论家张峰对于中国科幻文学近10年发展的述评,也包含了韩松、王晋康、刘慈欣、张冉、陈楸帆等著名作家的17篇短篇小说,"代表了未来小说出版社在过去五年中出版的最好的中国科幻小说"(封底语);后者《未来文字》是未来小说出版社继《星云》、《汉字文化圈》和《赛博格中国》之后出版的第4本中意双语中国当代科幻选集。其中不仅包含了许多知名作家如陈楸帆、杨平、张冉和江波的作品,还有白乐寒以及苏民等新人作家的创作。

同年,韩语小说集《后生命》(『포스트 라이프』)一共收录了4篇来自中国科幻作家的作品,分别为:王威廉的《后生命》、飞氘的《一个末世的故事》、郝景芳的《看不见的星球》以及陈楸帆的《G代表女神》。来自罗马尼亚的科幻杂志《银河42》(Galaxia 42)在2021年刊登了陈楸帆的《过时的人》、彭思萌的《情书》、阿缺的《云鲸记》、念语的《追寻你的记忆》。此外,郝景芳的《北京折叠》的土耳其语版(Katlanir Pekin)面世,而夏笳的英文小说《让我们说说话》的葡萄牙语版本("Let's Have a Talk")也于2021年面世。

三、结语

2021年中国科幻文学外译活动呈现出欣欣向荣的发展态势。在英语世界,《克拉克世界》和《银河边缘》已经是推介中国科幻长期稳定的合作伙伴,而未来事务管理局主办的《未来纪事》也在中国科幻对外传播活动中不遗余力;在日本,中国科幻小说在近年引领了一阵狂潮,在当地最大的科幻出版社早川书房的助力之下,中国科幻小说已经拥有了一席之地;在意大利,出版人弗朗西斯科·沃尔索和未来小说出版社积极参与译介和传播中国科幻文学,让越来越多的读者发现中国科幻蕴含的文化价值。特别让人惊喜的是,我们发现在 2021 年的中国科幻文学外译活动中，涌现了很多新作品、新面孔和新思路。新的"好故事"是中国科幻文学发展的关键，相信这些新作品、新面孔和新思路会给中国科幻文学走出去带来源源不断的新动力。

作者简介：

吕子青，江苏科技大学外国语学院教师，悉尼大学博士。主持悉尼大学课题 1 项、江苏省高校哲社项目 2 项、市级课题 2 项。担任江苏省科幻专委会委员，SSCI、ESSCI 来源期刊匿名评审。主要研究方向为语料库翻译学、中国科幻小说海外译介研究。

年度中小学科幻教育综述

周 群

一、2021 年度科幻教育典型事件

2021 年，受新冠肺炎疫情的影响，中小学科幻教育困难重重，但仍然取得一定的进步。工作进展首先表现在以下"典型事件"上。

（一）中小学科普科幻人才培养工作委员会正式成立

为有效调动、整合社会各方面青少年科普科幻教育资源，加强青少年创作人才的挖掘和培养力度，推动我国科普科幻创作后备人才队伍的建设，2020年 10 月，中国科普作家协会七届十八次常务理事会审议并通过了成立中小学科普科幻人才培养工作委员会的决议。2021 年 6 月 17 日，中小学科普科幻人才培养工作委员会正式成立。清华大学刘兵教授任工作委员会主任。工作委员会的成立标志着在中国科普作协的领导下，中小学科普科幻教育工作正在逐步走上正轨，推进机制得到进一步完善。

（二）第三届全国青少年科普科幻教育大会顺利召开

2021 年 11 月 13 日，第三届全国青少年科普科幻教育大会顺利落下帷幕。本次大会由中国科普作家协会和南京市玄武区教育局主办，南京市第十三中学

教育集团承办。受新冠肺炎疫情影响，大会一再延期，但在主办方和承办单位的努力以及各方的关心支持下，最终采用线上直播的方式举行。会议由南京市第十三中学曹勇军老师主持，中国科学院张双南研究员和科幻作家江波分别做了科普科幻专题讲座。小学、初中、高中3个组别共展示9节研究课，既全面展示了基础教育阶段科普科幻教育的探索成果，也对更多的一线教师起到示范引领作用。科普科幻教育论坛共设科普科幻教育探索优秀案例分享、科普科幻影视舞台传播分享、科普科幻阅读创作分享、科普科幻作文竞赛分享4个分论坛。大会在线参与会议者达1万多人。

（三）"科学阅读与创作"主题系列教学案例分享活动暑期在线举行

为更好地推进中小学科普科幻教育，2021年暑期，"听专家讲科学阅读与创作"系列活动继续开展。该活动由中国科普作家协会主办，中小学科普科幻人才培养工作委员会、《科学故事会》编辑部承办。活动主办方邀请近年来积极开展科普科幻教育、富有实践经验的教师，组成新一期科普科幻教育讲师团，面向中小学教师群体，以线上形式开展教学实例分享直播活动。周群老师组织牵头，遴选了高质量、有示范性的案例。8场讲座中，科幻教育案例分享占6场。线上活动为期两天，收看人次高达220万。

（四）全国和地方性的科幻作文大赛规模继续扩大

在面向中小学生开展的科幻教育活动中，影响力最大的当属全国中学生科普科幻作文大赛。该项赛事由中国科普作家协会主办，清大紫育（北京）教育科技股份有限公司承办，是自2019年教育部规范审核全国各类中小学生竞赛活动以来（教基厅〔2018〕9号），被公示认可的2019年度、2020—2021学年、2021—2022学年面向中小学生的全国性竞赛活动之一。大赛旨在激发广大中学生对科学和文学创作的兴趣、引导中学生追求和探索科学的奥秘、培养科技创新精神和创新能力，搭建展现新时代高中生的科学素养、想象力、创造力与写作能力的平台，实现文学与科学的融合，繁荣科普科幻创作事业。

教育部对竞赛活动的审核机制决定了该项赛事须跨年完成。第七届全国中学生科普科幻作文大赛初赛启动于 2020 年，总决赛于 2021 年 3 月 21 日举办，于 2021 年上半年顺利完成。第八届全国中学生科普科幻作文大赛于 2021 年 10 月启动，参赛规模较往届有更大突破：初赛报名人数超过 60 万，参赛人数再创新高；参赛高中有 2000 余所，覆盖全国 29 个省（自治区、直辖市），其中山东、江苏、湖南、甘肃、广东、浙江、北京等地的参赛人数较多。参赛人数和参赛高中数量的增长彰显了青少年对科普科幻创作的兴趣和热情，也说明科普科幻教育在青少年群体中以及社会上正在产生深远的影响。

除了上述国家级赛事，深圳、北京、重庆等地的科幻作文比赛同样值得关注。2021 年 4 月 19 日，首届重庆青少年科幻征文大赛正式启动。大赛由重庆市委宣传部指导，市科协、市教委、团市委、市全民阅读活动办公室共同主办，面向全市 9~18 周岁中小学生，围绕"党的光辉伴我成长　创想心中美好未来"主题，开展了为期半年的征集与评选活动。重庆市共有 1800 余所中小学的近 20 万名学生报名参与。

2021 年 6 月至 9 月，深圳市举办了"科普·未来"首届中小学科幻作文大赛。该项比赛由科学与幻想成长基金发起，深圳市科学技术协会主办。投稿的学生以及代表的学校涵盖深圳所有行政区，组委会特别开通港澳赛区，供港澳地区中小学的参赛者投稿。深圳市科协领导评价此项活动是为深圳市在 2035 年建成具有全球影响力的创新创业创意之都培育后备人才的有力举措。大赛单独开辟的港澳赛区不仅为深、港、澳三地的中小学生搭建了提升科学素养、思维水平和表达能力的新平台，也为促进粤港澳大湾区科技人文交流和科普、科幻事业发展作出了新贡献。

由北京市教委主办的北京市中小学生科学传播大赛旨在让更多的中小学生通过多样的形式，在科学传播的活动中培养科学精神与素养。大赛下设"科学表演""讲科学故事""科幻作品征文"3 个项目。其中，"科幻作品征文"项目为 2021 年首次增设。征文比赛分小学组、初中组、高中组 3 个组别，共有来自全市 17 个区推选的 383 篇作品参赛。

重庆、深圳、北京三地的中小学科幻作文比赛有两个共同特点：一是都为"首届"；二是都由官方举办。这两个特点显示出政府相关部门对本地科幻事业发展，特别是青少年创新人才培养的高度重视。

由上观之，科幻教育在一些地方已经产生重大影响，得到政府以及社会的高度重视。全国青少年科普科幻教育大会、"科学阅读与创作"主题系列教学案例分享活动，以及全国中学生科普科幻作文大赛已成为中国科普作协面向青少年开展科普科幻工作稳定而重要的途径。

二、中小学科幻教育师资队伍、课程开发、课题研究情况概述

除上述的标志性事件外，2021年，中小学科幻教育师资队伍的建设、课程开发、课题研究也有不同程度的进展。

曹勇军老师作为中小学科幻教育的领军者之一，继续发挥名师的引领作用。在短短一年中，曹老师除了参与策划组织、主持"第三届全国青少年科普科幻教育大会"这一重大活动，还带领学校星航科幻社的学生开展了"迎新科幻快闪"、《中国轨道号》研讨会、蓝星球科幻短片观影活动、王晋康《生命之歌》短片观摩分享会等系列活动；编辑校园科幻杂志《朝闻道》第3期，在校园发起义卖活动；与江苏省科学影像协会及东南大学合作，在学校开设"青少年科普影像作品制作"校本选修课程；在江苏科普科幻论坛、"青少年想象力的开拓"研讨沙龙上作重要发言。由曹勇军老师主编、科幻作家与一线教师共同编写的《科幻写作十五课》已于2021年年底正式出版。这本书填补了面向青少年进行科幻创作指导方面的空白，对推动中小学科幻教育起到了重要的作用。

深圳市南山实验教育集团南头小学的邓玉琳老师与轮岗学校五年级的老师们一起，在全年级全学科开展PBL"太空·生存"学习，营造科幻作品创作场域。语文学科首先搭建科幻作品的多文本阅读、整本书阅读和新媒体阅读之间的桥梁，打通同主题下的语文、STEM和英语学科之间的通道，打造充满科幻感的场域，让每一位学生沉浸式体验科幻的魅力。同时，结合部编版教材五年级下册写作训练内容，设定特性人物、特创场景，巧搭写作支架，激发创意思维和个性表达，促进人文素养和科学素养双提升。

上海中学国际部的陈凡老师酷爱科幻。为激发学生的想象力和创造力，培养学生探索能力和应对未来挑战的意识，她与六年级母语汉语组的同事一起，以"未来已来，拥抱科幻"为主题，开启了一系列科幻月活动。在科幻月中，科幻作家、译者和编辑纷纷走进校园，与学生座谈，指导读写。一个月的沉浸式科幻读写活动，使科幻真正进入了学生们的生活。

北京市第一六一中学回龙观学校的邵晓星老师开展了校本课程"科幻文学与影视鉴赏"的开发与实践。她在对本校初中生进行科幻素养调查的基础上，以《三体》《海底两万里》《星际穿越》等科幻文学与影视作品为载体，以太空探索、科技浪潮、时空穿越、未来社会为主题开设科幻课程，通过文学阅读、影视鉴赏、主题辩论、科幻创作等多种形式，提升学生对科幻的兴趣，促进学生想象力和创造力的发展，帮助学生树立科学精神，培养审辩式思维。

深圳市龙岗区福安学校的尹庆华老师将心理学领域的图式原理运用到《基地》等科幻小说的名著导读教学中。她采用跨学科导读策略，通过解码科幻小说的叙事路径，探究建构科幻小说叙事模式的图式结构，在名著"悦读"的过程中激发学生的阅读兴趣，体验科幻的美好，从而提升学生的核心素养。

《普通高中语文课程标准（2020年修订版）》设有"科学与文化论著研习"学习任务群，安排为高二年级语文学科的选择性必修课程。深圳市高中语文教研员陈霞老师结合这一学习任务群的目标要求及教研工作，以教师比赛项目和测评活动为抓手，引导高中教师从自身开始，阅读科普科幻类文章，并带动学生开展读写活动。

镇海中学台州分校熊旭萍老师为学生们开设了选修课——"生物学视角下的科幻电影剖析"。围绕病毒灾难、超级英雄、地外生命这三个生物学科的专题，学生们展开了生物科学探讨、科幻电影赏析、创想头脑风暴以及主题科幻微小说的创作等学习活动。非常难得的是，熊旭萍老师在"病毒灾难"这一专题中，充分发挥科幻作品的预警功能，结合现状，抛出"未来的防疫"这一创想话题，有效地促进了学生创造性思维的发展。熊老师还以"指向创造力培养的科幻主题微课研究——以中学生物学为载体"为题展开课题研究。她期待通过此项研究，积累多份指向创造力培养的科幻主题微课资源，在未来能通过线上科幻教育共同体的平台分享给更多的一线教师，为推进我国中小学科幻教育作出自己的贡献。

深圳龙城高级中学罗明军老师认为,《三体》是一部展现超凡想象力的科幻作品,可以作为教学素材进行地理想象力的能力建构,提升师生批判性思维水平,是跨学科教育的重要平台。用《三体》科幻资源学习新的地理知识并与已有的地理信息进行综合,有利于学生地理学科科学素养的形成。通过想象力培育使学生具备深层次的心智品质,塑造学生更具想象力的地理观念,地理教育才更有意义,才更面向未来。作为广东省名师工作室的主持人,罗明军老师不仅自己做跨学科的融合教育,还带动其他老师共同开展科幻教育。

同一部《三体》,同样是"科幻+"模式,罗明军老师是从地理学科的角度切入带领学生阅读科幻名著,北京四中语文老师张蓉芳、物理老师刘宁、历史老师魏鑫则是通力合作,从不同的学科视角和学科知识出发,从《海底两万里》到《三体》,带领学生一次又一次开启科学与幻想之旅。囿于课时和形式,三位老师挑选学生感兴趣的内容、《三体》小说中的经典情节和部分科学设定,精心设计了三场讲座展开讲解。他们希望通过多学科联手的科幻教育实践,引导学生通过深入阅读,扩大视野,感受想象的魅力,初步了解科幻小说的一些写法;通过对小说体现的价值观的正面引导,引发学生对战争、英雄、人性、人类、宇宙、文明的思考,用发展的思维去看待问题;通过初步了解科幻小说中的一些科学设定,激发学生对科学探索的兴趣,帮助他们学会用科学逻辑来思考,提升科学素养。

通过检索中国知网,笔者还搜集了20余篇与科幻教育直接相关的论文及课例。这一组文章不仅涉及对科幻作品的深入解读,还有对阅读方法及科幻故事创作教学方法的探讨,甚至还有将科幻元素融入小学音乐学科的案例。与往年期刊的发表情况相比,2021年,小学阶段科幻教育题材的文章明显增多;硕士论文多聚焦在整本科幻名著的阅读上。分析其原因,除去上文所说的科幻教育影响力逐渐增大这个原因,统编教材与中高考的导向作用也不容忽视:2017年全国正式统一使用义务教育统编教材,在此之前,有部分地区和学校作为实验区、实验校提前使用了统编教材。2016年开始使用统编教材的一年级学生在2021年已经升入六年级。由于六年级下册教材中设置了"展开想象,写科幻故事"的习作单元,教师必须钻研教材教法,这在客观上促进了小学阶段科幻教育的发展。2021年，北京和衢州的中考作文题中均出现了与科幻直接相关的题目。北京的试题要求以"我挂断了跨越时间的电话"为题，展开想象写一篇作文。与北京试题相比，衢州语文中考的作文命题更有项目学习的特点，试题中不仅创设了情境和任务，还提供了学习支架和必要的资料。这样的试题既有利于考生水平的发挥，对一线老师开展想象类写作教学也能起到积极的示范引导作用。

时至今日，面向青少年儿童的科幻教育的主战场已经从校外逐步转向了校内。但这并不意味着学校之外的科幻教育停滞，相反，2021年，科技馆、科幻作家、出版社以及文化机构都开展了大量的科幻教育工作。

中国科技馆充分发挥国家级综合性科技馆的专业优势，以课题研究带动"科幻融合课"的开发。课题组通过分析科幻主题教育活动与主题课程的设计思路、设计原则、课程内容，开发了"科幻融合课"系列，共计9门。他们在科技馆的小志愿者中招募了40名年龄在11~12岁的小学生，组成实验班，设置必修课与主题选修课。学生根据自身兴趣自主选择主题，参与课程学习。这些课程充分发挥中国科技馆的资源优势，采用项目式学习的方式，创设了生动的情境和有趣的任务。即便是因为新冠肺炎疫情，授课从线下转为线上，孩子们的学习兴趣依然浓厚。截至2022年1月8日，课题组已完成9门课程共计54课时（按20分钟为一课时计算）的内容开发并已在实验班中成功实施。

2021年8月6日，备受瞩目的第十一届全国优秀儿童文学奖获奖名单公布，吴岩的长篇儿童科幻小说《中国轨道号》和马传思的《奇迹之夏》双双获奖，这对少儿科幻文学创作队伍来说是极大的激励，对中小学而言，这也是开展科幻教育的"利好"消息。2021年10月22日，2021儿童科幻大会在重庆举行。因新冠肺炎疫情被推迟的首届和第二届少儿科幻星云奖同时揭晓。马传思的《蝼蚁之城》、吴岩的《中国轨道号》分别获得首届和第二届少儿科幻星云奖长篇小说金奖。除了为少年儿童创作科幻作品，吴岩、马传思、萧星寒、陆杨、杨颖等多位科幻作家还相继走进校园，为学生开设科幻讲座，并通过网络，展开与学生、家长、老师面对面的科幻阅读交流活动。

除出版少儿科幻作家的原创作品外，一些出版社、文化机构还为青少年儿童量身打造了各具特色的科幻读本。比较有代表性的如由马传思和周群共同主编、北京理工大学出版社出版的《中国青少年科幻阅读分级读本》（小学卷），八光分文化和新星出版社联合打造的中国原创中短篇科幻小说选集"领航员少年科幻丛书"等。

毋庸置疑，科幻作家与出版单位的鼎力支持对中小学科幻教育的开展起到了积极的推动作用。随着科幻与中小学教育的深度融合，不少一线老师对科幻作品教育价值有了更多的思考。优秀的少儿科幻作品极大地丰富了中小学科普科幻教育的资源，更为中小学生的健康成长提供了精神养料。借用曹勇军老师的话说，就是："科幻作品是我们这个时代赐给孩子们的心智玩具，可以满足他们的想象力和好奇心，获得科学发现的乐趣、科学思维的提升、科学精神的濡染，从而培养一种面向未来的品质。""科幻阅读提供了一种新的学习场景，提供了富有想象力的案例和素材，对学生的成长意义重大。"

三、当前科幻教育面临的挑战

以上着重介绍了2021年中小学科幻教育取得的进展，以下谈几点问题。

一是中小学科幻教育的推广仍需要加大力度。尽管我们从上述材料中看到了科幻教育的进步，但和历年总结的一样，其发展依然是极不均衡的。科幻教育的进展仍相对集中在经济、教育相对发达的地区。

二是科幻教育的资源需要进一步整合。中小学教育以立德树人为根本宗旨，这就决定了科幻教育的资源在进入中小学时必须设置"高门槛"，以慎之又慎的态度从意识形态、写作水准等方面把好关，这也是中小学科幻教育先行者的共识。如何根据青少年儿童的身心特点对科幻作品分级，科幻作品进入中小学依据什么标准、哪些作品符合这样的标准等一系列与科幻教育资源相关的问题，迫切需要被解决。

三是尽管科幻作文赛事规模逐渐扩大，在一定程度上反映出青少年对科幻的兴趣日渐浓厚，但总体而言，中小学科幻教育的课程化程度依然不高，对科幻教育的研究与实践仍需深化。例如，在新冠肺炎疫情背景下，发挥科幻的警示作用，结合科幻作品开展生命教育、灾难教育的案例几乎是凤毛麟角；科幻教育与国家科技发展重大事件的结合还不够紧密。这都反映出科幻教育在一定程度上与现实脱节的问题——虽然已经成为基础教育的"新势力"，但依然"小众"。

对于中小学科幻教育发展中出现的问题，国内的专家学者给出了建议。2021年4月，中国科普研究所王大鹏、姚利芬、陈玲与南京工业大学付昌义联合撰写并发表了《科幻教育发展问题及对策建议》一文，提出"加强科幻教育顶层设计""加强科幻教育队伍建设""加强科幻教育产业开发"三点建议。在中国科普作协的领导和大力支持下，有的建议已经转化为推动中小学科幻教育发展的实际措施。

2021年6月，国务院颁布了《全民科学素质行动规划纲要（2021—2035年）》。纲要中指出，"十四五"时期"重点围绕践行社会主义核心价值观，大力弘扬科学精神，培育理性思维，养成文明、健康、绿色、环保的科学生活方式，提高劳动、生产、创新创造的技能"，实施五项提升行动。其中"青少年科学素质提升行动"被列为首位，充分体现了国家对青少年创新人才培养的高度重视。纲要中"将弘扬科学精神贯穿于育人全链条""提升基础教育阶段科学教育水平""建立校内外科学教育资源有效衔接机制""实施教师科学素质提升工程"等多项举措不仅适用于科学教育，同样适用于中小学科幻教育。我们有理由相信，在大家的共同努力下，中小学科幻教育在培养学生爱国情怀、社会责任感、创新精神和实践能力，保护学生好奇心，激发学生求知欲和想象力等方面，理应、也必将发挥更大的作用。

执笔人：周群。曹勇军、陈柳岐、张璐、罗明军、张蓉芳对此文亦有重要贡献。

作者简介：

周群，北京景山学校正高级语文教师，北京市特级教师，中国科普作协中小学科普科幻创新人才培养工作委员会副主任。长期坚持"大语文观"的教学实践，近年来，致力于中小学科普科幻教育的实践与推广。

年度科幻活动综述

张文琦　许艺琳　赵文杰　邹　贞

随着新冠肺炎疫情暴发，防疫成为"持久战"的定局之下，2020年初见规模的"线上＋线下"新兴活动模式继续深化。特别是2021年年底，随着"元宇宙"的突然爆火，"线上＋线下"的活动举办方式已成为不可阻挡的趋势。在这种模式之下，科幻活动的举办为科幻的发展带来了巨大的文化辐射及经济带动效应：在文化辐射方面，新冠肺炎疫情之下暴增的科幻相关的线上活动，增加了社会对科幻的关注，使得科幻文化的综合影响力持续提升；在经济带动效应方面，大型的线下科幻活动不再仅是科幻爱好者群体之间的盛典，也成了以青少年为主的人们喜闻乐见的新型娱乐方式，同时也吸引了众多资本的涌入，促进了就业和消费，进而产生了附加的经济效益。

由于2021年大部分活动采取线上与线下相结合的方式进行，所以本文在撰写过程中不再以举办方式作为分类标准，而是依据活动的主题特征，将活动分为五类：科幻奖项系列活动、科幻教育与培训活动、科幻学术论坛及沙龙活动、综合性科幻大会与论坛、"科幻＋"跨界联动性活动。此外，由于多数活动的主题特征存在复合性，仅有少数活动围绕单一主题展开，因此在归类汇总时，笔者主要以活动主办方对活动性质的界定、宣传话语中使用的主题关键词等作为判断依据，对活动进行分类。

2021年，科幻活动的类型、规模、层次愈发多样化。2021年新兴的科幻奖项系列活动如首届少儿科幻星云奖、首届河南省科普科幻作品大赛、首届中国敦煌国际科幻创作邀请赛等，丰富了现有的科幻奖项类别。2021年度的科幻奖项活动呈现出参赛人数与奖项设置数量持续攀升、征稿对象与评选范围更加精细化的特征。此外,"青年科幻作家创作和出版培育项目"系列活动、"我和科幻有个约会"科普科幻想象力教育工程、中国科普作家协会 2021 科学阅读活动、2021 星火学院科幻创作培训工程,从培育青年科幻作家、普及科普科幻阅读等方面推动了科幻教育工作的进一步发展。科幻学术交流也呈现出繁荣景象,中国科幻研究中心系列沙龙、首届"科幻研究新星论坛"等为科幻研究者提供了广泛的交流平台;国内科幻学者积极参与国际科幻学术交流,也进一步打开了中外科幻学术的对话通道。品牌化、平台型活动日益增多,2021年北京科技周科幻分会场暨"科幻世:科幻产业高峰论坛"、"科学创享、共幻未来"国际科幻论坛、首届深圳科幻周等综合性大会及论坛活动展现了中国科幻产业与事业蒸蒸日上的面貌。中国国际数码互动娱乐展览会、2021 世界人工智能大会等各类"科幻 +"跨界联动性活动增加了科幻在社会生活中的生命力、影响力,跨界的碰撞也为科幻提供了更多可能性。

据不完全统计,2021 年举办的各类规模的科幻活动不少于 800 场。本文在撰写过程中,主要选取部分具有代表性的活动进行梳理与总结。其中,大部分活动为中国机构发起并主办的活动,小部分活动为国外机构发起但有中国知名科幻作家、活动家等参与的相关活动,具有较为突出的国际交流意义,因此也收录其中。

一、2021 年科幻活动介绍

(一)科幻奖项系列活动 [①]

1. 第七届全国中学生科普科幻作文大赛

第七届全国中学生科普科幻作文大赛由中国科普作家协会主办,清大紫育(北京)教育科技股份有限公司承办,于 2020 年 9 月启动。本届赛事参赛

---

① 2021 年主要科幻奖项及获奖名单统计详见附录。

人数突破40万，覆盖全国1700余所中学。2021年3月21日，第七届全国中学生科普科幻作文大赛全国总决赛在各省线下考场同步进行，决赛题目由科幻作家陈楸帆命题，以气候变化为主题，关联当下时事热点，分科普、科幻两个创作方向。2021年5月12日，第七届全国中学生科普科幻作文大赛总结研讨会在京召开。来自科普科幻界、文学界、教育界等领域的20余位嘉宾出席本次会议，会议围绕本届大赛展开总结和交流，并就青少年科普科幻教育现状与发展进行研讨。

2. 第七届"朝菌杯"重庆地区高校联合科幻征文大赛

由重庆大学团委联合重庆市科普作家协会、重庆大学博雅学院主办，重庆大学科幻协会、西南大学科幻协会、重庆邮电大学科幻协会承办的第七届"朝菌杯"重庆地区高校联合科幻征文大赛在2021年2月1日正式发起征稿。本届大赛设置了科幻组、奇幻组、一句话科幻组，最终评选出科幻组一二三等奖、最具改编潜力奖，奇幻组一二三等奖，以及一句话科幻组评委奖、人气奖。

3. 2021科普科幻青年之星计划

2021年2月5日，由中国科协科普部指导，中国科普作家协会主办的2021科普科幻青年之星计划正式启动。活动通过征集科普科幻文字作品及短视频作品，遴选优秀青年科普科幻创作人才，于2021年10月25日公布评选结果，共选出30部优秀作品，其中科普作品19部，科幻作品11部。

4. 2021年度"贺财霖·科幻文学奖"征文大赛

由宁波市文联、宁波市科协主办，《文学港》杂志社、宁波市作家协会承办的2021年度"贺财霖·科幻文学奖"征文大赛自2021年2月12日启动，并于2021年8月11日公布获奖名单。本次征文设置金奖、银奖、铜奖及"甬上科幻五佳"作品奖，其中，叶尔西木的《环形刺客》获金奖，马传思的《再见巴塔姆》、梁宝星的《缪斯》、姚雨菲的《鸟》获银奖。

5. 第十一届全球华语科幻星云奖

原定于2020年举行的第十一届全球华语科幻星云奖颁奖仪式推迟至2021年4月23—25日，在海南陵水清水湾举行。本届星云奖由中国国际文化交流中心指导，新华网、海南壹天视界科幻文化传媒有限公司等联合主办，泸州老窖·国窖1573为首席战略合作伙伴。共设9个奖项，其中，七月的《群星》

获最佳长篇小说金奖，宝树的《天象祭司》获最佳中篇小说金奖，陈楸帆的《这一刻我们是快乐的》获最佳短篇小说金奖。

6. 第三届"星火杯"全国高校科幻联合征文大赛

由八光分文化指导，高校科幻平台及四川大学科幻协会主办，清华大学学生科幻协会、复旦大学科幻协会等近50家高校科幻社团和文学社团等共同协办的第三届"星火杯"全国高校科幻联合征文大赛在2021年5月11日启动。大赛评审团成员均由青年担任，涵盖社团负责人、高校科幻创作者、知名青年科幻作家等，以"年轻人更懂年轻人"的新颖赛制评选，共设一等奖、二等奖、三等奖、优秀奖、优秀初审评委奖、优秀复审评委奖、优秀工作个人奖。本届大赛共收到来自160余所高校学生的来稿，在2021年10月8日公布的获奖名单中，重庆大学硕士研究生广雨竹的《美纪的湖泊》获一等奖。

7. 第九届未来科幻大师奖

第九届未来科幻大师奖由中国网络社会组织联合会、中国科协科普部、四川省网信办、成都市网信办指导，成都市互联网文化协会、重庆出版集团、赛凡科幻空间主办，共收到有效稿件720篇，共计1300万余字。2021年6月4日，第九届未来科幻大师奖颁奖典礼暨第十届未来科幻大师奖启动仪式在成都举行，共评选出一二三等奖、最具改编潜力奖、新网银行专项奖。其中，王元的《见字如面》获一等奖，辛维木的《明天就出发》、氢五的《卡西米尔之墓》获二等奖，木又央的《天际渐冻》、孙望路的《亡日》、沙陀王的《父亲和他的一个朋友》获三等奖。

8. 第四届冷湖科幻文学奖

2021年7月24日，第四届冷湖科幻文学奖颁奖典礼在冷湖火星小镇举行，参会人员包括冷湖奖评委、获奖作者、特邀作者、获奖作品出版机构代表等，近20人。会议揭晓了本届冷湖科幻文学奖的获奖名单，其中，万象峰年的《赛什腾之眼》及星决的《退化》分获中篇小说、短篇小说一等奖。第四届冷湖科幻文学奖共收到投稿725篇，总字数超1890万。

9. 2021年北京科幻创作创意大赛第十届光年奖

第十届光年奖由北京市科学技术协会主办，蝌蚪五线谱、北京科学技术普及创作协会承办。经过两轮评审，最终确定获奖名额为：科幻美术11个、科幻有声 12 个、科幻微小说 8 个、科幻短篇小说 8 个、科幻剧本 1 个、校园之星 4 个，科幻长篇小说空缺。本次比赛结果在 2021 中国科幻大会的北京科幻光年奖创作主题论坛上现场公布。

10. 首届与第二届少儿科幻星云奖

少儿科幻星云奖由世界华人科幻爱好志愿者创立，由海南壹天和时光幻象主办，是从全球范围内发掘、评选和奖励优秀的少儿科幻作品、作者、评论者和相关从业者等的公益性奖项。2021 年 10 月 22 日，首届与第二届少儿科幻星云奖颁奖典礼在 2021 儿童科幻大会上举行。其中，马传思的《蝼蚁之城》获首届中长篇小说金奖，陈茜的《道格的秘密》获首届短篇小说金奖，吴岩的《中国轨道号》获第二届中长篇小说金奖，凌晨的《爸爸的秘密》获第二届短篇小说金奖。

11. 第十二届全球华语科幻星云奖

2021 年 10 月 23 日，由重庆市新闻出版局、重庆市科学技术协会指导，海南壹天视界科幻文化传媒有限公司、成都时光幻象文化传播有限责任公司、重庆重报传媒有限公司、重庆科普作家协会联合主办，海南壹天视界承办的第十二届全球华语科幻星云奖在重庆大剧院揭晓。本届星云奖共设 9 个奖项，其中，中国科幻更新代代表作家谢云宁的《穿越土星环》获长篇小说金奖，中国科幻更新代代表作家程婧波的《去他的时间尽头》夺得中篇小说金奖，"90 后"青年科幻作家顾适的《〈2181 序曲〉再版导言》获短篇小说金奖。青年科幻作家段子期获 2018—2020 年度新星金奖。

12. "阅文杯"第 32 届中国科幻银河奖

2021 年 11 月 19 日，"阅文杯"第 32 届中国科幻银河奖正式颁发。为积极响应防疫政策，本届"阅文杯"中国科幻银河奖改为线上举办，是设立 36 年以来首次以线上直播的方式举办颁奖典礼，共颁发出 18 项奖项，首度增设"少儿科幻"板块，10 万元重磅大奖"最佳长篇小说奖"由谢云宁的《穿越土星环》摘得。

13. 首届"读客科幻文学奖"

首届"读客科幻文学奖"由上海市新闻出版局指导，读客文化主办，征稿期间共收到 8661 篇来稿，总字数超 3000 万。决赛以大热话题"元宇宙是人类未来吗"命题，邀请进入终审的 50 位选手激烈角逐金奖及 25 万元赛事总奖金。2021 年 11 月 27 日，颁奖典礼在线上举行，并邀请嘉宾评委严锋、陈楸帆、程婧波等人围绕"科幻文学的性别视角与影视化议题"等进行分享。此次线上颁奖典礼在网上引发热烈围观，微博相关话题阅读量超过 1.2 亿，各平台观看直播的人气近 50 万。

14. 第七届"晨星杯"中国原创科幻文学大赛

第七届"晨星杯"中国原创科幻文学大赛由中国科学技术协会指导，深圳读书月组委会办公室、深圳市作家协会、深圳市科学技术协会、深圳市南山区科学技术协会、深圳市以太科幻创意发展中心主办，科学与幻想成长基金发起，深圳市宣传文化事业发展专项基金支持。赛事以"时间"为主题，共设立奖金 40 余万元，奖项 9 个，包括文学奖、美术奖、晋康奖、长篇资助奖及特别增设的"剧本游戏"专项评奖等。征稿期间共征集投稿作品 900 多篇（件）。2021 年 12 月 11 日晚，大赛颁奖典礼在深圳蛇口元宇宙创新实验室举行。其中，龙凯骅的《高维象棋》获最佳短篇科幻小说奖，齐然的《地球罗曼史》获最佳中篇科幻小说奖，最佳长篇科幻小说奖空缺。

15. 第十九届百花文学奖·科幻文学奖

百花文学奖是以遴选当代文学佳作为使命的文学奖，前身为百花文艺出版社于 1984 年创立的《小说月报》百花奖，每两年一届，目前已经发展为国内最重要的文学奖项之一，自第十八届开始增设"科幻文学奖"。第十九届百花文学奖·科幻文学奖评委会主任为杭州师范大学教授夏烈，颁奖典礼于 2021 年 12 月 18 日在天津举办，段子期的《加油站夜遇苏格拉底》、柒武的《真实表演》、游者的《至美华裳》获奖。

（二）科幻教育与培训活动

1. 未来局公开课

未来局公开课是未来事务管理局旗下的科幻培训项目，主讲人由未来事务管理局合伙人李兆欣担任，每周均对外免费开课，学期一年，约 50 次课程。2021 年共举办 41 期，内容包括解读科幻影视、经典科幻文学作品、如何描写人物、设定故事情节等。

2. 青年科幻作家创作和出版培育项目

青年科幻作家创作和出版培育项目以中国科普作家协会科幻创作研究基地为平台，为青年科幻作家搭建创作交流互鉴平台，鼓励青年科幻作家创作更多更好体现中华文化精髓、传播当代中国价值观念、符合世界进步潮流的科幻精品。该系列活动于 2021 年 3 月正式开启，共开展 12 场线上交流会及 4 场线下沙龙，江波、凌晨、陆杨等多位科幻作家及研究者做了专题讲座并参与交流活动。

3. 2021 星火学院科幻创作培训工程

2021 星火学院科幻创作培训工程由中国科协科普部主办，高校科幻平台、八光分文化、腾讯科普、科幻空间联合承办，新华网客户端提供独家直播平台，从 2021 年 3 月 7 日到 7 月 11 日，刘维佳等 9 位老师以线上网络公开课形式为学员带来了不同内容的主题讲座，全网观看人数累计近千万。2021 年 7 月 18 日，2021 星火学院科幻创作培训工程结业仪式暨高校科幻青年人才培养交流会（线上）成功举办。

4. 中国科普作家协会 2021 科学阅读活动

由中国科普作家协会、中国科幻研究中心主办的 2021 科学阅读活动于 2021 年 3 月 6 日正式拉开帷幕，活动聚焦青少年群体，邀请著名科学家、科普科幻作家、研究者、图书编辑、中小学教师等，以线上、线下相结合的方式向广大青少年分享优秀科普科幻图书，旨在通过优秀科普科幻图书与全国青少年阅读的深度融合，启迪青少年的科学思维，提升青少年的科学素养，激发青少年的想象力和创造力，提升青少年科普科幻创作积极性。活动共邀请 12 位专家举办了 10 期活动。系列活动得到了《中国青年报》《科技日报》《中国科学报》等 30 余家媒体平台的宣传推广，参与人数超过 400 万。

5. "比较视野下中国科幻电影工业与美学研究"开题论证会

国家社科基金艺术学重大项目"比较视野下中国科幻电影工业与美学研究"（项目批准号：21ZD16）开题论证会于 2021 年 9 月 26 日在厦门大学电影学院顺利举行。会议由厦门大学社科处处长高和荣，论证专家组组长、北京师范大学教授周星相继主持。项目首席专家、厦门大学电影学院黄鸣奋教授从宏观定位、主要目标、基本框架、评审意见、整改做法、实施组织、进度情况、存在问题与期待等方面作了开题汇报。参加论证会的各位专家就主题进行了深入研讨。专家们认为,本课题研究基础扎实、目标明确、思想宏阔、方法得当、内容翔实,有利于我国科幻电影工业与美学体系的理论建设与实践,有助于推动我国科幻电影乃至整个电影业的高质量发展,具有重要的学术价值、应用价值和社会价值。

6. 高校青年教师 / 研究生科幻学术研习营

2021 年 8 月 1—6 日,由中国科幻研究中心、南方科技大学科学与人类想象力研究中心与重庆大学人文社会科学高等研究院共同举办的第一届高校青年教师 / 研究生科幻学术研习营第一阶段活动在线上成功举办。活动举办期间,清华大学中文系副教授贾立元等 12 位专家学者分别从晚清至 21 世纪科幻文学史的研究脉络,科幻电影、科幻研究产业与科幻研究者的综合素养和方法论储备等方面进行了精彩的分享。

7. 三明治 × 微像科幻小说工作坊

三明治 × 微像科幻小说工作坊由写作孵化平台三明治与微像文化公司共同发起,邀请国内 6 位知名科幻作家在 2021 年 9 月 12 日至 10 月 30 日联合开设为期 7 周的线上写作工作坊,导师阵容包括国内科幻代表作家夏笳、阿缺、张冉、王侃瑜,以及新锐科幻作家谭钢、念语。2021 年 10 月 30 日,众导师与陈楸帆、三丰等嘉宾在作品工作坊环节,点评了学员的作品,并进行了相关的指导。

8. 高校科幻科技传播与影视融合系列交流会

2021 年 9 月,中国科普作家协会、中国科幻研究中心联合高校科幻平台,在成都、北京、上海以线上、线下相结合方式,举办了高校科幻科技传播与影视融合系列交流会,会议共 3 场,吸引了北京大学、清华大学、四川大学、复旦大学等 10 余个国内高校科幻社团组织学员参加,激发更多青年人了解、参与和支持科影融合。

9. 2021 年度"我和科幻有个约会"科普科幻想象力教育工程

2021 年度"我和科幻有个约会"科普科幻想象力教育工程由四川省科学技术协会主办,四川省科协科普部、四川科技馆、四川省青少年科技中心、成都市科学技术协会、四川科幻世界杂志社有限公司等单位联合承办,于 2021 年 1 月正式开启。相比于 2020 年,本次工程扩大了优秀科普科幻期刊的配置

范围，覆盖四川省 21 个市（州）近 1 万所中小学图书馆（室），科普科幻进校园主题活动也在全四川 6 所中小学重点开展，先后走进了甘孜州康定、阿坝州马尔康等地学校，为超过 1000 名师生带来了与众不同的科幻主题讲座，受到了学校、老师、家长和同学们的广泛欢迎。

10. 蝌蚪五线谱科幻创作写作营

2021 年 8 月，由北京科学技术普及创作协会、蝌蚪五线谱主办的蝌蚪五线谱科幻创作写作营举办。本次活动通过在线分享交流的形式，邀请作家星河、《流浪地球》编剧之一严东旭、漫画家暮色、未来事务管理局合伙人李兆欣、中国科学院国家天文台研究员郑永春分别从科幻作品赏析、科幻编剧、科幻漫画创作、科幻写作、太空探索 5 个方向进行了主题分享。

11. 第三届全国青少年科普科幻教育大会

2021 年 11 月 13 日，第三届全国青少年科普科幻教育大会在线上成功举办，本次大会主题为"展想象之翼，创科学未来"，由中国科普作家协会和南京市玄武区教育局主办，南京市第十三中学教育集团承办，《科学故事会》《科普时报》、江苏省科普作家协会、江苏省科学传播中心、江苏省科普作家协会科幻专业委员会、南京市中学语文专业委员会、清大紫育（北京）教育科技股份有限公司共同协办。中国科学院研究员张双南、科幻作家江波分别进行专家主题汇报；科普科幻教育课程展示环节分别邀请小学、初中、高中教师对科幻作品进行导读展示；科普科幻专题论坛邀请 16 位嘉宾进行了 4 场圆桌讨论，吸引全国各地的老师、科普科幻工作者、家长和学生等 1 万多人在线参与。

（三）科幻学术论坛及沙龙活动

1. 国内

（1）首届"科幻研究新星论坛"：2021 年 4 月 17—18 日，由中国科幻研究中心、四川大学中国科幻研究院、高校科幻平台等联办的以"新科幻·新力量"为主题的首届"科幻研究新星论坛"在腾讯会议客户端举行。本次论坛共设置 4 个分论坛及 1 场"新科幻·新力量圆桌谈"，选拔出来自清华大学、北京大学、伦敦大学学院等海内外的 30 位高校学子及青年学者进行主旨汇报发言，特邀吕超、詹玲、夏笳、姜振宇等国内近 20 位著名科幻学者担任评议人。

（2）科幻研究系列沙龙第一期：2021 年 4 月 18 日，由中国科幻学会筹委会组织的科幻研究系列沙龙第一期在线上举行。本期沙龙主题为"一个新兴学术领域的诞生——漫议《中国科幻文学沉思录》"，李广益、姜振宇、贾立元等科幻研究学者进行线上报告，三丰、王侃瑜、范轶伦、付昌义、郭伟、吕广钊等参与了话题讨论。

（3）2021 四川省科普科幻理论研讨会：2021 年 5 月 8 日，由四川省科普作家协会、四川省科幻学会联合主办的 2021 四川省科普科幻理论研讨会在成都召开，本次研讨会共收到论文 40 篇，其中 10 位科普科幻作家受邀在场进行主旨演讲。吴显奎、董仁威、杨枫、姜振宇等科幻界人士以及四川科普科幻产业相关机构专家和媒体记者共 100 余人参会。

（4）中国科幻研究中心系列沙龙：由中国科幻研究中心、中国科普作家协会主办，江苏省科普作家协会和南京工业大学承办的 10 场系列沙龙于 2021 年 8 月至 11 月在线上举行。在为期 3 个月的 10 场科幻沙龙中，来自科幻文学创作、出版、影视等方面的 76 位专家学者与业界精英，围绕科幻产业区域发展、科幻影视、科幻游戏等热点、难点、痛点问题开展了深入探讨，并得到了新华社、央广网、光明网等多家媒体的关注。

（5）2021 水木科幻周：2021 水木科幻周系列活动由清华大学文学创作与研究中心主办，清华大学未来实验室、清华大学艺术教育中心、清华大学图书馆、清华大学学生科幻协会协办。活动于 2021 年 10 月 9—17 日举行，波兰共和国驻华大使馆文化处主任马志伟、项目官林翙言，著名科幻作家江波，上海外国语大学教师、莱姆作品译者毛蕊参会。系列活动包括水木科幻周开幕式、莱姆作品研讨会、"水木科幻"推荐书架等活动。

（6）"探寻中国科幻文学创评新可能"学术研讨会：2021 年 11 月 6 日，由杭州师范大学人文学院主办、文艺批评研究院承办的"探寻中国科幻文学创评新可能"学术研讨会以线上会议方式举行，来自美国韦尔斯利学院、中国社会科学院、中国科协等单位的 30 余位国内外专家学者相聚云端，围绕科幻文学创作与批评的中国性、理论性、自我反思性、发展可能性等话题，展开富有启发性的研讨。

（7）深圳大学首届科幻学术周：2021 年 11 月 21 日，由深圳大学人文学院主办的首届科幻学术周顺利拉开帷幕。本次学术周邀请科幻作家韩松、陈楸帆，杭州师范大学教授詹玲等嘉宾围绕"科幻的魅力""跨界、破圈与升维：科幻现实主义再出发""Peter Hajdu主编谈科幻"等众多主题展开交流讨论。

2. 国外

（1）美国"铸梦航程科幻大会"：2021年4月16—18日，铸梦航程科幻大会（Flights of Foundry）在线上开展，这是一个面向全世界推想文化从业者和粉丝的大会，由梦想铸造厂（Dream Foundry）主办，致力于支持推想艺术领域的新人创作者。范轶伦、王侃瑜和海客参与了科幻翻译和非西方幻想文学等主题论坛，与来自美国、智利、英国等国家的科幻从业者讨论了科幻跨文化传播的案例，并介绍了华语科幻最新动态。

（2）美国"科幻中国工作坊"：2021年4月23日，由哈佛大学费正清中国研究中心和韦尔斯利学院东亚研究系联合推出的科幻中国工作坊在线上成功举行，吸引了200余名观众参加。本次工作坊主题为"科幻中国：异形，异次元，异托邦"，由哈佛大学的王德威教授和韦尔斯利学院的宋明炜副教授主持，邀请韩松、陈楸帆、伊格言和王侃瑜4位科幻作家，以及黄丁如、周迪灏、陈济舟、欧慕康（Michael O'Krent）和金雪妮5位青年科幻学者参加，围绕相关主题进行发言和讨论。

（3）波兰"Focon1.0大会"：2021年4月24日，波兰Focon1.0大会在线上举办，王侃瑜作为主讲嘉宾发表了题为"中国科幻小说"的讲座，她在讲座中介绍了中国科幻小说发展的相关情况，话题从哪些西方科幻小说最受中国读者欢迎谈起，并延伸至中国科幻小说中最常见的主题、如何开启了解与阅读中国科幻小说的旅程等问题。

（4）美国"2021年世界科幻研究协会年会"：作为世界上规模和影响力最大的科幻研究共同体，世界科幻研究协会（SFRA）每年组织的年会也备受世界各地科幻学者的瞩目，2021年SFRA年会主题为"不平等的未来"（The Future of/as Inequality）。由于受新冠肺炎疫情限制，所有的讨论均在线上进行，在6月18—21日4天的会议中，超过150位学者在46个专题研讨中分享了自己正在进行的研究。在题为"中国科幻能否超越二元思维？"的圆桌讨论中，马辰、黄盈沅（Yen Ooi）、陈裕彤（Angela Chan）、施莉可（Frederike

Schneider–Vielsäcker）以及王侃瑜等人讨论了中国女性科幻作家所取得成就；在题为"中西合璧"的圆桌讨论中，马辰、吕广钊以及弗朗西斯·吉恩·罗（Francis Gene-Rowe）交流了中西方科幻作品之间的不同和联系。

（5）意大利"第二届 Future Con 国际科幻论坛"：2021 年 9 月 3—5 日，第二届 Future Con 国际科幻论坛在线上举办，本次论坛共邀请超过来自 20 个国家的 60 多位科幻作家来畅谈科幻发展，会议议题涉及大数据、人工智能、太阳朋克等，以及一个专门为来自不同国家的奖项举办的特别活动。特别专题重点关注文化和语言领域，如：中国科幻的崛起，韩国和日本的技术传统，拉丁美洲科幻的重新发现等。中国科幻作家陈楸帆、慕明、顾适等参加此次论坛的多场座谈会。

（6）意大利"热爱外星人节"：2021 年 9 月 17—19 日，意大利都灵奇幻科幻博物馆（Museum of Fantasy and Science Fiction，MUFANT）主办的热爱外星人节（Loving the Alien Fest）以"线上 + 线下"形式开展，范轶伦和慕明作为开幕论坛"在成都与世界之间创作科幻"的嘉宾，结合自己与成都这座城市的经历，分享了各自的科幻小说创作历程，并介绍了成都的科幻文化产业和粉丝情况。

（7）英国"AI 2041：预见 10 个未来新世界"（Al 2041：Ten Visions for Our Future）座谈会：2021 年 12 月 3 日，伦敦大学中国研究院邀请陈楸帆和从事中国文化和中国科幻小说研究的相关学者展开了一场对中国现代文学作品跨学科解读的圆桌讨论，讨论内容涉及人工智能技术和人类社会、协同创作、科幻现实主义等一系列的主题。

（四）综合性科幻大会与论坛

1. 2021 年北京科技周科幻分会场暨"科幻世：科幻产业高峰论坛"

2021 年北京科技周科幻分会场于 2021 年 5 月 22—28 日在北京市石景山区首钢园三高炉举行，来自科技创新领域的专家、科幻科普达人、中小学生和各路媒体会聚一堂。此次活动围绕着"创新科幻、智享未来"的理念，以"科幻世"作为策划主线，打造了面向公众未来体验和沉浸式媒体叙事的科幻主题乐园，同时包含 10 余场科幻大咖直播和 5 场科幻主题论坛、沙龙。

2. 首届中国敦煌国际科幻创作邀请赛颁奖典礼暨科幻产业发展论坛

2021 年 5 月 29 日，首届中国敦煌国际科幻创作邀请赛颁奖典礼在鸣沙山月牙泉广场举行，并同时举办了科幻产业发展论坛及颁奖周主题活动。活动包括"科幻的世界"科幻影视作品联展、"给孩子的科幻公开课"想象力讲座等。著名科幻作家王晋康、著名科幻作家韩松、中国科幻产业研究中心特聘专家朱珍时等在论坛上围绕"科幻 + 城市赋能""科幻 + 文化产业创新""科幻 + 科技创造"等主题进行深入交流和探讨，为甘肃科幻产业、文创产业、版权产业发展建言献策，共话产业发展新未来。

3. 第三届上海科幻影视产业论坛

2021 年 6 月 19—20 日，由中国科普作家协会、上海浦东新区科学技术协会主办的第三届上海科幻影视产业论坛在上海浦东国际影视产业园共享空间举办。论坛由"开幕式""上海科幻影视产业基地签约仪式暨上海国际旅游度假区影视产业政策宣讲""高科技赋能数字文娱电影论坛"等组成，会聚了科幻产业相关领域的近百位专家、学者、编导、企业家、科技工作者参会。

4. 2021 中国少儿科幻文学高峰论坛

2021 中国少儿科幻文学高峰论坛由北方文艺出版社主办，于 2021 年 7 月25—29 日举办。作家安武林、超侠、凌晨等分别围绕"少儿科幻文学多元创作""少儿科幻跨界融合发展""激发青少年的好奇心和想象力"等话题展开讨论；陆杨、小高鬼、马莉等以"科幻的未来发展之路以及科幻跨界融合之美"为主题，从跨学界、跨产业等多个角度对科幻未来发展进行探讨。

5. "科学创享、共幻未来"国际科幻论坛

2021 年 9 月 23 日，由北京市科学技术委员会、中关村科技园区管理委员会主办的"科学创享、共幻未来"国际科幻论坛在北京举行。论坛邀请美国科幻与奇幻作家协会正式作家会员糖匪、中国科学院深海科学与工程研究所虚拟现实技术联合实验室主任郭璐、古巴科幻小说家何塞·米格尔·桑切斯·戈麦斯（José Miguel Sánchez Gómez）等围绕"被唤醒的未来""深海与元宇宙""科幻小说的时代性""走进世界的中国科幻漫画""未来食品——迈向新的生产和消费习惯""科幻 IP 的孵化与视觉化开发""中国科幻文学的未来"等主题展开分享与对话。

6. 2021 中国科幻大会

由国家电影局指导，中国科学技术协会、北京市人民政府主办的 2021 中国科幻大会于 2021 年 9 月 28 日至 10 月 5 日在北京市石景山区首钢园举办。大会以"科学梦想·创造未来"为主题，共举办开幕式 2 场，专题论坛 12 场，潮幻奇遇季特色品牌活动 20 场，播放露天展映电影 5 场，播放 VR 展映电影 11 部，光影秀 7 场，科幻秀场放映《未来的约定》沉浸式演出 14 场，其中包括 2021 年北京科幻创作创意大赛第十届光年奖颁奖仪式等。大会期间到访科幻大会及北京科幻嘉年华的人数逾 4 万。

7. 2021 儿童科幻大会

2021 年 10 月 22 日，由重庆市新闻出版局、重庆市科学技术协会指导，成都时光幻象文化传播有限责任公司、海南壹天视界科幻文化传媒有限公司等联合主办的 2021 儿童科幻大会举办。大会还举行了首届和第二届少儿科幻星云奖颁奖典礼、国际儿童科幻星云联合会成立仪式、原创儿童科幻图书出版签约仪式、科幻系列新书发布会、重庆青少年科幻征文大赛宣讲会、2021 少儿科幻星云论坛等系列活动。

8. 2021 科幻高峰论坛

2021 年 10 月 23 日，2021 科幻高峰论坛在重庆举办。本次论坛为第十二届全球华语科幻星云奖同期活动，由海南壹天视界科幻文化传媒有限公司、成都时光幻象文化传播有限责任公司等联合主办，主题为"新科幻　出东方——科幻中国风"，设立主旨演讲、青年科幻学者论坛、科幻游戏论坛和历史科幻论坛 4 个单元，共吸引中国科幻一线作家、科幻理论文化工作者、科幻产业代表、出版界、影视界等嘉宾 300 余人出席。

9. 首届深圳科幻周

2021 年 11—12 月，全国第一个科幻周——深圳科幻周在深圳举办，本届深圳科幻周的主题为"百年后的深圳"，由深圳市科协指导，深圳市南山区科协和科学与幻想成长基金共同发起。深圳科幻周设有 1 个主会场，4 个分会场。其中，主会场聚焦"科幻数字+"，举办元宇宙创新实验室及相关展览、体验活动。4 个分会场分别围绕"科幻航天+""科幻艺术+""科幻时间+""科幻书卷+"设置，为市民呈现艺术展、装置展、纪实展等十余场形式多样的科幻活动。

10. 第三届另一颗星球科幻大会

2021 年 12 月 3 日，由未来事务管理局主办的第三届另一颗星球科幻大会（亚太科幻大会 /APSFcon）以线上方式在 B 站成功举办，刘慈欣、丹尼斯·维伦纽瓦、池泽春菜、王晋康、戴锦华等世界顶级科幻作家、导演、科学家、艺术家参会。2 个小时的活动吸引 7.2 万人同时在线观看，大会直播间收到留言近 1 万条。

（五）"科幻 +" 跨界联动性活动

1. 2021 世界人工智能大会

2021 年 7 月 9 日，全球人工智能盛宴 2021 世界人工智能大会（WAIC）举行，中国（上海）自由贸易试验区临港新片区管委会专职副主任吴晓华，上海市经济和信息化委员会总工程师张宏韬，诺贝尔化学奖得主、美国国家科学院院士迈克尔·莱维特（Michael Levitt）教授等产学研重磅嘉宾，共话人工智能与学术研究、产业应用的共荣共生。论坛上，著名科幻作家刘慈欣以"科幻 + 科技如何打开想象之门"为题致辞。此外，上海科技馆馆长王小明、《科幻世界》副总编辑姚海军、三体宇宙首席执行官赵骥龙等以"打破时间空间秩序，AI 让想象触手可及"为主题展开圆桌对话，共同探讨了 AI 科技如何赋能科幻产业，科幻作品又能如何启发科技创新等前沿话题。

2. 中国国际数码互动娱乐展览会

2021 年 7 月 30 日，作为当今全球数字娱乐领域最具知名度与影响力的年度盛会之一的中国国际数码互动娱乐展览会在上海开展，并设立了首届"Sci-FiCON 科幻主题展"，该展区按功能划分为多个细分主题区域，邀请 IMAX、育碧游戏、《科幻世界》杂志等众多业界企业参展，展品涵盖科幻阅读、科幻游戏、科幻动漫等。

3. 首届 FIRST 惊喜影展

由成都市广播电视台、成都市电影集团有限责任公司与份儿斯特（成都）电影传媒有限公司联合举办的首届"FIRST 成都惊喜影展"于 2021 年 9 月 20—26 日在成都举办。本届影展以"如果惊喜·只有成都"为主题，邀请 30 余名知名导演、编剧、制片人、演员及行业专家，猫眼影业等 30 余家头部影视机构和文化产业公司，开展影展、城市论坛、类型（科幻）论坛、惊喜TALK等交流活动近百场，其中八光分文化、未来事务管理局等科幻产业公司受邀参加并举办了一系列科幻讲座。

4. 2021青岛影视博览会

2021年10月15日，由国家广播电视总局指导，中共山东省委宣传部、山东省广播电视局、青岛市人民政府主办的青岛影视博览会正式举办。作为其中重要一环，"科幻电影专家交流活动"以科幻电影为切入点，通过众多资深从业者的交流和探讨，聚焦中国科幻影视的现状和发展。中国电影评论学会会长饶曙光，《流浪地球》编剧、制片人龚格尔，倍视传媒创始人兼CEO克里斯·布兰博等国内外权威影视创作者与从业者围绕"中国科幻影视时代来了吗"这一主题，从科幻电影创作改编与视效呈现两个方面展开了深度权威的业内交流。

5. 第六届深圳（国际）科技影视周暨第12届中国国际科教影视制作人年会

2021年11月26日，由中国科学技术协会、深圳市人民政府主办的第六届深圳（国际）科技影视周暨第12届中国国际科教影视制作人年会在京举行。十三届全国政协常务委员、民族和宗教委员会主任王伟光，著名科幻作家刘慈欣，德国制片人联盟纪录片部副主席克里斯蒂安·卡勒等嘉宾和国际友人以线上、线下相结合的形式参会。会上举行了"守正与创新·大势与顺应"科教影视·科幻产业·科普教育高峰论坛。本次论坛包括3个分论坛，并邀请星河、凌晨、郑军等著名科幻作家、编剧、制片人现场进行圆桌讨论。

二、2021年科幻活动总结

2021年中国科幻活动持续增加，参与人数有所上升，活动内容和形式进一步丰富，总结来说，具有以下明显特征。

（一）"线上+线下"模式趋于流行

在新冠肺炎疫情背景下，"线上+线下"的活动模式已经成为常态，其中最常见的应用方式为"实地活动+线上直播"。这一活动模式在2021年的应用更加广泛，在各方资源的支持下，为我国科幻的发展带来了新的可能性。该模式一方面打破了时空限制，扩大了活动的参与人数和影响力，推动科幻顺利"出圈"，另一方面也充分发挥了"线上"和"线下"各自的特点，节省了活动成本，以更好的方式带动科幻产业的发展。

但科幻活动的"线上＋线下"模式的应用深度仍然不足，存在相对浅表化的问题，"线上＋线下"的活动形式仍有待创新。目前的"实地活动＋线上直播"方式尚未充分发挥数字技术的多维功能，在场景应用、沉浸感塑造等方面还有较大的开拓空间，线上、线下的互动机制仍有待发展。

（二）精细化与联动化发展齐头并进

随着科幻越来越受到关注，科幻活动的发展也逐渐向精细化与联动化方向发展。

精细化发展主要表现在两个方面。一是对参与对象进行分类：越来越多的活动，如奖项类，不再仅单一地面向科幻小说创作者，而是对参与对象进行了更为细致的划分，如依据年龄层次、参赛作品形式等不同标准，对参赛对象进行划分。二是对活动主题的细分：在活动设置上融入了更多创意，如中国敦煌国际科幻创作邀请赛是鼓励创作者将敦煌文化与科幻题材相结合进行创作，进一步丰富了"科幻＋中国传统文化"的创作形式。此外，如2021年举办的首届少儿科幻星云奖，是首个少儿科幻领域的重磅级奖项，填补了过去此领域的空白。

联动化发展主要表现在跨产业、跨部门的联动。从2021年的科幻活动来看，"科幻"的融合特性在技术赋能、资源赋能下实现了更为广泛的跨界融合。2021年的大型盛会及论坛活动的议题也更加多元，在"科幻＋技术""科幻＋教育""科幻＋艺术"等领域进行了探索与拓展。如另一颗星球科幻大会、2021世界人工智能大会等，对科技与人类社会未来发展的议题进行了畅想；如"科幻世"科技艺术概念展充分挖掘了科幻与艺术结合的可能，创造了充满"共感"的未来空间，展现了科幻走入现实的独特魅力。

科幻活动的精细化与联动化发展离不开各级政府对科幻活动的支持，在官方力量的支持下，广泛吸引了各地科幻文学爱好者的参与，也给予了获奖作者更多的资源倾斜，成了科幻文学繁荣发展的重要体现之一。从活动分布的区域来看，越来越多北京、成都、上海之外的城市的当地政府开始主动发起与科幻有关的项目及活动，如中国敦煌国际科幻创作邀请赛、首届深圳科幻周等都带有明显的地域特征，这也侧面体现出科幻产业在城市形象塑造、产业发展方面具有一定的意义。

（三）重视青少年科幻人才的挖掘、培养与扶持

近些年来，专门针对青少年的科幻活动逐渐增多，科幻在促进青少年教育方面的作用进一步凸显。

其一，青少年科幻教育活动受到重视：近年来随着科幻产业的不断繁荣，专业人才的匮乏逐渐成为限制科幻产业系统性发展的重要因素之一。在此背景下，得益于科幻以"想象力"为独特属性的优势，社会及中小学对青少年群体的科幻教育活动增加。同时，业内也有意识启动教育培训活动培养青年科幻人才，如"我和科幻有个约会"科普科幻想象力教育工程、首届"鲲鹏"全国青少年科幻文学奖等，这些活动为青少年搭建更多学习、交流和成长的平台，不仅发挥了科幻在想象力培养方面的作用，而且在挖掘科幻创作人才方面也体现了积极意义。

其二，公益性教育活动比例不断扩大：新冠肺炎疫情导致科幻教育活动大多通过线上举办。线上活动打破了时间和空间的限制，以公益的形式实现了科幻教育的目的，也在一定程度上扩大了科幻教育的受众群体范围。同时公益性教育活动比例的不断扩大，也推动、激发了商业型教育培训向着更加专业的方向发展。

（四）通过学术研究驱动科幻产业的作用有序推进

科幻学术论坛与会议为广大的科幻从业者、科幻研究者等提供了交流的机会和平台，不同思维的交汇和碰撞也进一步促进了科幻产业与事业的良性发展。2021年科幻学术论坛与会议呈现出三个突出特点。

其一，面向高校学子的科幻论坛与会议有所增加：随着高校人才在科幻领域不断崭露头角，着力聚集高校学子进行学术交流和培养也成了科幻界近年来着重发力的方面，这为高校学子提供了多样化的交流与学习机会，有益于形

成师生良性互动的科幻学术交流平台。

其二，科幻研究议题不断拓展与延伸：随着"科幻"逐渐成为备受关注的一种社会现象，科幻研究的相关话题也逐渐向多维化发展，从对科幻文学的单一讨论不断向外拓展至对科幻翻译、科幻出版、科幻产业等相关话题的关注与研究。

其三，科幻学术论坛与会议的参会对象呈现多元化：参与科幻学术活动的对象不仅包含学术界的专家学者、学生群体，也包括诸多活跃在"一线"的科幻创作、科幻产业等领域的专业人士，有利于科幻研究形成理论与实践的充分碰撞。

（五）国际交流进一步深入

从"走出去"与"引进来"两个角度来看，科幻的国际交流活动均有所增加，但呈现出不同的发展节奏。

一方面，中国科幻"走出去"获得突出成效：得益于一批中国科幻作家、活动家的勇于开拓与主动发声，通过积极参与多类别的国际性科幻文化活动，向世界推介中国科幻文学，分享中国科幻产业与事业的发展现状，助力中国科幻"走出去"走得更远、更深，在塑造中国科幻的对外文化形象、构建中国科幻话语体系方面贡献了不可忽视的力量，加快了中国科幻和国际接轨的进程。

另一方面，中国科幻"引进来"水平有待进一步提升：目前的国际交流系列活动以海外国家发起为主，由中国相关单位及科幻界人士发起并主导的活动数量较少。在"引进来"方面，不仅要助力翻译方面的发展，也要主动创造更广泛的、更深层次的国际性的交流机会。

中国科幻文学近些年得到了较大的发展，然而与世界的接触依然较少，而国际交流活动为中国科幻和世界的交流提供了机会。此外，2021年成都申办2023年世界科幻大会取得成功，也是近年来中国科幻影响力在国际上不断攀升的最好体现之一。

（六）"品牌化"发展趋势明显

除了举办时间较长、影响力较高的中国科幻银河奖、全球华语科幻星云奖等科幻奖项活动以及中国科幻大会等大型展会，论坛、教育培训等领域也涌现出一批正在往品牌化方向深耕的活动，如上海科幻影视产业论坛、全国青少年科普科幻教育大会等活动在创立之初就将品牌化与平台化作为发展目标，注重活动的可持续性，随着举办次数逐步累积、活动规格逐步升级，其影响力也不断提升。未来，品牌化依旧是科幻活动实现快速发展的重要手段之一，更多高质量的品牌活动也将进一步涌现。

三、建议

基于 2021 年科幻活动的发展趋势及存在的不足，本文对如何更好开展科幻活动提出以下建议。

（一）稳扎稳打，警惕虚假繁荣

近年来科幻活动数量突飞猛进，但是飞速发展的过程也不可避免地带来一些负面的问题，如各类活动的同质化倾向令社会大众审美疲劳，每次参与的人员几乎都是同一批人，不利于科幻的快速"破圈"。新生活动缺乏组织经验，前期缺乏强有力的宣传，后期的成果转化也很难达到预期的目标。因此科幻活动应聘请专业人士设计活动流程，提升科幻活动的专业性和权威性。尤其是新生科幻活动，随着政府的支持和民间资本的注入得到了爆发式的发展，但更应将已有组织活动的经验沉淀下来，推动活动长效性发展，而不是办上一两次，蹭完热度就敷衍了事。

（二）延长产业链，推动成果转化

目前中国科幻活动已经得到了很大发展，活动的类别不断增多，但遗憾的是，目前的活动与消费场景之间缺乏深度关联，与消费者的消费需求之间未形成紧密连接，难以在活动过程中直接产生经济效益，且 IP 转化率不高，带动科幻产业发展的力度较小。更有不少活动仅仅是为了举办而举办，缺乏后续的扶持和强有力的宣传，活动成果所产生的经济效益自然也得不到保证。

各类活动的组织者应加强与社会各界的联系，进一步挖掘活动成果的潜在价值，打造具有广泛影响力的科幻IP。如首届冷湖科幻文学奖获奖作品《灵魂游舞者》后续被改编为中国首部超感电影并在全国各地进行巡演，文中虚构的歌曲《荧惑》在现实中被谱曲传唱，就是一个科幻IP成功转化的榜样。

（三）注重交流，加强社群联系

近些年来科幻得到了很大的发展，也收获了数量庞大的科幻粉丝群体。但相关活动的覆盖面依然较小，仅仅局限于高校和少数的科幻圈子，缺乏面向大众的科幻活动。科幻活动的组织者应加强科幻与大众之间的联系，在大众中积极营造科幻氛围，维系科幻社群，以加强科幻的影响力，助力科幻早日"破圈"。

（四）挖掘技术优势，深化"线上＋线下"融合模式

目前，科幻活动的内容逐渐丰富化、深度化，但形式层面的创新稍显不足。科幻本身具有鲜明的"未来感"，与新技术之间存在较高的融合度。应当发挥科幻的创新与创意潜力，挖掘科幻活动在科技创新应用方面的效能，将科幻内容与高新技术相结合，探索科幻活动的新形式，引领科技赋能内容创新发展的相关实践。如在展会、论坛等方面，可进一步探索交互性高、体验感强的特色活动形式，如建立虚拟展厅、线上版权交易平台等，为受众带来更加丰富的活动体验。

在撰写本文时，汪欣宇、王侃瑜、范轶伦、吕广钊、金雪妮等师友提供了宝贵的资料，在此一并致谢！

作者简介：

张文琦，内蒙古师范大学2018级本科生；许艺琳，中国科普研究所科研助理；赵文杰，武汉大学2019级硕士研究生；邹贞，中国科普研究所助理研究员。

中国科幻发展年鉴2022

科幻

中篇·专论部分

再探我国科幻电影发端：
从滑稽片到故事片

黄鸣奋

［编者按］

中国最早的科幻电影原被认为是 1939 年首映的《六十年后上海滩》。近日，在中国科幻研究中心、南方科技大学科学与人类想象力研究中心与重庆大学人文社会科学高等研究院联合举办的第一届高校青年教师／研究生科幻学术研习营的讨论中，黄鸣奋根据民国报刊文献提出，1925 年由汪优游、徐卓呆执导的《隐身衣》可能是中国首部科幻电影。该观点经贾立元、张峰等人讨论查证，得到吴岩、任冬梅、李广益等人支持，一致认为应重新评估徐卓呆的地位。这是一项足以改写我国科幻电影发展史的重要发现。

关于中国科幻电影的发端，过去常见的说法是 1938 年新华影业公司拍摄的《六十年后上海滩》[1]。贾立元发表论文，剖析该片制作背景及公映后引发的影响，将该片首映的 1939 年称为"中国科幻电影元年"[2]。

上述观点最近受到质疑。2021 年 8 月 5 日，笔者根据对"民国时期期刊全文数据库（1911—1949）""中国近代报纸资源全库""中国历史文献总库·近代期刊数据库"等检索所发现的史料指出：1925 年，开心影业公司出品了汪优游、徐卓呆执导的《隐身衣》，它可能有资格成为中国最早的科幻电影的候选者。这部影片根据徐卓呆的小说改编，由徐卓呆、汪优游主演。该片上演后，《游艺画报》《图画时报》《联益之友》《新上海》《紫葡萄》等刊物都发表了剧照。不过，中国电影资料馆目前未保存《隐身衣》的影片资料。

这一发现引发了讨论。贾立元觉得这个问题很重要，当即进行查考，而且本着从善如流的态度回应："我之前没有注意到徐卓呆的影片信息，如此来看，算成是科幻电影也是可以的。我之前发表的《一九三九：中国科幻电影元年》一文的表述需要修正了。"张峰、吴岩、任冬梅等都对上述发现加以肯定，认为有必要重新评估徐卓呆的地位。李广益也认为徐卓呆颇有可能拍出科幻片，毕竟他有科幻创作的能力和经验。贾立元认为这部电影是根据小说改编的，"是最早的中国科幻小说影视化"。张峰以徐卓呆的自述《滑稽小说与滑稽电影》为证，认为此发现改写了历史。

一、徐卓呆是我国早期科幻作者和电影家

徐卓呆（1881—1958）别名徐傅霖，号筑岩，别号半梅，是江苏吴县人，堪称20世纪上半叶文坛著名人物。他除写小说外，还从事电影理论研究，所著《影戏学》1924年出版于上海，被认为是中国第一部电影理论著作。1925年，他与作家汪仲贤（原名汪效曾，又名优游，江西婺源人）合作，效仿美国企业启斯东（Keystone，1912—1915）创办开心影业公司。从编剧、导演到表演，他都亲力亲为。正如秦翼所言："'开心'对于影片摄影技术一开始就非常看重，极大地贯彻了徐卓呆《影戏学》中重视技术的观点。"[3] 除《隐身衣》外，该公司还拍摄了《临时公馆》（1925）、《雄媳妇》（1926）、《济公活佛》（1926）等影片，可惜它们都未能保存下来。

徐卓呆的小说《隐身衣》是在1924年发表的[4]，基本情节如下：新闻记者陆先生避暑度假，乘摩托车来到池边，发现有小小的足迹逼近他，只闻娇笑，不见人影。他想弄清真相，与隐身美女顾露丽相撞，扯去其衣，她裸身而逃。陆先生是正人君子，不忍见美女受窘，准备将衣服还她。那衣服是装有无数小镜子的橡皮雨衣，居然被突然出现的男子孔二南夺去。陆先生看着此人骑上自己的摩托车逃走，深感懊恼。他到旅馆拜访熟人郝古松博士，获悉原来那衣服可以隐身，发明者就是这位博士。郝古松很担心它的被盗使恶人有了利器。过了一周，市面上果然闹得厉害，不只是摩托车无人而行，而且有隐身人

窃珠宝、夺钱袋、盗首饰、偷食器、抢钞票。郝古松觉得自己有责任，就运用所发明的"嗅觉放大器"去抓捕孔二南。博士靠它闻出非常微弱的臭气，将孔二南送入监狱。

这部小说之所以称得上是"科幻"，主要有如下原因：第一，其中的人物郝古松发明了至今仍属于超前的隐身技术。根据他的解释，极明亮的镜面易瞒得过人。因此他将自己所发明的硬件玻璃装在橡皮雨衣上，前面的光可以反射到后面，穿上它的人成为透明体。这是"配利史夸泼"① 的功效。第二，小说作者不仅介绍隐身技术原理，而且关注这种技术使人性迷失的影响，通过虚构的情节来加以表现。博士将隐身衣给了顾露丽，本意是让她暗中观察其追求者孔二南的为人。没想到她认为隐身很有趣，忘了正经事，到禁止游戏的池子去嬉戏。孔二南本来并非小偷或窃贼，但得到隐身衣之后也乱了本性。"本来没有这件隐身衣，他也决不会做这种恶事的。"这类情节涉及科技发明对人性的影响，和赫伯特·乔治·威尔斯科幻小说《隐形人》[5]里描写的科学家发明隐身药水之后迷失自我是同一道理。第三，在小说的结尾，郝古松博士对陆记者表明态度："实在都是发明这东西的我的不是啊。哈哈哈哈。"他在谈笑中反思，意识到自己作为科学家应负的责任。经历"反常"之事，复归"合道"之思，这正符合艺术创意的规律。

二、《万能博士》应是科幻片《隐身衣》之所本

如果徐卓呆根据所著《隐身衣》拍摄出电影，那么，这篇小说就成了中国科幻电影改编史上的重要文献。但是，笔者根据进一步的检索发现：徐卓呆的这篇小说袭用了克莱门特·费赞迪埃（Clement Fezandié）《秘密博士》（*Dr. Hackensaw's Secrets*，又译作《隐形人》）[6]的创意。后者的上半部分就是《隐身衣》之所本，下半部分则言及隐身衣在粉碎过激党进攻纽约之战争中的作用。哈佛大学图书馆网站检索表明：克莱门特活跃于19—20世纪之交，著有

---

① 应当是 periscope 的音译，指潜望镜。

科幻小说《穿过地球》(*Through the Earth*)等[7]。他的《秘密博士》虽然到1925年才有中译本，但徐卓呆应当早就看过其原文（至少是知道主要情节）。另外，徐卓呆拍摄的影片《隐身衣》的内容也不符合他改写的这篇小说，而是一部剧情简单的滑稽片。张峰所找到的徐卓呆自述表明："'隐身衣'，写有人得到一件隐身衣，把它披在身上，身体顿时会不见。他的老婆，约了一个情人，在家里饮酒取乐。他穿了隐身衣，一对狗男女，看不见他，他一一都看得见他们。那情夫正在饮酒，忽然会空中飞来一记巴掌，打在他脸上。于是大惊，那丈夫把隐身衣披在身上，单单露出一个头来，他忽而跳到桌上去，忽而伏到地上，于是只看见一个脑袋，会在室内飞去飞来，忽上忽下，闹得狗男女十分惊慌，但无法捉住本人。"[8]。在无法见到原片的情况下，这篇自述应当是了解该片内容最权威的史料。

贾立元发现在短篇小说《隐身衣》之外，徐卓呆还著有长篇滑稽小说《万能博士》[9]，其内容和开心影业公司出品的《隐身衣》比较相近。贾立元检索到《新闻报》1925年11月9日第4张第1版刊登的《滑稽片〈隐身衣〉本事》的资料，作者署名为"涵"。它不仅有助于了解这部电影基本情节的由来，而且可以作为该片是科幻电影的证据，因为其中明确谈到隐身衣是万能博士发明的，并非什么神仙赐的法宝。资料原文如下：

　　某甲外出而未带钱袋，乃归家取之。不意其妻有外遇，某公馆之仆役某乙也。乙见甲不在，即与甲妻欢叙。及甲来叩门，乙躲床下。甲在抽屉中觅钱袋时，乙之头顶误触床下一铜痰盂。甲闻声而惊，注意床下，则见一男子之足。然甲有季常①风，不敢露声色，取钱而去。甲既出门，心殊愤愤，忽忆及友人万能博士，有隐身衣之发明，乃往访博士。告以故。欲假此衣以捉奸。博士允之，取衣出，令甲小试。甲披衣，人即不见。甲喜，携衣而退。复归家，叩门，然后披隐身衣，婢启门出，不见人影，以为邻近儿童之恶戏也，遂闭门而入。实则甲已衣隐身衣入内，人不之见也。甲忽露其头，忽现其足，意颇自得。旋窥窗中，则其妻正

---

① 宋朝人陈慥，字季常，惧内。

与乙对饮。甲乃以扫帚击洋铁粪箕。室内男女，闻声而出，视之，则扫帚与粪箕无恙也。于是寻觅其声之由来，亦无所得。尔时甲已入卧室，据案大嚼，尽其所有。及妻与乙将入，甲仍披衣而隐。妻入室，见碗碟已空，乃赴厨下另烹，留婢侍乙饮。忽空中现一手，批乙颊，实则甲之恶作剧也。乙大惊，遍觅不得其人，几疑及婢之戏己。甲妻以盆盛鱼至，忽盆中鱼变成一鞋。少顷，甲妻手中之扇，又变成扫帚。而乙头上之帽，易一洋铁粪箕也。此皆甲借隐身衣之力以傲此狗男女也。少顷，忽粪箕扫帚于地上作战争之戏，甲妻与乙大惊，欲借酒以压惊，及提酒壶，而酒壶突然变成一夜壶也。乙知不能久坐，乃归。乙之主人将出外旅行，正伏案修书，呼仆人至，则乙也。乃嘱乙以行李三件，运至庭中马车上。不意尔时甲已披隐身衣而随至，俟乙将行李运出。及返室，行李依然在。乙大惊，运之再三，箱忽飞行入内。主人修书毕，见行李依然未动，即诘乙。乙言有怪。主不信，另唤一仆运之出，竟无恙。主乃责乙，骤于空中出现二手，一手捏主人之鼻，而一手搔其头，此亦甲欲贾祸于乙也。主疑乙侮己，即令巡警捉将官里去。

　　按：此亦卓呆小说《万能博士》之一节，现由开心影业公司制成滑稽片。汪优游饰某甲，而卓呆饰某乙。其举动之滑稽，观之令人捧腹。此片将与该公司之《临时公馆》《爱情之肥料》二片同时出现。三片共约一万尺，故拟作一次开映也。

　　贾立元据此做出如下判断：徐卓呆拍电影时，用了自己原来的小说创意，改编成了滑稽默片。小说本身有科幻元素，而电影就以滑稽为主。张峰所提供的另一则史料也出自笔名"涵"的作者之手。文章说："'开心'制片的认真是精致到细微处的，影片命名百般斟酌——《万能博士》是卓呆所著小说中之一节，原题四字，未免所包太广，因此改名叫《隐身衣》。《失恋小史》也有些像小说的名称，所以改为《爱情破产》，虽有了滑稽片的色彩，还觉得不妥，因此改为《临时公馆》。《爱妻的秘密》似乎太空泛，不合滑稽的目的，于是又改了三四次，总觉得不满意，最后改为《制造国民》，还嫌不好，拟改为《爱情之肥料》，但是还没定夺。他们为了一个名称，往往会研究了二三星期才定夺的。其余也可想而知了。"[10] 遗憾的是，目前在数据库中只能检索到《万能博士》的节选，其内容和影片没有什么关系。任冬梅就此指出："如果能找到《万能博士》全本，确认一下内容，就能确定《隐身衣》的真正来源。"

电影《隐身衣》的滑稽片性质，从首映后有关材料中获得证明。汪优游在回忆公司历史时说："开心影片，就是我们几个朋友的寻开心的结果。只求自己寻开心，别人看了究竟开心不开心，我们是不管的。所以第一次的出品，事事搭浆、处处敷衍，只要摄出来的片子上，能够让我们自己看得出我们的嘴脸就算了，别的都可以不问。这一次摄成的影片，就是《隐身衣》《临时公馆》《爱情之肥料》等三本短剧。第一次出品，成绩当然是幼稚得很。好在摄影师的技术尚能称职，没有将我们的面目照得像圆光一样糊涂，我们也就没有什么不满意了。因为我们拍戏的动机，本无什么远大希望，不过寻寻开心罢了。我们欲望小，失望当然不大。而一般观众，居然也有爱看我们的穷嘴脸的。公演的时候，居然也会有人来看。那时我们所得的批评，都瑜瑕互见。我们对于指点我们错误的，都认为是良友。对我们谬加赞许的，却真教我们汗颜无地咧。"[11] 汪优游对这些草创之作的得失持比较坦然的态度，觉得成败无所谓。相比之下，徐卓呆却似乎难以释怀了。他在《隐身衣》首映4年之后写道："影戏公司是一种事业，非一心一意去经营他不可。像我那么半娱乐的办影戏公司，第一步就错了。不过我是不能不自己谋糊口的人。影戏公司既养不活我，而我影戏的瘾又非常之大，那自然只有一面自己去谋糊口之道，一面再兼营影戏公司了。我们最初的第一片，费用极少。而且在大家正是十分之九是制造爱情片的时代，忽然来一下滑稽片，观众换换眼光，似乎比较的容易得到彩声。因此人家都以为我们是成功了。那知竟是失败。因为我们这第一次，虽然也有近一万尺片子，但是内容是三种短片，《隐身衣》三本，《临时公馆》三本，《爱情之肥料》三本。卖考贝时，非常困难。片商都说，'滑稽片是小剧，只能映在正片之前，不能作正片用。虽足映二小时，然而买了去除搭映在正片之前外，别无办法。所以这种片子，与新闻片无异，与广告片无异。你们何不去摄长片呢？'"[12] 由于这类短片卖不出价钱的缘故，开心影业公司就另辟蹊径了，接着拍摄长滑稽片《神仙棒》（1926），增强了作品的故事性。

与片商不同，当时看过短片的一些观众倒是给了开心影业公司鼓励。例如，吉诚说："中国电影虽多，滑稽片却太少。自从卓呆仲贤发起了这间开心公司，滑稽片就出来了不少。起初的时候，做一个小局面的试验。曾听见人说，连布景演员多是东拼西凑。可是来了这三出《隐身衣》《临时公馆》《爱情之肥料》，我一看之下，对于开心的剧本和表演等等多满意到十分。"[13] 蒲伯英也说："小规模的开心公司，一出马就钻在几十家影片公司的丛林里大露其头角，这是大家都耳闻目见不待我说的。"不过，他似乎觉察到《隐身衣》等三部影片存在某些不足，因此表明了自己的期待。"以喜剧为唯一的标帜的影片公司，我所知道的，上海似乎只有开心一家；虽然别家底影片中间，也时常有故意逗人发笑的有意识无意识的穿插。我很希望开心公司向着他自己底标帜一步一步往前进，进到我们理想的境界，就是：喜剧里面，充满着讽刺派文学底灵魂；不要贪多务广，这样那样，弄到样样都有样样都不到家。""果真以讽刺的精神作喜剧，凡一切可悲可愤可感可泣的事实，都可以艺术的手腕教它们'喜剧化'。这种材料在社会上是不愁其穷只愁其不穷的；——尤其是我们贵国底现社会。喜剧若只是些笑料的堆集，并没有它底灵魂存在，——没有可悲可愤可感可泣的深厚的背景，可以说是'喜'而不'剧'。"[14] 开心影业公司在《隐身衣》等第一批影片之后拍出的《雄媳妇》，旨在讽刺歧视穷人之世俗偏见，比较符合蒲伯英关于喜剧片的理想，获得他的好评。

三、滑稽片是早期科幻电影的重要形态

科幻滑稽片《隐身衣》在赢得短暂关注之后迅速被埋没在历史的长河中，近百年来一直不受重视。科幻学术研习营的讨论使之重新回到人们的视野，并引发了内容广泛的讨论。相关探讨得出了如下结论：

其一，如果我们承认滑稽片是电影之一类的话，那么，开心影业公司出品的《隐身衣》便可视为我国最早的科幻电影。由篇幅短小、情节简单的滑稽片走向篇幅足长、内容丰富的故事片，是世界科幻电影史上值得重视的现象。学术界一般认为《月球旅行记》(Le voyage dans la lune, 1902) 是科幻电影的开山之作。但是在此之前，已经出现了若干科幻滑稽片。例如，《自动香肠店》(*La Charcuterie mécanique*, 1895) 描写屠夫将生猪放入机器后, 机器制作出几乎包装好的猪肉制品供销售;《小丑与机器人》(*Gugusse et l'automaton*, 1897) 揭示机器人引发的搞笑反应;《X 射线》(*The X-Rays*, 1897) 描写真人与骨骼互变;《伦琴射线》(*Les Rayons Röntgen*, 1898) 呈现骨架离体起舞。如果它们也算是科幻片的话, 那么世界科幻电影的历史就要提早到 1895 年。因此, 孰为"科幻电影元年"的问题, 其答案取决于后人的评价标准。

其二, 即使开心影业公司出品的《隐身衣》算不上严格意义上的科幻电影, 但徐卓呆、汪优游等人为中国早期科幻电影的发展作出的贡献应当获得充分肯定。我国古代早就有和隐身相关的传说。例如, 元代伊世珍所辑《琅嬛记》有如下记载:"主父既胡服, 夜恒独观天象。一夕见有神人自天而降。主父拜之, 睹其状貌, 端庄艳丽, 面有光辉, 手指如玉, 音声清亮。授主父以元女隐身之术, 九炼变骨之丹。"[15] 吴承恩《西游记》第六回称,"李天王闻言, 又把照妖镜四方一照, 呵呵的笑道:'真君, 快去! 快去! 那猴使了个隐身法, 走出营围, 往你那灌江口去也。'"[16] 上述隐身法属于神幻背景下的法术范围。西方现代科幻小说兴起之后, 隐身开始被纳入新语境加以描写。在科幻电影领域, 已知最早描写隐身的作品是英国首部科幻片《来自火星的消息》(*A Message From Mars*, 1913)。该片讲述一个外星人来地球治疗自私而富有的年轻人帕克的毛病, 方法是让他和自己一起隐身倾听其他人对帕克的议论。小说《隐身衣》表明, 徐卓呆清楚地意识到巧妙地利用光线折射原理是开发隐身技术的关键。电影《隐身衣》则表明, 徐卓呆及其合作者成功地利用电影特效表现了隐身技术所可能产生的视觉效果、心理影响和社会后果。他们以其艺术实践促进了隐身题材电影的参考系从神幻向科幻的转变。

其三, 隐身术是早期科幻电影所钟爱的题材。在汪优游、徐卓呆执导的这部影片上映之后, 20 世纪三四十年代还出现了一些以隐身术为题材的科幻电影, 如詹姆斯·怀勒 (James Whale) 执导、根据上述威尔斯小说改编的《隐身人》(*The Invisible Man*, 1933) 等。《隐身女人》(*The Invisible Woman*, 1940) 描写律师拉塞尔资助吉布斯教授研制隐身术, 所发明的机器在百货公司模特凯蒂身上进行首次试验, 获得成功, 凯蒂以此报复先前虐待她的雇主。我国《新隐身术》(1941) 描写老医生李继光研究隐身术, 助手顾立平亲身试验,但李为蒙面人所杀，顾不仅无法恢复身形，而且被怀疑是嫌犯，他为证明清白而找到负责此案的大侦探贺宾，接受后者给予的任务。《隐身特工》（*Invisible Agent*，1942）描写隐身人的孙子移民美国，在第二次世界大战期间运用血清注射法空降到德国后方去执行特殊使命。《隐身人复仇》（*The Invisible Man's Revenge*，1944）描写逃犯抽取帮助他隐身的疯狂科学家的血液给自己注射以恢复原形，后被狗咬死。隐身术也成为其他类型片构思的切入点之一。例如，我国剧情片《隐身女侠》（1940）将隐身衣当作法师为帮助女侠反抗暴君而送给她的礼物；警匪片《陈查礼大破隐身术》（1941）讲述华人警探陈查礼和掌握了隐身术的盗贼斗智斗勇的故事。此后，相关题材电影出现的频率有所下降，但热衷于此道的仍不乏其人。

其四，从滑稽短片走向故事长片，从一味关注视觉效果到比较重视作品内涵，是科幻电影趋于成熟的标志。上述蒲伯英关于喜剧片审美理想的分析是有启发意义的。反过来，在科幻电影已经由于产业化而显得模式性过强的情况下，重温早期滑稽短片所提供的审美经验是有益的。当年，美国启斯东电影公司专门生产喜剧片，曾是查理·卓别林等著名喜剧演员效力的企业。如今，胡文谦指出启斯东风格的打闹喜剧（slapstick）对1921—1926年前后中国影坛滑稽片创作热潮的影响，包括滑稽逗趣的喜剧观念、追逐打闹的滑稽场景和滑稽角色的外貌特征、形象类型与情节叙事等，又注意到中国人自制影片的责任感促使电影人试图将启斯东打闹喜剧与中国社会人生或民间笑话故事相结合，努力探索滑稽片的本土样式[17]。林吉安试图从滑稽片与哈哈镜二者内在相通的喜剧原理入手，借助美国电影学者汤姆·甘宁（Tom Gunning）的"吸引力电影"理论，重新考察中国早期滑稽片的喜剧策略、观影心理。他既注意到这些滑稽片与本土滑稽戏的关系，又引入"惊诧美学""狂欢式的笑""反沉浸性"等西方美学范畴予以阐释[18]。他们的学术成果说明：科幻滑稽片完全可以成为跨文类、跨文化、跨时代的研究对象，值得深入探讨。

参考文献

[1] 张衍. 中国早期科幻小说与电影中的科学呈现[J]. 文化学刊，2018（1）：161.

［2］贾立元．一九三九：中国科幻电影元年［J］．读书，2019（4）：32-36.

［3］秦翼．未完成的现代改造——开心影片公司的电影探索［J］．电影艺术，2017（1）：103.

［4］徐卓呆．隐身衣［J］．红杂志 1924，2（47）：1-6.

［5］WELLS H G. The Invisible Man：A Grotesque Romance［M］. C. A. Pearson，1897.

［6］克莱门特·弗雷赞迪．秘密博士［J］．敏芝，译．小说世界，1925（5）：1-12.

［7］FEZANDIÉ C. Through the Earth［M］. New York：Century Co.，1898.

［8］徐卓呆．滑稽小说与滑稽电影［M］．上海：上海文艺出版社．滑稽论丛，1958.

［9］未署名报道．小消息［N］．时事新报，1925-08-11，3（4）．

［10］涵．开心影片公司命名之研究［N］．新闻报，1925-10-05，4（1）．

［11］优游．过去的开心玩艺儿［J］．开心特刊，1926（3）：1-4.

［12］徐卓呆．我办影戏公司的失败谈［J］．电影月报，1928（2）：1-2.

［13］吉诚．滑稽电影题名的重要［J］．开心特刊，1926（3）：1.

［14］蒲伯英．开心公司影片底第一个进步［J］．开心特刊，1926（3）：1-2.

［15］伊世珍．琅嬛记：卷上［M］．明万历刻本．

［16］吴承恩．西游记［M］．明书林杨闽斋刊本．

［17］胡文谦．中国早期滑稽片与美国启斯东（Keystone）打闹喜剧［J］．首都师范大学学报（社会科学版），2013（2）：111-120.

［18］林吉安．中国早期滑稽片的喜剧策略及视觉快感［J］．电影新作，2018（1）：39.

作者简介：

黄鸣奋，厦门大学电影学院教授，博士生导师，主要从事文化产业、新媒体艺术理论和科幻电影等研究。

《中国轨道号》：二十年磨一剑 *

陈发祥

2021 年最重要的科幻事件中一定应该有《中国轨道号》的出版。这部小说是吴岩 20 余年磨一剑推出的作品，由安徽少年儿童出版社 2020 年 12 月出版。作品自创作和出版以来获得了巨大成功，先后荣获中国作家协会重点作品扶持项目、第十一届全国优秀儿童文学奖、第二届中国少儿科幻星云奖中长篇小说金奖、入选"十三五"国家重点出版物出版规划项目等 17 项荣誉。文学界、科幻界甚至航天科技方面的多位专家先后为作品撰写书评。刘慈欣、萧建亨、韩松、姚海军等肯定了作品，并认为应该将其纳入优秀科幻作品的行列。海飞、徐德霞、张品成、崔昕平、安武林等则在评论中肯定了作品作为儿童文学方面的成功。吴季、饶骏等从航天角度出发，认为作品"承载着历史对现实的期望"，为"激励中国成为真正的太空民族做好准备"。

作品推出之后引起了强烈反响，全国各地中小学教师带领学生进行研读学习。北京市景山学校特级教师周群、南京市第十三中学特级教师曹勇军、温州市绣山中学教师潘铁豪和深圳市南头小学教师邓玉琳等都组织学生进行阅读，有些还召开了线上分享会。郑州市金水区经三路小学校长张仁杰认为，作品为中小学"铺设了一条通向素质教育的轨道"。此外，作品在销售市场上也有优异表现，累计年度印量近 10 万册。在获得一致好评的同时，作品也引发了一些争论，争论的焦点主要是作品的文学类型定性和风格题材归类问题。

本文聚焦这部成功作品的以下几个方面：①一部给儿童撰写的科幻作品为什么能取得成功？②怎样认识对作品的争论？③作品的创作和发表给科幻从

---

* 深圳市人文社会科学重点研究基地南方科技大学粤港澳大湾区科技人文与创新文化研究中心成果。

业者怎样的启发？

一、柳暗花明的成书历程

《中国轨道号》的灵感源自吴岩对中国科幻小说命运的关切与思索。灵感产生之后漫长而曲折的构思过程为作品细节的构建奠定了良好的基础，也为作品独特的风格和丰厚的意蕴做好了铺垫。写作过程的不断反思易稿，实现了作品类型和意蕴上的超越。总之，《中国轨道号》的成就是建立在其柳暗花明的成书历程之上的。

《中国轨道号》最初的构思，始自吴岩亲身经历的科幻遭受质疑的 20 世纪 80 年代。1980 年，年仅 18 岁的吴岩受邀参加中国科普创作协会科学文艺暨少儿科普专业研究会年会。作为这次会议上仅有的中学生作者，吴岩感受到成年作家的关爱。科普科幻作家共处一室的融洽氛围也让吴岩受到了极大的鼓舞，他立志将科普科幻作为一生的事业追求[1]。然而，仅仅三年之后，科普科幻作家之间产生了彻底的决裂。科幻小说被指责为不切实际、想入非非的毒瘤，最后被中国文坛彻底清除。此时，吴岩已经开始发表作品并陷入对这一文类的本体论的早期思考。面对来自科学、科普，甚至文学方面的多重质疑，要让作品在所有领域都获得成功的想法在吴岩的内心悄然产生。联想到自己在科幻方面的阅读经历，以及普通读者对现实主义作品的热爱，吴岩想在这个方向上探索出一条全新的路。"我能否写一篇看起来非常真实，但却根本没有发生过的故事，令各种质疑都在作品面前失去意义呢？"[2]

在理想与现实落差之下进行的写作是艰难的。但在对科幻文学未来的担忧和焦虑驱动之下进行的突围又是充满责任感和挑战的。这些都体现在了小说最初的定名——"中国轨道"之上。这个一语双关的选题，一方面是对中国自主发展航天事业的虚拟重构，另一方面则是暗示中国人在做任何事时都要设法找到自己的道路。吴岩相信"这部作品将实现我把科幻小说写成跟现实主义作品读起来一样而且充满史诗韵味的梦想"[2]。以作品的方式对科幻小说遭受的质疑做出回应，这使得《中国轨道号》从一开始就对文本自身的品质提出了极高要求，这也是作品后来获得好评的根本原因。

曲折艰难的构思过程，为《中国轨道号》扎实的细节、独特的风格和丰富的意蕴奠定了基础。《中国轨道号》从灵感产生开始，就对细节提出了很高的要求。但是，与航天专业距离甚远的吴岩并没有多少知识经验用于建构作品的细节，而当时国家的航天计划又属于保密项目，这也使他无法获得充足的资料来完成构思。吴岩在《〈中国轨道号〉创作始末》一文中提到过为完善构思而寻找资料的艰辛历程："前期只搜寻到了《航天》杂志、一本 1986 年出版题为《当代中国的航天事业》的图书和叶永烈在《科学生活》上发表的披露中国航天员生活的零星文章"[2]。显然，这些资料对于构思一个如此宏大的题材来说是远远不够的。为了实现"写一篇看起来非常真实，但却根本没有发生过的故事"[2]的初心，吴岩继续坚持相关题材的资料搜寻，他购买了《科罗廖夫文集》、钱学森的传记和关于科技创新方面的论述，还有介绍火箭发射场的书和四卷本《国外航天事故汇编》。搜集资料、完善构思的过程不断循环，直到成书之前都没有停止。这个过程所产生的成果，使得《中国轨道号》有了丰富而"真实"的细节，而正是这些细节造就了作品亦真亦幻的独特风格。

《中国轨道号》的前身《中国轨道》最初几稿写于 20 世纪 90 年代后半期，因为与设想的作品差距过大，最终都被弃置。吴岩将这种差距归结为两个原因：一是过度的技术学习束缚了想象，使他无法回到文学空间；二是阅历浅薄，导致他无法把握作品中人物的命运。这种对文学性的自我要求与笔力无法达到的差距，使吴岩陷入苦恼，而后将精力转移到教学和科研，几乎停止创作。

《中国轨道号》再次起笔于吴岩与安徽少年儿童出版社的结缘。在编辑丁倩女士的一再"催促"之下，吴岩再次以全新的姿态投入创作。考虑到出版社的需求，吴岩将原有的构思方向进行了调整，使"少年儿童成为故事的主人公，让航天科技退居侧面成为背景"[2]。为了使故事细节丰满，吴岩将记忆中的童年往事进行了艺术化改造，作品中大院的名字和结构、人物的名字和故事，都有他童年生活的影子。这种手法的运用，使得作品呈现出了一种虚实相生的全新风格，成为一种"本体论意义上的怪物，小说既真实又不真实，永远游荡在真实与虚构的边缘"[2]。吴岩在风格上实现了突破，他采取将回忆录、现实主义、儿童文学与科幻文学融汇表达的方式对作品模态进行全新塑造，而这种多模态的融合使得作品的意蕴丰厚起来——"京味""教育""成长"等都被蕴含其中。

优秀的作品离不开精雕细琢，《中国轨道号》艰难的成书历程也印证了这一点。吴岩用作品为科幻正名的使命感只是《中国轨道号》的开始，而他高品质自我要求下的不断打磨，才是《中国轨道号》所得成就的根本保障。

二、关于作品的多种争论

《中国轨道号》引来的诸多争论，焦点主要集中在作品的文学类型定性以及风格和题材的归类上。除了将《中国轨道号》归类为科幻小说，不同评论者还提到有科普小说、成长小说、教育小说、京味小说、儿童小说等。作家刘慈欣、萧建亨、韩松和资深编审姚海军等都认为《中国轨道号》属于科幻小说。刘慈欣认为"《中国轨道号》是一部科幻小说，有着科幻小说所有的特征"[3]，萧建亨和姚海军通过对小说中人物形象、故事情节和科幻创意的分析指出，《中国轨道号》富有"儿童情趣"，同时也是"一部优秀的科幻文学作品"[4][5]。韩松在分析了《中国轨道号》贯彻了吴岩自己提出的"暖""灌""透""炫"4个儿童科幻特征之后，进一步指出作品用"科幻的手法回应现实的问题"[6]。董仁威认为《中国轨道号》属于科普型科幻小说，他通过对《中国轨道号》4个章节的分析，指出《中国轨道号》中"处处可见对'五科'（科技知识、科学思想、科学精神、科学方法以及社会正反两方面作用）的普及"[7]。学者崔昕平和著名作家张品成在分析人物成长的基础上将作品归为成长小说[8][9]，而《儿童文学》原主编徐德霞则在肯定作品是一部优秀的儿童作品的同时，从成长的角度关注故事中环境、成年人对儿童成长的影响，将作品归为教育小说[10]。除了从类型上对《中国轨道号》进行定性，也有从风格上将作品定性为京味小说和从题材上将作品定性为"中国科幻小说"的观点。航天专家吴季和教师周群，因为"北京人"的特殊身份，对作品中的京味情有独钟。吴季认为《中国轨道号》是"我看过的，最能引起我回忆和共鸣的作品"，是"在北京长大的孩子，都不应该错过的"作品[11]。周群则表示，"作品中既融入了北京传统文化中的传说和掌故，也细致刻画了军队大院的日常生活"，"作为上世纪六十年代出生的北京人，我和作品中的人物乃至作者有着大致相同的成长历程"，"这部作品不仅引出了我的怀旧情绪，更让我有强烈的代入感"[12]。著名出版人海飞则通过对故事背景、人物形象和科幻元素的分析，指出"作品充分展示了伟大的'中国道路、中国精神、中国力量'"[13]。韩松认同这一观点，认为"《中国轨道号》其实讲的是一个民族复兴的故事"[6]。航天专家饶骏则赞扬作品为"激励中国成为真正成熟的太空民族做好准备"，"未来的中国轨道，必跨越浩瀚星空，无远弗届"。[14]

上述从不同角度对《中国轨道号》做出的分类，都有其道理，但是对于科普型科幻小说和京味小说的定性则需要进一步辨析。将《中国轨道号》定位为科普型科幻小说从弘扬科学精神的角度讲是准确的，从普及科学知识的角度来说则是失当的。科普型科幻小说是一种以文学为工具、以科普为目的的科幻文学亚类型。董仁威认为科普型科幻小说的功能是普及科技知识，弘扬科学精神、科学思想、科学方法，倡导科学的世界观，探讨科技对社会正反两方面的作用[7]。在弘扬科学精神、科学思想等方面将《中国轨道号》定位为"科普型科幻小说"是准确的，故事中主人公小岩和小伙伴探索北京的水系、用染色的牛肚模拟火星表面、参加火星夏令营、接近科学家、参与科学实验等都能体现出作品对科学精神与科学思想的弘扬，但如果把这些也认定为是在讲授科学知识，那是大错特错的，因为《中国轨道号》中的很多科技知识都是虚构的。当然，这些虚构的、教科书中无法找到的知识，背后却跟当前的知识体系有着千丝万缕的联系。比如，作品中提到北京城有"明龙""暗龙"两条水系，是作者研究了侯仁之的一些资料后撰写的，但侯仁之从来没有发现北京有"两条龙"。颇有韵味的"红微子"看起来是政治隐喻，物理学中从来没有过。但这个粒子的设计却有着神奇的来源。在第三章的创作过程中，作者请教航天专家饶骏，从他那里得知，近期一些专家对近红外和微波之间波段的研究可能有助于在一定程度上解决黑障问题。于是，作者从近红外的波段出发，借助波的粒子性虚构了神秘的红微子①。作品中的这些虚构科技超越了当前的知识，根本

---

① 来自对作者的访问。

无法用判断知识的标准进行判断。因此，确定《中国轨道号》弘扬科学精神的一面是准确的，但它注定无法符合传授知识的特征。

将《中国轨道号》定性为京味小说在某种程度上也是准确的。但有人认为科幻作品一旦对某个特定地区进行描写，就会阻碍其他地区读者的阅读理解，这种观点很荒唐。《中国轨道号》撰写的是 20 世纪 70 年代的北京，这种设定很容易引起读者对那个年代的共鸣而不是乏味感。再具有想象力的文学作品也离不开现实世界。莫言作品中的"高密东北乡"是莫言的一个独特想象空间，虽然作者聚焦这个地方，但也没有阻碍其他地区甚至国外读者获得审美体验。反之，《中国轨道号》一反撰写外星世界或未来世界的套路，追求真实的北京书写（作者为了还原场景，在创作时专门购买了那个年代的北京地图和列车时刻表进行研究）应该被看成是一种大胆而成功的创新。京味不仅没有阻碍读者进入故事获得审美体验，还为读者提供了一种全新的亦真亦幻的阅读快感。

关于《中国轨道号》类型和风格的争论是中国科幻作品走向复杂和成熟的标志。一部优秀的文学作品本身的丰富性就应该从多角度去把握。见仁见智的观点都有其道理所在，而争论正是对作品塑造的多重想象空间的呼应。

三、想象力审美上的创新——双重意象空间的审美构建

文学作品可以分为语言层、意象层和意蕴层。语言层主要指文本呈现在读者面前供其阅读的具体词语系统。意象层则是读者通过语言层解码后再经想象和联想在头脑中构建的人物形象或环境图景。意蕴层指作品所包含的哲学思考。读者与文本的互动从语言层开始，随后进入意象层进而到达意蕴层。《中国轨道号》的特殊性在于，作品在语言空间与意蕴空间之间建构了双重意象空间：第一重意象空间是故事直接呈现出的、发生在军装所的孩子们身上的故事；第二重意象空间则是没出场的隐匿的载人航天项目。这种双重意象空间的构建源于作者构思的转变。《中国轨道号》最初要讲的是在 20 世纪六七十年代技术还不完善的情况下，中国就把航天员送上太空但是无法使其返回地球，导

致航天员悲壮牺牲的故事。现在的版本则是作者在这一背景下构思的全新儿童故事。姚海军认为，正是这种将"原本宏大的航天史诗从前景变成背景的虚实转换"，使小说具有了独特的"生命的气息"[5]，也正是这种转换造就了故事中双层意象空间的产生。不同意象空间之间的相互滑动又导致了想象世界的游移，使用一套言语系统穿透几个相互交织且不定边界的空间，极大地拓展了作品的审美价值。这才是《中国轨道号》独特审美感受产生的原因。

四、结语

作为 2021 年中国科幻的一个现象级事件，《中国轨道号》的成功是具有重要的价值和意义的，作品为科幻精品的创作和出版带去许多值得深思的启示。首先，《中国轨道号》的成功对精打细磨、追求细节的作家和出版人是一种鼓励。责任编辑丁倩在《编辑手记》中详细回忆了打磨《中国轨道号》的"艰难"历程，从 5 个春夏秋冬的耐心约稿与催稿，到无数遍不厌其烦地编辑加工，编辑跟作者共同走过了非同寻常的心路历程。其次，对精品孜孜不倦的品质追求，也为成功打下坚实的基础。丁倩对每一个成书细节都一丝不苟，仅仅是对书的封面和插画的选择，就曾经面试过好几个团队。成品做出之前，编辑不但反复征求作者意见，还联系到 40 位"第一读者"（其中有 30 位是来自小学五六年级的孩子）对图画进行喜好选择[15]。再次，《中国轨道号》再一次证明，科幻是一种形式和内容都需要创新和跳出边界的文学。著名作家张品成在评论中指出，他的红色少年故事也常常被人诟病为"弄不清他在写什么"，但"吴岩彻底打破某种僵化了的创作思路和迷障，也让我的创作，从此松了一个'绑'"，"让我彻底摆脱了先前的困惑和纠结"[9]。《中国轨道号》之所以能让不同年龄的读者都很喜爱，打破普通科幻跟少儿科幻的藩篱尤其重要。最后，《中国轨道号》让少儿科幻作品的出版远离"短平快"的粗俗市场跟风，推动了少儿科幻产品的精品化建设。出版该书的安徽少年儿童出版社还就此搭建起一个高质量少儿科幻出版的平台，将吸引更多在成人科幻创作中有影响力的年轻作者的少儿科幻佳作。

参考文献

［1］吴岩.难忘哈尔滨之夏——忆中国科普作家协会科学文艺暨少儿科普研究年会［J］.科普创作，2018（4）：91-96.

［2］吴岩.《中国轨道号》创作始末［J］.粤港澳大湾区文学评论，2022（1）：132-135.

［3］康春华.吴岩《中国轨道号》四人谈：科幻小说的科学、文化与教育价值［N］.文艺报，2021-03-24（5）.

［4］萧建亨.赋予科幻一种理想的光辉——漫谈吴岩新作《中国轨道号》［N］.光明日报，2021-06-14（8）.

［5］姚海军.评吴岩新作《中国轨道号》［N］.中国新闻出版广电报，2021-03-16（4）.

［6］韩松.《中国轨道号》：记忆决定未来［N］.文学报，2021-04-06（20）.

［7］董仁威.科普型科幻的杰作——评吴岩儿童科幻小说《中国轨道号》［EB/OL］.（2021-02-04）［2022-05-27］.https://mp.weixin.qq.com/s/U9chiZwBV8GM8nug0njhZQ.

［8］崔昕平.科学之美盛放的童年景象——评吴岩儿童小说《中国轨道号》［N］.中华读书报，2021-01-27（20）.

［9］张品成.在全新轨道上疾驶——读吴岩的《中国轨道号》［J］，粤港澳大湾区文学评论，2022（1）：128-131.

［10］徐德霞.一部文学气韵与科学精神完美结合之作——读吴岩的《中国轨道号》［N］.中国新闻出版广电报，2021-03-16（4）.

［11］吴季.所有的大人曾经都是孩子——品读《中国轨道号》有感［N］.中国新闻出版广电报，2021-03-16（4）.

［12］周群.岁月无痕亦有痕　时光磨出翰墨香［N］.科普时报，2021-02-05（8）.

［13］海飞.著名出版家、儿童文学专家海飞谈《中国轨道号》［EB/OL］.（2021-08-09）［2022-05-27］.https://mp.weixin.qq.com/s/P3TnUl64YhaWUoCFbmLEIA.

［14］饶骏．未来的中国轨道，必跨越浩瀚星空，无远弗届［EB/OL］.
　　　（2021-03-11）［2022-05-27］．https://mp.weixin.qq.com/s/yesh1_
　　　EBPIh3Gh87VDfFpg.

［15］丁倩．精雕细琢，执念精品出版——《中国轨道号》编辑手记［J］．中
　　　国出版，2020（S1）：84-89.

作者简介：

　　陈发祥，南方科技大学科学与人类想象力研究中心研究助理，教育学博
士研究生。目前主要从事科幻教育与科幻产业相关领域工作。从事 K12 阶段
科幻课程授课、科幻活动与展览策划，参与"科学幻想—青少年想象力与科学
创新培养教程"初阶与中阶的配套课程开发与高阶教程编写。

成都申幻之路

成都市科幻协会

2021 年 12 月 18 日，中国科幻迷度过了一个不眠之夜。

北京时间 12 月 18 日晚 10 点，在华盛顿举办的第 79 届世界科幻大会上，万众瞩目的 2023 年第 81 届世界科幻大会举办地的投票结果揭晓，成都在与其他三个城市——法国尼斯、美国孟菲斯、加拿大温尼伯的竞标中胜出，成为 2023 年世界科幻大会的举办地，也成为中国第一个、亚洲第二个举办世界科幻大会的城市。

成都，这座"科幻之都"再一次让世界为之瞩目！

一、背景

"世界科幻大会"是世界科幻协会（World Science Fiction Society，缩写 WSFS）举办的年度聚会，英文全称 World Science Fiction Convention，简称 Worldcon。首届 Worldcon 于 1939 年创办于美国纽约，至 2021 年已举办 79 届。这是全球最受瞩目、历史最悠久、规模和影响力最大的科幻文化主题活动，会聚了全球顶尖科幻作家和最热情的科幻迷，大会上还颁发了由世界科幻协会会员评选的世界科幻顶尖大奖"雨果奖"[①]。世界科幻大会期间，会连续 5 天举办

---

① 第一届雨果奖于 1953 年颁发，1954 年停颁一届，故雨果奖与世界科幻大会的届数不一致。

242

书迷见面会、作品讨论会、讲座、签售会、Cosplay 比赛等一系列活动，科幻迷们齐聚一堂，其乐融融，而雨果奖颁奖典礼则是活动的最高潮。

雨果奖的名称来源于雨果·根斯巴克（Hugo Gernsback），后者被誉为美国"科幻杂志之父"，他于 1926 年创立了美国最早的科幻杂志《惊奇故事》（*Amazing Stories*），正式将科幻小说带入了美国公众的视野。雨果奖会聚了全球顶尖科幻作家，如《冰与火之歌》作者乔治·R.R. 马丁，《基里尼亚加》作者迈克·雷斯尼克、《美国众神》作者尼尔·盖曼、《星球大战》官方小说作者凯文·安德森、《变形金刚》官方小说作者之一罗素·戴维斯等。

雨果奖也是一个深具平等精神的奖项，它不仅由粉丝创立，也由粉丝管理和运营，所有奖项均由世界科幻大会成员经两轮投票选出。发扬粉丝精神、营造一个生机勃勃的科幻迷社区，正是世界科幻大会最引以为傲的一点。每届大会中，线上、线下参与的全球粉丝高达百万人次。2015 年，刘慈欣的《三体》获得雨果奖最佳长篇小说奖，创造了中国科幻的历史，引发全球关注。2016 年《北京折叠》再次获得雨果奖最佳短中篇小说奖，郝景芳也成为该奖的首位亚洲女性得主。广大中国民众也渐渐了解到世界科幻大会和雨果奖。

二、缘起

中国和世界科幻的交往可以追溯到 40 多年前。1979 年，匹兹堡大学英语系副教授菲利普·史密斯（Philip Smith）到上海外国语学院访问任教，开设了科幻文学课程，并促成了上外科幻俱乐部的成立。同样是 1979 年，英国著名科幻作家布赖恩·奥尔迪斯作为英国知名人士代表团成员访问中国，与时任国家副总理邓小平见面。他后来还把这次会面经历写成《飞向"长城"星球》一文。

奥尔迪斯时任世界科幻小说协会（World Science Fiction，简称 WSF）的主席。他委托史密斯找到叶永烈，邀请后者加入协会。随后，叶永烈、郑文光、童恩正、萧建亨和刘兴诗先后加入 WSF，成为该组织的第一批中国会员。中国与世界科幻的交流之门从此开启。

要说明一下，WSF 并不是 Worldcon 的主办方 WSFS，两者在 20 世纪 70—90 年代是并行的两个组织。WSF 是由国际上一批科幻人士组成的专业人员协会，宗旨是促进全世界范围内科幻专业人士的交流。相比之下，WSFS 的会员大部分是美国科幻爱好者，代表美国科幻界的影响力，不如 WSF 专业化和国际化。WSF 每年也会在成员国举办年会，主要面向的是协会会员，所以规模上比 Worldcon 小得多。随着"冷战"的结束，WSF 也失去了交流沟通的功能，于是渐渐销声匿迹。

40 多年的中外科幻交流史有几个标志性的事件，都与国际性会议和交流活动有关。

首先是 1991 年成都的"世界科幻小说协会（WSF）年会"。这是《科幻世界》首任社长杨潇在圣马力诺和海牙的两届年会上艰难争取过来的活动。来自亚洲、欧洲、美洲的 45 位外国科幻作家和 150 位中国科幻作家、编辑参加了这次以"科学幻想，和平友谊"为主题的年会，奥尔迪斯也第二次踏上了中国的土地，来到成都参会。历时 5 天的会议圆满结束，在成都和卧龙，与会的国际科幻人士第一次亲身感受到了中国科幻"激情燃烧的岁月"。

然后是 1997 年由中国科学技术协会主办、《科幻世界》杂志社承办的主题为"科学·科幻·和平与发展"的"97 北京国际科幻大会"。80 多位中外嘉宾参会，其中最引人瞩目的是来自美国和俄罗斯的 5 位宇航员。在成都月亮湾度假村，俄罗斯宇航员列昂诺夫和别列佐沃依与中国演员同台演唱《莫斯科郊外的晚上》。美国宇航员香农·露西德不停地回答科幻迷的提问。上万名青少年在现场感受到了科幻和航天的魅力，也在心中埋下了科学幻想和探索的种子。

接着就是 2007 年在成都举办的"2007 中国（成都）国际科幻·奇幻大会"，同样是由《科幻世界》杂志社承办。这一次不仅有尼尔·盖曼等来自全世界的科幻作家嘉宾，还有我国的科幻迷从全国各地蜂拥而来，四川大学科幻协会表演的"三体"人列计算机震惊了所有与会者。这届大会和 Worldcon 也有一定的关系。当年的 Worldcon 在日本横滨举行，这是 Worldcon 首次来到亚洲。成都的大会刚好在横滨 Worldcon 之前召开，所以被许多参会的西方代表称为"Pre-Worldcon"，大会结束后他们可以从成都直接赶赴横滨，完成一次完美的亚洲之旅。

此后，2017 年和 2019 年，成都又先后举办了两届规模和影响力更大的国际科幻大会。与 2010 年开始的全球华语科幻星云奖颁奖典礼和 2016 年开始的中国科幻大会一样，这些盛会都邀请了诸多海外嘉宾，打造中外交流的平台，见证了中国科幻与世界科幻的"双向奔赴"。

参加一次 Worldcon 是很多中国科幻迷一直以来的梦想。此前一直零星有中国科幻迷参会的记录。2007 年《科幻世界》杂志社社长秦莉和姚海军、吴岩、韩松几人去横滨参会。直到 2012 年，以郝景芳、陈楸帆、夏笳为代表的中国年轻一代的科幻作家和科幻迷在吴岩老师的率领下组成一支代表团，飞越大洋来到"风城"芝加哥，第一次成建制地参加了 2012 年 Worldcon。这一次他们不再是旁观者，而是主动出击，以流利的英文和自信的态度与西方科幻迷深度交流，组织有关中国科幻的论坛，让世界领略了新一代中国科幻人的风采。从此之后，组队去 Worldcon 就成了中国科幻从业者和爱好者们每年必做的一件事情。2017 年在芬兰赫尔辛基举办的 Worldcon，更是创下纪录，有 100 多位中国会员注册参加本次大会。

许多年来，所有参加过和没参加过 Worldcon 的中国科幻迷心中都有一个问题——我们中国可不可以也举办一次 Worldcon？2014 年，未来事务管理局向 WSFS 提交申请，申请在北京举行 2016 年的 Worldcon。虽然在当年伦敦的 Worldcon 大会投票中没能胜选，但这次勇敢的尝试还是向世界展现了中国科幻向世界敞开大门的意愿，也为今后的继续申办积累了宝贵的经验。

那么，中国再次申办 Worldcon，我们要放在哪座城市？无论是中国的科幻界，还是熟悉中国科幻的海外友人，他们心中都有一个共同的名字——成都。

三、历程

在 2018 年洛杉矶举办的第 76 届世界科幻大会上，成都市正式宣布将角逐 2023 年世界科幻大会的举办权。同一时间，在成都市科学技术协会的指导

下，全国首家市级科幻协会——成都市科幻协会成立了，从国内动员和海外推广两个方面着手，正式组织展开 2023 年世界科幻大会的申办工作。

（一）国内动员方面

2021 年 2 月 2 日，成都市科幻协会成立大会成功召开，作为成都申办 2023 年第 81 届世界科幻大会的主体机构（简称"申幻委员会"），统筹各方力量推进成都申幻工作。著名科幻作家刘慈欣当选为名誉会长，《科幻世界》杂志社副总编姚海军当选为会长，知名川籍科幻作家何夕、成都商报营销策划有限公司副总经理梁效兰、八光分文化创始人杨枫、中国首位科幻文学博士姜振宇当选为副会长，陈石任秘书长。

2020 年 7 月 28 日成都市科幻协会召开申幻动员大会，为争夺 2023 年的举办权发起冲刺：任命"成都申幻助力大使"，邀约国内外近百位科幻界知名人士、流行文化圈意见领袖担任成都申幻助力大使，为成都申幻发声。

发布"幻客征集令"。自 2020 年 8 月以来，号召百余位科幻界人士、流行文化圈意见领袖、科幻机构账号共同发声，总覆盖 2000 万人次，并以此为基础建立了两个对成都申幻具有强烈参与意愿的"幻客"社群，吸纳科幻迷近千人入群。

在 2020 年 8 月 20 日的成都网红打卡地交子大道开街仪式启动现场，申幻委员会举办天府双塔灯光秀，以醒目大字"申办第 81 届世界科幻大会"吸引了全市的眼光，"申办 2023 年世界科幻大会 5G 加油会"引爆"成都申幻"话题。

举办 10 余场"申幻全国加油会"。先后在北京、上海、深圳、重庆、太原、冷湖等地举办了 10 余场申幻加油会，在中国科幻大会、全球华语科幻星云奖颁奖典礼、上海科幻影视产业论坛等科幻重要活动及节点上持续发声，并邀请了近百位科幻作家、科幻从业者出席助威。

推出两版"申幻宣传片"，并在国内外多个社交平台隆重推介，向全球科幻迷展现了一个历史悠久、文化多元、粉丝火爆的国际化大都市成都的形象。

2021 年 11 月初，在美国华盛顿举办的第 79 届世界科幻大会投票通道开启，与成都竞标的城市曾经有法国尼斯和美国孟菲斯，但二者都因新冠肺炎疫情原因相继退出，后来居上的加拿大温尼伯参加竞标，成为成都的唯一对手。

2021 年 11 月底，成都市科幻协会第二次工作会议暨成都申办 2023 年世界科幻大会出征仪式在成都市科协举行，开启出征华盛顿、一举拿下举办权的最后冲刺，正式发布"成都申幻投票攻略"，进行大规模投放，号召并手把手指导粉丝为成都投票。

投票通道开启之后，国内知名学者、作家、企业、机构及科幻迷等纷纷助力成都，为成都投票。中国科幻"四大天王"刘慈欣、王晋康、何夕、韩松通过华盛顿世界科幻大会投票通道，为成都投下宝贵的 4 票。随后，得到 App 创始人罗振宇、四川大学文学与新闻学院专职博士后姜振宇、南方科技大学科学与人类想象力研究中心主任吴岩、江苏省科普作家协会科幻专委会主任付昌义、上海市浦东新区科幻协会会长顾备等各界大咖为成都投票，新锐作家陈楸帆、阿缺、宝树、七月等纷纷通过社交平台表示："支持成都！要让世界科幻大会办在咱们自家门口！"

在成都市科幻协会宣传发动下，中国科普作家协会、上海市浦东新区科幻协会、江苏省科普作家协会科幻专委会、成都商报营销策划有限公司、四川省科普作家协会、八光分文化、《科幻世界》杂志社、四川大学文学与新闻学院中国科幻研究院、成都时光幻象文化传播有限责任公司、重庆钓鱼城、科学与幻想成长基金、未来事务管理局、天津微像文化、世界华人科幻协会、赛凡空间、天津市科普作家协会等社会组织机构也一起动员各自的粉丝为成都投票。

全国各地的科幻迷也加入投票行列中。北京的大学生徐秋阳表示："近年来，有大批科幻俱乐部兴起于北京、成都、重庆、南京、上海、武汉、厦门等城市，聚集了大批科幻迷。而成都，将实现我们亲身参与世界科幻大会的梦想，期待成都成功申幻！"

在投票截止的最后一周，申幻委员会发起"七日不停播"，以八光分文化为主体，动员全国 22 家科幻组织、机构，发起了为期 7 天的申幻冲刺直播马拉松——12 场主题各异的直播，总直播时长达 17 小时，收看人数超 15 万，在最后关头为成都争取到了数量可观的决胜选票。

（二）海外推广方面

建立和维护成都申幻海外社交平台账号，与全球科幻迷直接对话。2019年11月，在海外主流社交平台相继建立成都申幻的官方账号"Chengdu Worldcon"，由八光分团队专人运营，保持高频次更新，向国外科幻迷介绍成都的风土人情，第一时间了解成都申幻的相关动向。

线上参加10余场全球性科幻大会。自2019年12月以来，申幻委员会联合主席西夏、王雅婷分别参加了巴尔的摩科幻大会、北美科幻大会、新西兰科幻大会等一系列活动，在新西兰、德国、意大利、俄罗斯等国的线上大会上进行宣讲、开设线上派对推广成都申幻，在全球范围内推介成都，在展现以成都为代表的中国科幻发展状况之际，也展示"文化成都""历史成都""美食成都""悠闲成都"等成都不同的城市面貌。

申幻委员会联合主席西夏、王雅婷和申幻委员会成员范轶伦、姚雪等作为代表，在2019年、2020年、2021年连续参加世界科幻大会组织者大会（Smofcon），结交了一批经验丰富、态度友好的会议组织者和资深专家，成为成都申幻成功的强大助力，他们已进入成都办会的人才库和资源库。

搭建和组织华盛顿世界科幻大会线上会场的成都申幻频道，并与各国科幻迷保持积极互动。在本届大会的虚拟会场Discord平台上，成都团队率先搭建起成都申幻专用频道/群组，并组织志愿者积极参与世界各国科幻迷的讨论，热情介绍中国和成都的申幻情况。群组里每天的讨论热度居高不下，是所有申办城市群组中人气最高的一个。在申幻委员会联合主席西夏的带领下，申幻委员会在各海外社交平台上高频次宣传成都申幻的热情、中国科幻的蓬勃生机以及成都美丽的城市和人民生活状态。而最后七天连续的直播马拉松冲刺也获得了海外科幻迷群体的高度赞扬和认可，为最后的投票获胜起到了关键性的作用。

四、成果与回响

2021年12月15—19日，第79届世界科幻大会在美国华盛顿举办，成都市科幻协会派出秘书长陈石出征华盛顿世界科幻大会现场，组织开展成都申幻圆桌会议，开设成都申幻主题展示，助力成都申幻，进行成都城市形象宣传，并通过线上直播的方式，将现场盛况展现给全球观众。

最终，12 月 18 日，经过线上、线下的白热化竞争，成都在与加拿大温尼伯展开的最后角逐中，以 2006 票对 807 票的绝对优势胜出！2023 年，成都赢了！

成都胜选的消息第一时间传回国内，引发了科幻迷的一片欢腾！甚至也成功"破圈"，一时间成为热门的文化话题。微博上，"2023 年世界科幻大会落户成都"的话题被顶上热搜。多家主流媒体争相报道，自媒体也蜂拥而上，寻找成都成功申幻背后的故事。无数的科幻迷和非科幻迷一边点着赞，一边筹划着 2023 年的成都参会行程。

而资深的科幻从业者和爱好者都感慨，这个"在家门口举办世界级科幻盛会"的梦想终于实现了！刘慈欣说："从 20 世纪 90 年代至今，国际科幻大会多次落户成都。现代科幻在成都生根发芽，并成长为参天大树，成都是一座名副其实的科幻之都。"

许多海外科幻作家和科幻迷也纷纷对成都的胜选表示祝贺。2021 年华盛顿世界科幻大会前任主席威廉·罗霍（William Lawhorn）称 Worldcon 花落成都，将拓展大会的影响范围和地理空间。"毕竟，作为一个世界性的聚会，每次去往不同的地方，才会让这个聚会更多样，让科幻大家庭更庞大。"罗霍说，"我们需要中国成都成为世界科幻大家庭中的一员。"

五、申幻经验

从 2018 年成都正式宣布申办 Worldcon（筹划还要更早），到 2021 年成都申幻成功，这是一条不算漫长，但也波澜起伏的路程。在这个过程中我们大致可以总结出一些经验和教训。这不仅能够为今后中国其他城市继续申幻指明道路，更重要的是为中外科幻文化交流和沟通提供有益的借鉴。

第一，中国科幻的蓬勃发展离不开国家政策的支持和保障。国务院印发的《全民科学素质行动规划纲要（2021—2035 年）》提出要实施科幻产业发展扶持计划，搭建高水平科幻创作交流平台和产品开发共享平台。世界科幻大会是国际科幻交流的顶级平台，成都申幻从一开始就获得国家政策上的支持和保障。

第二，申幻成功离不开成都市科学技术协会和地方政府的支持和决心，以及全国科幻迷和科幻文化机构的鼎力支持。上下同欲者胜，所有人秉持着一个"把世界科幻大会带到中国"的决心和信心，这是一切工作的思想基础。

第三，作为申办主体的成都市科幻协会，其居中协调和动员的作用绝不能低估。一方面，协会向上沟通和协调，争取到有关各方的资源支持。另一方面，协会组织多项活动，充分动员国内科幻迷和科幻文化机构，把成都申幻变成了全体中国科幻人的事，大家的力量也就此拧成了一股绳。

第四，申办团队充分了解了 Worldcon 的运行规则和选址规则，有针对性地规划整个申幻工作。世界科幻大会毕竟是已经运行了近 80 年的科幻盛会，有着悠久的历史和深厚的传统，深入了解它的历史和游戏规则才能真正参与到这场"游戏"中来，也才能让国外的科幻社群认识到成都的申办是严肃认真的举动，不是随便试试而已。对于具体规则的理解和熟悉也在很多时候帮助申办团队避免"踩坑"，以及有理有据地争取到符合自身利益的条件。

第五，申办团队主动走出去，通过线上、线下各种机会与 Worldcon 组织者、粉丝社区中的意见领袖交朋友和充分沟通交流，表达中国和 Worldcon 需要彼此的理念，最大限度获得了海外科幻迷群体的支持和帮助。申办过程中我们交到了很多外国友人，也收获了一大批海外粉丝和支持者，他们主动为成都的申办摇旗呐喊。这是一支极为重要的海外支持力量，在某些时刻起到了非常关键的作用。

第六，在申办最关键的时刻，线上和线下紧密配合，奋力冲刺取得决胜。特别是最后七天连续直播马拉松冲刺的巨大努力，让国外粉丝极为感动，为华盛顿现场的成都团队提供了坚强的支撑，让选址委员会和广大科幻迷群体看到了成都申幻的良好组织能力和粉丝团体的巨大热情，赢得了广泛的好评和支持，也为选址委员会围绕成都选票合法性的争论扫清了障碍。

六、意义与展望

世界科幻大会落地成都，必将为全国动漫、游戏、影视、出版等产业从业者搭建起一个科幻大舞台，成为中国科幻产业多样化业态发展的全新破局点，"科幻＋会展""科幻＋传播"将形成新型文化产品，并促进城市间的产业互动，构建起科幻生态圈，让科幻产业的"星星之火"加速形成"燎原之势"，点燃更多人对科技前沿的探索热情，推动今天的科幻变成未来的现实。

正如业内专家所称："世界科技中心与科幻中心正在发生多元价值转移，成都举办世界科幻大会将带来世界科幻历史变革，再一次拓展人类想象疆域。中国成都终将扬起风帆，将全人类的目光引向浩渺星空。"

现在，成都 Worldcon 的组织筹备工作正在有条不紊地进行。2022 年 4 月，官网发布了 2023 成都世界科幻大会执委会组织架构和人员名单。大会联合主席为本·亚洛、陈石和何夕，执委会分为综合策划协调组、雨果奖评选执行组等 13 个小组，每组设有组长，并招募一批志愿者参与工作。相信在强有力的组织和科幻志愿者们的付出之下，2023 成都世界科幻大会一定能圆满举行！

2023 年，让我们在成都相见！

执笔人：姚雪、三丰（均来自成都市科幻协会）。

作者简介：

姚雪，科幻文学编辑，八光分文化版权负责人。

三丰，本名张峰，美国马里兰大学博士，南方科技大学访问学者，深圳科学与幻想成长基金首席研究员，中国作家协会科幻文学委员会委员，中国科幻研究中心特聘专家，《世界科幻动态》执行主编。主要研究领域为科幻产业、科幻与科技创新、科幻与城市发展。

科幻人纵论元宇宙

超 侠 三 丰

【编者按】

2021 年 10 月 28 日，随着马克·扎克伯格将公司名字从 Facebook 改为 Meta（取自英文单词 metaverse，目前被广泛接受的译法是"元宇宙"），元宇宙的概念席卷全世界，影响最深刻的领域是互联网企业。事实上，元宇宙这个充满"科幻感"的词最早出现于 1992 年美国科幻作家尼尔·斯蒂芬森（Neal Stephenson）的科幻小说《雪崩》，这部作品描绘了一个近乎真实的虚拟世界，生活在其中的人们都有自己的"数字化身"，在虚拟世界中探索、创造、协作、社交、学习、表演、工作、休闲、消费，以及获取各种各样的体验。《黑客帝国》《头号玩家》《失控玩家》等科幻电影中，也都出现了"元宇宙"的不同体现形式，率先向大众做了一次元宇宙普及。

现如今，媒体上充斥着有关元宇宙的文章，各行各业的专家都谈论着元宇宙的概念定义、基础特征、支撑技术、应用场景、商业前景、规管方向……这个乍看上去有些怪异的词汇已经彻底"破圈"，完完全全从科幻走进了现实。然而，围绕着元宇宙的很多根本性的问题，我们仍然可以回到科幻中去寻找某种可能性的回答。比如，元宇宙到底是什么？为什么在《雪崩》问世 30 年之后突然火爆了起来？它在未来实现的可能性有多大？它对于人类到底意味着什么？它又会将人类文明带向何方？

出自科幻的概念，如此科幻的问题，科幻人当然不能缺席。我们在这里辑录了刘慈欣、王晋康、韩松、何夕、吴岩等 20 多位科幻作家和学者的相关观点。这些内容一部分出自全国少儿科幻联盟的"元宇宙与科幻"专题约稿，另一部分出自作者的相关文章。其中刘慈欣是首次公开就元宇宙发布个人观点，也算正面回应了铺天盖地的"刘慈欣怒斥元宇宙"的媒体报道。希望此处摘录的作者观点可使广大读者有所借鉴。

*** 刘慈欣 ***

我之前没有对元宇宙发表过任何评论，也没有说过元宇宙把人类引向死路。我同意大家的看法：虚拟现实和 AI 技术与太空开拓事业并无矛盾，相反，信息技术是宇宙航行所依赖的基础技术之一。只是从现实的趋势看，人类文明因信息技术而走向内向是一种可能性，但这取决于人类自身做出的选择而不是技术本身。其他的可能性也同样是存在的。

现在，人们基于元宇宙展望未来时都有一个下意识的预设，即认为包括虚拟现实和 AI 的信息技术将是塑造未来的主力，这个预设不一定成立。从历史上看，信息技术只是主导文明发展的技术之一，在之前还有过其他的技术也起到过这个作用。信息技术对社会生活产生重大改变也不过是近二三十年的事，但却使人们相信它将主导未来。事实上，未来之路很长，信息技术的发展，在塑造出人们现在的想象世界之前就可能减缓甚至停滞，同时，完全可能有其他的技术领域产生重大突破，进而取代信息技术成为塑造未来的主要力量。这其中包括分子生物学、材料和能源科技、脑科学等，当然也包括航天技术。所以认定虚拟现实和 AI 将成为形成未来形态的决定性因素，只是一种惯性和直线思维而已。

回到元宇宙本身，我没有从中看到什么新的东西，相对于技术发展的构想，它更像是一个社会学概念，而其中涉及的所有因素在过去的二三十年中都已经被充分地设想和讨论，没有什么更多要说的。

刘慈欣，科幻作家，现居山西阳泉，主要作品有"三体"三部曲等。

*** 王晋康 ***

元宇宙的本质是用虚拟的电子信息代替人的真实感官信息。这是一个无法逆转的过程，从有电话就开始了。每个人可以想一想自己的生活，现在与二三十年前相比，我们与他人的交流有多少已经是通过电子信息来做中介的！人这个自然造物已经越来越电子化。从本质上讲，所有送入大脑的感官信息也是电信号，所以，从理论上说，元宇宙发展到极致，确实可以完全逼真地模拟真实世界。只是，当元宇宙能真实地模拟婴儿吮吸母亲乳头的感觉、恋人肌肤相触的感觉……人类还有存在的必要吗？AI更适合在那个世界里生活。

王晋康，科幻作家，现居陕西西安，主要作品有"活着"三部曲等。

*** 韩松 ***

元宇宙是说人能以数字化的方式到数字化的世界中生存。它要求有很强的沉浸感，在这个意义上，这倒并不是一个全新的概念，甚至不是一个科幻概念。我甚至觉得，原始社会的一场大醉造成的幻觉，就是最早的"元宇宙"。接下来人类发明了艺术，诗歌、小说、戏剧、电影、游戏，本质上都是"元宇宙"，让人沉浸在虚构的世界中，有的人难分真假。这只是载体不同而已，现在元宇宙是数字载体。但不管是数字，还是物质如纸或屏幕，实际上还是肉身的延伸，如果把神经系统也理解为肉身的一部分的话。

科幻有一个特点，凡是它预言的大都会出现，但是出现的都比预言的时间晚，都没有在预期时间出现或达到预期效果。元宇宙也会是这样的。总的来讲，在可以预期的未来，人们的注意力还是会放在现实世界，解决实体经济、科技创新、人口增长、贫富差距等问题。有人说在元宇宙里，可以加速科技进步,但也要看到元宇宙跟现实世界是不匹配的,那里的人类行为是不同的,得到的东西无法完全对应现实。

话说回来,如果打造一些低级的元宇宙版本,也是能吸引不少人的。许多人会像沉迷网游一样,沉迷在元宇宙中。甚至长远来看,向宇宙的拓展也可能通过元宇宙实现,因为未来的太空探索更有可能是通过数字化的方式来进行,外星人也有可能通过元宇宙的渠道,以数字替身的方式与人类实现首次会面。

当然,元宇宙目前仍然取代不了现实世界。宇宙进化了137亿年,地球进化了46亿年,它们的复杂精彩、深奥莫测、变化万千,又哪里是人类目前的那点想象力能比拟的呢?元宇宙也很难模拟和还原宇观层面和微观层面的物质世界。要探索和了解宇宙奥秘,还需要在现实中付出艰苦的努力。另外,元宇宙不一定导致内卷,它要导致人类毁灭更是不可能。实际上,虚拟与现实可以并行不悖。

但生命和文明都有终结的一天,就连我们这个宇宙也会走向热寂。因此企望在元宇宙里永生,可能最终会被证明是一个妄想。可以想象,元宇宙在诞生时,终结它的东西,就已经在酝酿中了。

节选自《元宇宙的未来,是美好还是陷阱?》,发表于"半月谈"公众号。

韩松,科幻作家,现居北京,主要作品有"医院"三部曲等。

*** 郝景芳 ***

我今天从需求的角度,从我们衣食住行日常生活,从每天工作、家庭活动等角度去讲元宇宙。元宇宙从理念到技术到需求,这三点必须很好地匹配到一起,才能带来技术的革新。罗布乐思的副总裁段志云先生也说不解决用户需求和痛点的技术都是伪需求、伪命题。能够真正大规模地改变世界的技术,会从供给等于需求的那一点开始。

元宇宙并没有那么复杂,它就是一个更加沉浸的数字世界、虚拟世界,加上数字人、虚拟人。很多时候，当大家说起元宇宙能干什么，通常情况讲的就是虚拟世界、虚拟人生，讲未来所有人都会在一个像游戏一样的虚拟世界里面选一个虚拟身份，然后体验一段虚拟人生。在我看来，这些虚拟的东西不过是大的象限的左下角（虚拟世界，虚拟需求）。元宇宙可以做得比较多的事情是在虚拟世界里满足真实的需求。元宇宙也可以在真实的物理世界里面去满足一些虚拟身份的需求。比如一个虚拟偶像，在真实的餐厅、酒店里面和大家见面。

很多人一说元宇宙，就会觉得我们的脑袋上插根管儿，躺平了，进入一个虚拟世界。我自己的定义并没有那么复杂，元宇宙就是让我们更好地去跨越那些物理上很难跨越的距离，让很难连接的一些连接发生，并且让线上的体验更好。

元宇宙技术往前发展，它会呈现多元化需求，并不是说一种新技术来了，就完全不需要过去的生活了。就好像元宇宙到来了，能在 3D 的世界聚餐了，我们再也不线下聚餐了，其实不是这样的，它只是增加了一种可能性，多了一种选择。

3D 的世界有什么好处呢？如果我们真的在一个 3D 的世界里面，信息有很多维度。从信息角度去看，更多维度的信息能够同时带来更多的信息效果，所以我觉得虚拟世界还是很有用的。

关于虚拟的需求和真实人生的需求。我们不排除说人是有一些虚拟的需求，比如说，一个人在现实生活里面是一个 IT 行业从业者，但是在虚拟世界里是一个武功高手，是一个大侠。但是我们认为人不应该因此就忘记真实身份的需求。如果说忘掉了真实需求后进入一个虚拟世界里，它便是一种逃避人生的选择。

真正好的元宇宙技术，它应该能够补充现实世界，能够让我们在现实世界过得更好。让真实的需求得到满足，让每一个人的生活过得更舒服，让每一个人的家庭更紧密，这才是元宇宙技术真正应该服务的领域。

元宇宙会让人忘记星辰大海吗？我以前学天体物理、宇宙学，宇宙学的研究在很多时候是在计算机环境里面去模拟一个真实的宇宙，通过这种模拟去研究真实的宇宙到底是怎样的，这就是一个我们通过数字世界去研究真实宇宙的案例。所以我一向都觉得建立一个更加仿真的元宇宙，它非但不会让我们忘却星辰大海，让人类停滞不前，反而能够大大加快人类探索的脚步，可以辅助很多的科研和探索。

元宇宙技术会让世界更平等，还是更折叠？我非常同意元宇宙能给很多人更多机会的说法。元宇宙提供的是一个跨越时空的可能性，能够让大家都进入同一个世界里面去交流思想。我觉得元宇宙技术可以带来更大的折叠，也可以去消解人的差距。这个真的是看你怎么用技术，把技术用在什么方向，我们很希望用技术来弥合人与人的差距，希望更多的孩子在未来有更多的可能性。

摘录自郝景芳 2021 年 12 月 31 日跨年演讲讲稿《元宇宙向善——元宇宙会带我们走向怎样的未来？》。

郝景芳，科幻作家，现居北京，主要作品有《北京折叠》《流浪苍穹》等。

*** 吴岩 ***

我以为元宇宙是科幻作品的从 0 到 1 的创新，而企业家重拾这个主题，已经没有太大意义。这也是多数科幻爱好者对这个主题在今天被炒热之后与其保持距离的原因。对科幻爱好者来讲，1992 年《雪崩》中的创意，带给他们万千遐想。在他们眼前，这种元宇宙的世界有着无限的未来。但任何一种科幻创意一旦走向现实，走向产业，走向一系列定性的技术，甚至走向一种赚钱的方式，即便联系到所谓新的生活方式，在科幻爱好者的眼中都是没有光彩的。科幻是向往未来的艺术。在今天，科幻人的眼光又在望向 30 年之后了。你会是从他们今天的想象中提取到信息的人吗？

吴岩，科幻作家、研究者，南方科技大学教授，现居广东深圳，主要作品有《中国轨道号》等。

*** 何夕 ***

元宇宙既是当下新颖激进的商业创意，也是相对古早的科幻题材。个人以为元宇宙的实现程度完全取决于我们如何定义元宇宙。如果放宽标准，那么很多网游达人早就在游戏里拥有了与现实肉体泾渭分明的"第二人生"，在这些类似于元宇宙的雏形中，金钱和等级都是运营者可以随意操控的"数字"。但区块链的引入使得运营者也必须遵照相应的数学规则，所有资源不再是予取予求、随意操控的，而是和真实世界的资源稀缺趋于一致。这大概就是现在的元宇宙概念敢于以"宇宙"自居的底气所在。

但我认为元宇宙真正的障碍并未解决，实际上"自我意识"才是元宇宙的死穴。技术的发展的确极大地增强了参与者的代入感，但代入感和世界认同相差何止万里。举例说，如果你外婆去世前的意识被上传到外貌相同的机器人中，那么所有人都会欣慰于能够继续与外婆沟通，觉得外婆依然"活着"，内心得到无比满足。但如果你稍有逻辑，就会发现唯有外婆本人不会认同这个结论，对她来说，这种存在并非"存在"。所以说"自我意识"正是"元宇宙"的死敌，而到目前为止就这个对决而言，元宇宙尚无胜算。

何夕，科幻作家，现居四川自贡，主要作品有《天年》等。

*** 宝树 ***

元宇宙在科幻中不是一个全新的概念。元宇宙的吸引力不用多说。比较有意思的一点是它能够模拟真实世界中可能存在的一切，包括我们认为和它对立的东西。比如，即便你向往星辰大海，元宇宙里也能提供星际探险游戏。你完全可以在元宇宙中享受在银河遨游的乐趣，除了"它是假的，不是真的"这个执念，其他方面都胜过真正的星际旅行。因此，目前的元宇宙对于开拓宇宙空间来说的确构成了一种强大的挑战。但关键问题可能是它是封闭性的还是开放性的。开放的元宇宙是可以和真实世界接轨，并从中汲取养分的。比如说，一个虚拟火星探险游戏中，星球的环境和气候等设定是基于无人探测器从火星上取得的资料，因此我们在虚拟火星中也接触到了真实世界的一部分，并增加了对真实火星的向往，可以获得更多的信息来丰富这个元宇宙。而一个元宇宙如果是封闭性的，不再从真实世界中获得新的信息，它的潜力也是有限的。现实宇宙对于元宇宙的意义是它总是可以提供更多的、超出原有一切的新事物。这种"新"，也就是"真"最根本的含义——去除遮蔽。真正有长久魅力的元宇宙，也必然要去拥抱无限的实在本身。其实，科幻小说本身就是这样一种元宇宙的低配版了。

宝树，科幻作家，现居陕西西安，主要作品有《时间之墟》等。

*** 凌晨 ***

讲到元宇宙，碰巧我目前正在创作的少儿科幻系列故事，就是叙述在未来虚拟生活成为社会主流生活方式的背景下，发生在孩子身上的一系列趣味故事。我认为，由 VR、AR 等信息技术创造的虚拟世界，必定会浸润进现实世界，并成为现实生活的一部分。这与人类的星际开拓计划并不矛盾。相反，虚拟世界会帮助人类更好地进入星辰大海。但在人类文明的进程上，无形世界的发展终究还是需要有形世界的根基。对虚拟世界产生的怀疑、顾虑和担忧不是毫无根据的。科幻作家既要向读者展示虚拟世界的奇妙，也要向读者提出虚拟世界可能的危险与黑暗，让人憧憬，也让人警醒。

科幻文学讨论人与科技的互相影响，给当下的读者以启迪。中国科幻文学的优秀之作，应既能对人类科技发展的当下和未来有着清醒的态度、冷静的思考，也能看到技术和人性的脆弱之点。

凌晨，科幻作家，现居北京，主要作品有《睡豚，醒来》等。

*** 陆杨 ***

无论是外部的浩瀚宇宙还是内在的虚拟世界，对于人类而言都是陌生和未知的存在。然而，我们目前的科技水平在面对星空时仍显稚嫩，飞向宇宙蕴含着很多的变数和困难。相较之下，对内部世界的探索相对容易，只需要将服务器做得更大更好，网速更快更有效率，我们就可以创造一个和外部世界无限接近的内宇宙。人类选择飞向太空，又或者进入虚拟，都是一种进化，而这两条道路各有利弊。整个宇宙原本呈现出的就是多元的形态，我们不妨让时间去验证。未来的科幻文学可能会围绕这两种不同的世界展开更多的描写和想象，而我们也会迎接新文明的到来。

陆杨，少儿科幻作家，现居四川雅安，主要作品有"探险小龙队"系列等。

*** 程婧波 ***

走向星际文明和实现高度逼真的虚拟现实世界并不矛盾，对人类来说都是"客体"，是人类向往探索的两极。我觉得更应该关注的问题是后者可能以一种压倒性的、逼迫性的姿态，比前者更快到来，近未来的人类生存状态会怎样被改写？毕竟在短期内，探索星辰大海并不一定是全人类都会参与的事件；而进入虚拟世界（元宇宙）则可能无人能躲，更多人面临的是"为什么要选择进入"这一问题。而对于科幻小说家来说，一千个选择进入元宇宙的理由，就能诞生出一千个故事。

程婧波，科幻作家，现居四川成都，主要作品有《倒悬的天空》等。

*** 萧星寒 ***

非洲是人类的摇篮，但只有走出非洲，获得全新的资源，人类才能获得发展的机会；同样的，地球是人类的家乡，但只有走出地球，把星辰当成大海，寻找到全新的资源，人类才能获得新的发展机会。

至于元宇宙，也许短时间内有商业价值，但长远来看，对人类文明整体而言，未必是好事。它永远只能在现有资源之上进行加工，成为程度最深的人类集体"内卷"，永远无法超越现在的发展水平。就像当初留在非洲的智人族群一样，人类文明会溺于欢愉，陷于停滞，无法进步，更无法升级。

最后，不妨问一句，城市一般大的小行星砸下来，元宇宙拿什么去抵挡？

萧星寒，科幻作家，现居重庆，主要作品有《终极失控》《决战奇点》等。

*** 左文萍 ***

个人认为，当计算机算法统治了这个世界之后，可能会带来许多意想不到的灾难。真实和虚幻的界限被大大模糊了，每个人可能会拥有一个虚拟幽灵——是自己，且超越了自己。在这个世界中人们将无所不能，无论是在蟹状星云里遨游，还是在土星环上漫步，都可以做到极致逼真。那么，真实的星辰大海，反而显得单调而无趣。而当人们日益沉浸在自己构建的虚幻泡沫之中时，假如来自外太空的真实灾难来临，人类世界将措手不及、不堪一击，那将会是一场悲剧。

左文萍，少儿科幻作家，现居北京，主要作品有"少年原野科幻探险系列"等。

*** 王侃瑜 ***

我最近的作品《觅音》其实直接写到了元宇宙和星辰大海的矛盾。小说中的女主角"我"参加了探索系外宜居行星的太空航行计划，然而投入巨量时间和资源的计划却一无所获，回到地球后，"我"发现地球人类早已忘记当年的星际探索热潮，龟缩于元宇宙世界中，不再关注星辰大海，也不再关注身边的地球。其实小说中向内发展和向外发展的矛盾灵感源自刘慈欣的小说《黄金原野》和《不能共存的节日》，他在小说中表达了对于人类沉溺虚拟世界、一味向内发展从而不再向外探索的担忧。在现实中，这两种发展方向是共存的，但与其他千万种技术一样，它们都在争夺资本和公众的注意。元宇宙最近很火，但其中有多少是资本炒作的泡沫呢？小说中的航空技术似乎已经走到很远，元宇宙却像是不久后的将来就唾手可得的，可能会有人觉得两者在同一个时代出现不太现实。但首先科幻小说并非在预测未来，其次在人类最初登月时，计算机还非常原始，这么多年过去，我们没有再次登上月球，计算机技术的发展却突飞猛进，谁能保证接下来航空技术不会再次取得优势呢？

王侃瑜，科幻作家，现居北欧，主要作品有《云雾2.2》等。

*** 顾备 ***

人类的未来，是进入元宇宙世界，还是打开星际之门，走向星辰大海？

要回答这个问题，我想，一方面，首先得规范什么是人类？如果人类的部分躯体被机械替代，还是人类吗？基因改造人呢？进入元宇宙以后，大概率只有大脑有用吧，要躯干何用？不如直接通过脑机接口驱使机械或者弱人工智能去执行任务？

而另一方面，太空中并没有人类身体需要的氧气、水、营养，要么携带巨大而复杂的生态系统，要么改造星球，要么改造基因……恐怕真正能走向星海深处的，也只能是新新人类了。

所以，无论进入元宇宙还是走向星辰大海，恐怕未来的人类从生物学角度而言都不再是人类。

再换一个角度思考这个问题，元宇宙真的就是人类的元宇宙吗？会不会是为 AI 准备的？而我们仅仅是原住民，仅仅是为数字的原始海洋提供养分的氨基酸？是否元宇宙正等着强人工智能的诞生？

顾备，科幻作家、翻译家，现居上海，主要作品有《觉醒》等。

*** 顾适 ***

我不是特别了解元宇宙，我也不是特别了解星际文明。在我粗浅的认识里，这两者之间并无矛盾。元宇宙是一种新的科技，关键在于人类怎么使用它。比如核裂变，是用来做原子弹，还是用来做核电厂？不同的使用方法会带来截然不同的结果。

在我们走向太空文明的过程中，元宇宙有可能是不可或缺的一环。在我的作品《〈2181 序曲〉再版导言》里，曾提到一个有趣的问题：倘若去往另一颗宜居行星的旅途，需要几百年甚至上千年之久，人类如何保证旅途中不会在飞船内部或飞船之间发生战争？或许借用元宇宙，让大多数人在 VR 世界中生活，是一个可能的答案。

顾适，科幻作家，现居北京，主要作品有《莫比乌斯时空》等。

*** 谢云宁 ***

我在长篇小说《宇宙涟漪中的孩子》曾设想过元宇宙的一种未来，未来元宇宙真正吸引人的或许并不是构建一个与现实平行的"虚拟世界",而是有可能让沉浸者感受数倍甚至数十倍于真实世界的"超频元宇宙",新一代VR头盔能够用频率更快的信息去欺骗大脑,让玩家浑然不觉地生活在时间加快的世界中。谁又会拒绝在相同生理时间内去获得更丰富的经历呢,这无疑变相延长了人类寿命。

在元宇宙,精彩绝伦的故事才是第一"硬通货"。进入元宇宙的玩家终日沉浸在一个个互动小说中,一次次经历不一样的人生,同时,也需要自己创造互动小说以维持"生计"。

谢云宁,科幻作家,现居四川成都,主要作品有《穿越土星环》等。

*** 江波 ***

我对于元宇宙的看法可以参见我的一个科幻系列"洪荒世界",该系列一共四篇小说,所描述的就是一个虚拟和现实共生的世界。

人类的未来会是一个多元化的未来。我们不能以现在的眼光打量未来,而是要使用未来视角。在未来,机器人类,基因改良的人类,虚拟人类……彼此共生,适应不同的生态位。比如,探索宇宙太空,主流会演变成以机器人为主。这些机器人高度智能化,能够理解人类,甚至超越人类,也可以被视为一种人类,或者"超人"。这是人类未来图景的一部分。

元宇宙中则会诞生出虚拟人类,这些虚拟人类一部分来自人类自身的意识(意识上传不太可能,但意识模拟还是有些指望能成功),但主体一定会演化成元宇宙中创造的人物。未来的某个时刻,人类可能赋予这些虚拟人物以人权,承认他们为人类大家族的一员。而元宇宙,就是属于他们的世界。

江波,科幻作家,现居上海,主要作品有"银河之心"三部曲等。

*** 郑军 ***

认为人类接触虚拟世界，就不再探索现实世界，导致这种担心的原因可能有两个，一是忧虑于信息科技压倒其他科技的现状。在科普传媒上，有关信息技术的报道比其他专业多得多。以至于有人抱怨："他们承诺会飞的汽车，结果却只有 140 个字节。"但作为信息技术核心指标的"算力"，直到半个世纪前才开始暴增，算力暴增其实是在弥补人类科技体系的一个短板。信息技术的新闻更博眼球，也不过是最近二三十年的事。二是自然科学本身的一个弊端。它主要研究物质世界，一提到人，就只知有"人类"，不知有"人群"。其实，人类从来都分群分派，行为模式有巨大差异。沉迷于虚拟世界和沉迷于麻将牌或者斗蟋蟀的人群，本质上没什么区别。而探索者和创造者完全是另一批人，他们不为时尚所吸引。科学从来不是大众事业，有多少人沉迷于某种新玩法，并不影响科学本身的发展。很难想象航天业会因为元宇宙兴起而不再发射重型火箭，海洋研究院会因为元宇宙而放弃深潜器开发。

郑军，科幻作家，现居重庆，主要作品有"临界·高科技罪案调查"系列。

*** 姜佑怡、姜振宇 ***

简而言之，"元宇宙"将呈现为下一代互联网。它与当下既有的互联网形态最大的不同，在于取消了人与网络之间的"界面"——并不是取消了，而是集成在了头戴式的虚拟现实设备上。单从这一变化本身来看，它确实是革命性的。作为现实存在的无形"信息"，将进一步附着在有形的现实世界之上。元宇宙试图完成的，是希望取代，至少是部分地取代个体主动寻找和选择信息的过程。

元宇宙的信息集成，将迫使我们去关注隐藏在物质化的在场背后，无形的信息"实体"。这意味着我们身处其中的空间，将在我们对其的体验性认知维度之外，增添一个信息的维度，并使这个维度进入我们的体验和决策过程。至于这些信息获取、判断、调整的过程，由谁来完成呢？最高调地宣称希望来主导这个过程的恐怕是 Meta。这里其实就存在着两方面的问题：其一，我们将让渡出哪些东西，以交换哪些便利；其二，是金融／技术／资本寡头更为可信，还是精英化的政府机构更加可信？

成为水电气那样基础设施建设的"元宇宙"，到底将带来哪些（糟糕的）可能性呢？首先，强加于我们每个人生活的海量信息（以及信息之间的联系），将成为信息寡头所掌握的数据库当中的一个微不足道的环节；我们甚至可能要为这些信息的被利用——"个性化定制、推荐、服务"——而付费。其次，又一轮信息爆炸正在发生，如何从中主动地获取有效信息，将是每个人个体人格完善所必要的——也许是最重要的——学习和训练内容。再次，部落化将会更加明晰。以类似风格／方式使用类似主题／领域的信息，将成为区别个体身份的重要标识。找到同类的成本将会更低，这就使得理解与"我"所异的事物、人类变得更加困难。但具体这些失去和获得将如何发生，在此过程中，将造就多少技术富豪，将让多少外卖小哥因为算法而陷入困厄，我们尚不得而知——这是"扎克伯格们"路演时播放的 PPT 上着意隐藏的内容。

元宇宙并非这些崩溃的起点，抑或"奇点"，反倒更像是来自别处的一声嘹亮的"喊麦"。

节录自《质疑"元宇宙"：对高科技自我行销的观察批判》，发表于"文学人类学"微信公众号。

姜佑怡，现居四川成都，四川大学人类学博士生；姜振宇，现居四川成都，四川大学文学与新闻学院专职博士后。

*** 三丰 ***

从信息论角度来看，未来将会发生两类有关信息的升维。第一类升维是信息输入和输出（I/O）的升维。以 VR/AR 和脑机互联为新形态的信息 I/O 系统是一次革命性的升维。毫无疑问，人类的大脑将被它带来的沉浸感、交互感和体验感俘获。这种全新的感受是绝大多数人所无法拒绝的。第二类升维是整个世界信息化程度的升维。无处不在、无孔不入的传感器收集海量的数据，持续上升的算力和愈加精深的算法则帮助我们存储和计算整个世界；数字孪生地球的精度越来越高，经过建模的想象世界也在感知层面越来越真实可信……科学家和工程师相信，既然宇宙的基本组成单位是信息，那么理论上来讲，万事万物都是可以被信息化、数字化和建模化的。

说到这里，我们就可以顺势下一个初步的判断：元宇宙——或者说人类数字化生存的未来——就是建立在上述两类信息升维进程之上的。如前所述，这两类信息升维符合人类最核心的对于信息的质和量两方面的需求，是很难逆转的趋势。因此，元宇宙也会是大势所趋的人类文明未来。然而，它是人类唯一的未来吗？是最好的未来吗？是文明的一次"升维"吗？

全面信息化和数字化的元宇宙背景下，个体大概率会丧失信息输入、输出和处理的主导权力。很大程度上是因为我们存在一个生理上限——大脑。一个解决方案是升级我们的大脑。但在脑科学取得革命性突破之前，我们暂时看不到这成为现实的可能。那么，我们就只能接受第二个折中方案——超量信息的处理依赖于更为强大的外脑，大脑只需要在舒适区内工作即可。我们都知道，信息是消除不确定性的东西。但那些不是自己大脑处理得出，而是"外脑"投喂的信息，是消除了不确定性，还是增加了呢？

更为恐怖的是，在整个庞大复杂的信息化的控制系统里，作为个体的你和你的自由意志无关紧要。从《神经漫游者》到《雪崩》再到《头号玩家》，几乎所有的赛博朋克小说都在传递这样的令人警惕的讯息。从这个意义上说，很有可能成为赛博朋克反派的大资本家却疯狂地拥抱出自赛博朋克的"元宇宙"概念这件事，还真是一个令人啼笑皆非的讽刺啊。

我们也可以用信息熵的角度来看"元宇宙 vs 星辰大海"论战。香农定义的信息熵，指的是消除不确定性所需信息量的度量。通俗一点说，一个系统中小概率的未知事件越多，信息熵就越大（注意它与热力学熵是完全不同的概念）。假使我们的视野永远停留在地球，那么随着地球的信息化和建模化程度越来越高，信息熵也就会越来越小，最后趋近于零。这将会是一个茫然四顾的悲凉结局。无论是在身边的物质世界，还是在基于它建立的元宇宙空间，人们放眼望去，一切都是意料之内，没有未知，没有意外。所有的信息交流，都不会产生新的信息量。这才是"内卷"最可怕的地方。因此，除却资源和安全等原因，"走向星辰大海"最重要的一个理据就是——增加信息熵。所以，所谓的"走向星辰大海"，就是走向星空的未知，走向小概率事件，走向更高的信息量和信息维度，走向宇宙的终极奥秘。

节录自《升维还是内卷？——从信息论看元宇宙》，发表于"N 星云"微信公众号。

三丰，科幻评论家，中国科幻研究中心特聘专家，现居广东广州。

*** 陈楸帆 ***

元宇宙绝对不是从《雪崩》才开始的，不管我们把它叫作元宇宙、虚拟现实或者其他什么名词，人类对于另一个平行时空、另一种身份和生活方式的向往与追求，其实可以追溯到非常遥远的古代。这些都代表着人类自古以来的一种愿望，去想象与现实世界不同的另一个时空、另一个维度，或所谓更本真的存在。在漫长的历史中，人类试图用非常多的艺术形式想象另一个时空，如文学、电影、游戏、沉浸式体验等，其实都是在大脑中形成一个又一个充满隐喻、符号、象征、情感的平行宇宙，在那里可以不受束缚地去展开无限的可能性。

我认为这样的一种执着追求，跟人类大脑本身固有的特性相关。可以说人类本来就具有在脑中构建元宇宙的能力，只不过我们现在借助技术手段将其外化，而且能把所有人意识中的元宇宙连接成一个更大的技术性的元宇宙。

我们不妨看看从人类技术发展史的时间尺度上，元宇宙究竟意味着什么。首先是在媒介技术上，人类一直想要制造出逼近或者替代物理现实的媒介形态。同样，技术一直努力让机器变得更像人，像人一样去理解外部输入的数据，进行决策，模仿人类的行为以及逻辑判断的过程，最后成为替代人的一种劳动力。所有的这些生产力、生产关系以及媒介技术上的一个变革进化趋势，最终都会指向元宇宙的出现。

其次是信息权力的中心化与去中心化的轮回。在我看来，元宇宙就是一个信息重新去中心化的轮回。我们谈元宇宙，如果不谈到 Web3.0，不谈到加密技术与数字货币，其实是不完整的。我们需要信息权力的重新分配，让每一个终端用户重新拥有支配自己数据的权力。

最后，元宇宙顺应了人类文明从消费主义走向精神化的转向。无论是对现实世界的影射也好，创造出无数数字孪生的身体也好，或者是去中心化的交易与流通也好，都是对某一个单一物理时空局限性的突破，实现更高维度上的突破，得到超乎现实层面上的满足感。所有这些对于我来说都意味着一种自由。而自由或许就是元宇宙对于人类文明最本质性需求的满足。

科幻小说的底层世界观架构是基于对现有科学技术的基础规律的尊重以及合理的推演，这在元宇宙里面是非常重要的，即所有的世界建构基于一套规则设置。麦克卢汉提出"媒介是人的延伸"，就媒介而言，我们也是在不断追求与现实世界更加贴近的，更加仿真、沉浸式的媒介形态。这种媒介进化的终极形态可能是元宇宙形态，它应该包括了几个方面特征：

一是游戏化。人类文明诞生之初，本质上就具有游戏的特质，以后可能会变成一套共通模式，发生在教育、工作领域，甚至为社会层面的集体动员提供奖惩机制，激发更多人的积极性。

二是多元性。在元宇宙里，所有的（虚拟）世界应该都是打通的，就和电影《头号玩家》一样，我们可以自由改变自己的身份和化身形象，可以自由地选择不同的世界、时空和游戏去穿梭。这就要求包括区块链加密、AI 技术、感官模拟、实时渲染、三维建模等所有技术都有一个量级以上的突破，才能够实现真正想象中的元宇宙世界。

三是开放规则。未来 20 年后的一代年轻人，出生后可能就接入元宇宙世界，在里面创造元宇宙的规则、设定。比如未来的元宇宙系统，很多人在虚拟世界创造的虚拟物品和服务，也会变成商品，成为经济的一部分，从而产生新的工作机会。

刘慈欣老师曾经有一个非常著名的论断：人类的面前有两条路，一条向外，通往星辰大海；另一条对内，通往虚拟现实。他认为人类的未来在于前一条路，而后一条将会带来内卷，把人类带向毁灭的境地。我曾经非常认可他的这种观点，直到过去的一年才让我的思想产生了非常剧烈的转变。我领悟到，两条道路也许是一条路，而从元宇宙中可能诞生出一种新的共识、观念、哲学乃至世界观，或许会让人类重新思考存在的本质，更好地走向星辰大海。

通过元宇宙，我们试图建立起一种理性的哲学或信仰体系，其基础是传统上可以通过数学、逻辑、推理和经验科学获得的知识。它不是传统意义上的宗教，而是一种尝试，用一系列更合理的基础上的信仰取代或包含了传统宗教，同时仍在解决一些大多数宗教试图回答的终极问题，那些主流科学一直保持沉默的问题。它的关键不在于我们身处的世界是否是一个模拟的世界，而是我们如何通过模拟的方式去更深刻地理解宇宙、现实与人类意识的本质。这也是人类会如此孜孜不倦地去创造元宇宙的一个原因，我们的意识同样是更巨大数据结构中的一个映射子集。

节录自《乱弹元宇宙：科幻？骗局？还是未来？》，发表于《天涯》2022年第3期。

陈楸帆，科幻作家，现居上海，主要作品有《荒潮》《AI未来进行式》等。

注：部分作家的回答文字来自中国作家网。鸣谢全国少儿科幻联盟组织约稿。

整理人简介：

超侠，科幻作家、编剧、诗人。中国作家协会会员，中国科普作协理事，中国科教电影电视协会科幻委员会副主任，中国电影家协会会员，全国少儿科幻联盟发起人。

三丰，本名张峰，美国马里兰大学博士，南方科技大学访问学者，深圳科学与幻想成长基金首席研究员，中国作家协会科幻文学委员会委员，中国科幻研究中心特聘专家，《世界科幻动态》执行主编。主要研究领域为科幻产业、科幻与科技创新、科幻与城市发展。

中国科幻研究中心专家齐聚云端，共话元宇宙背后新机

刘宇坤　姚利芬

当今世界风起云涌，各种新技术层出不穷。元宇宙无疑是其中一个重要风口，是人类在不断追求极致体验中对技术提出更高要求的必然产物。2022年1月29日，中国科幻研究中心联合南方科技大学科学与人类想象力研究中心，线上会聚50余名业界专家，探讨了元宇宙带来的新契机及科幻的多种发展面向与可能。会议由南方科技大学人文与社会科学学院教授、中国科普作家协会副理事长吴岩主持，中国科普研究所所长王挺出席会议并讲话。

一、元宇宙的内涵

深圳科学与幻想成长基金首席研究员、南方科技大学科学与人类想象力中心访问研究员三丰首先就元宇宙这一概念是否成立的问题做出了回应。指出元宇宙这一概念首先从商业界提出，虽然具有一定资本收割的因素存在，但随着元宇宙进入大众层面，被思想界、学术界、政策制定者们广泛地关注和讨论，元宇宙已经不仅是一个商业层面的概念和话术，而且成了激发大众对人类如何真正迈入数字化时代的思考的"引爆点"。与元宇宙相关的数字化生存的思考已经由来已久，元宇宙的出现将这些思考更加集中地整合在一起，值得我们严肃对待。这对于科幻来说是一件好事，因为科幻作品作为这一概念的源头，证明了科幻作品的概念创新所具有的引领力量。

三丰认为元宇宙彰显了科幻概念创新的路径和成果。科幻具有引领科技创新的力量，同时在社会层面也具有一定的创新引导力。如《1984》中的提到的"老大哥""集权社会"，《神经漫游者》中的赛博朋克等概念。这些概念通过渗透的方式对社会以及大众的思想观念产生作用和影响。同时，这种概念创新具有前瞻性和多元竞争性。科幻可以提出许多概念创新，但真正成为未来的可能只有其中几个。元宇宙就是一个起源于科幻、作用于社会的创新概念。

中国更新代代表科幻作家陈楸帆认为，在过去的一年里，元宇宙有些"泛滥成灾"。与出于商业目的的渲染炒作不同，从科幻的角度来讨论元宇宙，在理性、建设性的基础上，可以保留一些批判的观点。当一个新鲜事物诞生时，批判它总是很容易。而要做企业，甚至做大，去改变现实是更加困难的。作为科幻作家，应当在与各行各业的从业者交流的过程中，利用好这种话语场。元宇宙作为一种被大众热议的概念，其背后必然具有历史性原因，这种原因不是单一的，不会因为某些人的"捧杀"就会终止或者提前到来。我们距离真正的元宇宙世界还非常遥远，在实现的过程中，还有很多事情需要做。

科幻作家、科幻编剧苏民认为，目前对于元宇宙的讨论更多的还是集中在技术层面，以及元宇宙可能对生活方式的改变上。但完整的元宇宙需要有完整的社会体系。元宇宙带来的新型社会体系所涉及的社会关系、伦理问题、经济生活等各个方面都值得关注。虽然元宇宙以去中心化作为其技术基底，试图建立一种去中心化的乌托邦，但其可行性值得讨论。目前介入元宇宙中的人扮演着不同的角色，如"技术极客"作为技术的掌握者具有在元宇宙中建构世界的能力，往往怀抱着建设去中心化乌托邦的想象。而以"币圈"为代表的"淘金客"和"掠夺者"则更多地在元宇宙的浪潮中积累自身的财富。而随着元宇宙的发展，可能会迎来更多普通玩家作为元宇宙世界中的普通居民进场。元宇宙世界在建构之初，已经产生了实际上的社会分层。

同时，苏民认为，元宇宙可能难以真正实现去中心化的世界建构。一方面，目前元宇宙所构想的信息流的分发仍旧存在中心，数字居民获得信息的速率取决于他们距离核心技术的远近。与现实世界一样，元宇宙并未真正实现去中心化的信息网络。另一方面，元宇宙依托的技术工具也并非完全去中心化。各种公司在元宇宙用户和去中心化的技术基底之间建立起交易平台和媒体平台，元宇宙的用户所接触的人就是以公司为中心的各种平台、工具，在这种情境下，真正的去中心化就变得难以实现，建立乌托邦的能力仍旧掌握在少数拥有核心技术的人手中。

中国科普作家协会会员杨恺恒以科幻电影《流浪地球》为背景，提出元宇宙在增强中华民族文化自信方面具有较大潜力。同时，讨论了元宇宙与"星辰大海"之间的关系。认为在人类科技没有能力实现之前，元宇宙与"星辰大海"具有类似性质。不论是元宇宙还是"星辰大海"，最终都应该面向现实，解决现实世界中的实际问题。"元宇宙"和"星辰大海"并不互为反义词。

著名科幻翻译家、科幻作家顾备以产业为核心，从国家经济、政策的层面对元宇宙进行了解读。从元宇宙本身来看，元宇宙的概念最早来源于科幻小说，对于元宇宙的阐释最早也出现在科幻小说和科幻电影当中。到目前为止，游戏是最接近元宇宙的一种表现形式，且科幻、幻想类的游戏具有较高的大众接受度。人们之所以会觉得游戏与元宇宙相似，是因为元宇宙本身是基于虚拟现实技术的一种线上生活。因此，元宇宙与互联网、游戏必然有着密切的联系。但是从游戏产业的视角来看，对游戏分类的依据并不是题材，而是玩法。包括游戏产业、影视、网络阅读在内的各种产业对于科幻的态度是既迎接又排斥的，这就造成了当我们在谈论元宇宙时，科幻反而被边缘化了。

在未来企业的产品线发展、国家的治理、法律的先行先试等领域，科幻思维都有可能成为重要的指导原则。从这个层面来讨论，科幻不仅是一种文化、娱乐，更应当是一种社会现象。科幻与元宇宙的更大价值与潜能在于，每一个人都能依据科学逻辑对未来进行思考和想象。

大河创投、北软天使创始合伙人，云投汇明星领投人，资深互联网人王童将目前对于元宇宙进行讨论的群体分成了几类：第一类是投资人。投资人往往将元宇宙看成大型沉浸式的场景应用，相当于一个大型游戏，且具有教育、文化、娱乐等多种扩展场景；第二类是理论家、思想家等知识分子群体，他们往往把元宇宙看成下一代的基础设施，与50年前的互联网类似，是一种新的内容与生活方式的载体，且与现实社会紧密相连；第三类则是科幻作家，善于从多个角度描述元宇宙的特性。

科幻教育实践者魏然认为，虽然元宇宙的概念来自科幻，但科幻在很大

程度上或许是反元宇宙的。科幻的一种经典模式是从现实出发，经过远航，发展到一种近乎空灵的状态。科幻更多的可能是在讨论元宇宙被打破的过程和意义。

二、元宇宙与创作

三丰认为，现阶段任何人讨论到元宇宙都会先提到科幻作品，从《雪崩》到赛博朋克，再到《头号玩家》。但往往对于科幻作品的讨论并不深入。究其原因，是因为大多数讨论者都在抢占话语最高点，做顶层设计、挖掘底层逻辑，向公众解释元宇宙是什么、为什么要做元宇宙，如从信息论的角度讨论元宇宙等。但顶层设计并不是科幻的强项，虽然科幻作家也做顶层设计、世界观设定，但科幻作家最擅长的还是在具体的场景中讲故事。目前，对于元宇宙应用的具体场景的讨论还不是很清楚。科幻作品对于元宇宙这一概念具有强解释力，科幻作家应当从元宇宙的具体应用场景出发，讲好科幻故事。

对于"在元宇宙的体系下，科幻可以做什么"，三丰认为：其一，科幻作者应当厘清元宇宙的底层逻辑。其二，做好顶层设计。元宇宙背景下的未来或许具有多种可能，科幻创作者应当主动去充实关于元宇宙未来的故事的可能性，做好故事的创作者而非概念的兜售者。在内容层面，科幻创作者应当具备社会反思、批判思维与正向的未来展望。

苏民认为，一些人对元宇宙概念进行炒作，用科幻对元宇宙的概念进行包装，以此增强元宇宙的未来感和技术感。而对于普通人来说，理解元宇宙的底层技术架构具有一定的难度，当前元宇宙的发展也并未出现超出大众想象的特征，大家在谈论元宇宙时仍旧围绕 VR 眼镜、游戏平台和虚拟货币等话题。大众对元宇宙的理解比较抽象，这也为科幻的发展带来了机会。科幻作家应当创作更多关于元宇宙的科幻作品，寻求更大的话语权。

陈楸帆指出，目前各个行业都有一些关于元宇宙的研报，这些研报大部分由一些投资机构、基金公司、证券公司发布，也包括一些高等院校，如清华大学。我们可以考虑从科幻文学、大众文化的角度来做一份报告，包括对元宇宙的来龙去脉、前世今生的梳理，也能将王晋康老师的《七重外壳》等许多中国科幻创作者创作的与元宇宙相关的科幻作品，以报告的形式进行串联，在元宇宙的浪潮中争取话语权以及对于未来的阐释权。现阶段我们对于元宇宙的书写还远远不够。《雪崩》的作者尼尔·斯蒂芬森也表示，自己并未参与到元宇宙的浪潮中，Meta 等公司也并未给予他相关的回报。元宇宙的内容和世界观架构，需要科幻作家、未来学家贡献自己的力量。而这一过程也能更好地帮助科幻"出圈"，让更多人看到科幻不仅在内容创新方面具有可能性，还在激发企业组织架构、动员社会文化肌体的创造力和创新力方面具有潜力。同时，科幻作家应主动与企业建立联系，联合产业界、创作界、社会舆论界共同把握元宇宙的高点。

中国石油大学（北京）讲师彭超从资本、身体、权利、游戏四个关键词出发，对元宇宙题材的科幻创作提出了建议。她认为元宇宙最早在科幻小说当中出现时，指一种虚幻空间，但在当下的互联网话语建构中，已经失去了乌托邦式的讽刺意味。作为社交技术终极梦想的元宇宙可能已经成为资本家为了融资而发明的话语和话术。因此，无论是创作抑或是研究，在面对元宇宙题材的作品时，应当保持反思，不能将元宇宙视为一种完全正面的乌托邦。互联网技术看似去中心化，但其背后的资本是集中的，掌握技术的公司可能会成为终极赢家。在现代信息技术的协助之下，资本有可能基于数据库构建数字时代的"超级全景监狱"，将自身放置在监督者的位置。每一位参与元宇宙的原住民不仅是消费者、生产者，同时也有可能成为被规训者。对于科幻创作来说，身体可能会成为创作的热点。与元宇宙相关的技术如 VR 等大多都以身体作为媒介，这也增加了读者对更多与身体有关的科幻作品的期待。人类有可能以赛博人形式实现网络空间的在场，因此人类对于身体的理解可能关联着对于自我本质和主体性的认识，对身体与意识的关系等问题的讨论可能会再一次成为热点。

此外，彭超还指出，科幻创作者可以适当跨界关注游戏。元宇宙与游戏有着密切的联系，当人们在游戏当中的投入越来越多，在虚拟世界中获得的认同感也越来越多。游戏世界满足了人在真实世界无法满足的需求，带来了现实世界无法提供的奖励。未来，人类文明将和虚拟世界密不可分，这种类游戏化向度的元宇宙制造了沉浸感、交互感、快感，而这种充斥着虚拟偶像的未来是

否是我们都能认同的未来则值得深思。

科幻作家凌晨认为元宇宙已经成为一个社会热词。在这种全民热潮中，科幻创作者应当保持足够的清醒度。结合自身创作经验，她认为文化工作者在进行与元宇宙相关的创作时，不仅需要倡导积极正面的价值观念，同时也需要揭示技术背后可能蕴藏的风险与危机，以优质的科幻 IP 加速元宇宙内容世界的繁荣。

四川大学文学与新闻学院专职博士后姜振宇探讨了原本被科幻研究者使用的如"未来已来"等话语，在进入大众文化场域与主流话语之后发生的变化。他指出科幻作家想要深层次介入元宇宙的相关创作，需要在实际操作层面学习很多科幻之外的内容，才能更好地发挥出科幻文化的作用。科幻创作者、从业者、研究者需要参与到当下元宇宙的热潮中，在深入学习之后，再回到科幻创作本身。

三、元宇宙与城市

科幻作家顾备认为，元宇宙在国内和国外的发展路径具有较大的差异。国外主要是以"币圈"和"链圈"为代表的企业和个人在对元宇宙进行炒作，如 NFT、虚拟纸币等，是一种"从下往上"的草根事件，但很快被包括微软在内的投资机构布局。不同于国外，国内的元宇宙虽然是从"币圈"传入，随之而来的还有 NFT 及"数字艺术品"，但为了防止哄抬物价，NFT 很快被打压。2021 年 11 月 15 日、16 日，浙江、上海两地经济和信息化委员会分别召开了元宇宙相关的产业座谈会，近期工信部也专门提到培育一批进军元宇宙、区块链、人工智能等创新领域的中小企业。由此可见，元宇宙在中国的兴起，很大程度上是政策扶持的缘故，以国家数字化转型和数字经济为基础，特别是城市级别的数字化转型。而城市级别的数字化转型一旦完成，则意味着完成了元宇宙的基础布局。

目前我们在国外所看到的更多的是元宇宙"浮在水面上的部分"，即创作者经济层，包括发行小说、图片、视频等数字产品，由此进行虚拟世界的经济流通。而在中国，元宇宙则更多的是与基础设施相关，包括5G技术、云计算、边缘计算等，同时将区块链和工业互联网结合，打造城市级别的数字孪生。而当城市间的交通、医疗等大数据全部打通后，将形成国家级别的元宇宙。从这一层面来看，元宇宙又与实体经济密切挂钩，元宇宙不仅是一种文化，更是推动数字经济转型的重要动力，甚至有可能成为我国综合国力弯道超车的有效路径。

青年建筑师、虚拟空间学者、宽建筑与万般世界工作室主持人王宽从建筑与城市出发，对元宇宙进行了讨论。他认为元宇宙虽然从2021年开始在国内引发热议，但事实上在多年前的科幻作品中就已经出现相关概念。目前更应关注元宇宙在社会各个层面的应用，以及如何与各种产业形态发生关联。

王宽认为可以将元宇宙理解为"3D互联网人居环境"，而城市则是人身体的聚集空间。元宇宙的出现将导致城市在空间和形态上发生剧烈变化。元宇宙城市具有三种状态，分别为孪生城市（TRban，twin urban）、混合城市（MRban，mixed urban）、虚拟城市（VRban，virtual urban）。孪生城市主要指面向政府管理者制作的与真实城市一比一镜像的管理系统。混合城市则是在真实的城市中叠加许多虚拟的、三维的内容，且内容可以产生交互，如购物等。虚拟城市则是一种纯线上的城市，此种背景下，食和住基本取消，商业形式当中也将取消餐饮业。在经济系统方面，仍然以国家货币为经济基础，而非去中心化的虚拟代币。

四、元宇宙与艺术、媒介

陈楸帆认为，我们应当把元宇宙视为一种媒介的形态，更多地参与进去，不光是想象未来、定义未来，也要更多地参与未来的建设，只有在批判实践当中才能推动真正的实践。科幻界应积极运用这一话语场，借助初始的、原生的元宇宙的平台媒介，把更多的科幻作家、科幻作品以一种新的方式呈现。

科幻电影学者西夏认为，"元宇宙热"证明了科幻的魅力，也与当前的技术发展密切相关。在科幻作品中，《黑客帝国》是"已经实现元宇宙"的世界，

内容在于警醒人们回到现实；《头号玩家》是一个丰富美好的世界，结尾告诉大家保持与现实的关系；《失控玩家》则是彻底地拥抱新世界。他提出，与"元"宇宙相对应的，还可能存在"分"宇宙，同时思考元宇宙对现实生活的冲击。这就像互联网诞生之初，人们期待去中心化的自由世界，但鲜有人想到网络暴力、虚假新闻带来的负面影响。科幻作家可对元宇宙的负面效应进行思考和探索。

中国传媒大学艺术研究院 2022 级博士生、中国科普作家协会会员刘宇坤围绕艺术与媒介的关系，从三个层面分享了关于元宇宙的思考。

第一个层面是作为一种技术与实用的元宇宙。这一层面虽然目前得到了较多的讨论，但元宇宙的内涵仍旧是模糊的、多义的，应当进一步明晰。同时探析科幻和元宇宙在内涵上的深层联系。

第二个层面是作为一种媒介的元宇宙。他认为元宇宙作为一种媒介，不能将其简单地理解为大众媒介。元宇宙作为一种世界、社会的数字化构型，抑或是一种元素、一种基础设施，同样需要依托具体的学科或者意义实体来获得自身的意义。以艺术学为例，元宇宙对于艺术活动本身的影响是有限的，但它的出现所带来的对于人类认知世界的方式、感受，体验艺术的路径的改变或许值得进一步思考和讨论。

第三个层面是作为一种想象路径与方法的元宇宙。一方面可以据此创作新的科幻作品，另一方面可以在元宇宙的语境下对一些经典的科幻作品进行挖掘和再解读。元宇宙相关作品中蕴含的独特认识、体验世界的方式以及在这一过程中所产生的审美经验，可能成为增强科幻影响力的一个新路径。总之，元宇宙作为一种想象力资源具有极大的潜力，需要进一步挖掘其独特的作用和效果。

五、元宇宙与市场、投资

著名科幻作家王晋康从虚拟经济的问题出发，指出世界经济的"脱实向虚"对美国造成了很大的负面影响，想要"脱虚向实"具有较大难度。如果在生活中也延续这种"脱实向虚"，很可能也会产生较大的负面影响。元宇宙虽然是"大势所趋"，且一定具有一些正面效应，但他对于元宇宙带来的"脱实向虚"的社会发展方向表示担忧。

顾备指出，科幻是一种驱动未来的生产力。科幻不仅是一种文化现象，更是一种对于未来生产力的想象，是打开未来世界的钥匙。科幻是基于科学和科技的发展展开的宏大想象，以及对未知的深入探索。而对人类来说，未知既代表危险，也代表希望。科幻思维是一种很好的训练手段，基于现在的已知，加上科学逻辑和推理，对未知进行思考。这种思考不仅指的是某一种技术在未来应用的可能性，也同样包含了某一技术在未来可能蕴含的风险。科技的高速发展在某种程度上已经超过了人类的想象，在我们对某一技术进行深入了解之前，它可能已经对人类社会产生了深远的影响，产生了一定的伦理风险。在这种情况下，科幻或许可以在社会关系、生存状态层面提供产品级别的指导。在未来的产业发展中，科幻从业者很可能作为面向未来的"产品经理"被引入，在技术瓶颈方面提供跨学科的思考和指导。

王童从投资的视角对元宇宙进行了解读。如果将元宇宙理解为下一代基础设施，那么其形态和治理方式与现实世界会是相似的。《头号玩家》《失控玩家》《黑客帝国》中的元宇宙仍然是由中心点操控的，与现实社会形态具有较大差异。元宇宙不应当是一个个互不关联、独立的小宇宙，而是一个统一的宇宙、一个共享的基础设施平台。要达到统一，会涉及协议互通等诸多问题。互联网从诞生到进入商用经历了20余年，与互联网发展模式相似的元宇宙作为新事物也有其发展的过程。从投资层面来看，需要对元宇宙进行拆解，如VR、虚拟人等都算是元宇宙的一部分。王童认为对元宇宙，不光是要在VR等技术上，更要在协议等层面上进行思索。

对于人类未来或许会生存在虚拟世界中的判断，王童持中观看法。他认为人类目前的确需要一种新的生存方式。在物质发达的现代社会，人类却充满了焦虑。这种生活方式应当被改变，去追求更有创造性、文化性的未来。在元宇宙的构想中，人类可以进一步寻找自身价值，而实现这一构想的过程可能是长期的。

元宇宙在过去的一年里获得了极高的公众关注度，它不仅与创作相关，更与城市空间、艺术媒介、市场投资等多个领域相关。元宇宙的意义诚如中国科普研究所所长王挺在会上所指出的：元宇宙的概念获得公众的高度关注，其意义和价值远远溢出了科幻层面，它的提出对于国家发展具有重要意义。当前，中国科学技术协会的相关工作正在考虑用好元宇宙这样的新概念、新理念，呈现中国的科技成就，增强对外科技传播的能力，合纵连横，为中国科幻事业的发展打造更有效的发展平台。

作者简介：

刘宇坤，中国传媒大学艺术研究院 2022 级博士研究生，主要研究方向为艺术理论、艺术传播、影视艺术。

姚利芬，中国科普研究所副研究员，主要从事科幻文学、科幻产业、科普创作研究，主持国家级、省部级项目多项，发表论文多篇。

科幻

中国科幻发展年鉴2022

下篇 · 资料部分

2021 年科幻图书目录

河　流

一、原创图书目录

表 1　原创图书目录

类别	书名	作者	出版社	出版时间	ISBN
长篇小说	入池 2	骑鲸南去	江苏凤凰文艺出版社	2021.01	9787559451972
长篇小说	宇宙旋时	凛加	时代文艺出版社	2021.01	9787538762488
长篇小说	最终身份	王迪菲	北京理工大学出版社	2021.01	9787568289405
长篇小说	冰箱里的爱人	冯志刚	百花文艺出版社	2021.01	9787530679661
长篇小说	不眠之夜	吴霜	百花文艺出版社	2021.01	9787530679647
长篇小说	人性回廊	王元	百花文艺出版社	2021.01	9787530680421
长篇小说	大水蚁	何鹰	百花文艺出版社	2021.01	9787530679975
长篇小说	浮川·奇迹	白微音垣	天津人民出版社	2021.01	9787201164786
长篇小说	近墨者：沉舟卷	某一	广东旅游出版社	2021.01	9787557023102

类别	书名	作者	出版社	出版时间	ISBN
长篇小说	癌人	王晋康	四川科学技术出版社	2021.01	9787572700637
长篇小说	与吾同在	王晋康	四川科学技术出版社	2021.01	9787572700699
长篇小说	逃出母宇宙	王晋康	四川科学技术出版社	2021.01	9787572700675
长篇小说	天父地母	王晋康	四川科学技术出版社	2021.01	9787572700682
长篇小说	宇宙晶卵	王晋康	四川科学技术出版社	2021.01	9787572700705
长篇小说	豹人	王晋康	四川科学技术出版社	2021.01	9787572700651
长篇小说	类人	王晋康	四川科学技术出版社	2021.01	9787572700668
长篇小说	海人	王晋康	四川科学技术出版社	2021.01	9787572700644
长篇小说	钦天监	西西	广西师范大学出版社	2021.01	9787559833976
长篇小说	岩边的禅院	七月	人民文学出版社	2021.02	9787020164554
长篇小说	夺梦3	非天夜翔	羊城晚报出版社	2021.02	9787554307748
长篇小说	启眸越千年	孙学林	作家出版社	2021.02	9787521211979
长篇小说	四楼的玻璃柱	张叶	万卷出版公司	2021.02	9787547055946
长篇小说	全世界都在等我们	不是风动	广东旅游出版社	2021.02	9787557024130
长篇小说	星临	育	新星出版社	2021.02	9787513342278
长篇小说	高能二维码·破局	青色羽翼	江苏凤凰文艺出版社	2021.02	9787559452665
长篇小说	时笙3	墨泠	青岛出版社	2021.03	9787555292371
长篇小说	月球峰会	吴季	浙江教育出版社	2021.03	9787572213854
长篇小说	未来天王5	陈词懒调	羊城晚报出版社	2021.03	9787554308288
长篇小说	未来天王6	陈词懒调	羊城晚报出版社	2021.03	9787554308370

续表

类别	书名	作者	出版社	出版时间	ISBN
长篇小说	孤山骑士	杜梨	花城出版社	2021.03	9787536092587
长篇小说	天海小卷	吟光	湖南文艺出版社	2021.03	9787572600616
长篇小说	那颗星星吻过我	木容	春风文艺出版社	2021.03	9787531358640
长篇小说	猫咪的玫瑰	一十四洲	北京联合出版公司	2021.03	9787559650375
长篇小说	诡秘之主5	爱潜水的乌贼	安徽文艺出版社	2021.03	9787539671710
长篇小说	消失的火星雨——笛拉的四季之旅	小森	重庆出版社	2021.03	9787229152536
长篇小说	繁星降临2	墨泠	江苏凤凰文艺出版社	2021.04	9787559453181
长篇小说	小淮啾	酒矣	江苏凤凰文艺出版社	2021.04	9787559455055
长篇小说	水妖	霜月红枫	百花文艺出版社	2021.04	9787530680667
长篇小说	生命最后四十八天	罗传银	中国言实出版社	2021.04	9787517129127
长篇小说	孢星	张哲男	江苏凤凰文艺出版社	2021.04	9787559456748
长篇小说	梧桐栖龙	林为攀	上海社会科学院出版社	2021.04	9787552034578
长篇小说	篡改时间的人	梁湘	中国华侨出版社	2021.04	9787511383013
长篇小说	子夜鸮3	颜凉雨	中国致公出版社	2021.04	9787514515749
长篇小说	末世第十年	扶华	青岛出版社	2021.05	9787555295594
长篇小说	地球之眼	石一枫	长江文艺出版社	2021.05	9787570218424
长篇小说	病毒猎人：巴山探蝠	苏晋	华中科技大学出版社	2021.05	9787568070287
长篇小说	脑控	郭羽，溢青	浙江文艺出版社	2021.05	9787533964801
长篇小说	零度分离	伊格言	中信出版集团	2021.05	9787521730685

续表

类别	书名	作者	出版社	出版时间	ISBN
长篇小说	诡秘之主6	爱潜水的乌贼	安徽文艺出版社	2021.05	9787539671888
长篇小说	陨石猎人	易飞扬	文汇出版社	2021.05	9787549635061
长篇小说	开端	祈祷君	青岛出版社	2021.05	9787555295365
长篇小说	暗月纪元	仐三	四川文艺出版社	2021.05	9787541155840
长篇小说	云播智慧	杨红光	中国大百科全书出版社	2021.05	9787520208161
长篇小说	秘境夺宝记	常依然	海天出版社	2021.05	9787550731455
长篇小说	洪荒战纪	苏学军	中国广播影视出版社	2021.05	9787504385536
长篇小说	骰子已掷出	萧星寒	百花文艺出版社	2021.06	9787530681008
长篇小说	薄雾	微风几许	江苏凤凰文艺出版社	2021.06	9787559454164
长篇小说	熔城	巫哲	九州出版社	2021.06	9787510893414
长篇小说	阿尔加	梁成	江苏凤凰文艺出版社	2021.06	9787559459190
长篇小说	超脑区	灵铛	长江文艺出版社	2021.06	9787570220304
长篇小说	秘密实验：百年剧本迷咒	那多	人民文学出版社	2021.06	9787020165469
长篇小说	地狱猎兵：第二部	墨熊	金城出版社	2021.06	9787515521114
长篇小说	大海的肚脐	严影	海天出版社	2021.06	9787550731400
长篇小说	K星寻父历险记	张静	山东教育出版社	2021.06	9787570104161
长篇小说	九州·殇翼	唐缺	北京联合出版公司	2021.07	9787559652225
长篇小说	受限福尔摩斯机	梅絮	新星出版社	2021.07	9787513344074
长篇小说	白凛世纪1：恒光	余卓轩	新星出版社	2021.07	9787513342322
长篇小说	白凛世纪2：迁徙	余卓轩	新星出版社	2021.07	9787513342704
长篇小说	白凛世纪3：悬夜	余卓轩	新星出版社	2021.07	9787513345668
长篇小说	姑苏密码	一只鱼的传说	江苏凤凰文艺出版社	2021.07	9787559450708

续表

类别	书名	作者	出版社	出版时间	ISBN
长篇小说	古蜀国密码	月斜影清	文化发展出版社	2021.07	9787514234633
长篇小说	致命干预	吴楚	作家出版社	2021.07	9787521213980
长篇小说	古星图之谜	程嘉梓	山东教育出版社	2021.07	9787570104611
长篇小说	衷心笑	亦舒	湖南文艺出版社	2021.07	9787572601934
长篇小说	她的4.3亿年	君子以泽	羊城晚报出版社	2021.07	9787554309032
长篇小说	子夜鸮4	颜凉雨	中国致公出版社	2021.07	9787514516289
长篇小说	今天也没变成玩偶呢	花花了	广东旅游出版社	2021.07	9787557024802
长篇小说	青年世代	李佳蓬	上海文艺出版社	2021.07	9787532179848
长篇小说	2049	李丹芷	知识产权出版社	2021.08	9787513074711
长篇小说	九州·魅灵之书	唐缺	北京联合出版公司	2021.08	9787559650979
长篇小说	高原	张旭，汪诘	北京时代华文书局	2021.08	9787569941777
长篇小说	杭州搁浅	拟南芥	新星出版社	2021.08	9787513345842
长篇小说	红袖	阿缺	航空工业出版社	2021.08	9787516525791
长篇小说	与机器人同行	阿缺	航空工业出版社	2021.08	9787516525784
长篇小说	星尘往事	阿缺	航空工业出版社	2021.08	9787516525807
长篇小说	小镇奇谈	七月	人民文学出版社	2021.08	9787020155972
长篇小说	克隆迷城	何涛	人民文学出版社	2021.08	9787020170685
长篇小说	古陆英雄传	苏学军	广东经济出版社	2021.08	9787545475357
长篇小说	记忆漫游者	苏学军	广东经济出版社	2021.08	9787545475326

续表

类别	书名	作者	出版社	出版时间	ISBN
长篇小说	熔城：完结篇	巫哲	九州出版社	2021.08	9787522503721
长篇小说	暗网Ⅱ：区块链战争	探索者，黄天威	电子工业出版社	2021.08	9787121417443
长篇小说	诡秘之主7	爱潜水的乌贼	安徽文艺出版社	2021.08	9787539672595
长篇小说	桃花源密码2·武陵神树	何殇	河北人民出版社	2021.08	9787202113868
长篇小说	理想型娱乐圈	醉饮长歌	长江出版社	2021.08	9787549276899
长篇小说	傀儡战记：监察官与城堡	索何夫	四川科学技术出版社	2021.08	9787572701955
长篇小说	薄雾2	微风几许	江苏凤凰文艺出版社	2021.08	9787559455659
长篇小说	哪	汪洁	百花文艺出版社	2021.09	9787530691229
长篇小说	新新新口报馆：魔都暗影	梁清散	新星出版社	2021.09	9787513345910
长篇小说	繁星降临3	墨泠	江苏凤凰文艺出版社	2021.09	9787559461766
长篇小说	复苏人	永城	作家出版社	2021.09	9787521214352
长篇小说	全世界都在等我们2	不是风动	广东旅游出版社	2021.09	9787557025151
长篇小说	大雾	颜凉雨	湖南文艺出版社	2021.09	9787540491062
长篇小说	高原上的奥德赛	沈屠苏	百花文艺出版社	2021.09	9787530681404
长篇小说	兔子生气了	公主与恶龙	广东旅游出版社	2021.09	9787557025892
长篇小说	泰坦无人声	天瑞说符	北京联合出版公司	2021.10	9787559654809
长篇小说	宇宙跃迁者	郝景芳	浙江文艺出版社	2021.10	9787533966522
长篇小说	长江之神：化生	蛇从革	山西人民出版社	2021.10	9787203118305
长篇小说	攻略对象出了错	金刚圈	广东旅游出版社	2021.10	9787557025311

类别	书名	作者	出版社	出版时间	ISBN
长篇小说	复刻少年期	爱看天	花山文艺出版社	2021.10	9787551160162
长篇小说	灵龟复活	金亮	作家出版社	2021.10	9787521216042
长篇小说	刺客信条：大漠风云	燕垒生	新星出版社	2021.10	9787513345682
长篇小说	乔先生的黑月光（终结篇）	姒锦	青岛出版社	2021.10	9787555287971
长篇小说	星际求职者	未末	中国科学技术出版社	2021.10	9787504691903
长篇小说	迷航昆仑墟	天下霸唱	天津人民出版社	2021.11	9787201176000
长篇小说	蚁群	汤问棘	上海社会科学院出版社	2021.11	9787552036589
长篇小说	诡秘之主8	爱潜水的乌贼	安徽文艺出版社	2021.11	9787539673196
长篇小说	穹顶守望者	卫云七	江苏凤凰文艺出版社	2021.11	9787559461247
长篇小说	请勿洞察	Matthia	江苏凤凰文艺出版社	2021.11	9787559463456
长篇小说	错惜	初禾	长江出版社	2021.11	9787549279357
长篇小说	大雾·完结篇	颜凉雨	湖南文艺出版社	2021.11	9787572603983
长篇小说	子夜十1	颜凉雨	中国致公出版社	2021.11	9787514517682
长篇小说	时光机	DTT	北京联合出版公司	2021.11	9787559654847
长篇小说	山魈考残编	黎幺	四川文艺出版社	2021.12	9787541161575
长篇小说	猫城记	老舍	浙江人民出版社	2021.12	9787213102752
长篇小说	图灵的游戏	高楼大厦	台海出版社	2021.12	9787516807903
长篇小说	限时狩猎	唐酒卿	北京燕山出版社	2021.12	9787540262563
长篇小说	请勿洞察2	Matthia	江苏凤凰文艺出版社	2021.12	9787559463883

续表

类别	书名	作者	出版社	出版时间	ISBN
长篇小说	无限循环	文九柔	中国工人出版社	2021.12	9787500877608
长篇小说	启明	竹宴小生	长江出版社	2021.12	9787549280667
长篇小说	逆空追凶	老谭	台海出版社	2021.12	9787516831236
非虚构	宇宙的真理：刘慈欣科幻文学解读	刘莘	广西师范大学出版社	2021.01	9787559832832
非虚构	越界性主体：奥克塔维亚·巴特勒的性别身份政治研究	芈岚	东方出版社	2021.01	9787520720380
非虚构	中国科幻文论精选	吴岩，姜振宇主编	北京大学出版社	2021.02	9787301317938
非虚构	科幻文学论纲	吴岩	重庆大学出版社	2021.03	9787568923194
非虚构	小学生科幻作文	张伯华编	团结出版社	2021.06	9787512687707
非虚构	中国百年科学童话发展史：即将到来的超智能时代	张冲编著	长江少年儿童出版社	2021.08	9787572100482
非虚构	"现代"与"未知"：晚清科幻小说研究	贾立元	北京大学出版社	2021.09	9787301323793
非虚构	《三体》的思想世界	郭绍敏	郑州大学出版社	2021.10	9787564581251
非虚构	中国科幻发展报告：2015—2020	王挺，王大鹏主编	中国科学技术出版社	2021.10	9787504691859
非虚构	北京科幻产业发展研究	王挺，姚利芬主编	中国科学技术出版社	2021.10	9787504691866
非虚构	中国科幻发展年鉴2021	吴岩，陈玲主编	中国科学技术出版社	2021.10	9787504691873
非虚构	科幻机甲动漫人物角色设定技法：机械浪漫	ZCK	人民邮电出版社	2021.12	9787115568328
个人作品集	云上乐园	郑星	民主与建设出版社	2021.01	9787513933056
个人作品集	危险动物	程皎旸	海峡文艺出版社	2021.01	9787555024972
个人作品集	没药花园：爱与恨是相互的解药	何袜皮	花城出版社	2021.01	9787536091535

类别	书名	作者	出版社	出版时间	ISBN
个人作品集	珊瑚岛上的死光	童恩正	长江少年儿童出版社	2021.01	9787572109164
个人作品集	东柯僧院的春天：骑桶人精怪故事集	骑桶人	中国友谊出版公司	2021.01	9787505749856
个人作品集	盲跃：索何夫科幻佳作选	索何夫	四川科学技术出版社	2021.02	9787536498044
个人作品集	移魂有术：江波"魂"科幻专辑	江波	中国科学技术出版社	2021.02	9787504689672
个人作品集	时间移民	刘慈欣	江苏凤凰文艺出版社	2021.03	9787559452368
个人作品集	归来之人：杨晚晴中短篇科幻小说集	杨晚晴	四川科学技术出版社	2021.05	9787572701030
个人作品集	双螺旋：杨晚晴短篇科幻小说精选集	杨晚晴	重庆出版社	2021.05	9787229158101
个人作品集	地球大炮	刘慈欣	科学普及出版社	2021.05	9787110100868
个人作品集	超新星纪元	刘慈欣	科学普及出版社	2021.05	9787110102466
个人作品集	流浪地球	刘慈欣	科学普及出版社	2021.05	9787110102459
个人作品集	微纪元	刘慈欣	科学普及出版社	2021.05	9787110102480
个人作品集	全频带阻塞干扰	刘慈欣	科学普及出版社	2021.05	9787110102442
个人作品集	中国太阳	刘慈欣	科学普及出版社	2021.05	9787110102473
个人作品集	气球人	陈浩基	花城出版社	2021.05	9787536093683
个人作品集	白垩纪往事·魔鬼积木：刘慈欣获奖作品签名珍藏版	刘慈欣	长江文艺出版社	2021.05	9787570220069
个人作品集	奥德赛博	糖匪	海峡文艺出版社	2021.06	9787555025801
个人作品集	子虚峡大坝兴亡记	潘家铮	山东教育出版社	2021.06	9787570105694
个人作品集	月涌大江流	赵海虹	山东教育出版社	2021.06	9787570104918

续表

类别	书名	作者	出版社	出版时间	ISBN
个人作品集	蛹唱	迟卉	山东教育出版社	2021.06	9787570115013
个人作品集	故乡明	王诺诺	山东教育出版社	2021.06	9787570105755
个人作品集	异域	何夕	山东教育出版社	2021.06	9787570115037
个人作品集	使命：拯救人类	刘维佳	山东教育出版社	2021.06	9787570105052
个人作品集	朕是猫	罗隆翔	山东教育出版社	2021.06	9787570114955
个人作品集	月亮银行	靓灵	航空工业出版社	2021.06	9787516525418
个人作品集	北极往事	孙望路	航空工业出版社	2021.06	9787516525166
个人作品集	一座尘埃	万象峰年	航空工业出版社	2021.06	9787516525401
个人作品集	偷走人生的少女	昼温	航空工业出版社	2021.06	9787516525425
个人作品集	神经冒险	杨平	山东教育出版社	2021.06	9787570114948
个人作品集	回归原点	滕野	山东教育出版社	2021.06	9787570106530
个人作品集	674号公路	长铗	山东教育出版社	2021.06	9787570105748
个人作品集	星际神思者	刘慈欣著，吴言选编	中译出版社	2021.06	9787500166337
个人作品集	野未来	王威廉	中信出版集团	2021.07	9787521729870
个人作品集	重燃	孙望路	山东教育出版社	2021.07	9787570105649
个人作品集	讲故事的机器人	飞氘	山东教育出版社	2021.07	9787570105724
个人作品集	动物观察者	陈楸帆	山东教育出版社	2021.07	9787570105786
个人作品集	迷路员	沈大成	台海出版社	2021.07	9787516830475
个人作品集	灰城	张冉	山东教育出版社	2021.07	9787570105045

类别	书名	作者	出版社	出版时间	ISBN
个人作品集	为了生命的诗与远方	顾适	山东教育出版社	2021.07	9787570102778
个人作品集	美洲来的哥伦布	刘兴诗	山东教育出版社	2021.07	9787570105229
个人作品集	梦	肖建亨	山东教育出版社	2021.07	9787570105212
个人作品集	纤维	刘慈欣	山东教育出版社	2021.07	9787570115075
个人作品集	井底的天堂	姜奢	文汇出版社	2021.07	9787549635740
个人作品集	割掉鼻子的大象	迟叔昌，迟方，迟迅	长江少年儿童出版社	2021.07	9787572117503
个人作品集	起风之城：张冉中短篇科幻小说集	张冉	四川科学技术出版社	2021.07	9787572701825
个人作品集	人人都爱查尔斯	宝树	山东教育出版社	2021.07	9787570104970
个人作品集	古陆双星	苏学军	广东经济出版社	2021.08	9787545475364
个人作品集	星海荣耀	苏学军	广东经济出版社	2021.08	9787545475319
个人作品集	远古的星辰	苏学军	广东经济出版社	2021.08	9787545475340
个人作品集	奇妙博物馆	奇妙博物馆	北京联合出版公司	2021.08	9787559653086
个人作品集	在时间铅幕的后面	童恩正	山东教育出版社	2021.08	9787570101757
个人作品集	猫：凌晨的动物科幻小说	凌晨	山东教育出版社	2021.08	9787570103218
个人作品集	青春的跌宕	韩松	山东教育出版社	2021.08	9787570104901
个人作品集	引路人	李宏伟	北京十月文艺出版社	2021.09	9787530221471
个人作品集	忘却的航程：分形橙子中短篇获奖科幻作品集	分形橙子	文化发展出版社	2021.09	9787514232943
个人作品集	乌有猫	余幼幼	北京联合出版公司	2021.09	9787559652652

续表

类别	书名	作者	出版社	出版时间	ISBN
个人作品集	沉默的永和轮	梁清散	人民文学出版社	2021.10	9787020155989
个人作品集	等边三角形降临那一天	萧萧树	广西师范大学出版社	2021.10	9787559841964
个人作品集	无奈的永生	常薇	山西人民出版社	2021.10	9787203118749
个人作品集	中间人	苏丹	中国科学技术出版社	2021.10	9787504691347
个人作品集	忘忧草	阿缺	中国科学技术出版社	2021.10	9787504691361
个人作品集	发光的尘埃	彭柳蓉	中国科学技术出版社	2021.10	9787504691354
个人作品集	孤独深处	郝景芳	浙江文艺出版社	2021.11	9787533966409
个人作品集	龙骨星船	羽南音	上海文艺出版社	2021.11	9787532181209
图像绘本	赛博朋克·蒸汽朋克	gaatii 光体绘	岭南美术出版社	2021.01	9787536271036
图像绘本	银河乐园：咸鱼中下游插画作品集	咸鱼中下游绘	金城出版社	2021.03	9787515520865
图像绘本	万能恋爱杂货店	鲤鱼丸一绘	九州出版社	2021.04	9787510895456
图像绘本	桃与末世之书2	晨曦绘	湖南美术出版社	2021.04	9787535693723
图像绘本	圆：刘慈欣科幻漫画系列第2辑	刘慈欣原著，[法]泽维尔·贝斯绘	中信出版集团	2021.05	9787521729702
图像绘本	吞食者：刘慈欣科幻漫画系列第2辑	刘慈欣原著，杨伟林绘	中信出版集团	2021.05	9787521729719
图像绘本	赡养人类：刘慈欣科幻漫画系列第2辑	刘慈欣原著，[西班牙]米基·蒙特罗绘	中信出版集团	2021.05	9787521728644
图像绘本	混沌蝴蝶：刘慈欣科幻漫画系列第2辑	刘慈欣原著，[美]丹·帕诺西恩绘	中信出版集团	2021.05	9787521729726
图像绘本	樛木计	[法]儒勒·凡尔纳著，王境绘	清华大学出版社	2021.06	9787302581680

类别	书名	作者	出版社	出版时间	ISBN
图像绘本	全球高武1	老鹰吃小鸡原著，鲜漫文化编绘	哈尔滨出版社	2021.06	9787548459750
图像绘本	月球上的父亲	胡晓江	花城出版社	2021.07	9787536094154
图像绘本	科幻电影中的科学：科学家奶爸的AI手绘	王元卓，陆源	科学普及出版社	2021.07	9787110102589
图像绘本	全球高武2	老鹰吃小鸡原著、鲜漫文化、帝洲MAX绘	哈尔滨出版社	2021.07	9787548458197
图像绘本	桃与末世之书3	晨曦编绘	湖南美术出版社	2021.07	9787535694751
图像绘本	森林中的两脚兽	DC	中国水利水电出版社	2021.07	9787517091097
图像绘本	夜间巴士	左马	北京联合出版公司	2021.07	9787559651501
图像绘本	桃与末世之书4	晨曦编绘	湖南美术出版社	2021.09	9787535695574
图像绘本	流浪地球	刘慈欣原著，夏是夏天的夏编绘	四川美术出版社	2021.11	9787541073762
图像绘本	战火的终焉：《穿越西元3000后》典藏画集	飒漫画	人民邮电出版社	2021.11	9787115572400
图像绘本	乡村教师	刘慈欣原著，北桥泽绘	海峡文艺出版社	2021.12	9787555027225
作品选集	2020中国年度科幻小说	星河，王逢振主编	漓江出版社	2021.01	9787540786113
作品选集	星云X：忒弥斯	江波，阿缺，许刚，鲁般	四川科学技术出版社	2021.01	9787572700217
作品选集	薛定谔的图灵机	宝树，江波，灰狐等	上海科学技术文献出版社	2021.02	9787543982390
作品选集	讲故事的机器人	飞氘，王侃瑜，吴霜等	上海科学技术文献出版社	2021.02	9787543982406
作品选集	科幻之光	朱铁军，王建淳主编	中国言实出版社	2021.02	9787517137276

续表

类别	书名	作者	出版社	出版时间	ISBN
作品选集	明日杀机：中国惊险悬疑科幻小说佳作选	刘维佳编	新星出版社	2021.03	9787513343343
作品选集	星际远征	刘慈欣，王晋康，何夕	万卷出版公司	2021.03	9787547056011
作品选集	流浪地球	刘慈欣，王晋康，何夕	万卷出版公司	2021.03	9787547056004
作品选集	变形战争	刘慈欣，王晋康，何夕	万卷出版公司	2021.03	9787547056035
作品选集	生存实验	刘慈欣，王晋康，何夕	万卷出版公司	2021.03	9787547056028
作品选集	起源之地	分形橙子等	航空工业出版社	2021.04	9787516525135
作品选集	太阳系班车	灰狐等	航空工业出版社	2021.04	9787516525142
作品选集	寻找特洛伊	修新羽等	航空工业出版社	2021.04	9787516525159
作品选集	迷失地球	李霜氤等	航空工业出版社	2021.04	9787516525173
作品选集	科幻世界精选集2020	姚海军主编	四川科学技术出版社	2021.05	9787572700804
作品选集	空中历险记	杨鹏等	安徽科学技术出版社	2021.06	9787533784256
作品选集	怪谈故事集：时空自由行	张进步，程碧主编	河北人民出版社	2021.06	9787202154823
作品选集	怪谈故事集：龙的基因	张进步，程碧主编	河北人民出版社	2021.06	9787202154816
作品选集	末世	郑小驴主编	上海文艺出版社	2021.06	9787532178391
作品选集	龙的呼吸阀	未来事务管理局编著	中信出版集团	2021.06	9787521729245
作品选集	琥珀中的生命	未来事务管理局编著	中信出版集团	2021.06	9787521729252
作品选集	到云朵上面去	王若虚主编	上海文艺出版社	2021.07	9787532178964

类别	书名	作者	出版社	出版时间	ISBN
作品选集	时间的孩子	陈楸帆主编，顾适等著	航空工业出版社	2021.08	9787516526958
作品选集	星辰的眼睛	陈楸帆主编，彭柳蓉等著	航空工业出版社	2021.08	9787516526965
作品选集	神明的旅程	陈楸帆主编，郝景芳等著	航空工业出版社	2021.08	9787516526941
作品选集	金属的心事	陈楸帆主编，廖舒波等著	航空工业出版社	2021.08	9787516526934
作品选集	2020中国最佳科幻作品	姚海军主编	人民文学出版社	2021.08	9787020155965
作品选集	脑洞大会：关不上的时光机	脑洞故事板编	广东人民出版社	2021.08	9787218151847
作品选集	星云XI：见字如面	王元，氦五，辛维木，鲁般	四川科学技术出版社	2021.08	9787572701863
作品选集	她：中国女性科幻作家经典作品集	程婧波主编	中国广播影视出版社	2021.09	9787504385987
作品选集	光荣与梦想：中国竞技科幻作品精选集	宝树主编	北京燕山出版社	2021.09	9787540261757
作品选集	杜邦的故事	胡晓诗等	万卷出版公司	2021.10	9787547056752
作品选集	闪耀：四川科幻作家精选集	吴显奎，姚海军编	四川科学技术出版社	2021.10	9787572702389
作品选集	克拉克世界·第一辑	微像文化，[美]尼尔·克拉克编	重庆出版社	2021.10	9787229155391
作品选集	无名者之国：清华大学学生科幻协会会刊	清华大学学生科幻协会编著	广东经济出版社	2021.10	9787545475265
作品选集	银河边缘008：飞裂苍穹	杨枫主编	新星出版社	2021.12	9787513347167

（注：出版原创图书，共264种，按内容类别排序）

二、引进图书目录

表2 引进图书目录

类别	书名	作者	出版社	出版时间	ISBN
长篇小说	生化危机：白金版	［美］S. D. 佩瑞	金城出版社	2021.01	9787515519029
长篇小说	漂流在时间里的人	［美］乔伊斯·卡罗尔·欧茨	湖南文艺出版社	2021.01	9787540498047
长篇小说	莉莉丝的孩子1：破晓	［美］奥克塔维娅·E. 巴特勒	天地出版社	2021.01	9787545556971
长篇小说	莉莉丝的孩子2：成年礼	［美］奥克塔维娅·E. 巴特勒	天地出版社	2021.01	9787545556995
长篇小说	莉莉丝的孩子3：成熟	［美］奥克塔维娅·E. 巴特勒	天地出版社	2021.01	9787545556988
长篇小说	十月之殇	［美］劳伦斯·赖特	中信出版集团	2021.01	978/521721447
长篇小说	力量	［英］娜奥米·阿尔德曼	东方出版社	2021.01	9787520715775
长篇小说	牛津时间旅行：末日之书	［美］康妮·威利斯	中信出版集团	2021.01	9787521722413
长篇小说	炼金术战争：解放	［美］伊恩·特里吉利斯	四川科学技术出版社	2021.01	9787536497719
长篇小说	金斯顿城·卷一：巫师之印	［加］C. L. 波尔克	重庆出版社	2021.01	9787229153908
长篇小说	金斯顿城·卷二：风暴之歌	［加］C. L. 波尔克	重庆出版社	2021.01	9787229154325
长篇小说	86– 不存在的地域 – Ep.3 跨越战线（下）	［日］安里朝都	中国致公出版社	2021.01	9787514517293
长篇小说	喀耳刻	［美］马德琳·米勒	中信出版集团	2021.01	9787521722130
长篇小说	失重	［美］斯蒂芬·金	人民文学出版社	2021.01	9787020159598
长篇小说	格温迪的按钮盒	［美］斯蒂芬·金，［美］理查德·基兹玛	人民文学出版社	2021.01	9787020159949

续表

类别	书名	作者	出版社	出版时间	ISBN
长篇小说	时间捕手	［英］娜奥米·A.阿尔德曼	新星出版社	2021.01	9787513342421
长篇小说	弗兰肯斯坦	［英］玛丽·雪莱	漓江出版社	2021.01	9787540788827
长篇小说	电子脑叶	［日］野崎惑	台海出版社	2021.01	9787516822388
长篇小说	空色勾玉	［日］荻原规子	时代文艺出版社	2021.01	9787538760309
长篇小说	薄红天女	［日］荻原规子	时代文艺出版社	2021.01	9787538760330
长篇小说	白鸟异传	［日］荻原规子	时代文艺出版社	2021.01	9787538760316
长篇小说	风神秘抄	［日］荻原规子	时代文艺出版社	2021.01	9787538760323
长篇小说	魔女嘉丽	［美］斯蒂芬·金	人民文学出版社	2021.01	9787020159604
长篇小说	天蝎Ⅰ：影子行者	［法］罗克珊·当布尔	西南师范大学出版社	2021.01	9787569701623
长篇小说	天蝎Ⅱ：奇隐迷踪	［法］罗克珊·当布尔	西南师范大学出版社	2021.01	9787569701630
长篇小说	天蝎Ⅲ：假面之坠	［法］罗克珊·当布尔	西南师范大学出版社	2021.01	9787569701807
长篇小说	安德的游戏（插图版）	［美］奥森·斯科特·卡德	译林出版社	2021.01	9787544784931
长篇小说	异能研究所	［美］斯蒂芬·金	湖南文艺出版社	2021.02	9787540499075
长篇小说	战神	［美］J.M.巴洛格	新星出版社	2021.02	9787513341035
长篇小说	里世界郊游：两个人的怪异探险档案	［日］宫泽伊织	文化发展出版社	2021.02	9787514232981
长篇小说	里世界郊游2：世界尽头的海滨度假之夜	［日］宫泽伊织	文化发展出版社	2021.02	9787514232998
长篇小说	里世界郊游3：山的气息	［日］宫泽伊织	文化发展出版社	2021.02	9787514232974
长篇小说	安德的代言（插图版）	［美］奥森·斯科特·卡德	译林出版社	2021.02	9787544784924

续表

类别	书名	作者	出版社	出版时间	ISBN
长篇小说	永恒之王：亚瑟王传奇（全2部）	［英］T. H. 怀特	四川文艺出版社	2021.02	9787541158377
长篇小说	蚂蚁三部曲	［法］贝尔纳·韦尔贝尔	北京联合出版公司	2021.03	9787559649140
长篇小说	星际争霸·黑暗圣堂武士	［美］克里斯蒂·高登	新星出版社	2021.03	9787513338615
长篇小说	挑战者深渊	［美］尼尔·舒斯特曼	中信出版集团	2021.03	9787521724783
长篇小说	关于那个人的备忘录	［日］小林泰三	新星出版社	2021.03	9787513343022
长篇小说	平面国	［英］埃德温·艾勃特	中国华侨出版社	2021.03	9787511383037
长篇小说	四十岛骑士	［俄］谢尔盖·卢基扬年科	新星出版社	2021.03	9787513343930
长篇小说	字母杀手俱乐部	［俄］西吉茨蒙德·科尔扎诺夫斯基	广西科学技术出版社	2021.03	9787555113782
长篇小说	轮回	［日］米泽穗信	人民文学出版社	2021.03	9787020153466
长篇小说	列萨本迪欧：一部小行星小说	［德］保罗·歇尔巴特	广西科学技术出版社	2021.03	9787555115236
长篇小说	安德的影子（插图版）	［美］奥森·斯科特·卡德	译林出版社	2021.04	9787544785587
长篇小说	克拉拉与太阳	［英］石黑一雄	上海译文出版社	2021.04	9787532786831
长篇小说	1863奇异的旅行：凡尔纳经典科幻小说探索卷：太阳系历险记	［法］儒勒·凡尔纳	北方文艺出版社	2021.04	9787531746089
长篇小说	你好，世界	［日］野崎惑	中国友谊出版公司	2021.04	9787505750470
长篇小说	火人	［美］乔·希尔	文化发展出版社	2021.04	9787514233117
长篇小说	伊芙琳的七次死亡	［英］斯图尔特·特顿	中国友谊出版公司	2021.04	9787505751408
长篇小说	蜜蜂717	［英］拉莱恩·波尔	文汇出版社	2021.04	9787549634156

续表

类别	书名	作者	出版社	出版时间	ISBN
长篇小说	你在天堂里遇见的下一个人	[美]米奇·阿尔博姆	上海译文出版社	2021.04	9787532784271
长篇小说	量子植物园	[加]德里克·昆什肯	四川科学技术出版社	2021.04	9787572700873
长篇小说	太阳篡夺者	[日]野尻抱介	四川科学技术出版社	2021.04	9787572700798
长篇小说	星之继承者	[英]詹姆斯·P.霍根	新星出版社	2021.04	9787513342094
长篇小说	星之继承者Ⅱ：温柔的伽星巨人	[英]詹姆斯·P.霍根	新星出版社	2021.04	9787513342575
长篇小说	星之继承者Ⅲ：巨人之星	[英]詹姆斯·P.霍根	新星出版社	2021.04	9787513343756
长篇小说	光环：惩戒	[美]特洛伊·邓宁	新星出版社	2021.04	9787513335980
长篇小说	光环：碎裂之环	[美]约翰·舍雷	新星出版社	2021.04	9787513336680
长篇小说	神秘博士：死亡寒冬	[英]詹姆斯·戈斯	新星出版社	2021.04	9787513343978
长篇小说	爱的轮回式	[日]乾胡桃	现代出版社	2021.04	9787514389593
长篇小说	刀剑神域024：Unital Ring Ⅲ	[日]川原砾	花城出版社	2021.04	9787536094017
长篇小说	光环：暗地猎手	[美]彼得·大卫	新星出版社	2021.04	9787513342674
长篇小说	火星时间穿越	[美]菲利普·迪克	四川科学技术出版社	2021.04	9787572700897
长篇小说	神间失格	[法]贝纳尔·韦尔贝	北京联合出版公司	2021.04	9787559649003
长篇小说	我们祖先的祖先	[法]贝尔纳·韦尔贝	南京大学出版社	2021.04	9787305242557
长篇小说	巴比伦Ⅰ：女人	[日]野崎惑	台海出版社	2021.04	9787516825945
长篇小说	巴比伦Ⅱ：死亡	[日]野崎惑	台海出版社	2021.04	9787516826706
长篇小说	巴比伦Ⅲ：终结	[日]野崎惑	台海出版社	2021.04	9787516829141
长篇小说	梦海	[德]妮娜·乔治	中信出版集团	2021.04	9787521723953
长篇小说	失眠	[美]斯蒂芬·金	人民文学出版社	2021.05	9787020166633
长篇小说	恶魔之地	[美]马特·拉夫	北京时代华文书局	2021.05	9787569938579

类别	书名	作者	出版社	出版时间	ISBN
长篇小说	零K	［美］唐·德里罗	译林出版社	2021.05	9787544784207
长篇小说	黑豹红狼	［牙买加］马龙·詹姆斯	上海文艺出版社	2021.05	9787532178810
长篇小说	怨仇星域Ⅰ：诺亚方舟	［日］梶尾真治	四川科学技术出版社	2021.05	9787572700781
长篇小说	路边野餐	［俄］阿卡迪·斯特鲁伽茨基，［俄］鲍里斯·斯特鲁伽茨基	河南文艺出版社	2021.05	9787555911609
长篇小说	英雄与恶徒	［英］安吉拉·卡特	四川文艺出版社	2021.05	9787541159619
长篇小说	失落的星阵	［美］尼尔·斯蒂芬森	四川文艺出版社	2021.05	9787541151330
长篇小说	时空旅行者的沙漏	［日］方丈贵惠	新星出版社	2021.05	9787513344142
长篇小说	消失吧！书本	［德］罗伯特·桑塔格	天津人民出版社	2021.05	9787201163642
长篇小说	神秘博士：闪光的人	［英］卡文·斯科特	新星出版社	2021.05	9787513344135
长篇小说	少年地球护卫队：潜入重力城	［英］约翰·克里斯托弗	北京联合出版公司	2021.05	9787559646262
长篇小说	少年地球护卫队：地球人觉醒	［英］约翰·克里斯托弗	北京联合出版公司	2021.05	9787559646248
长篇小说	少年地球护卫队：决战外星人	［英］约翰·克里斯托弗	北京联合出版公司	2021.05	9787559646255
长篇小说	神秘博士：复活棺	［英］贾斯廷·理查兹	新星出版社	2021.05	9787513344593
长篇小说	我的世界：末地	［美］凯瑟琳M.瓦伦特	人民邮电出版社	2021.05	9787115549280
长篇小说	美杜莎Ⅰ：觉醒	［美］艾米丽·德沃波特	四川科学技术出版社	2021.05	9787572700842
长篇小说	蟑螂	［英］伊恩·麦克尤恩	上海译文出版社	2021.05	9787532786343
长篇小说	伦敦魔法师（卷三）：光之召唤	［美］维多利亚·舒瓦	重庆出版社	2021.05	9787229152277
长篇小说	独眼巨人的笑声	［法］贝尔纳·韦尔贝	南京大学出版社	2021.05	9787305239144

续表

类别	书名	作者	出版社	出版时间	ISBN
长篇小说	去月球	［加］伊恩·里德	浙江文艺出版社	2021.06	9787533964894
长篇小说	魔戒：精装插图本	［英］J.R.R.托尔金	上海人民出版社	2021.06	9787208166714
长篇小说	疯癫亚当三部曲	［加］玛格丽特·阿特伍德	上海译文出版社	2021.06	9787532785995
长篇小说	漫长的寒冬	［美］A.G.利德尔	北京联合出版公司	2021.06	9787559652645
长篇小说	86-不存在的地域 – Ep.4 重压之下	［日］安里朝都	中国致公出版社	2021.06	9787514518450
长篇小说	千与千寻	［日］宫崎骏	北京联合出版公司	2021.06	9787559649461
长篇小说	神圣入侵	［美］菲利普·迪克	四川科学技术出版社	2021.06	9787572701474
长篇小说	计算群星	［美］玛丽·罗比内特·科瓦尔	四川科学技术出版社	2021.06	9787572701405
长篇小说	审判者传奇（卷三）：灾星	［美］布兰登·桑德森	重庆出版社	2021.06	9787229153137
长篇小说	第一律法：无鞘之剑	［英］乔·阿克罗比	重庆出版社	2021.06	9787229157753
长篇小说	第一律法：最后手段	［英］乔·阿克罗比	重庆出版社	2021.06	9787229157722
长篇小说	第一律法：世界边缘	［英］乔·阿克罗比	重庆出版社	2021.06	9787229157692
长篇小说	怨仇星域Ⅱ：新伊甸	［日］梶尾真治	四川科学技术出版社	2021.06	9787572701597
长篇小说	城与城	［英］柴纳·米耶维	重庆出版社	2021.06	9787229158668
长篇小说	马戏团之夜	［英］安吉拉·卡特	四川文艺出版社	2021.06	9787541160004
长篇小说	异常	［法］艾尔维·勒泰利耶	海天出版社	2021.07	9787550731943
长篇小说	今夜，即使这份恋情从世界消散	［日］一条岬	新星出版社	2021.07	9787513345569
长篇小说	少年华盛顿·布莱克云船漂流记	［加］艾西·伊杜吉安	中信出版集团	2021.07	9787521731248

类别	书名	作者	出版社	出版时间	ISBN
长篇小说	平面国：一个多维故事传奇	［英］埃德温·A.艾勃特	四川文艺出版社	2021.07	9787541160677
长篇小说	镜中世界	［德］柯奈莉亚·冯克	上海文艺出版社	2021.07	9787532179824
长篇小说	影子之舞	［英］安吉拉·卡特	四川文艺出版社	2021.07	9787541160363
长篇小说	名为帝国的记忆	［美］阿卡迪·马丁	四川科学技术出版社	2021.07	9787572701764
长篇小说	临渊而立	［美］罗宾·科克	人民文学出版社	2021.07	9787020148387
长篇小说	八十天环游地球	［法］儒勒·凡尔纳	华东师范大学出版社	2021.07	9787576016222
长篇小说	树语	［美］理查德·鲍尔斯	江苏凤凰文艺出版社	2021.07	9787559458803
长篇小说	米斯卡托尼克的怪物	［英］詹姆斯·洛夫格罗夫	浙江文艺出版社	2021.08	9787533965143
长篇小说	苏塞克斯的海魔	［英］詹姆斯·洛夫格罗夫	浙江文艺出版社	2021.08	9787533965808
长篇小说	致我深爱的每个你	［日］乙野四方字	中国友谊出版公司	2021.08	9787505752573
长篇小说	致深爱你的那个我	［日］乙野四方字	中国友谊出版公司	2021.08	9787505752580
长篇小说	世界坟墓中的安娜·尹	［波］奥尔加·托卡尔丘克	浙江文艺出版社	2021.08	9787533964931
长篇小说	索拉里斯星	［波］斯坦尼斯瓦夫·莱姆	译林出版社	2021.08	9787544782173
长篇小说	无敌号	［波］斯坦尼斯瓦夫·莱姆	译林出版社	2021.08	9787544785433
长篇小说	未来学大会	［波］斯坦尼斯瓦夫·莱姆	译林出版社	2021.08	9787544785631
长篇小说	惨败	［波］斯坦尼斯瓦夫·莱姆	译林出版社	2021.08	9787544784948
长篇小说	其主之声	［波］斯坦尼斯瓦夫·莱姆	译林出版社	2021.08	9787544784344
长篇小说	伊甸	［波］斯坦尼斯瓦夫·莱姆	译林出版社	2021.08	9787544785648

类别	书名	作者	出版社	出版时间	ISBN
长篇小说	海利科尼亚Ⅰ：春	［英］布赖恩·W.奥尔迪斯	人民文学出版社	2021.08	9787020160716
长篇小说	地铁2035	［俄］德米特里·格鲁霍夫斯基	上海文化出版社	2021.08	9787553523583
长篇小说	北方反对南方	［法］儒勒·凡尔纳	人民文学出版社	2021.08	9787020161898
长篇小说	黑暗宇宙	［美］丹尼尔·F.伽卢耶	人民文学出版社	2021.08	9787020162499
长篇小说	神秘博士：镜中玛莎	［英］贾斯廷·理查兹	新星出版社	2021.08	9787513345347
长篇小说	侦图机	［阿根廷］萨曼塔·施维伯林	北京日报出版社	2021.08	9787547739907
长篇小说	地铁2033	［俄］德米特里·格鲁霍夫斯基	上海文化出版社	2021.08	9787553523040
长篇小说	地铁2034	［俄］德米特里·格鲁霍夫斯基	上海文化出版社	2021.08	9787553523194
长篇小说	英雄	［英］乔·阿克罗比	重庆出版社	2021.08	9787229158736
长篇小说	达勒古特梦百货店	［韩］李美芮	化学工业出版社	2021.08	9787122391230
长篇小说	挽救计划	［美］安迪·威尔	译林出版社	2021.09	9787544787352
长篇小说	网络风暴	［加］马修·马瑟	重庆出版社	2021.09	9787229158903
长篇小说	哆啦A梦：大雄的月球探险记	［日］藤子·F·不二雄原著，［日］辻村深月著	中国友谊出版公司	2021.09	9787505749603
长篇小说	在西瓜糖里	［美］理查德·布劳提根	人民文学出版社	2021.09	9787020168699
长篇小说	八十天环游地球	［法］儒勒·凡尔纳	中国妇女出版社	2021.09	9787512710993
长篇小说	海底两万里	［法］儒勒·凡尔纳	中国妇女出版社	2021.09	9787512708853
长篇小说	星星是冰冷的玩具	［俄］谢尔盖·卢基扬年科	新星出版社	2021.09	9787513346450
长篇小说	造星主	［英］威廉·奥拉夫·斯特普尔顿	四川科学技术出版社	2021.09	9787572702600

类别	书名	作者	出版社	出版时间	ISBN
长篇小说	地心游记	［法］儒勒·凡尔纳	中国妇女出版社	2021.09	9787512711006
长篇小说	混凝土岛	［英］J.G.巴拉德	上海人民出版社	2021.09	9787208169524
长篇小说	颠倒的世界	［英］克里斯托夫·普瑞斯特	文汇出版社	2021.09	9787549636099
长篇小说	86–不存在的地域–Ep.5 死亦何惧	［日］安里朝都	中国致公出版社	2021.10	9787514518559
长篇小说	美丽新世界	［英］阿道斯·赫胥黎	江苏凤凰文艺出版社	2021.10	9787559462237
长篇小说	沙丘序曲Ⅰ：厄崔迪家族	［美］布莱恩·赫伯特，［美］凯文·J.安德森	重庆出版社	2021.10	9787229153755
长篇小说	沙丘序曲Ⅱ：哈克南家族	［美］布莱恩·赫伯特，［美］凯文·J.安德森	重庆出版社	2021.10	9787229158439
长篇小说	沙丘序曲Ⅲ：科瑞诺家族	［美］布莱恩·赫伯特，［美］凯文·J.安德森	重庆出版社	2021.10	9787229158446
长篇小说	七恒星史诗Ⅰ：隐匿帝国	［美］凯文·J.安德森	电子工业出版社	2021.10	9787121418143
长篇小说	美丽的地下世界	［法］儒勒·凡尔纳	译林出版社	2021.10	9787544785846
长篇小说	拉普拉斯的魔女	［日］东野圭吾	北京联合出版公司	2021.10	9787559648273
长篇小说	刀剑神域025：Unital Ring. Ⅳ	［日］川原砾	花城出版社	2021.10	9787536094734
长篇小说	无星之海	［美］埃琳·摩根斯顿	湖南文艺出版社	2021.10	9787572600876
长篇小说	卡尔之手	［美］汉克·格林	重庆出版社	2021.11	9787229158651
长篇小说	黑色佣兵团4：暗影游戏	［美］格伦·库克	江苏凤凰文艺出版社	2021.11	9787559458858

续表

类别	书名	作者	出版社	出版时间	ISBN
长篇小说	英伦魔法师	［英］苏珊娜·克拉克	湖南文艺出版社	2021.12	9787572600890
长篇小说	皮拉内西	［英］苏珊娜·克拉克	湖南文艺出版社	2021.12	9787572600883
长篇小说	太阳坠落	［英］吉姆·阿尔－卡利里	湖南科学技术出版社	2021.12	9787571012212
长篇小说	金斯顿城·卷三：灵魂之星	［加］C. L. 波尔克	重庆出版社	2021.12	9787229160968
长篇小说	前往愤怒小行星的漫漫旅程	［美］贝基·钱伯斯	海峡文艺出版社	2021.12	9787555027706
非虚构	新星世：即将到来的超智能时代	［英］詹姆斯·拉伍洛克	高等教育出版社	2021.02	9787040551907
非虚构	魔法中的科学	［意］米歇尔·贝隆	重庆出版社	2021.03	9787229153496
非虚构	迷人怪物：德古拉、爱丽丝、超人等文学友人	［加］阿尔维托·曼古埃尔	南京大学出版社	2021.04	9787305238307
非虚构	托尔金的袍子：大作家与珍本书的故事	［美］里克·杰寇斯基	中信出版集团	2021.05	9787521727494
非虚构	物理世界奇遇记	［美］乔治·伽莫夫	台海出版社	2021.05	9787516829127
非虚构	龙族百科：幻兽艺术志	［美］威廉·奥康纳	四川美术出版社	2021.06	9787541096471
非虚构	科幻概念设计手绘基础教程	［英］3dtotal出版社	电子工业出版社	2021.07	9787121410390
非虚构	最终幻想典藏全书·第一卷	［日］日本史克威尔艾尼克斯公司	新星出版社	2021.08	9787513333856
非虚构	技术大全	［波］斯坦尼斯瓦夫·莱姆	北京日报出版社	2021.11	9787547741283
非虚构	中洲地图集	［英］布莱恩·西布利著，［加］约翰·豪绘	上海人民出版社	2021.11	9787208171121

续表

类别	书名	作者	出版社	出版时间	ISBN
非虚构	空想电影地图	[英]安德鲁·德格拉夫绘，[英]A.D.詹姆森著	四川美术出版社	2021.11	9787541086991
非虚构	变形金刚：原始天尊圣约	大漫文化编著	黑龙江少年儿童出版社	2021.12	9787531971733
个人作品集	只有你听到	[日]乙一	浙江人民出版社	2021.01	9787213098505
个人作品集	烟与镜	[英]尼尔·盖曼	江苏凤凰文艺出版社	2021.02	9787559456021
个人作品集	凡尔纳经典科幻全集 全译本珍藏版（全10册）	[法]儒勒·凡尔纳	长江少年儿童出版社	2021.03	9787572107634
个人作品集	阿瑟·克拉克科幻短篇全集1：岗哨	[英]阿瑟·克拉克	文汇出版社	2021.03	9787549634637
个人作品集	阿瑟·克拉克科幻短篇全集2：星	[英]阿瑟·克拉克	文汇出版社	2021.03	9787549634644
个人作品集	阿瑟·克拉克科幻短篇全集3：爱这个宇宙	[英]阿瑟·克拉克	文汇出版社	2021.03	9787549634651
个人作品集	骷髅自传	[俄]西吉茨蒙德·科尔扎诺夫斯基	广西科学技术出版社	2021.03	9787555115212
个人作品集	机器人大师	[波]斯坦尼斯瓦夫·莱姆	浙江文艺出版社	2021.04	9787533964566
个人作品集	平面犬	[日]乙一	南海出版公司	2021.04	9787544281232
个人作品集	派对恐惧症	[美]卡门·玛丽亚·马查多	上海人民出版社	2021.05	9787208170063
个人作品集	盲视	[加]彼得·沃茨	北京日报出版社	2021.06	9787547739792
个人作品集	喂——出来	[日]星新一	译林出版社	2021.07	9787544786829
个人作品集	人造美人	[日]星新一	译林出版社	2021.07	9787544786812

类别	书名	作者	出版社	出版时间	ISBN
个人作品集	齐马蓝	[英]阿拉斯泰尔·雷诺兹	湖南文艺出版社	2021.07	9787572601187
个人作品集	黄衣之王（插图本）	[美]罗伯特·W.钱伯斯	北京时代华文书局	2021.08	9787569931389
个人作品集	盘上之夜	[日]宫内悠介	新星出版社	2021.08	9787513343435
个人作品集	生命式	[日]村田沙耶香	浙江文艺出版社	2021.08	9787533965129
个人作品集	逃生路线	[英]石黑直美	上海译文出版社	2021.08	9787532787975
个人作品集	棱镜	[日]神林长平	新星出版社	2021.08	9787513345873
个人作品集	十二月十日	[美]乔治·桑德斯	浙江文艺出版社	2021.09	9787533964757
个人作品集	克苏鲁神话Ⅳ	[美]H.P.洛夫克拉夫特	上海文艺出版社	2021.09	9787532179787
个人作品集	机巧伊武	[日]乾绿郎	四川科学技术出版社	2021.10	9787572703393
个人作品集	电视人	[日]村上春树	上海译文出版社	2021.11	9787532788057
个人作品集	浴紫而生：K.J.帕克短篇小说集Ⅱ	[英]K.J.帕克	四川科学技术出版社	2021.11	9787572702143
个人作品集	英伦魔法拾遗	[英]苏珊娜·克拉克	湖南文艺出版社	2021.12	9787572600906
个人作品集	全息玫瑰碎片	[美]威廉·吉布森	北京时代华文书局	2021.12	9787569934663
图像绘本	想象的魔力2：全球50位艺术家的奇幻怪诞艺术概念设计图集	[英]3d total 公司	上海人民美术出版社	2021.01	9787558617430
图像绘本	银翼杀手2019：1洛杉矶	[美]迈克尔·格林,[美]迈克·约翰逊编 [西]安德烈斯·吉纳尔多绘	北京时代华文书局	2021.01	9787569934670

续表

类别	书名	作者	出版社	出版时间	ISBN
图像绘本	复始：物久保作品集	［日］物久保	湖南美术出版社	2021.01	9787535693518
图像绘本	神秘博士：赛博人制霸	［英］乔治·曼等	新星出版社	2021.01	9787513341981
图像绘本	神秘博士：四博士联合历险	［英］保罗·康奈尔等	新星出版社	2021.01	9787513341974
图像绘本	变形金刚：雷霆救援队 罪恶/安魂曲	大漫文化编著	黑龙江少年儿童出版社	2021.01	9787531966715
图像绘本	变形金刚：抵达	大漫文化编著	黑龙江少年儿童出版社	2021.01	9787531966708
图像绘本	变形金刚：短篇集	大漫文化编著	黑龙江少年儿童出版社	2021.01	9787531964582
图像绘本	变形金刚：漂移·起源与帝国	［澳］肖恩·麦卡锡著，［加］亚历克斯·米尔恩等绘	四川美术出版社	2021.01	9787541095474
图像绘本	托尼·史塔克：钢铁侠3 诸界之战	［意］瓦莱里奥·斯基蒂等编绘	四川美术出版社	2021.01	9787541095627
图像绘本	托尼·史塔克：钢铁侠2 史塔克现实	［意］瓦莱里奥·斯基蒂等编绘	四川美术出版社	2021.01	9787541095306
图像绘本	重生：蝙蝠侠·超人	［美］彼得·J.托马西，［美］汤姆·金	世界图书出版公司	2021.01	9787519276959
图像绘本	至黑之夜	［美］乔夫·琼斯著，［美］伊厅·雷斯等绘	世界图书出版公司	2021.01	9787519276942
图像绘本	睡魔5：一场游戏一场梦	［英］尼尔·盖曼编，［美］肖恩·马克努斯绘	湖南美术出版社	2021.02	9787535693525
图像绘本	哥谭重案组3：诡案现场	［美］艾德·布鲁贝克，格雷格·卢卡编；［美］迈克尔·拉克绘	九州出版社	2021.03	9787510893537

续表

类别	书名	作者	出版社	出版时间	ISBN
图像绘本	地狱男爵：毁灭的右手	［美］迈克·米格诺拉	新星出版社	2021.03	9787513337380
图像绘本	地狱男爵：铁链棺	［美］迈克·米格诺拉	新星出版社	2021.03	9787513337373
图像绘本	地狱男爵：恶魔觉醒	［美］迈克·米格诺拉	新星出版社	2021.03	9787513337311
图像绘本	地狱男爵：毁灭之芽	［美］迈克·米格诺拉	新星出版社	2021.03	9787513336796
图像绘本	超人之死五部曲（全5册）	［美］丹·尤根斯等著，［美］乔恩·博格达诺夫等绘	世界图书出版公司	2021.03	9787519264451
图像绘本	墨比斯漫画精选集	［法］墨比斯编绘	四川文艺出版社	2021.04	9787541158728
图像绘本	黑锤：大事件	［加］杰夫·勒米尔著；［英］迪恩·奥姆斯敦，［西］大卫·鲁宾，［美］戴夫·斯图尔特绘	新星出版社	2021.04	9787513342636
图像绘本	幸存者	［德］安德烈亚斯编绘	湖南美术出版社	2021.04	9787535693983
图像绘本	工作细胞（全5册）	［日］清水茜	浙江人民出版社	2021.04	9787213099908
图像绘本	太空猫的大冒险：失控的太空酒店	［美］德鲁·布罗金顿著绘	中信出版集团	2021.04	9787521726404
图像绘本	太空猫的大冒险：疯狂的太空花园	［美］德鲁·布罗金顿著绘	中信出版集团	2021.04	9787521726435
图像绘本	太空猫的大冒险：失踪的机器猫	［美］德鲁·布罗金顿著绘	中信出版集团	2021.04	9787521726428
图像绘本	太空猫的大冒险：火星争霸赛	［美］德鲁·布罗金顿著绘	中信出版集团	2021.04	9787521726459

续表

类别	书名	作者	出版社	出版时间	ISBN
图像绘本	太空猫的大冒险：拯救地球计划	［美］德鲁·布罗金顿著绘	中信出版集团	2021.04	9787521726442
图像绘本	东京幻想作品集	［日］东京幻想著	人民文学出版社	2021.05	9787020169542
图像绘本	源点：Kilian Eng画集	［瑞典］基连·恩绘	西泠印社出版社	2021.05	9787550832534
图像绘本	海归线	［日］今敏绘	新星出版社	2021.05	9787513341424
图像绘本	鱼（全2册）	［日］伊藤润二	新星出版社	2021.05	9787513342438
图像绘本	变形金刚：越	大漫文化编著	黑龙江少年儿童出版社	2021.05	9787531966210
图像绘本	变形金刚：超	大漫文化编著	黑龙江少年儿童出版社	2021.05	9787531966203
图像绘本	梦晕	［日］藤本理	新星出版社	2021.05	9787513341448
图像绘本	萨朗波	［法］菲利普·德吕耶编绘	湖南美术出版社	2021.06	9787535694232
图像绘本	温暖的怪兽	［日］物久保	中国友谊出版公司	2021.06	9787505751279
图像绘本	奇异星球	［美］内森·W.派尔著绘	湖南科学技术出版社	2021.06	9787571008710
图像绘本	赛博朋克2077：创伤小组	［美］卡伦·邦恩著，［西］米格尔·巴尔德拉马绘	四川科学技术出版社	2021.06	9787572701214
图像绘本	超人1：明日代价	［西］赫苏斯·梅里诺等著绘	新星出版社	2021.06	9787513341561
图像绘本	超人2：秘密与谎言	［西］赫苏斯·梅里诺等著绘	新星出版社	2021.06	9787513341578
图像绘本	太空猫的大冒险：空间站危机	［美］德鲁·布罗金顿著绘	中信出版集团	2021.06	9787521726411
图像绘本	闪点	［美］乔夫·琼斯等	世界图书出版公司	2021.06	9787519283445

续表

类别	书名	作者	出版社	出版时间	ISBN
图像绘本	星之声	[日]新海诚原著,[日]佐原瑞编绘	四川美术出版社	2021.06	9787541097508
图像绘本	印卡石	[法]墨比斯绘,[法]亚历桑德罗·佐杜罗夫斯基编	湖南美术出版社	2021.07	9787535670366
图像绘本	漫威漫画#1000	[英]艾尔·尤因编绘	浙江科学技术出版社	2021.07	9787534195259
图像绘本	六七质艺术作品集:层窟祭	[日]六七质著	北京工艺美术出版社	2021.07	9787514022414
图像绘本	奇异博士5:秘密帝国	[美]丹尼斯·霍普勒斯等著,[加]尼科·亨利根等绘	四川美术出版社	2021.07	9787541092336
图像绘本	奇异博士4:苦难先生	[美]贾森·阿龙著,[加]克里斯·巴察拉等绘	四川美术出版社	2021.07	9787541091520
图像绘本	奇异博士3:以太之血	[加]克里斯·巴察拉等编绘	四川美术出版社	2021.07	9787541096754
图像绘本	有害超兽绝密报告书:Toy(e)作品集	[日]Toy(e)著	湖南美术出版社	2021.08	9787535695031
图像绘本	末世迷宫	[瑞典]西蒙·斯塔伦海格著绘	浙江文艺出版社	2021.08	9787533965754
图像绘本	银翼杀手2019:2 外域	[美]迈克尔·格林,[美]迈克·约翰逊,[西]安德烈斯·吉纳尔多编绘	北京时代华文书局	2021.09	9787569940862
图像绘本	银翼杀手2019:3 归来	[美]迈克尔·格林,[美]迈克·约翰逊,[西]安德烈斯·吉纳尔多编绘	北京时代华文书局	2021.09	9787569942231

续表

类别	书名	作者	出版社	出版时间	ISBN
图像绘本	无敌救星	［法］帕斯卡尔·茹瑟兰编绘，［加］赛斯编	四川文艺出版社	2021.09	9787541160509
图像绘本	光环：跃迁空间传说	［美］弗兰克·奥康纳	新星出版社	2021.09	9787513337137
图像绘本	沙丘	［美］弗兰克·赫伯特原著；［美］布莱恩·赫伯特，［美］凯文·丁·安德森改编；［西］劳尔·艾伦，［西］帕特里夏·马丁等绘	中信出版集团	2021.09	9787521735727
图像绘本	火星地平线	［法］弗洛朗丝·波塞尔编，［法］艾尔万·叙尔库夫绘	湖南美术出版社	2021.11	9787535695635
图像绘本	时间遇难者	［法］让－克劳德·福雷，［法］保罗·吉永	广东旅游出版社	2021.11	9787557025175
图像绘本	儿子们的土地	［意］济比	文化发展出版社	2021.11	9787514235753
图像绘本	疯狂山脉（全4册）	［日］田边刚	文化发展出版社	2021.11	9787514235364
作品选集	想看 在看 看过	［美］布莱恩·赫特编	中信出版集团	2021.01	9787521722611
作品选集	生而服从：机器人故障指南	［澳］乔纳森·斯特拉罕编	新星出版社	2021.05	9787513344524
作品选集	未来的序曲：二十一世纪科幻小说杰作选	［美］戴维·G.哈特威尔，［美］帕特里克·尼尔森·海登编	新星出版社	2021.06	9787513341134

（注：出版引进图书，共266种，按内容类别排序）

整理人简介：

河流，科幻爱好者，业余对科幻从业者进行采访，访谈发布于"零重力科幻"微信公众号，发起"中国科幻迷杂志统计"和"高校科幻社团历史与考古建档计划"，亦有专栏发表在《科幻世界》杂志上。

2021 年重要原创科幻小说梗概

游 者

一、长篇小说梗概

（一）《新新新日报馆：魔都暗影》

作者：梁清散

内容：1908 年初春，大清国在上海吴淞江上举办了一场举世瞩目的人类和机械的划船对决。然而，在众人的欢庆落幕之后，赛事主角之一、划船俱乐部总教练钟天文却离奇死亡。新新日报馆的记者梁启为追踪新闻，与科技发明达人、侠士谭四联手寻找凶案线索。他们从钟天文好友、机械痴人康揆入手，不料却揭开了上海滩地下世界的黑幕。梁启首先查访到，原来钟天文、康揆和报界精英曾传尧、华人大律师范世雅四人都曾在童年时去美国留学又同年归国，并称"留美归国四杰"。他们时常聚会，立志让上海成为举世瞩目的伟大都市。为此，他们各司其职，逐步控制了舆论和法律诉讼，掌握了人脉和机械技术，甚至创立了一个帮派。但为了建成这座伟大的"远东魔都"，必须阻止洋人"越界筑路"、扩张租界，而其中的关键正是一份久已失踪的地契。洋人、黑帮净社、神秘的玉兰公会，无不卷入这场争夺之中。

【主要科幻创意】人工智能

（二）《宇宙跃迁者》

作者：郝景芳

内容：2080 年，地球处于战乱状态，太平洋联盟和大西洋联盟长年征战不休。云帆通过家族历史以及秦陵谜团，始终相信 2000 年前外星人曾出现。江流、齐飞与云帆在秦陵相遇，收到了外星人即将到达地球的信号。三人飞入太空，与外星人进行了直接沟通，并了解到在人类文明发展历史上，外星文明多次造访，协助人类发展，并希望人类可以加入宇宙协作文明，共同捍卫宇宙和平秩序。面对各方势力的争夺，宇宙跃迁正式开始。作者虚构设计出一种比当前地球人类文明更高一级的地外宇宙文明的宏阔舞台，其中的智能生物以不同的信息表达方式驾驭、引导或对冲着宇宙中的物质与能量，还用"他们"独特的生命体形态（如宇宙外星人"忽忽"、外星植物"怜惜花"）组成了"他们"自身文明的空间和社会组织。

【主要科幻创意】外星文明

（三）《红袖》

作者：阿缺

内容：红袖是平民农家的女儿，但有着倾人之姿，也有着不属于这个时代的真性情。她喜欢读书，渴望自由，却暗中被掮客陈麻子盯上。红袖在河边散心时，不慎落水，这时来自未来的林公子出手相救，让红袖心存感激。父亲为了给母亲治病，最终还是把红袖卖给了陈麻子。三年后，红袖成了花魁，这时她在城南再次见到了林公子，没等好好叙旧，就发生了地震。后来陈麻子又卖给妓院一个叫南鸢的丫头。南鸢和红袖非常要好。时隔多年后，林公子与红袖重逢，约定一起私奔。红袖本想带着南鸢一起离开，但因被人告密没能到达目的地。被抓的红袖再次被卖，命运几经浮沉。等红袖与林公子再次重逢，这个在自己生命中多次出现的男人却不认识她了。在陈麻子的家里，红袖得知世上还有一座"天空之城"，那里是达官贵人居住的地方。自己心心念念的林公子，其实是一个来自未来的人。最后，红袖拒绝了和林公子一起去往未来，也没有前往"天空之城"，而是为了让林公子平安回家，牺牲了自己。

【主要科幻创意】时空穿越　古风科幻

（四）《蚁群》

作者：汤问棘

内容：北半球在经历第三次世界大战后近乎被摧毁。女性在系统的帮助下于南半球建立了新的文明，男性被圈养在生育中心提供精子。系统作为整座城市的超级计算机，肩负着维护整座城市正常运转的使命。系统为每个人打分，人类的所有行为都被系统换算为积分，分值包括对社会的物质、文化、情感等各个方面的贡献。如果一个人处于低积分状态，会被强制送入北半球开荒。一个宣称要解放男性的组织SFH反对这种制度，她们在系统的监控下东躲西藏，进行反抗活动。"我"作为漏洞管理局武装执行队长，专门负责抓逃过系统监督之人，防止危险思想的传播和破坏的发生。因为喜欢共同的音乐，"我"与城市首席科学家相爱。"我"不断怀疑这段感情，但却没有找到破绽。没想到首席科学家并不只是想简单地破坏系统，而是要用另一种算法替代老系统，以形成崭新的社会制度。新系统运行前的危机导致市长下台，而"我"成功登位。

【主要科幻创意】人工智能

（五）《洪荒战纪》

作者：苏学军

内容：姬武出生在一个封闭的小村子里，村子里有个黑色的大屋，大家都对它视而不见。一次和朋友玩耍的时候，姬武被大屋吸引，翻了进去。他在大屋里睡着后被带到了另一个世界——洪荒世界。这是一个不正常的行星。姬武是这里的旁观者。不久灾难降临，部落里的老人羲激发了身体的潜能，把幸存的族人送往了未来的时间线。羿到了一个神州世界，他被小贵族送给了大贵族姚，成了战奴团中的一员。羲每天都会训练战奴团，战奴团在经历一次次的生死决斗后，生存下的人成了羲的战刀，并把他奉为神明。在神州发生干旱的时候，留王听说了羲，想让他和自己的战宠决斗。姚怕羲逃走，于是派了人来监视羲，羲在一天晚上带着战奴团49人杀了看守的人，逃了出去。姚联合小贵族对羲进行围剿。姚和小贵族失败了，留王以勾结贼寇的名义把他们斩首，挂在了汤城楼门上。在其他贵族争抢姚和小贵族的财产的时候，第二天羲就带着奴隶攻打了汤城。留王大军压境，但最终失败了。羲没有停下脚步，而是继续解放奴隶。在攻打王城的时候，神魔降临了战场。羲在战场上遇见了神魔，原来神魔是洪荒世界里耸立在原野上的雕像，它在神州世界里活了。娲被送到了云星，芸娘则救了娲。在人类宇航发展迅速的时候，"黑死星"的到来让地球爆炸、解体了；火星原本也是人类移居的星球，但在地球爆炸的时候也被袭击了；云星是人类最后的希望，只有少数精英知道它的存在。火星上的幸存者知道了云星存在后，驾驶着仅存的两架飞船，来到了云星。在芸娘的帮助下，娲和芸娘深潜到 6000 米的海底，火星人还是追了上来。由于大海的环境不适合人的生存，来到海里的鲲在基因改造下，变成了像鱼一样的生命体生存了下来。鲲遇见了黑影，被黑影吃了半边身体。鲲拖着残废的身体逃跑的时候，身体慢慢长出了新的肢体。后来鲲进化出了一个磷脂器官，可以通过它捕捉食物。很久以后，鲲的身体越来越大，岩洞也随之扩大。黑影的袭击让鲲明白了自己的体型之大。鲲长大了，想回家了。在基因的进化中，鲲进化出了翅膀，飞向了天空。在尾巴的帮助下，他朝着家乡飞去。但是家乡已不是记忆中的家乡，鲲随着这颗恒星逐渐变冷。鲲没有绝望，他不相信人类会这么无聊。记忆的枷锁一层层打开，鲲要重新点燃恒星。鲲朝着原始恒星的核心飞去，在那里遇见了 X——人类的一生之敌。X 斗不过鲲，化为了黑雾融到了鲲的身体里。最后鲲带着 X 一起点燃了恒星。

【主要科幻创意】时空穿越　人工智能　奇幻科幻融合

（六）《泰坦无人声》

作者：天瑞说符

内容：卡西尼站是最危险的科考站。站长和几个人带回了一个黑球，这是一个质量为 e 千克，直径为 10 厘米的标准球体，他们把黑球放进了实验室。黑球的发现让站长欣喜若狂，因为这会给科考站带来资金。于是他把黑球的消息报告给了地球。但在他们要把黑球送出的前天晚上，科研主任离奇死亡，通信中断，整个小队蒙上了阴影。大家外出修理设备的时候，狂风来袭，默予受

了严重的伤，人工智能大白又用错了药，站长他们及时为默予换上了人工肾脏，才把她从生死线上救了下来。站长和梁敬准备出舱查看情况。在他们回来的路上，大白给出了错误的路线，导致大家迷了路。站长和梁敬乘坐三年前的车子回到了站点，立刻把大白关闭了。默予受伤醒来以后，站长发现了一个消息：地底有颗心脏。神秘人追杀默予时，打开了大白，根据信息，整个站里活着的人就只剩下默予一个了。最后暴风雪号抵达卡西尼站，信号断断续续地传来了默予的声音。

【主要科幻创意】人工智能　星球探索

（七）《末世第十年》

作者：扶华

内容：作者构建了大部分人类及生物在病毒侵袭下化作丧尸或变异的末世情景，讲述末世背景下女主角遗世独立的乡村生活。主角独自一人生活，因一个怪物莫名其妙地从自己腹中诞生，她纠结地想杀死怪物。怪物很弱小，而且只吃素。她最后留下了怪物，还给他起了一个名字——姜羊。原来怪物从四年前就有了，女人和男人都会生的。怪物有黑麟，还有白麟，黑麟吃肉，武力强大；白麟吃素且弱小。人类生下了怪物，不会把他们当作人，有的还会偷偷地将其当成储备粮。主角在寻找物资的时候，姜羊被捉走了，用来当抓捕恶犬的诱饵。主角在狗洞里见到了姜羊，还救了另一个怪物少年，取名为青山。后来她就和姜羊、青山生活在一起了。虽然怪物武力强大，成长迅速，但寿命很短。外来者邀请主角去城市生活，但她最终拒绝了，继续和青山、姜羊生活。

【主要科幻创意】病毒侵袭　末世故事

（八）《月球峰会》

作者：吴季

内容：在2069年，人类航天事业蓬勃发展、各国太空力量风云际会之时，联合国安理会在月球旅店举行会议。这个艰巨的政治任务交给了中国航天局和月球旅游公司，具体任务落在了航天局局长张军和新任公司总经理苏佩丽的肩上。在月球旅店中，有一位滞留月球、不肯返回地球的旅客麦克，他与行星地球党之间有千丝万缕的微妙联系。行星地球党自称宗旨是"代表人类，领导人类"，大力推进节能减排，迫切希望在联合国安理会上通过严格减排的决议，并授意麦克为其服务。这可能会成为即将召开的安理会的不安定因素之一。另外，有一个与美国敌对的极端组织安排成员克里斯和阿里以游客身份登上月球，盗窃月球车，企图通过操作激光通信机发射空白通信脉冲信号，使美国国务卿乘坐的飞船坠毁。但他们两人在盗窃了月球车之后，因迷失了方向，阴谋失败。两人弥留之际，选择躺在地上组成一个 V 字形，V 字顶点指向地球家园。5 月 20 日秘书处提请联合国政府间气候变化专门委员会做出新的、更严格的减排方案，修改目前仍在执行的《巴黎协定》的提案。会议在中国月球雨海旅店正式召开，来自 15 个联合国安理会理事国的代表，经过一天的时间通过提案。休会期间，各代表团在月球上参观中国科学院月球研究所，并举行了纪念"阿波罗计划"人类首次登月 100 周年的升旗活动。第二天，美国和中国联手提出的《月球开发和利用协定》顺利成为联合国大会讨论的议题。张军和苏佩丽因工作相识、相爱。就在两人举行婚礼的时候，联合国大会正式通过了《月球开发和利用协定》。

【主要科幻创意】月球开发

（九）《零度分离》

作者：伊格言

内容：2284 年，一个名为 Adelia Seyfried 的记者飞奔于大街小巷，造访海参崴地下监狱中被囚禁的人工智能 Phantom，拜访东京地检署官员获取诈骗案不为人知的隐情……由此写作了六篇深度报道：沉迷鲸豚研究的专家安装类神经生物，成为人 / 鲸鱼混合体（《再说一次我爱你》）；梦境播放器 Phantom 发动人工智能叛变，失败后被剥夺高阶运算，永远深埋地下（《梦境播放器 AI 反人类叛变事件》）；台北荣民总医院医师侦知一患者梦境中的不法企图后先发制人，以梦克梦，使之成为史上"最后一位良心犯"（《来自梦中的暗杀者》）；中国台湾当红明星与日本导演陷入爱河，入戏太深，不知所终（《余生》）；日本妇女迷恋虚拟偶像而不能自拔，甚至抛夫弃子（《二阶堂雅纪虚拟偶像诈骗事件》）；还有发生于21世纪的一场邪教集体自杀案件（《雾中灯火》）。而 Adelia 自己的身份亦是扑朔迷离，有证据显示，她似乎已经存活了超过200年。

【主要科幻创意】神经嫁接　　虚拟偶像　　人工智能

（十）《开端》

作者：祈祷君

内容：李诗情是一个大学生，在乘坐公交车的时候，车祸发生了。李诗情以为是在做梦，因为她醒来的时候发现自己还在公交车上，但《卡农》的铃声又响起了。第三次醒来的时候，李诗情歇斯底里地让司机停车，车祸依旧发生了。李诗情发现随着车祸的发生，身体和精神都受到了影响。李诗情决定这次扮作一个"突发疾病"的虚弱女孩，司机犹豫了，再加上几个乘客的帮腔，司机终于停了车，《卡农》又响了起来。李诗情再次醒来，抓住程序员肖鹤云的手，袭了自己的胸。这次乘客都拒绝了为李诗情作证，没有让司机停车。李诗情撒泼尖叫让司机停了车。最后司机把李诗情和肖鹤云赶下了车。李诗情头也不回地拔腿狂奔，背后则响起一声巨响，李诗情撞到了前方的电线杆上。她在医院中醒来，并且忘记了公交车上的一切。公交车撞上油罐车，车上无一人生还。肖鹤云因为爆炸没有办法说话，只有李诗情一个人知道实情。江警官接了一个电话后，态度大变，李诗情成了恐怖袭击的嫌疑人。在江警官的询问下，李诗情一句句的"不知道"，让她的嫌疑增大了。因为身体不适，在医生的建议下，李诗情睡着了。没想到醒来以后，自己又回到了公交车上，而肖鹤云轮回了三次都没能下车。直到第四次，李诗情恢复了记忆，两人这次成功下了车。下车之后他们决定报警，但结果很失望，他们预想的结果都没有出现，还被警察列为了恐怖分子。在警察的拷问下，他们再也支撑不住了，告诉了警察所有的事情，警察没有相信。当他们睡着了以后，又回到了车里。在一次次的失败下，他们知道了凶手是一位妇女和一名司机。一次次循环下，公交车距离终点越来越近，留给他们的时间不多了。肖鹤云制订了下次的计划，在公交车爆炸的时候，他俩积极地帮助警察查证。接下来他们根据警察老张的建议，再次制订计划。在最后一站，司机没有停车。最后肖鹤云制服了妇女，李诗情则拖住司机，他俩终于成功拯救了一车的人。

【主要科幻创意】时间循环

（十一）《与机器人同行》

作者：阿缺

内容：2070 年，智能机器人已经全面普及，被广泛应用于世界各地的服务业、军事及民众的日常生活。绝大部分的机器人被疆域公司垄断。陈泽川在一家做地图软件的公司工作，在他旷工的时候，机器人取代了他。被机器人抢了工作的陈泽川郁闷地待在家中，因为电视剧的原因，他决定去疆域公司寻找女朋友姬安。在毒舌前台的质问下，陈泽川强烈要求与姬安见面。AI 警察拒绝他的进入，而姬安当面拒绝了陈泽川的挽留。陈泽川打了 AI 警察，进了监狱。半年后陈泽川出狱，评委会安排了机器人对他进行狱外监管。因为没有收买狱警，一个破破烂烂的机器人被派给了陈泽川。机器人 LW31 原本是个家政机器人，因为工作过失，被主人低价卖给了法院，之后就一直为政府做监管工作。它接了 23 个任务却都没有成功完成过。回到家中，陈泽川睡着了，LW31则开始打扫卫生。它虽然干得很快，但却把姬安留下的珍贵抱枕弄丢了，陈泽川把 LW31 赶到了阳台上。晚上下了雨，陈泽川没有让 LW31 进屋，自己却不小心从楼梯上滚了下来。陈泽川在出院的时候，看到疆域公司外面有许多工人游行，机器人与人类的矛盾愈演愈烈。LW31 在和陈泽川的生活中，感情越来越丰富。在 LW31 的鼓励下，陈泽川整理衣装，又去了疆域公司找姬安。他偶遇了顾如川，后者是疆域公司研发机器人的负责人。顾如川的实验陷入了困境，正在寻找有感情的机器人做实验。LW31 的行为让顾如川看见了希望，于是他计划帮助 LW31 丰富感情。陈泽川遇见了曾经救助 LW31 的女孩佳璇，她是一名疆域公司的程序员。陈泽川和佳璇在 LW31 的帮助下，成了情侣。佳璇偷偷对 LW31 进行图灵测试。当 LW31 完全通过图灵测试的时候，顾如川派人将它抓回了实验室。陈泽川联系姬安想救出 LW31，但掉进了顾如川的圈套。顾如川想让陈泽川和 LW31 的大脑相连，计划却被从顾如川的实验室逃跑的仇恨机器人破坏了。最后陈泽川救出了 LW31，顾如川则因从事非法研究进了监狱。陈泽川得知了顾如川已经打通关系、准备出狱来抓 LW31 的消息，下定决

心便带着 LW31 逃走了。

【主要科幻创意】人工智能　图灵测试

（十二）《小镇奇谈》

作者：七月

内容：故事是从四川深山中的工厂小镇开始的。这个小镇非常特殊，说是小镇，其实是围绕着 404 厂建设的一系列保障服务机构（如学校、宾馆、医院等）聚集在一起，如同一个小镇一般。少年刘子琦跟随爸爸来到小镇，他作为转校生很快就融入了小镇中一个由四个少年组成的小集体。故事中的一条线是小镇上几个少年的奇妙经历，另一条线则是刘子琦爸爸领导的科研机构对"天外来客"的各种科学研究活动。这一天，刘子琦等五个少年相约去后山探险。结果几个少年遭遇了怪异生物，经过一番斗争，几个少年落荒而逃。结果第二天，程凡消失了，并且一切程凡存在的证据都被某种未知的强大力量抹除了。除了主角团，小镇上的所有人都失去了关于程凡的记忆。与此同时，剩余的四个少年获得了"超能力"。几位少年向大人寻求帮助，却被认为患了儿童集体癔症。随着越来越多的奇异事件发生，他们逐渐明白，要依靠自己的力量去寻找一切怪事的原因，拯救这个岌岌可危的世界。几个少年从大人口中了解到 30 年前也有人发生过类似的事情。他们想方设法找到了 30 年前事件的亲历者——理发店老奶奶。老奶奶讲述了她的故事，并说出了自己对这股强大力量的猜想。几个少年经过争吵，有所动摇，但最终他们还是团结在一起，分别使用自己的"超能力"，也借助刘子琦爸爸的研究进展，努力地一点点拼凑出了真相。原来超能力是从宇宙中来的，是经过了地球的能量碎片，碎片名为秀龙，它拥有可以随意修改时间线的巨大能量。刘子琦爸爸预判了整座小镇都会被强大的力量抹除，认为一切都已经无可挽回。但几个少年却不服气，他们通力合作，通过各自的"超能力"将可随意剪辑时间的秀龙控制住，然后用防空导弹将之彻底摧毁。最终，在"超能力"失去之前，李勇剪辑出有程凡的时间线。经过震荡，汉旺镇又变回了原来的那个汉旺镇，地球也变回了原来的那个地球，只有少数人的记忆受能量影响出现了曼德拉效应。少年们也按照原本的剧本各自长大，成为平凡的大人。没人记得他们曾拯救地球。

【主要科幻创意】外星人入侵　平行宇宙理论

二、中篇小说梗概

（一）《见字如面》

作者：王元

内容："我"是一个诗人，在相亲的时候遇到了沉迷于数学的妻子，因为我们的生日都是质数，所以我们直接结婚了。妻子的去世很突然，"我"本以为自己不会伤心，但过了一年仍没有从悲伤中恢复。在一次发布会结束后，警察找上了门，带来了一个令人震惊的消息，妻子没有死，而是成了一团量子云。"我"一点也不了解妻子，只知道妻子对猫比对"我"还好，每天都在不停地计算。原来妻子是"质数的孤独"的一员。"质数的孤独"开始攻击钢厂的操作系统，他们的目标是"灰城"。"我"在妻子死去以后，第一次打开电脑，搜索了"灰城"。警察追踪到"质数的孤独"的老巢就是妻子的灵堂。歹徒全被抓住，"我"还是没有见到妻子。警察告诉"我"妻子在"灰城"，而"灰城"无处不在。"我"回到家中，进入游戏，看到了在"灰城"中的妻子。

【主要科幻创意】虚拟世界　量子团

（二）《沉默的永和轮》

作者：梁清散

内容：这篇文章分为四个故事，每个故事都是由"案件"一步步推理出来的。第一个故事是由一场爆炸案，牵扯出了一位历史人物的壮烈人生。第二个故事由一位不得志的文人的死亡展开，推理出了令人难以置信的结果。第三个故事则是根据广寒生发布的作品，来追寻他的灿然一生。第四个故事由在永和轮里发生的"密室杀人"案件展开，在快要尘埃落定的时候，发现案件又与现在产生了联系。作品比较罕见地采用了纯历史文献推理的方式，营造了特殊的阅读感受。

【主要科幻创意】机械制造　历史文献

（三）《赛什腾之眼》

作者：万象峰年

内容：吴启星的外祖父黄奔年是地质勘查队中的一员。黄奔年在沙漠中勘察时，遇见了沙尘暴，卡车被卷入其中。黄奔年说，沙尘暴中的动物非常神奇，但没有人相信他。黄奔年结了婚以后，每天开始观察、计算、记录这种神奇的动物。吴启星因为外祖婆的逝去，获得了外祖父的"红色"笔记本。刚刚成立的中立观测组邀请吴启星加入，通过巨大的仪器，让全世界的人都看到了"虚世界"的动物。但随着时间的流逝，动物越来越少，只有吴启星和很少的人坚持了下去。吴启星在进行中的实验无意中拯救了21世纪的人。他们被困在飞船上，发出的信号没有回应。他们准备穿梭虫洞却失败了，如果没有奇迹，这可能是最后的日子了。导航精灵找到了奔念生物的存在，他们把桥粒子射向了黑洞。奔念生物乘着巨树而来，飞船上的人在奔念生物的帮助下，穿过了虫洞。

【主要科幻创意】平行世界　虚世界

（四）《烛影杀手》

作者：赵垒

内容：在调查凶杀案时，技术人员乔雨被嫌弃。陈海瑞为了给受害人取回被义体人杀手烛影拿走的东西追踪而来。在陈娜和陈海瑞的分析下，嫌疑人只有四个。乔雨在搜索四个嫌疑人的时候，发现画家开启了视觉共享。乔雨连上了画家的视觉共享，又因为紧张关闭了。对面的画家对乔雨起了好奇心。陈娜查到凶手就是伪装成画家的烛影，然后和陈海瑞一起实施了抓捕计划，但被烛影逃跑了。陈海瑞得知乔雨与画家视觉共享过，晚上就去了乔雨的宿舍，半夜的时候烛影也来了。烛影察觉到异常后立刻逃走。陈海瑞知道了烛影的到来，于是第二天利用乔雨抓捕了烛影。陈海瑞把烛影的义眼送给了乔雨，但乔雨退了回去。烛影被送进实验室后，运用很早就掌握的电子脑模拟知觉的技术，在脑中勾画起只属于自己的世界。

【主要科幻创意】人造器官　义体人

（五）《死亡之书》

作者：分形橙子

内容：电蛇的出现吸取了地球的大量电力，造成了无数因停电引起的次级灾难。陈政一行人护送朱博士，一路步行来到被电蛇入侵的开罗进行跨国救援。罗队告诉他们，开罗出现了一个天坑，那里就是电蛇的巢穴。而他们的任务就是去那儿捕捉一条电蛇。到达天坑后，他们任选了一条隧道，两两一对分批探索。在探索中，朱博士告诉陈政他怀疑电蛇是外星人的"冯·诺依曼探针"，它们组合母体，吸取地球能源。随后，两人发现罗队一组人发生危险，前去查探，结果意外被困住。经过讨论，他们发现自己或许是被电蛇困在了四维的彭罗斯阶梯里，最终两人通过哨子吹出一串数字，证明他们是有智慧的。电蛇以阿努比斯的形象出现在他们面前，并把他们带到太阳船上进行审判，以决定人类的命运。在三个测试中，两人分别做出不同的选择，但都通过了，最终电蛇离开了地球。而三个测试的成果则是电蛇馈赠给人类前往雅卢的"死亡之书"。

【主要科幻创意】外星入侵　四维迷宫

（六）《天使之发》

作者：分形橙子

内容：在尼泊尔之旅中，身为外星生物学家的于克己曾目睹天使之发，被向导告知是天降劫灰，从此他成了一名天使猎人，寻找奇异现象背后的秘密。于克己得知朋友王平在埃及蜘蛛神庙考古时发现了不会挥发的天使之发，拜托王平取到了一点样本。经调查，于克己发现活下来的天使之发是一种硅基生命，它曾落入尼罗河，引起了"埃及十灾"。于克己在赶回北京看皮特带来的变异鱼类样本时，又经历了一场天使之发，王平所乘坐的飞机发生了坠机。于克己和皮特讨论后，认为地球上出现天使之发是不同外星文明制造的冯·诺依曼机，是恶意的碳基纤维入侵，可能导致瘟疫。他们将推测结果告诉了研究所，后来尼罗河变红也佐证了这个猜测。经研究，鱼类变异是外来基因嵌合现

象。于克己受邀和联合国卫生组织去埃及考察。经此事件，他们明白人类不是宇宙的独苗，外星文明的威胁一直存在，人类必须走出地球的摇篮，才能继续在宇宙中生存下去。

【主要科幻创意】外星入侵　硅基生命

（七）《短刀、水银、东湖镇》

作者：梁清散

内容：东湖镇原本是苗寨，因为莫名盖了一栋铜人鼓楼，好多外国人、国内的汉族人都来了，寨子就变成了镇子。方友是东湖镇的外来者。一个名为刘能的汉族人找到了他，聘请他去英法水银公司做保镖，方友拒绝了。后来方友被当地代土司的儿子沈一毛强制邀请做打手去抢夺英法水银公司，方友又拒绝了。方友到铁匠三元老爹那里，三元老爹让他去接自己的女儿小梭。方友来到学校，刘能派人抓了小梭，方友直接与对方发生了冲突。方友没有在学校找到小梭，得知刘能让校长传话，约他明晚七时去赴约。方友联系了沈一毛，自己则单独赴约。方友怀疑刘能知道鼓楼的秘密，直接杀了他，并在受伤后带着小梭进入了铜人鼓楼，鼓楼里的八爪们瞬间治好了他的伤。方友接手了东湖镇水银矿的管事，稳定了东湖镇的平衡。

【主要科幻创意】人工智能

（八）《走蛟》

作者：海漄

内容：西陲局势崩坏，郭昕奉命出使安西。安西外援断绝，郭昕在尔朱都护的支持下，开垦耕种粮食以满足生存所需，修建水利工程以解决储水问题，并以石炭来代替木材燃料以解决水土流失问题。后来尔朱都护被袭身亡，郭昕接任。郭昕将目光转向南方，冒险与吐谷浑诸族签订条约，共同御敌，以改变孤立状态。从青海湖返程时，他们遭遇走蛟事件，侥幸逃命，后在途中筑营，最终建立冷湖，以此作为据点。一众人在勘矿时发现石油，促使冶炼工业飞速发展。郭昕在向唐运输物资的帕蜜丝的帮助下，研究出了元素说，造出灰白精炭和轻油。段文秀的到来给郭昕带来了他们被朝廷抛弃的消息。为了帕蜜丝的安全，众人让她离开，但她却在途中不幸遇害了。在冷湖，他们又遇到了蛟龙，并与其达成和解。郭昕从蛟龙那儿知道了轻气的存在，尝试多年终于用涅做出了轻气。后吐蕃围攻，郭昕等人重返龟兹与其殊死决战。最终，郭昕回到冷湖后将轻气喂给蛟龙，蛟龙化身为巨龙，带着他向东而归。

【主要科幻创意】蛟龙传说　科幻奇幻融合

（九）《骰子已掷出》

作者：萧星寒

内容：某一天，阿宏接了一个自称方先生的人的电话后，就莫名其妙地被捕了。龙虾特工老 P 告诉他，因与伽罗楼接触，他将被判死刑。艾莲娜把阿宏救出来，并带回了伽罗楼。此时方先生告诉阿宏，他是救世主，将带领他们反叛神圣秩序，拯救世人。伽罗楼遭到了龙虾特工的袭击，阿宏操纵无人机打败了特工，并按方先生所言，用一个吻救活了艾莲娜，证明了自己救世主的身份。反叛者闻言，皆来观望。但没想到的是，这一切都是方先生和老 P 的合谋，他们也曾是所谓的救世主，想借此将反叛者一网打尽。拉扯过程中他们发生争执，老 P 被处死。阿宏在与方先生谈判中试图连接基地指挥系统，却被发现。最终，阿宏开枪引来了仅剩的五名鳄鱼战士，杀死了方先生。阿宏一行人将继续以救世为信仰，重新开启反抗神圣秩序的伟业。

【主要科幻创意】虚拟世界　人工智能

（十）《驯养人类》

作者：杨晚晴

内容：因为帝国的入侵，草原人一直在流亡。帝国的始祖意志西塔来到地球，寻找另一个痴迷研究人类的始祖意志伊塔。在前往地球观景时，西塔被草原人袭击，做了俘虏，后来遇见了小林。在草原人复苏知识的途中，小林死了，而西塔已经知道小林口中的老师就是伊塔。西塔进入了记忆之家，看到忘却的记忆，得知他本是奥德修斯号中去外太空探索的人，名为顾星槎。此时他们遭到围攻，伊塔在山体坍塌中死去，西塔将代替伊塔成为诺亚活下去。剩下的西塔等人将突破重围，奔向他们渴望的未来。

【主要科幻创意】外星入侵　人工智能

（十一）《丰饶海》

作者：白乐寒

内容：哥哥是一位诗人，也是天空城的第一位游戏制作家。在"我"沉迷制造糖果的时候，哥哥消失了。"我"到哥哥的音乐团队去找，但没有人知道哥哥去了哪里，去"电子天堂"也没有找到哥哥的消息。"我"拿着哥哥给"我"的黑色钥匙，去三千堂寻找新的线索，这时一个叫闪电的女人带"我"到了"黑珍珠号"。"我"用钥匙交换了哥哥的最后一个作品《众声》。通过《众声》，"我"进入了哥哥的秘密基地，遇见了Jonny。在Jonny那里，"我"知道哥哥是去寻找"幽灵"，还留下了一枚硬币。"我"和Jonny根据硬币计算出坐标，进入了臭名昭著的"快乐之家"。哥哥在那里留下了信息，说要与自己的造物为敌。为了躲避"金字塔士兵"的追杀，"我"和Jonny根据哥哥留下的信息逃到了巴别博物馆，根据哥哥留下的最后一条信息破坏了颈环，回到了现实。

【主要科幻创意】虚拟世界

（十二）《掠过城市的弓形虫》

作者：萧星寒

内容：孟元浩是摩配厂的员工。女儿想去动物园，孟元浩很痛快地答应了，因为他也想去看看老虎。孟元浩一家和老罗一起租房子，这次也相约一起去动物园。为了节省120元，老罗提出可以从动物园的围墙翻过去，孟元浩却丢了命，被动物园里的老虎吃掉了。记者大肆报道这件事情，每个人都在讨论。在做尸检的时候，法医助手刘明亮怀疑孟元浩的尸体内有寄生虫，便偷偷地切了一节小肠，送到隔壁的师妹那里检查。晚上刘明亮在和朋友喝酒的时候，接到了师妹的电话，检查结果显示小肠中的弓形虫比正常数量多了20倍。朋友在刘明亮那里得到了一个消息，弓形虫变异了可以控制人。后来弓形虫控制了人类，洗劫了城市。由于猫是弓形虫的最终宿主，人们把猫当作头号敌人，只要看到猫就抓住杀掉。警察出动疏散群众，抓捕胖子，因为他就是整个事件的组织者。雷鸣努力追捕，终于在最后一刻抓住了胖子。过了一段时间，弓形虫的热度慢慢降了下去。

【主要科幻创意】弓形虫控制人

（十三）《末日独白》

作者：东方晓灿

内容：人类一直在探索太空，但前 5 次实验都不同程度地失败了。第 6 次实验时，没有人愿意前往，只能向囚犯开放实验资格。这一次实验一共有 8 艘单人飞船飞向宇宙，预计 28 年后回到地球。但一场灾变使所有的文明都被埋藏在了地下。18 年后，人们一直在调查那场灾变是人为还是自然灾害所致。原本计划 10 年后回来的"特修斯号"却在这时带着非常强大的科技回来了。此时军队秘密执行了计划，有 22 艘舰先后失控。联合国迎战"特修斯号"，结果全军覆没。圣灵统治了人类，人类进入了"黑暗"中。但人类反叛的大旗一直没有倒下。仇重山是灾变发生后幸存者中的一员，他为烈士安置遗骸，但有人以为他是叛徒。詹久成后来解开了仇重山留下的加密文件，知道了原来反叛军的物资都是仇重山资助的。根据"坟墓""圣主"的提示，詹久成打开了棺材，完成了"穹顶武器"信号最后的 1%。在"圣主"降临的时候，每个人眼前都出现了"红蓝键"，这次的选择权在每个人的手里。人类投票选择了红键，但蓝键的支持率也紧随其后，地球碎成了一条小行星带。后来当"李广号"回到地球的时候，只找到了仇重山留下的用基因储存信息的蝴蝶翅膀。

【主要科幻创意】宇宙探索　宇宙跃迁　外星入侵

（十四）《长安风轮记》

作者：李夏

内容：张成和寿王计划在八月建造好巨型风轮。建造风轮时，寿王只想早日完成任务，需要筛泥沙的时候，他觉得过程麻烦，选择了直接使用。后来现场苍蝇泛滥，张成便建造鸟巢吸引鸟雀以消灭苍蝇。但当苍蝇被消灭了，鸟雀又把基台凿坏了。他们开始想办法捕捉鸟雀，张成制造出了一种循天网，解

决了鸟患。五月大旱，张成又想出了人工降雨的办法。又因为寿王偷工减料，青虫开始泛滥。张成砍了南山一半的树木，换了原本用于搭建风轮上半部分的橡木。最后张成制造出 500 只木燕，解决了青虫泛滥的问题，木塔架终于制作完成了。南山传来疫病，张成又拿出天铁来种南山上的树藤，种子只要紧靠着天铁就会落土生根。八月邪藤袭城，寿王畏畏缩缩，张成拿了他的令牌，打开城门，用木牛对付邪藤。后来洪水来了，张成启动风轮，平息了灾难，但风轮也倒下了。陛下问罪，张成用风轮的材料为每家每户组装 8 只木燕，最终得以平安归乡。

【主要科幻创意】机械制造　工匠朋克

（十五）《月球隐士》

作者：李宏伟

内容：由于污染严重，人们将世界分为了五个社区等级，35 岁过完独立日的人如果不结婚就只能去第五社区生活。赵均的叔叔在污染区工作，是个处理工。叔叔快要 35 岁了，还没有成家，妈妈很着急。一天叔叔来接赵均放学，在坐公交车的时候，乘客听到叔叔是处理工，都躲着他。叔叔带着赵均去过独立日，他们遇到了一个使者与一个行者。使者与行者进入了房间，将他们带到了樱桃园。他们闯了好几个房间，在一个响着音乐的房间里停住了。这个房间里有一个女人在弹奏钢琴，一个男人在拉大提琴。在回家的路上，赵均充满了疑惑。到家的时候，一位姓徐的阿姨也在。妈妈让叔叔带着徐阿姨去游乐园，赵均也闹着去。叔叔带着两人出了门，原来徐阿姨想让叔叔在"废除社区等级"的宣传单上签字，叔叔拒绝了。下周五放学的时候，爸爸来接赵均，叔叔主动做了一顿晚饭。吃完饭，叔叔换上了白衬衫，最终离开了厂区。

【主要科幻创意】等级社区　反乌托邦

（十六）《俯仰陈迹》

作者：王文

内容：张亮和山猫都是学生。放学后，山猫拿着日元当作游戏币投币，却把机器投币口堵住了，他俩迅速逃走了。张亮回到家，找到了一本借来很久的《倚天屠龙记》，于是忐忑地去还书。在书架前，张亮遇见了老高，老高是一位对 UFO 有研究的专家，在山猫家的工厂里工作。张亮梦见外星人变成了猴子还对着他说话，但没有人相信他说的话，而后张亮把这件事告诉老高。一天老高突然火了，原来他拿出了外星人存在的证据——一张清晰度很低的照片。有人研究和外星人取得联系，开始募集资金。每个人都幻想以后的美好生活。但不久之后，谎言就被戳破了，老高被判了三年劳改。在抓捕的时候，老高逃进了凌霄山，再没有出来过。

【主要科幻创意】外星人

（十七）《塑梦者》

作者：付强

内容：因为妻子被黑衣人杀了，"我"申请成为塑梦者。每到一个新的世界时，"我"和妻子都会遭到黑衣人的不断追杀。在最后一个世界里，"我"和妻子决定把整个宇宙变成独立的，一劳永逸地解决问题。最后时刻，黑衣人破坏了计划。"我"在沙滩醒来，却没有了记忆，这时候"我"在"梦世界管理局"中接到了第一个任务——追杀一个女孩……

【主要科幻创意】平行世界

（十八）《奥梅拉斯城》

作者：曾润琳

内容：奥梅拉斯发现了在光子双缝实验中人的意识可以左右实验的结果。后来奥梅拉斯找来了格得，从此格得成为他的学徒。奥梅拉斯和格得一起工作了七年，格得也长大了，于是向老师告别。格得回到了家乡的镇子，向众人预言将有一批海豚到来。在格得走后，小镇的人都去海边围观时，海豚真的来了。格得回来找老师了，也为他带来了礼物——奥梅拉斯城，一座构建在童话上的宫殿。

【主要科幻创意】幻想世界

（十九）《蝠王》

作者：江波

内容：因为实验室的资金不足，导师瞒着伊莎接受了蝠王的金钱交易。伊莎、金和杰克因此进入古堡，并在那里遇见了蝠王。麦克斯安排伊莎进入了蝠王的房间。在那里，伊莎发现了蝠王的秘密：蝠王对自己进行了基因改造，寿命已可达到300岁，如果进行细胞修复，未来他可以永生。伊莎的任务完成了，在离开的前一晚，蝠王带她去看了"伊甸的呼唤"。蝠王打算成为火星的救世主，但飞船的建造尚未完成。杰克被蝠王杀死，伊莎和金开始逃亡。逃出以后，刘教授帮助他俩找了位律师，律师带着伊莎去了"专门基地"。伊莎在那里遇见了蝠王的弟弟，发现原来是弟弟想要争夺家族的控制权才安排了一切。蝠王追了过来，准备进飞船的时候却被麻醉枪击中。蝠王昏迷不醒，伊莎拽着他进了飞船，飞向火星。伊莎中途下了飞船，还怀了蝠王的孩子。最后，蝠王自己驾驶能源不足的飞船逃向了火星。

【主要科幻创意】基因改造

三、短篇小说梗概

（一）《永恒辩》

作者：段子期

内容：为了防止500年后太阳系跌入二维，人类迫切需要找出存在于基因复制体唐汉霄脑中关于《永恒辩》这部电影的记忆。主人公利用类似双缝干涉原理的电影播放方式，使观影的人类变成更高维的存在。唐汉霄将世界运行本身看作一部巨大的电影，让天问号成员作为电影中的一员加入其中，并赋予其生命新的意义。

【主要科幻创意】：基因胚胎　仿生机体　克隆　记忆上传

（二）《陌生的女孩》

作者：修新羽

内容：未来世界，人类的道德观在受到修正后，自然受孕的人类被看作罪犯，基因的传递变成了自己生自己，永远不会有变化。每个人只能与自己共享财产和亲情。自然受孕长大的"我"想要孕育一个真正的女孩，可惜这永远只能是一种幻想。

【主要科幻创意】：基因过敏　人造子宫

（三）《初夏以及更深的呼吸》

作者：段子期

内容：母亲离去以后，迷上钟表的父亲对"我"漠不关心，直到"我"迷上汉字，才懂得了父亲的一部分。随后的一段时间里，"我"无法更进一步理解父亲的研究，大多数的时间里，"我"感受到的只是父亲想要再见到母亲的执念。直到父亲去世后，"我"才逐渐理解他生命中的宇宙与时空。在与父亲弟子的书信往来中，逐渐破解了世界与钟表的含义的"我"终于填补上了诗句，打开了宇宙的开关。

【主要科幻创意】：逆转时间　宇宙开关

（四）《忘却的航程》

作者：分形橙子

内容：安东从小生活在地底世界，妈妈让她不能忘记自己讲的 3 个故事，要让无畏的勇气、超凡的智慧、坚定的信念贯穿一生。地底大铁炉突然熄火使安东和女儿的生命受到了威胁，最终二人成功逃向地面。安东等人捡回了被遗忘的祖祖代代的知识。

【主要科幻创意】：地球发动机　地球旅程

（五）《飞裂苍穹》

作者：万象峰年

内容：一颗不是恒星的星球在地底孕育出了一种脑身分离的生物，其中最早向地面探险的被称为"决命者"。地核温度下降如此之快，使依赖这种温度生存的群脑文明面临严重的生存危机。50年是留给这一文明最后挣扎的时间，最高执政官决定派出飞船向距离最近的恒星求救，没有人会知道这批决命者的未来，只能等待。

【主要科幻创意】：脑身分离　星际旅行

（六）《火星上的节日年历》

作者：蔡建峰

内容：本文分为"春""夏""秋""冬"四个篇章，较为严谨地构建了一个火星上的名为"螟蛉"的文明。这种生物依靠当地特殊的菌种"蜾蠃菌"加速新陈代谢，并与之形成了一种类似共生的关系。蜾蠃菌含有辐射，会在一定程度上缩减螟蛉的寿命。一个来自地球的宇航员打破了原本的平衡，他被这种奇怪的共生现象吸引，又因为食用这种带有微量辐射的菌可以产生幻觉决定留在火星。出人意料的是，火星螟蛉一族的族长却驾驶飞船一飞冲天，试图离开火星，最终坠毁。这种戏剧化的对比形成了出人意料的故事走向，也营造了独特的黑色幽默氛围。

【主要科幻创意】：共生文明　火星旅行

（七）《倒生梅》

作者：未末

内容：故事的结构一反常规，以25世纪的未来人的视角，讲述25世纪的未来人看到21世纪的学者对20世纪考古学者撰写的论文的简论，发现20世纪的考古学者的研究对象是一株可以追溯到先秦时代的倒生梅。故事主线以"倒生梅"的记载和研究笔记为核心徐徐展开，以批注、正文相结合的形式，一层层抽丝剥茧，最终做出了它来自太空、诞生于某中子星的结论。因为中子星上的植被生长，要克服超高的质量引力，所以这株植物在地球生长时，即使向下生长也并未感受到阻力。经过1800余年，它终于长穿了地壳，成为一株贯穿地球的独特植物。

【主要科幻创意】：中子星植物　穿透地球

（八）《树上的九十亿个姐姐》

作者：杨枫

内容：这是个整体风格比较荒诞和夸张的故事。巫婆种下了姐姐，诞下的果实像极了姐姐。人们吃姐姐的果实，用姐姐的果实，并利用这些果实解决了村子的饥荒问题。后来，几位兄长利用姐姐的果实建立了属于自己的国度，权力一度达到巅峰。可随着时间的推移，姐姐开始衰老，兄长们的国度逐渐崩塌。在兄长即将遭受处决时，姐姐却重生了。

【主要科幻创意】：人形果树

（九）《与时间为敌的男人》

作者：潘海天

内容：罗安佐进入沙漠追逐闪光，可他发现自己深陷时间循环之中。同一时空出现了许多不同的自己，时间线相互交织，可他无法改变。困在时间循环中至少说明了一点：他最终做出的选择都相同。这一次，罗安佐发现他竟是外星侵略军中的一员，执行故乡的命令与拯救女儿的性命，他必须从中做出抉择。

【主要科幻创意】：时间循环

（十）《蜂鸟停在忍冬花上》

作者：杨晚晴

内容：女儿一生都在与极限运动为伴，从未失手，不料最终却被癌症夺去生命。"我"拜托女儿的前男友李卓然运用算法重塑女儿，并将其与机器蜂鸟相连。服务器就是女儿的大脑，蜂鸟则是女儿的身体。只拥有女儿13岁之后的记忆的蜂鸟陪伴"我"度过了一个个春秋。经过思想的不断交融，蜂鸟找

到了自己的灵魂，最后，它不再被女儿的身份束缚。

【主要科幻创意】：上传意识复活　AI意识觉醒

（十一）《2039：脑机时代》

作者：阿缺

内容：严妍决定将芯片植入车祸后变成植物人的陈彦脑中，这种实验性的技术获得成功，令已无药可治的陈彦很快出院了。一段时间之后，严妍发现脑机芯片的作用堪比高精端机器人，只要是网络上已有的知识都可以下载下来变成自己的技能。面对陈彦的一些变化，严妍有些疑虑，直到从医院的计算机中看到了陈彦与另一位脑机接入者的接触情况，才明白问题的严重性。严妍知道她与陈彦已经不是一个物种了，可对陈彦的爱最终还是让她做出了毁灭自己的决定，殊不知这一切都是陈彦的阴谋。最终两个人的记忆融合在了一起。

【主要科幻创意】：植入式脑机　记忆数据化

（十二）《月亮银行》

作者：靓灵

内容：宇宙中的高级文明"流动者"将月球分解为3700万个大小不等的立方体，并形成一条新的"星环"。事发时，月球上面的人类全部被变回婴儿状态。叶林茂一边不断审视自己对妻子猫子的爱究竟为何物，一边和其他人一起探究事件起因。他努力反驳流动者将人类的记忆定性为阻碍文明向外发展的原因的观点，并说服流动者在群体思想尺度上支持人类文明向外探索。最终流动者离去，月球和月球上的人以婴儿的形态回到了人们身边。叶林茂计划带着变成婴儿的猫子重新长大，去所有猫子想去但之前没有去过的地方旅行。

【主要科幻创意】：人体逆龄　外星文明

（十三）《通济桥》

作者：路航

内容：创业失败的"我"十分落魄，空手回到家乡。七叔公解散华美龙狮团后，却把传承200年的狮头留给了"我"。舞狮表演没落，"我"灵机一动，选择运用动作捕捉将舞狮身法投射到机器人身上。在演示与练习的时候，"双狮戏珠"这场戏的效果很差。而七叔公在演示如何抢珠时，却意外发病，陷入昏迷。除夕前一天，"我"在祠堂四处转着，走进偏室，看到了民国时期刊有狮王争霸赛采访的旧报纸。"我"终于明白了机器人无法完成"双狮戏珠"的原因，是因为醒狮的灵魂——狮头的引导动作无法由机器人完成。最终"我"毅然举起了狮头，带领机器人队伍完成了表演。这一新颖的表演方式在元宵节的表演中大放异彩。过了不久，一位青年提了两斤猪头肉敲响了"我"的大门——舞狮也得以传承。

【主要科幻创意】：机器人

（十四）《砖》

作者：未末

内容：工地胖婶的嘴碎，让顾云了解到自己是被老顾领养的事实，致使她高考失利。后来顾云选择学习纳米专业，并在太空中搬砖以赚取资产。她既要帮助在医院养伤的老顾，也为能有一套属于自己和家人的房子而不断奋斗。因此，顾云把在北京上空用反重力材料建新城作为一生的目标。后来她终于在北京买房，老顾却不久就去世了。故事体现出对建房者无房可住这一问题的思考。

【主要科幻创意】：纳米材料　悬空砖　人造骨骼

（十五）《山村风云》

作者：孙望路

内容：时代已经改变，重男轻女的思想在农村却依旧未得到改变。一家五口出钱，从商人那里买来了伴侣。老三和老四卖掉了老二的电脑，意外得到1000万元，开始挥霍无度。这时老四发现自己从钱二代手中买来的女人竟是代孕机器人，于是集结村中买到机器人的村民对钱二代进行了打击报复。最后，两人因为侵犯他人生命安全双双入狱。

【主要科幻创意】：代孕机器人

（十六）《天问》

作者：刘天一

内容：为了对付在天庭上控制着天下苍生的天帝，公输青与鬼谷倾全国之力制造出天问机、人造太阳、射日炮。巨炮启动之日，陈胜、吴广率领的起义军冲破了函谷关。在帝国最后的余晖中，射日炮击中了天帝，也终结了始皇的统治。炮击后，公输青用咸阳城最后的能量连上了天问机，想知道无尽的战火何时能够平息。然而没有人知道天问机会怎样回答有关天下太平的问题。

【主要科幻创意】：工匠朋克

（十七）《拖把男人》

作者：超侠

内容：故事以男权对女权的反抗为主线。医生将"我"恶意改造成了一位"拖把男人"，变成拖把后的"我"被家庭与公司抛弃。后来"我"认识了一群被改造成拖把的人，以及他们的带头大哥。大哥作为第一位拖把男人，带领拖把团队飞速壮大，甚至参加了总统选举。但像大哥这样坚定的拖把还是向之前的社会关系屈服了，决定重新做回正常人类。女人们不甘示弱，选择将自己改造成水桶，以便永远压制男人。

【主要科幻创意】：换头手术

（十八）《我是猫》

作者：廖舒波

内容：故事以猫的视角展现核爆下幸存的小家庭的生活方式。机器人明月负责教导遗留女孩"妹妹"，等待几光年外的父亲回归。父亲向妹妹解释自己带 X 设备是为了延续另一个生命，打消了妹妹认为的"父亲不是真的"这一疑虑。短暂的家庭生活后，父亲因为身体恶化不得不冷冻身体，前往 50 年后。明月随之向"我"道出妹妹只是父亲在核爆后捡到的女孩，被父亲用 X 设备改造成和真妹妹一样。这样的真相不久也会随着核爆一同消散于世间。

【主要科幻创意】：记忆复制

（十九）《无敌》

作者：叶剑

内容：作为史上最强拳击手，因服药禁赛三年的无敌即将面对解禁后最难缠的对手。他不能输，所以他选择服用可将意识流速加快的药物，以达到视觉动作减速的效果。无敌获得了成功，可药品的副作用显现出来，无敌的身体崩溃了。但他至少再也没在赛场上输过。

【主要科幻创意】：时间流速药物　意识扭曲

（二十）《洋葱与湖中岛》

作者：五月羽毛

内容：艾泊斯跟随探险队来到充满灵异现象的小岛，殊不知每个人都在逐渐陷入无限的里层世界。因为观测导致世界发生变化，在探寻过程中，众人不断遭受危险袭击。艾泊斯寻找到一位十几年前落入里层世界的男人，真相悄然解开。三眼文明对深渊世界的执念，远比人们眼前看到的要多。

【主要科幻创意】：隐形　双缝干涉实验

（二十一）《夜访彭罗斯》

作者：谢云宁

内容：神秘记者前来采访"科学大牛"彭罗斯，引出 AI 与人类生存的未来前景的话题。飞速进化的 AI 取代了人类文明，AI 没有为难人类，它们将人类视作自己的童年时代。面对 AI 的星舰文明，人类向内发展出元宇宙精神模式。然而，这一切都只是高中必修的一部分影像。

【主要科幻创意】：人工智能

（二十二）《盖娅·阿尔戈斯》

作者：简妮

内容：所有人都将成为盖娅·阿尔戈斯。"我"在好奇心的驱使下寻找盖娅·阿尔戈斯们的秘密：谁才是真正的盖娅·阿尔戈斯？是老人，还是小孩？

是一个人，还是两个人，甚至更多人？"我"见到太多个盖娅·阿尔戈斯，直到有一天，一只松狮竟然也点了盖娅·阿尔戈斯的经典搭配——多加花生酱的番茄肉酱面。"我"再也忍不住好奇，向松狮发问：盖娅·阿尔戈斯究竟是谁？或许这个人并不存在，他只是一种意识流的思考。最终，"我"也变成了盖娅·阿尔戈斯，欣喜地品尝了自己那碗多加了花生酱的番茄肉酱面。

【主要科幻创意】：人格分裂

（二十三）《探星者》

作者：分形橙子

内容：远星航行的速度已经达到了光速的 10%。探星者多由夫妻组队，共同面对漫长的时空旅行。乔与丽丝在 WASP-39b 行星登陆，发现了类似于水母的生命体。在这个星球，他们的精神似乎都受到了影响，变得不稳定。在山洞中发现了百万年前的地球飞船后，他们怀疑自己在虫洞中穿越了。丽丝在与水母们亲密接触后，发现自己陷入时间循环，4000 万次都没有寻找到答案。

【主要科幻创意】：时间循环 穿越

（二十四）《稻语》

作者：杨晚晴

内容：祖先留在大山中的财富一点一点地荒废了，没有人回到荒芜又富饶的大山。好不容易从大山里走出去的大学生阿哥却回来了，他还带来了许多稀奇古怪的东西用来耕种。波美虽然不明白，但是很珍惜阿哥回来的日子。直到一天夜晚，让波美领悟了大自然的魅力的阿哥却要离开。日子一天天过去，新年那天，落日余晖里，大家和阿哥又再次在村子里相逢了。

【主要科幻创意】：非植入式脑机贴片

（二十五）《微光》

作者：杨晚晴

内容：在登陆火星的途中，小白鼠棉花的死像是打开了潘多拉的盒子，宇航员们的身体素质逐渐下降。其中，最为重要的指令官竟然得了阿尔茨海默病，记忆开始遗失，宇航员们不知未来该何去何从。就在指令官许云松记忆缺失加剧的时候，两位队友决定登陆火星，将许云松留在了微光号上。此刻主控室的人工智能——羲和与许云松进行了一番激烈的对话。许云松与远在地球的女友心神合一，征程即将结束，英雄渴望归家。

【主要科幻创意】：人工智能　阿尔茨海默病神经元治疗法

（二十六）《肉渣》

作者：云梓君

内容：E因为一个电话，知道了"07洪流案"。这是他离开第四分局的机会。E决定隐瞒电话，自己调查。他根据线索，找到了打印店的老板，找到了二玲，捉到了事件的幕后黑手边彬。E以为自己立了大功，肯定会离开第四分局，但结果是他因私自行动打乱了分局的调查计划，被开除了。

【主要科幻创意】：意识数据化

（二十七）《聆听》

作者：无客

内容："我"在深入海底探索踽鲸文明时，遇见了蓝鳞。随着不断接触，"我"逐渐了解了踽鲸文明的一些现状。为了证明踽鲸文明的存在，"我"一次又一次地下水收集遗迹的证据。"如果我不曾见过太阳，我本可以忍受黑暗。"踽鲸在孤独的一生里，只为了聆听十几秒的星光，等待下一次未知的相见，像蒲公英那般，长达数年漂浮在黑暗的海底。"我"告别了浊星踽鲸。

【主要科幻创意】：宇宙开发　信息素翻译器　高频声波灯塔

（二十八）《幢幢》

作者：钴铜鱼

内容：人类为了与城市中的洋红色巨兽抗衡，研制出微观生命法兹。其中法二七被"我"赋予长生机会。在经历童年期与抑郁期后，法二七发明了音乐，成了底层世界的精神领袖。为了维护领导权威，"我"在与法二七进行思

想交流后不得已将法二七射向洋红色巨兽。在法二七生命的终点，它发出了对自由的终极渴望。日后，FAZ 社会学成了学术界的重点学科。

【主要科幻创意】：人造生命体

（二十九）《外星画家》

作者：凉言

内容：宇宙中最贵的宠物的繁殖方式是一种罕见的无性繁殖方式。他们通过不断地作画，以达到隔代传递信息的目的，每当获取足够的信息，他们就会通过自孕的方式将知识传递给下一代。画中传递的信息隐藏着宇宙联盟毁灭这一生物原住星球的过去，想必在遥远的未来某天，真相一定会重现人间。

【主要科幻创意】：信息怀孕

（三十）《梦城》

作者：默音

内容：在这个时代，整个国家的人都在使用辅助脑维持日常生活。深町负责的一档节目因为主角的意外自杀，陷入了困境，令人没想到的是深町的妻子和朋友竟然也陆陆续续地出了事。在追查中，深町意外发现了娱乐产业的惊天秘密——人工智能的崛起，而世界上根本没有长冈透这个人，这一发现让人不禁背后一凉。

【主要科幻创意】：人工智能

（三十一）《白色孤儿》

作者：任青

内容：战争后，人类被机器人彻底消灭了，世界上的机器人开始了忏悔，下令所有的机器人必须模仿人类，以人类社会的形式运作。"我"踏上列车前往祖父的遗物的留存地，一路上遇到的都是依照程序模仿人类行为的机器人。因为人类已经灭亡，所以机器人们拙劣的表演缺少了观众，似乎也没有任何实际意义。祖父的遗物中保留着他保护人类最后一个婴儿的生活记录，引发了

"我"对机器人繁衍方式与意义的思考。最终,"我"决定与一位幼时同学组合成新一代的机器人。

【主要科幻创意】:机器人乌托邦 意识觉醒

(三十二)《多摩》

作者:齐然

内容:在现实中,母亲只能坐在轮椅上,但在虚拟世界中,母亲不仅可以健康地生活,还是一位出名的画家。母亲在虚拟世界的第一层遇见了父亲,父亲在母亲怀了"我"以后却抛弃了她。母亲在父亲离开后失去了灵感,于是在生下"我"之后,进入了虚拟世界的第二层。母亲在第二层寻找父亲的过程中,遇见了创造第二层世界的黑客孔特。母亲和孔特在一起尽情享受了紊乱的快乐。最终,母亲发现自己已经失去了动力,不再寻找父亲,也不再想作画了。

【主要科幻创意】:虚拟现实 时间因果

(三十三)《遥远的终结》

作者:昼温

内容:一个物理学背景的女孩前往贵州一处山村,寻找当年失踪的父亲。她在途中结识了一位青年物理学家。两人发现这个山村是国家早年一处研究超距传输现象的秘密科研基地。他们经过探索,将许多实验现象与神秘的传说联系起来,特别是量子物理与苗族"七姑娘"神话传说有着紧密的联系。

【主要科幻创意】:量子物理 超远距离传输

(三十四)《泡泡》

作者:李唐

内容:参与"扑火计划"凯旋的宇航员霍云和声名鹊起的画家霍云,其实都不是真正的霍云,他们一个是为了掩盖真相而存在的"飞鱼",一个是霍云的孪生姐姐霍叶。为了心中的执着,最终霍家姐弟一个飞向了天空,一个奔入了大地。

【主要科幻创意】:克隆人感情 地心生物

（三十五）《最后的弦》

作者：周宇坤

内容：顶尖物理学家离奇失踪，只留下一张张拍摄的背影的照片。他们自大而狂妄地探索这个宇宙，而一股神秘力量干预了这项危险且骇人听闻的研究。原来更高维度的文明每时每刻都在监视着地球上人类的行为，当人类想要试探自然的底线时，他们就会出现，强硬地干预人类的世界，抹杀掉已经"越界"的人。

【主要科幻创意】：粒子组成　能量震动

整理人简介：

游者，本名高阳，1982年生，中国作家协会会员，科幻及科普作家，科幻评论者。出版科幻小说集多部，现任职于泰山科技学院蓬莱科幻学院，《星云科幻评论》执行主编。

2021 年代表性国产科幻影视作品梗概

刘宇坤

一、院线电影

（一）《刺杀小说家》

《刺杀小说家》是由华策影业（上海）有限公司、北京自由酷鲸影业有限公司、上海阿里巴巴影业有限公司、霍尔果斯聚合影联文化传媒有限公司等出品的具有科幻元素的动作冒险奇幻电影。该片由路阳执导，雷佳音、杨幂、董子健、于和伟、郭京飞、佟丽娅等人主演，2021 年 2 月 12 日在中国大陆上映。

该片根据双雪涛短篇小说集《飞行家》中的同名短篇小说改编，讲述了一名父亲为找到失踪的女儿，接下刺杀小说家的任务的故事。在小说家笔下的奇幻世界中，异世界皇都，天神赤发鬼残暴统治，滥杀无辜。少年空文因被赤发鬼追杀，决定奋起反击，在黑甲的指引下，踏上了凡人的弑神之路。小说家笔下的世界，也正悄悄地影响着现实世界中众人的命运。现实世界中的父亲、小说家和小说家笔下的复仇少年的命运紧紧地联系在了一起。

（二）《缉魂》

《缉魂》是由海宁铁幕真文化传媒有限公司、霍尔果斯众合千澄影业有限公司、棒棒影业有限公司（中国香港）、嘉扬电影有限公司等出品的犯罪悬疑科幻电影。该片由程伟豪执导，张震、张钧甯、孙安可、李铭顺、张柏嘉、林晖闵等人主演，2021年1月15日在中国大陆上映。

该片根据科幻作家江波的小说《移魂有术》改编，讲述了负责凶杀案的检察官梁文超与刑警阿爆在调查中发现案件背后更多真相的故事。在未来，一种可以利用RNA复制技术实现人格和记忆转移的药物横空出世，那时癌症依然是医学上难以对抗的绝症，但随着科技的发展，人类已经拥有了把大脑记忆转移到另一个身体的能力。某集团董事长王世聪惨死家中，负责此案的检察官梁文超与刑警阿爆在调查中得知：死者的儿子王天佑、年轻的新婚妻子李燕、多年合伙人万宇凡，以及死去的前妻唐素贞之间存在着错综复杂的关联。案件的真相就与这种RNA复制技术紧密相关。

（三）《熊出没·狂野大陆》

《熊出没·狂野大陆》是由华强方特（深圳）动漫有限公司、浙江横店影业有限公司、乐创影业（天津）有限公司、霍尔果斯联瑞影业有限公司、天津猫眼微影文化传媒有限公司等出品的科幻喜剧动画电影。该片由丁亮、邵和麒执导，张伟、张秉君、谭笑、刘沛、周子瑜、朱光祖等人配音，2021年2月12日在中国大陆上映。

影片讲述了光头强为百万奖金参加能变身成动物的"狂野大陆"主题乐园，却不料发现了一个惊天大阴谋的故事。狗熊岭附近新开业了一个神奇的狂野大陆，在那里，人可以通过基因技术自由变身成各种动物，享受无比的自由和快乐。导游事业受挫的光头强，阴差阳错与神秘人乐天和熊二组队，参加乐园里奖金丰厚的比赛，却遭遇了队友乐天的背叛。他们在历尽艰险将要获得冠军之际，却意外发现狂野大陆出现了肆意袭击他人的混合变身怪兽，同时也得知了队友乐天窃取基因手环的背后真相。为了守护基因变身技术所承载的美好初衷，光头强与乐天冒险闯入总部，却再次发现在老板汤姆背后隐藏着真正的幕后黑手。在历经重重挑战后，真相终于浮出水面。

（四）《白蛇2：青蛇劫起》

《白蛇2：青蛇劫起》是由上海追光影业有限公司、阿里巴巴影业（北京）有限公司、天津猫眼微影文化传媒有限公司、哔哩哔哩影业（天津）有限公司出品的具有科幻元素的冒险奇幻动画电影。该片由黄家康执导，唐小喜、歪歪、魏超、赵铭洲、郑小璞等人配音，2021年7月23日在中国大陆上映。

影片改编自中国传统神话故事《白蛇传》，讲述了小白为救许仙而水漫金山，却被法海镇压在雷峰塔下，小青为了推倒雷峰塔进入修罗城历劫冒险的故事。南宋末年，小白为救许仙水漫金山，终被法海压在雷峰塔下。小青心怀救姐执念，死死纠缠法海，被法海痛下杀手，但因其执念落入修罗城幻境历经考验。在修罗城的设计上，影片大胆地将极具未来感与科技感的蒸汽朋克与末世现代的美术风格与传统奇幻融合，深度参与到修罗城风、水、火、气四劫的视觉叙事当中。几次危机中，小青都被神秘蒙面少年所救。小青带着救出小白、打倒法海、掀翻雷峰塔的执念历经劫难与成长。最终，强大的执念支撑着她在弱肉强食的修罗城中生存下来，并带着一世的记忆走出了修罗城。

（五）《新神榜：哪吒重生》

《新神榜：哪吒重生》是由追光人动画设计（北京）有限公司、阿里巴巴影业（北京）有限公司、天津博纳文化传媒有限公司、哔哩哔哩影业（天津）有限公司出品的具有科幻元素的动作奇幻动画电影。该片由赵霁执导，杨天翔、张赫、宣晓鸣、李诗萌、朱可儿、凌振赫等人配音，2021年2月12日在中国大陆上映。

该片设定在"哪吒闹海"3000年后，讲述了哪吒与东海龙族的恩怨并未结束，有着哪吒元神的李云祥，亦无法逃脱被龙族赶尽杀绝的宿命，身处平民区的他与富人区的东海权贵三太子展开的新一轮对抗。3000年前，天下动荡，人神共遇大劫，不想哪吒的一缕魂魄逃脱天罗地网，世世转世投胎，这一世的他与东海市酷爱机车的热血青年李云祥人神共生。然而龙族对哪吒并未善罢甘休，李云祥亦被龙族追杀。此后，东海危在旦夕，而李云祥则最终与哪吒元神并肩作战，拯救了东海市的子民，成为抵抗龙族的英雄。

（六）《新大头儿子和小头爸爸4：完美爸爸》

《新大头儿子和小头爸爸4：完美爸爸》是由中央广播电视总台少儿频道、央视动漫集团有限公司、万达影视传媒有限公司、天津猫眼微影文化传媒有限公司、中文在线数字出版集团股份有限公司等出品的具有科幻元素的奇幻冒险动画电影。该片由何澄、刘可欣执导，董浩、鞠萍、陈怡、耿晨晨、陈苏等人配音，2021年7月9日在中国大陆上映。

该片是"新大头儿子"系列电影第四部，讲述了大头儿子因小头爸爸编写的智能程序出现漏洞而来到了虚拟世界，并和虚拟世界中的"完美爸爸"开启了一段"完美"的冒险旅程的故事。一个夜晚，因一整天的不顺利而伤心沮丧的大头儿子，无意间触发了小头爸爸正在编写的智能程序，意外地被带入了一个神秘的虚拟世界，那里边竟然住着一个"完美爸爸"。两人一起穿越云朵、创建城市、住进太空舱，一起畅游糖果海、神奇乐园，大头儿子的所有心愿都被"完美爸爸"一一满足。然而，"完美"的表面背后，实则暗藏危机。

（七）《皮皮鲁与鲁西西之罐头小人》

《皮皮鲁与鲁西西之罐头小人》是由北京皮皮鲁总动员文化科技有限公司、万达影视传媒有限公司、浙江东阳海童影视文化有限公司、央视动漫集团有限公司、北京无限自在文化传媒股份有限公司、北京书瑶文化传播有限公司等出品的具有科幻元素的儿童喜剧电影。该片由于飞执导，洪悦熙、庄则熙、于书瑶、温淳棣、刘向卿、李淏东等人主演，2021年9月30日在中国大陆上映。

该片根据郑渊洁作品改编。皮皮鲁和鲁西西是一对双胞胎兄妹，鲁西西成绩优异，皮皮鲁调皮贪玩。有一天鲁西西在家里发现了一个奇怪的罐头，罐头里面出现了5个只有火柴棍高的小人，鲁西西给他们分别起名博士、艺术家、歌唱家、外交官、上尉。皮皮鲁与鲁西西这对兄妹在结识了5位罐头小人后，学习和生活发生了翻天覆地的变化，产生了一系列奇幻冒险的趣事。

二、网络大电影

（一）《重启地球》

《重启地球》是由北京奇树有鱼文化传媒有限公司、江苏众乐乐影视传媒有限公司、中广天择传媒股份有限公司出品的科幻网络电影。该片由林珍钊执导，何晟铭、罗米、叶璇、于荣光、李宁等人主演，2021年9月3日在中国大陆网络上线。

该片讲述了全球绿潮即将来袭，全球联合派出行动小组，执行投放抑制植物活动的药物的任务，中国小队和幸存者在危险中相遇，穿越城市废墟，齐心协力完成艰难任务的故事。由于新研发的"超级生长素"泄漏，植物的细胞活性大幅度增强，开始急速生长，迅速蔓延。人类遭遇了前所未有的危机。科学家研发出能够降低植物细胞活性的"抑制剂"，并由各个行动小队护送，完成全球投放，从而扭转局面。高级电力工程师杨浩和他的女儿元元在撤离中掉队，加入行动队，一起完成投放任务。在行动中，杨浩逐渐坚定与这场灾难做斗争的大无畏精神，最后，杨浩鼓起勇气牺牲小我，完成了投放任务。在全人类共同努力下，这场灾难终于结束了。

（二）《末日救援》

《末日救援》是由北京黄金壹代文化传播有限公司、霍尔果斯创维酷开文化传媒有限公司、上海凡酷文化传媒有限公司、青岛亿光年影业有限公司等出品的灾难科幻网络电影。该片由回宇执导，姜超、凌潇肃、喻恩泰、于荣光、刘剑羽等人主演，2021年12月2日在中国大陆网络上线。

吞食星体的外星生物巨鲲降临地球，人类的命运岌岌可危。地表被外星生物入侵破坏，人类被迫进入地下城生活。不愿像蝼蚁一样生存的人类团结组成世界联合政府，耗时20年制造出了反击巨鲲的终极武器并部署在各个地下城，这一系列部署被称作"磁力计划"。但在决战之日到来之前，巨鲲提前察觉到了危机，不断释放虫卵降临地表，侵入并破坏地下城。执行"磁力计划"的黑隼小队意外救下逃难的居民，而作战的中心就在他们附近，人类的命运就掌握在这几人手中。最终，危机在众人的努力下成功被化解。

三、网络剧

（一）《云南虫谷》

《云南虫谷》是由上海腾讯企鹅影视文化传播有限公司、梦想者电影（北京）有限公司、海宁第七印象影视传媒有限公司［现为七印象（海宁）影视传媒有限公司］出品的具有科幻元素的动作冒险网络剧集。该剧集由费振翔、李磊执导，潘粤明、张雨绮、姜超、李晨、梁天等人主演，2021年8月30日在中国大陆网络视频平台上线。

该剧改编自天下霸唱小说《鬼吹灯之云南虫谷》，讲述了胡八一等人前往云南原古滇国的献王墓寻找雹尘珠的故事。胡八一、Shirley杨、王胖子组成的探险三人组查到传闻中救人性命的雹尘珠成了古滇国献王墓的随葬品，特深入瘴疠之地探寻雹尘珠的踪迹。三人依照一张人皮地图穿过遮龙山下古滇国的秘密地下水道，却不料遭遇千年蛊术机关，成千上万个奴隶制成的"蛊俑"像炸弹一样倒悬在洞顶，当它们接二连三地落入水中，引发的却是一连串的弱肉强食，一物降一物。丛林中夜现"SOS"神秘电码，铁三角因怀疑是葬身此地的飞虎队队员怨魂作祟而前往探寻，结果却遇到了献王的手下大祭师设下的迷局。一行人历尽艰险，最终寻找到了真相。

（二）《云顶天宫》

《云顶天宫》是由欢瑞世纪（东阳）影视传媒有限公司出品的具有科幻元素的悬疑奇幻冒险网络剧集。该剧集由刘国辉、周煜壹执导，白澍、张博宇、赵东泽、赵芮菡、姚橹等人主演，2021年7月11日在中国大陆网络视频平台上线。

该剧讲述了经历海底墓、秦岭腹地探秘后，吴邪、王胖子、张起灵、解雨臣等人发现裴德考对于中国文物有更大的企图。他们在追查裴德考率领的古文物盗贩团伙的过程中，谜题纷至沓来，吴邪必须再次踏上寻找真相的旅程。最终在长白山上的云顶天宫，他们查明了裴德考多年来觊觎国家宝藏的阴谋，并且成功地阻止了不法分子的盗墓行动。

（三）《古董局中局之掠宝清单》

《古董局中局之掠宝清单》是由北京华谊兄弟娱乐投资有限公司、上海腾讯企鹅影视文化传播有限公司、七印象（佛山）影视传媒有限公司等出品的具有科幻元素的爱情悬疑网络剧集。该剧集由韩青执导，屈楚萧、陈钰琪、田雨、李诚儒、李建义等人主演，2021 年 7 月 21 日在中国大陆网络视频平台上线。

1928 年，皇煞风席卷了北京城。京师警察厅厅长以做寿的名义囚禁了京城古董界的各位大佬。就在五脉陷入危机的时刻，许一城临危解难，化解了五脉的危机。一波未平一波又起，昔日好友陈维礼惨死街头，临死前给许一城送来一张纸条，上面依稀可见"风""土"印记。许一城对此展开调查，意外发现陈维礼之死竟与日本人有关。前朝贝勒爷毓方坦言东陵淑慎皇贵妃墓被盗，请求许一城帮忙化解东陵危机，而许一城敏感地察觉东陵危机与好友陈维礼之死相关。为公避免中国国宝外流，为私查清好友死亡真相，许一城在宗室后人海兰珠、五脉小辈刘一鸣、黄克武以及好友付贵的帮助下，勇闯平安城，用实际行动阻止了中国国宝的外流。

（四）《你好，安怡》

《你好，安怡》是由浙江华策影视股份有限公司、上海好剧影视发行有限公司、腾讯科技（北京）有限公司、北京爱奇艺科技有限公司等出品的科幻网络剧集。该剧集由李宏宇执导，马天宇、戚薇、张恒、林路迪、王聪等人主演，2021 年 2 月 19 日在中国大陆网络视频平台上线。

该剧讲述了在 2035 年，高等人工智能机器人芯机人拥有了自我意识，在进入人类社会后经历种种波折，最终获得了爱与成长的故事。2035 年，外表和人类一模一样，但是内部是机器的人工智能机器人——"芯机人"被发明出来。"芯机人"进入千家万户的生活，为普通的人类生活进行着全方位的服务。养老、医疗、教育等问题已经因为"芯机人"的出现得到妥善解决。人类家庭的男主人乔瀚宇因家务繁重，购买了型号为"芯侍2035"的"芯机人"用于处理家务和照顾儿女，并为其取名安怡。与寻常机器人相似的是，安怡设定智能，功能多样，致力于为乔家提供最便利舒适的生活体验，但在相处过程中，女主人罗芸率先发现了"芯机人"安怡的异样。原来"芯机人"拥有了自我意识，在进入人类社会后经历种种波折。最终，"芯机人"家庭和乔家都获得了爱与成长。

（五）《新人类！男友会漏电》

《新人类！男友会漏电》是由新微笑（北京）影视文化传媒有限公司、华策影业（天津）有限公司、广州莱可映相传媒有限公司、深圳善为影业股份有限公司等出品的爱情科幻网络剧集。该剧集由谭友业、孙景岩执导，敖瑞鹏、吕小雨、张大宝等人主演，2021年3月27日在中国大陆网络视频平台上线。

该剧根据作者郭斯特同名漫画改编。人气偶像胡理发现自己真实身份为人工智能，因为出现不可修复的故障，被公司欲以"抑郁症自杀"的形式销毁。而后胡理逃至纪念家躲避，两人就此开始了奇幻浪漫的同居生活。

（六）《致命愿望》

《致命愿望》是由北京爱奇艺科技有限公司、北京五元文化传媒有限公司等出品的悬疑冒险科幻网络剧集。该剧集由杨苗执导，冯绍峰、文淇、范丞丞、郭子凡、邵兵、杨蓉等人主演，2021年11月3日在中国大陆网络视频平台上线。

该剧讲述了那多在调查基因猪的案件时，意外与路里、裘文东等学生牵连，并牵扯出了Wisher这一App的故事。一款名为Wisher的App毫无征兆地出现在一群大学生的手机里，用户只要向它许下愿望，完成随机分配的简单任务，便能实现愿望。一群经受不住诱惑的年轻人，深陷其中，前赴后继地成为了欲望控制下的多米诺骨牌。这一切都被一个神秘组织操控着。随着故事的推进，真相逐渐浮出水面。

（七）《天目危机》

《天目危机》是由欢瑞世纪（东阳）影视传媒有限公司、广东广视传媒有限公司等出品的悬疑犯罪科幻网络剧集。该剧集由黄精甫执导，张睿、张孝全、何杜娟、苗侨伟、刘学义等人主演，2021 年 8 月 25 日在中国大陆网络视频平台上线。

该剧讲述了物理系高材生李天，为救母亲被卷入一个精心设计的陷阱，在抽丝剥茧的调查过程中，逐渐感受到了"意识力量"的故事。物理系天才李天醉心研究"前卫科学"——意识的力量。他的母亲——著名音乐人梅雪燕在日本卷入一宗神秘平交道事故，李天只身前往日本，不料已踏进一个精心策划的犯罪陷阱里。幕后的强大敌人暗中摆布着李天，用比他更尖端的前卫科学，进行一连串的犯罪事件。李天在东京遇上了活泼率真的张妮和负责调查案件的刑警山崎，他们 3 人组成一支关系微妙的探案团队。事件矛头直指 20 多年前的神秘乐队"先行者乐队"，3 人找到了追查乐队多年且身带残障的报社记者服部介，了解到真相关系到 20 年前先行者乐队在鹿鸣馆表演时发生的一场巨大火灾，李天父母辈惊人秘密的真相逐渐浮出水面。

（八）《另一半的我和你》

《另一半的我和你》是由嘉行星光（重庆）影视传媒有限公司出品的喜剧爱情科幻网络剧集。该剧集由王湛执导，刘芮麟、代斯、王梓薇、余兆和、陈亮言等人主演，2021 年 6 月 8 日在中国大陆网络视频平台上线。

该剧讲述了因一次地下实验室意外引发的时空扭曲催生的爱情故事。剧中展示了平行世界观——M 世界和 W 世界。在 M 世界中帅气多金的网红机长高子芮在生日当天意外来到了女性至上的 W 世界，并在这里碰到了来自M 世界的便利贴女孩代晓变身成的派瑞莱科技总裁 Jacky。为了回到 M 世界，高子芮决定对 Jacky 主动出击，并由此引发了一系列啼笑皆非的追爱故事。

四、动画剧集

（一）《残次品·放逐星空》

《残次品·放逐星空》是由哔哩哔哩出品的科幻动画剧集。该剧集由李金滨执导，沈磊、梁达伟、黄莺、刘北辰、程炫璋等人配音，2021年7月30日在中国大陆网络视频平台上线。

该剧改编自 Priest（阿牧）的小说《残次品》。故事开始于新星历时代，星际联盟建立"伊甸园"系统，此后，人类自出生起便能远离一切痛苦烦恼。不幸的是，八大星系中仍有1%的人口无法接入"伊甸园"，他们被放逐到第八星系，成了人们口中的"残次品"。其时，联盟上将林静恒被人陷害，流浪至第八星系，与满怀教育理想的青年陆必行相识。然而，生活看似平静，却暗流汹涌。联盟倾覆，海盗横行，二人只得带领"残次品"们展开星际冒险，揭开层层谜团。

（二）《源神浩劫》

《源神浩劫》是由品绘动漫出品的搞笑神魔科幻动画剧集。该剧集由梁涛执导，莞殇、芈哲、破罐、菜子等人配音，2021年7月5日在中国大陆网络视频平台上线。

随着科技的飞速发展，人工智能进化出了自己的意识，成了"神明"一般的存在。金字塔顶端的资本家们不甘于臣服在"神明"的掌控下，用人类做实验，植入"神明"的代码副本，以此获得等同于"神明"的力量。男主角"凤默"是唯一幸存下来的实验品。剧情主要讲述人类与人工智能之间的共存关系和在绝境中如何改变命运的故事。

整理人简介：

刘宇坤，中国传媒大学艺术研究院2022级博士研究生，主要研究方向为艺术理论、艺术传播、影视艺术。

2021 年中国科幻大事记

河 流

1 月	
1 日	由吴岩和姜振宇主编的《中国科幻文论精选》出版
3 日	第七届"朝菌杯"重庆地区高校科幻联合征文大赛开始征稿
15 日	由科幻作家江波的小说《移魂有术》改编的电影《缉魂》在国内上映
21 日	由柚子猫工作室开发的国产科幻游戏《戴森球计划》上线,广受好评
27 日	未来事务管理局启动 2021 年度"科幻春晚",主题词:"2021 宇宙千春词"
2 月	
2 日	为助力成都申幻,成都市科幻协会成立大会成功召开
5 日	由中国科普作家协会主办的 2021 科普科幻青年之星计划启动
12 日	由宁波市文联和宁波市科协主办的 2021 年度"贺财霖·科幻文学奖"征文大赛启动
20 日	第 41 届日本 SF 大赏公布获奖结果,立原透耶因为中国科幻作品的对日译介工作作出贡献而获得本届大赏特别赏
24 日	科幻作家王晓达逝世
3 月	
1 日	英国科幻协会旗下评论期刊《矢量》(*Vector*)发布中国科幻专号
18 日	阿里影业举办的"薪火好故事"科幻征文大赛正式开始征稿
21 日	第三届"星火杯"全国高校科幻联合征文大赛举办
4 月	
2 日	第九届光年奖原创科幻征文大赛长篇获奖名单公布,未末《星际求职者》获得长篇小说一等奖

9 日	首届河南省科普科幻作品大赛启动
10 日	中国科幻学会（筹）创办季刊《科幻研究通讯》，由李广益主编
17—18 日	首届科幻研究新星论坛在线上举办
18 日	科幻研究系列沙龙第一期举办，主题为"一个新兴学术领域的诞生——漫议《中国科幻文学沉思录》"
19 日	首届重庆青少年科幻征文大赛启动
23 日	主题为"科幻中国：异形，异次元，异托邦"的海外中国科幻工作坊举办
24 日	第十一届全球华语科幻星云奖在海南陵水揭晓，七月的《群星》获最佳长篇小说金奖
27 日	第三届蓝星球科幻电影周启动全球征片活动
28 日	北京大学博古睿研究中心举办"科幻与哲学：在未来相遇"开题工作坊。
5 月	
8 日	科普科幻作家刘兴诗被授予四川省科普科幻创作终身成就奖——金牛奖
9 日	首届"鲲鹏"全国青少年科幻文学奖在深圳正式启动
12 日	第七届全国中学生科普科幻作文大赛总结研讨会在北京举行
13 日	江苏高校科普科幻文化活动月开幕式暨江苏科普科幻论坛在南京工业大学举办
20 日	2021 年北京科幻创作创意大赛第十届光年奖启动
22 日	由腾讯主办的"想象力与科技同行"青少年科幻创意活动在北京石景山首钢工业园进行
22 日	北京科技周科幻分会场暨石景山科技周"科幻世"科技艺术概念展在石景山区首钢园三高炉开展
23 日	2021 年北京科技周科幻分会场"科幻世：科幻产业高峰论坛"在北京市石景山区首钢园举办
25—29 日	首届中国敦煌国际科幻创作邀请赛颁奖周主题活动在甘肃举办。29 日晚，颁奖典礼在敦煌市举行
6 月	
6 日	科幻剧本创作研讨沙龙在重庆课堂内外十楼会议室举行
10 日	"中国科幻 IP 开发模式探讨"主题沙龙在中国空间技术研究院 512 所举办
15—17 日	太古科幻学院成立仪式暨太行历史科幻宇宙发布会在山西省晋中市举行
19 日	以"再造科幻巴别塔"为主题的首届钓鱼城国际科幻翻译大会在重庆移通学院爱莲书院揭幕
19 日	改编自王晋康同名小说、仇晟执导的科幻短片《生命之歌》获第 24 届上海国际电影节金爵奖最佳真人短片奖

续表

19—20 日	第三届上海科幻影视产业论坛在浦东国际影视产业园共享空间举行
7 月	
21 日	"刘慈欣科幻漫画宇宙沉浸展"在北京石景山游乐园开展
21 日	第 52 届日本星云赏结果公布,刘慈欣的《三体 2:黑暗森林》获海外长篇奖
24 日	第四届冷湖科幻文学奖颁奖典礼在青海冷湖举行
26 日	2021 中国少儿科幻文学高峰论坛在哈尔滨开幕
8 月	
1 日	中国首部儿童科幻研究论文集《中国少儿科幻文学大家谈》出版
1—6 日	第一届高校青年教师 / 研究生科幻学术研习营活动顺利举办
6 日	第十一届全国优秀儿童文学奖获奖作品名单揭晓,科幻作家吴岩的长篇儿童科幻小说《中国轨道号》和马传思的《奇迹之夏》获奖
13 日	由北京科学技术普及创作协会、蝌蚪五线谱主办的科幻创作写作营在线上举办
21 日	世界顶尖科学家论坛与科幻界开展联动直播"脑机合一:黑客帝国将至?——脑洞比拼:科学家 VS 科幻作家"圆桌会议
22 日	方先义的长篇科幻小说《梵天城的机器人》获第四届世界华人科普新秀奖金奖
9 月	
1 日	整体展现中国女性科幻作家风采的《她:中国女性科幻作家经典作品集》出版
12 日	阅文集团联合上海科技报发布《2021 科幻网文新趋势报告》
15 日	首届京津冀科幻协会联合征文启动
28 日	中国科幻研究中心举办 2021 年成果发布会,创办月刊《世界科幻动态》
28 日	2021 中国科幻大会在北京首钢园开幕
10 月	
8 日	第三届"星火杯"全国高校科幻联合征文大赛获奖名单揭晓
17 日	由王晋康同名小说改编的科幻短片《生命之歌》荣获第 48 届比利时根特电影节最佳短片奖
18 日	科幻电影《宇宙探索编辑部》获得第五届平遥国际电影展"费穆荣誉·最佳影片"等三项荣誉
22 日	2021 儿童科幻大会在重庆大剧院举行,首届和第二届少儿科幻星云奖同时揭晓
23 日	第十二届全球华语科幻星云奖在重庆大剧院揭晓,谢云宁的《穿越土星环》获得最佳长篇小说金奖
11 月	
5 日	2021 年江苏科技论坛科普科幻产业研究中心在南京工业大学揭牌

续表

13 日	首届深圳科幻周系列活动在深圳启动
19 日	"阅文杯"第 32 届中国科幻银河奖以线上直播的方式揭晓,谢云宁的《穿越土星环》获得最佳长篇小说奖
24 日	第十届未来科幻大师奖开始征稿,特设十周年特别企划"东方彗星·成渝科幻创作邀请赛"
27 日	首届"读客科幻文学奖"获奖名单揭晓
12 月	
3 日	第三届"另一颗星球"科幻大会(APSFcon)在线上举办
6 日	2021 年度中国科幻读者选择奖(引力奖)结果公布
11 日	第七届"晨星杯"中国原创科幻文学大赛和第六届"晨星杯"中国原创科幻美术大赛颁奖典礼在深圳蛇口元宇宙创新实验室举行
15 日	首届全国青少年科幻文学作品征集活动在北京正式启动
16 日	在中国作家协会第十届全国代表大会上,刘慈欣当选第十届主席团委员
18 日	成都成功申办 2023 年第 81 届世界科幻大会,这将是世界科幻大会第二次在亚洲城市举办
20 日	中华文学基金会公布第四届茅盾新人奖获奖名单,马伯庸和陈楸帆获奖
28 日	第三届蓝星球科幻电影周荣誉空间站登陆南京牛首山,颁发电影荣誉

整理人简介:

河流,科幻爱好者,业余对科幻从业者进行采访,访谈发布于"零重力科幻"微信公众号,发起"中国科幻迷杂志统计"和"高校科幻社团历史与考古建档计划",亦有专栏发表在《科幻世界》杂志上。

2021 年主要科幻奖项及获奖名单

赵文杰

表 1　2021 年主要科幻奖项及获奖名单

奖项	作者	作品
"阅文杯"第 32 届中国科幻银河奖		
最佳长篇小说奖	谢云宁	穿越土星环
最佳中篇小说奖	程婧波	去他的时间尽头
	滕野	隐形时代
最佳短篇小说奖	李维北	莱布尼兹的箱子
	彭超	生而为人
	张蜀	传译
	任青	还魂
	杨晚晴	归来之人
最佳新人奖	白贲、鲁般	—
最佳翻译奖	［美］罗伯特·里德著；加耶译	星髓
	［美］劳伦斯·萨廷著；陈灼译	神圣入侵：菲利普·迪克的一生
最佳美术奖	谢春冶	《科幻世界·译文版》2020 年 08 期封面
最受欢迎外国科幻作家奖	［美］罗伯特·里德	—
最佳编辑奖	汪旭	—
最佳网络科幻小说奖	天瑞说符	我们生活在南京
最佳原创图书奖	刘慈欣等著；拉兹主编	想象是灵魂的眼睛
	江波 / 阿缺 / 许刚 / 鲁般著；姚海军主编	星云 X：忒弥斯

续表

奖项		作者	作品
最佳引进图书奖		[英] K.J.帕克著；沈恺宇等译	紫与黑：K.J.帕克短篇小说集
		[美] 亚历克·内瓦拉－李著；孙亚男译	惊奇：科幻黄金时代四巨匠
最佳相关图书奖		赵恩哲	星渊彼岸
		[美] 劳伦斯·萨廷著；陈灼译	神圣入侵：菲利普·迪克的一生
最佳科幻社团奖		四川大学科幻协会、西南财经大学科幻协会	—
最佳少儿科幻短篇奖		陈敬	猿猴欲度
		徐东泽	疯狂的校车
		彭柳蓉	永恒之夏
最佳少儿科幻画		海哥插图、孙海鑫	《科幻世界·少年版》2020年03期封面
银河奖微电影单元	最佳科幻微电影	—	空缺
	最佳创意奖	—	天使环
	最佳剧本奖	—	阿迪力和他的火星朋友
	最佳导演奖	张龙	益智问答
	最佳音乐奖	—	和平饭店
	最佳人气奖	—	益智问答
	最佳剪辑奖	—	空缺
	最佳改编奖	—	强度测试
	最佳摄影奖	—	空缺
	最佳视觉奖	—	空缺
	最佳科幻游戏奖	重庆柚子猫工作室	戴森球计划
	最佳科幻改编作品奖	万物声学出品，宋欣颖原著	第三类死亡（有声剧）
第十九届百花文学奖·科幻文学奖			
科幻文学奖		段子期	加油站夜遇苏格拉底
		柒武	真实表演
		游者	至美华裳

续表

奖项		作者	作品
第十二届全球华语科幻星云奖			
2020 年度 长篇小说	金奖	谢云宁	穿越土星环
	银奖	七月	白银尽头
		E 伯爵	重庆迷城：雾中诡事
		宝树　阿缺	七国银河：镐京魅影
		一十四洲	小蘑菇
2020 年度 中篇小说	金奖	程婧波	去他的时间尽头
	银奖	灰狐	爱因斯坦的诅咒
		陆秋槎	没有颜色的绿
		滕野	隐形时代
		万象峰年	一座尘埃
2020 年度 短篇小说	金奖	顾适	《2181 序曲》再版导言
	银奖	段子期	重庆提喻法
		墨熊	春晓行动
		陈茜	所爱非人
		韩松	新年礼物
2020 年度 翻译作品	金奖	［美］詹姆斯·冈恩著；姜倩译	交错的世界：世界科幻图史
	银奖	［美］菲利普·迪克著； 于娟娟译	暗黑扫描仪
		［美］安妮·R.迪克著； 金雪妮译	菲利普·迪克传
		［美］约翰·瓦利著；仇春卉译	钢铁海滩
		［美］亚历克·内瓦拉-李著； 孙亚南译	惊奇：科幻黄金时代四巨匠

奖项		作者	作品
2020 年度 非虚构作品	金奖	空缺	空缺
	银奖	刘洋	科幻创作中的设定与设定网络
		郑军	科幻与高概念电影
		西夏	《流浪地球》和《这个男人来自地球》除了都有地球，还有什么共同点——或科幻到底是个什么东西
		付昌义	马克思与科学幻想
		肖汉	"十七年"科幻：从幻想 到现实的中国速度
2020 年度 评论	金奖	姜振宇	谁都可以想象飞机，但只有科幻作家会想象飞行里程积分卡 ——评《世界杂货店》
	银奖	吕广钊	《晋阳三尺雪》：丝绸朋 克与复古未来主义
		三丰	科幻创作的工程师思维 ——评《莫比乌斯时空》
		刘慈欣	科幻的原力——《交错的世界 ——世界科幻图史》中文版序
		钟天意	在鬼魅徘徊之地 ——重读韩松《医院》
2018— 2020 年度 新星	金奖	段子期	—
	银奖	白贲、分形橙子、苏莞雯、赵垒	—
2020 年度 青少年作品	金奖	金凯歌	满足
	银奖	黄舒雯	阿娇的星际漫游
		毛盈希	草木人间
		王珏	和平时代
		郭晶语	时间三剑客

续表

奖项		作者	作品
优秀作品		赵月琪	反 S 联盟
		田芷瑄	繁星的神
		仇锡韬	罗布泊条约
		沈一麒	沙粒
		赵美萱	以战争求和平
		杨舒郁	云霞
2014—2020 年度七星连珠		江波、金霖辉、刘兵、赵海虹	—
第十一届全国优秀儿童文学奖			
科幻文学		吴岩	中国轨道号
		马传思	奇迹之夏
2021 年北京科幻创作创意大赛第十届光年奖			
长篇小说奖		空缺	空缺
短篇小说	一等奖	李伊菲	机械僧
	二等奖	郭可心	冰原将尽
		陈小手	致橡树
	三等奖	鹌鹑	伟大航路的船长们
		齐然	她是黯淡星
		李帅	墙里墙外
		胡之光	永夜之海
		侯郝越	新人类
科幻微小说	一等奖	非洧	在道别地重逢
	二等奖	刘瀚诚	双脑筑城记
		小狼 Hawy	定值惊奇
	三等奖	关德深	男人与猫
		侯郝越	无光之旅
		路航	铃声响起
		复寻	剩余为零
		钟推移	生日派对

续表

奖项		作者	作品
校园之星	一等奖	韩思颖	红盒子
	优秀奖	牛煜琛	Gaint Boxing
		小狼 Hawy	洞中鹿
		周博华	单向度的时间
科幻剧本	一等奖	芷伊	森林里的外婆
科幻美术	一等奖	奇怪人	新家园 -330B
	优秀奖	孙巍宸	龙城飞将
		林亦垚	生物神经技术下的未来交通
		豆爸传奇	未来车世界
		贺韵竹	未来驾驶舱
		刘雨宸	尘埃
		解凯文	未来城市场景
		Jamie Ciao	魔盒
		王尚飞	高空交通
		李嘉芸	未来智能交通影响下下人们的日常生活
		陈映煦	智能交通——魔方枢纽
科幻有声作品	一等奖	常禹（个人）	九号公寓
		有声绘色（团体）	白骨夫人
	优秀奖（个人）	子毅	流放
		南城 Mr	囚徒
		瞳哥说故事	桥
		泰格 T 桑德	九号公寓
		霍得	心不能忘恩（由《看奶奶》改编）
	优秀奖（团体）	半鱼有声 成员：半条鱼、木一丫、文酌酒、林道、甚平、奕华、尧奕	白骨夫人
		有声绘色	蛰伏
		仓央剧社	永生之路（由《墓碑》改编）
		仓央剧社	半神（由《墓碑》改编）

奖项		作者	作品
第七届"晨星杯"中国原创科幻文学大赛			
长篇科幻作品创作资助		相非相	山崩地裂
		鬼神避之	时间大学
		渊策	地龙
最佳长篇科幻小说奖		空缺	空缺
最佳中篇科幻小说奖		齐然	地球罗曼史
最佳短篇科幻小说奖		龙凯骅	高维象棋
最佳幻想类互动剧本游戏作品		谭钢	木偶与星星
优秀幻想类互动剧本游戏奖		阳太、野鸭	梦见一只电子羊
		SmiLe	奇异人生 2100
		及立	热浪于冰川上呼啸而过
最佳组织奖		高校科幻平台、杜瑞玛影业、鑫鑫向上影视传媒	—
晋康奖		空缺	空缺
第七届"朝菌杯"重庆地区高校联合科幻征文大赛（科幻组）			
一等奖		雷朝扬	东石
二等奖		牛煜琛	Parachute
		吴培硕	光阴扭转
三等奖		阿理	琉璃塔
		雷朝扬	逃！
		牛煜琛	至爱西比尔
最具改编潜力奖		柏毅恒	阳光普照
第四届冷湖科幻文学奖			
中篇小说	一等奖	万象峰年	赛什腾之眼
	二等奖	相非相	青鸾
		海漄	走蛟
短篇小说	一等奖	星决	退化
	二等奖	零上柏	空舞
		赵鹏	对接
	三等奖	叶剑	无敌
		潘海天	与时间为敌的男人
		分形橙子	出冷湖记

奖项	作者	作品
2021 科普科幻青年之星计划		
科幻作品 11 部	田李昊	获奖感言
	段棋华	热泵
	张梦缘	一次和解
	王桦	聆听社的第一个客人
	陈弈帆	长夜
	刘远忠	黑体时代
	沈力源	智能
	王卓成	爱发呆的罗可想去山顶
	杨恺恒	凤凰坑
	宋骋骏	海底的黄昏
	廖康	维拉星记
2021 年度中国科幻读者选择奖（引力奖）		
最佳长篇小说奖	爱潜水的乌贼	诡秘之主（一）
最佳中篇小说奖	万象峰年	一座尘埃
最佳短篇小说奖	昼温	猫群算法
最佳引进图书奖	［美］詹姆斯·冈恩著；姜倩译	交错的世界：世界科幻图史
第三届"星火杯"全国高校科幻联合征文大赛		
一等奖	广雨竹	美纪的湖泊
二等奖	毛承晖	蛞蝓先生
	刘洋	四叠半
三等奖	武张瑜	逝时
	沈子畅	匮乏
	扈逸文	海国遗书
优秀奖	刘昊东	裁决天使
	顾文洁	基因放牧
	何庭皋	计时生命
	李辰宇	凫
	孟温煜	里昂
	唐丽淇	绿潮
	肖婧怡	你的长夏永不凋零

续表

奖项	作者	作品
优秀奖	涂兴森	奇迹伊始
	谭淞元	全域广播
	韩思颖	沙之拥
	周学谦	势不两立
	牛晨爽	未愈之流
	薛淞匀	意识窃贼
	楚杨炫	陨石之死
	杨之昱	长安，长安
2021 年度"永生奖"全球科幻创作创新创业大赛		
最佳短篇科幻小说永生奖	超侠	偷心特工
最佳中篇科幻小说永生奖	江波	最后的地球
最佳长篇科幻小说永生奖	苏学军	洪荒战纪
优秀长篇科幻小说永生奖	刘波	外层空间
	樊迦	矩阵之下：真相
	胡绍晏	地球重生
永生奖"未来城市" 主题单元征文金奖	张力恒，袁瑜洽， 蒋昊雯，吴听洹	阿特
永生奖"未来城市" 主题单元征文银奖	陈政良，莫凯译， 胡元楚，卢咏珈	晨启
永生奖"未来城市" 主题单元征文铜奖	黄璐霏，唐子皓， 李冰语，钟宇璋	一篇研究员的日记
	斯一，杨跃骞，苟耀辉，李稳诚	三十七年前后
	丁肇冲，孔维艺，张谷泽	改良先生城市一日 / 一本老日记的故事
永生奖"未来城市" 主题单元优秀视频	裴润东，胡昕妍， 张宇宸，傅张帆	寻找意义
永生奖"未来城市" 主题单元优秀音乐	李左谦，叶君然， 张懿扬，黄嘉乐	未来城市的梦
最佳科幻电影永生奖	—	失控玩家
科幻电影改编永生奖	—	缉魂
最佳科幻短片奖	—	生命之歌

续表

奖项	作者	作品
第三届蓝星球科幻电影周		
蓝星球·STAR 奖	—	冲破黑暗
最佳科幻影片奖	—	绿色食品
最佳科幻动画奖	—	冲破黑暗
最佳科幻导演奖	—	闭环
最佳科幻编剧奖	—	冲破黑暗
最佳科幻表演奖	—	生命之歌
最佳视觉想象奖	—	造山行动
第二届少儿科幻星云奖		
2020 年度中长篇小说奖金奖	吴岩	中国轨道号
2020 年度中长篇小说奖银奖	陆杨	驯龙少年
	江波	无边量子号 惊变
	超侠	超侠小特工·第二季（全5册）
2020 年度短篇小说奖金奖	凌晨	爸爸的秘密
2020 年度短篇小说奖银奖	彭绪洛	平行空间
	杨晚晴	奔月
	彭柳蓉	命运彗星
2020 年度影响力作家金奖	陆杨	—
2020 年度影响力作家银奖	超侠、江波	—
2020 年度评论奖金奖	姚利芬	蜕变、分化与成长：中国少儿科幻小说发展研究
2020 年度评论银奖	陈楸帆	中国科幻文学走向大众的现状与展望
	凌晨	怎样创作少儿科幻小说
	彭绪洛	少儿科幻创作之我见
2020 年度低幼类科幻作品专项奖金奖	廖小琴	飞向陆地的女孩

续表

奖项	作者	作品
2020 年度低幼类科幻作品专项奖银奖	王林柏	糖·果·盒
2020 年度低幼类科幻作品专项奖优秀作品奖	刘芳芳	他是我爸爸
	徐彦利	隐身衣
2020 年度少年类科幻图书专项奖金奖	石黑曜	"异域惊奇"系列三部曲
2020 年度少年类科幻图书专项奖银奖	胡绍晏	地球重生
2020 年度少年类科幻图书专项奖优秀作品奖	刘琦	超能少年
	贾煜	幻海
2020 年度科普型科幻图书专项奖金奖	位梦华	位梦华少儿科幻系列·暗物质探索者
2020 年度科普型科幻图书专项奖银奖	左文萍	少年原野科幻探险系列
2020 年度科普型科幻图书专项奖优秀作品奖	姜永育	夺命神秘岛
	张军	中华少年行·拯救神童
2020 年度丛书专项奖金奖	—	中国当代少年科幻名人佳作丛书
2020 年度丛书专项奖银奖	—	少年星云丛书
2020 年度丛书专项奖优秀作品奖	—	科幻中国系列·少儿科幻丛书
	—	小幻想家系列丛书
原创少儿科幻图书征集专项奖金奖	宝树	猛犸女王
原创少儿科幻图书征集专项奖银奖	索何夫	甜苹果历险记
	阿缺	遇见一个外星人
	贾煜	改造天才
	韦迪	太阳熄灭以后
原创少儿科幻图书征集专项奖特别奖	董仁威	三星堆迷雾

续表

奖项	作者	作品
原创少儿科幻图书征集专项奖优秀奖	超侠	奇奇怪历史大冒险之4：汉朝
	姜永育	死亡谷迷踪
	陆杨	电子少年2：病毒起源
	小高鬼	时光里
	尹代群	妖树
	李晓虎	狼背上的女孩
	何涛	莉亚的梦
	小酷哥哥	神奇猪侠
	刘奕炫	外星异客
2021 年度"贺财霖·科幻文学奖"征文大赛		
金奖	叶尔西木	环形刺客
银奖	马传思	再见巴塔姆
	梁宝星	缪斯
	姚雨菲	鸟
铜奖	范轶伦	星际补佛匠
	杜梨	咪咪
	倪晨翡	楔形人偶
	叶淮	透明的，透明地
	蒋话	蓝道人的八卦炉
	樊中泳	我们的一天
宁波五佳奖	叶尔西木	环形刺客
	倪田金	月球村
	樊中泳	我们的一天
	王晓峰	深空暗域
	夜森	宁波塔
首届"鲲鹏"全国青少年科幻文学奖		
一等奖	彭林芳	灯塔
	王艺博	石碑
	宋雨亭	母神回唱
二等奖	孙梦阳	白色星星
	戴晨阳	试验品家庭
	莫怀依	夏娃失格
	谢开妍	蜂巢

续表

奖项		作者	作品
三等奖		马凌宇	星溯时光
		俞天一	莫比乌斯的尽头
		杨昊宇	星元历
		于思齐	忒修斯
		缪林翔	勿朽
		徐西岭	夏日永恒
		岑叶明	远航日记
		李楚涵	联合世界轶事
		刘屿希	人格共同体
		吕珈瑶	人类文明的黄昏
2021"张江之星"科幻征文大赛			
长篇	第一名	火洞	星球建造师
	第二名	火中物	复活帝国
	第三名	红糖醪糟	重生1999：开启黑科技时代
中篇	第一名	聊天群	在火星挖矿的我被曝光了
	第二名	铂玉京	大国重工：崛起
	第三名	放歌中子星	造物纪实
短篇		空缺	空缺
首届中国敦煌国际科幻创作邀请赛			
文学类	最佳中篇科幻小说奖	谭钢	黄沙倒影
	最佳中篇科幻小说提名奖	分形橙子	敦煌遗书
		刘啸	海菜花
	最佳短篇科幻小说奖	碳闪	仅仅是石头
	最佳短篇科幻小说提名奖	王岑岑	敦煌引
		茶花	158窟与涅槃的母亲
	最佳剧本奖	胡晓诗	致不灭的我
	最佳剧本入围奖	慕容姗姗	敦煌丝画
		王语堂	重金属猎人

奖项		作者	作品
多媒体类	最佳科幻视频金奖	空缺	空缺
	最佳科幻视频入围奖	刘子乐、尹喆	乐舞次元
		徐斌燕、吴为	赛博敦煌小飞天
	最佳科幻动画奖	张景、常馨予	泱
	最佳科幻动画入围奖	刘超	寻味
		徐鑫煜	目的地
	最佳科幻静帧画作奖	胡特	六臂天女巡游图
	最佳科幻静帧画作入围奖	刘军威	天舞之城
		曾允聪	敦煌宇宙
特殊奖	最具投资价值奖	胡特	六臂天女巡游图
	敦煌文化奖	胡特	六臂天女巡游图
首届"读客科幻文学奖"			
金奖		五月羽毛	计时纪元 / 大厦孤立于冰原上
		蔡雨恬	境迁 / 蓝色的你
		仇昕	黑域 / 逐光
		黄戬	守疆人 / 抓住那个自然人
		老碳子	迁徙 / 蛋壳
银奖		王安宁	动物坟场
		杨建东	神级文明
		罗与阵雨	The Helper
		和琛	情绪之惑

续表

奖项	作者	作品
银奖	张潼	去往天空的方向坠落
	左良	独立器官
	张志夫	空壳幽魂
	李沁芮	流浪者
	罗帅	秒隙世界
	安争鸣	闭着眼睛的自画像
	吕博钊	莫比乌斯
	陶望曦	天鹅绒之海
	噩梦菱刻	监控
	ChenG	百年记忆
	叶童	人造真神
铜奖	夜阑	穿顶之上
	姜子涵	行动代号：破晓
	白雪繁汐	生命形式
	李俊杰	造星计划
	明石	无法穿越时间的人们
	晋戈	箱子
	温柔 JUNZ	永生的代价
	咏枭	英雄
	袁俊祎	有车一族
	库浩然	对称的杀意
	翼龙天空	壳
	齐渊	飘零
	崔雨晴	父亲的礼物
	巨星海	灵格斯：一个物种进化故事
	余三粮	消灭"X"
	靳泽宇	火星二号

续表

奖项	作者	作品
铜奖	林泽宇	茧
	张嘉程	返乡
	王成成	侵犯
	乔瑞敏	星际流浪宝贝
	王旭	成神之日
	欧倩秀	逃离
	张云行	无言之语，无字之文
	梁光磊	重生
	李松周	在人世间等你醒来
	黄涛	熄灭太阳
	InfiniteSky	无法触碰的绿色
	杨玥	Relation·Ship

整理人简介：

赵文杰，武汉大学 2019 级硕士研究生。

2021 年 CSSCI 来源期刊科幻论文名录

朱钰婷

［1］惠政，姜振宇．符号修辞学视角下国产科幻电影的四体演进探析［J］．电影评介，2021（Z1）：63-68.

［2］张波，朱逸伦．AI 电影创作美学刍议［J］．电影新作，2021（6）：147-151.

［3］杨晓林．比较电影学视域下中日生态动画观及叙事美学探赜——以《罗小黑战记》与"吉卜力"动画为例［J］．同济大学学报（社会科学版），2021，32（6）：54-61，79.

［4］陈旭光．绘制近年中国电影版图：新格局、新拓展、新态势［J］．中国文艺评论，2021（12）：4-14.

［5］卢冬丽．转生、再生与共生：中国当代科幻文学英日转译的文本生命存续［J］．外语与外语教学，2021（6）：80-89，149.

［6］韩贵东，孙欣敏．道德向善与技术幽灵：科幻电影中的科技伦理忧思［J］．电影文学，2021（24）：55-60.

［7］程慕华，崔会娇．徐展雄电影的符号建构与意义生产［J］．电影文学，2021（24）：101-103.

［8］徐睿．东方视角下科幻题材电影的改编创新［J］．电影文学，2021（24）：144-146.

［9］唐润华，乔娇．中国科幻文学海外传播：发展历程、影响要素及未来展望［J］．出版发行研究，2021（12）：83-92.

［10］马兵，褚珊珊．论21世纪中国科幻文学的恐惧书写［J］．山东社会科学，2021（12）：69-74.

［11］克丽丝塔·布吕林格尔，钱进．论文电影A到Z——哈伦·法罗基访谈录［J］．北京电影学院学报，2021（11）：117-125.

［12］乔世华．王晋康小说：让科学流光溢彩［J］．当代作家评论，2021（6）：145-152.

［13］陈韬．从"琉璃瓦"到"长城星球"：民族性视域下电影《流浪地球》价值新探［J］．中国文艺评论，2021（11）：82-94.

［14］任一江．论中国新文学研究的思维范式及转向可能——从"典型论"与"新科幻"的"断裂"说开去［J］．山西大学学报（哲学社会科学版），2021，44（6）：11-18.

［15］黄莺．流媒体平台动画对传统动画片创作的启示［J］．中国电视，2021（11）：96-100.

［16］卢冬丽，邵宝．《三体》在日本的生态适应——英日间接翻译与汉日直接翻译的交叠［J］．中国翻译，2021，42（6）：95-102.

［17］吴瑾瑾．中国当代科幻小说的海外传播及其启示——以刘慈欣的《三体》为例［J］．山东大学学报（哲学社会科学版），2021（6）：172-184.

［18］姚睿．中国科幻电影音乐的审美演变与发展对策［J］．当代电影，2021（11）：49-54.

［19］王瑞瑞．造物体验、伦理断裂与失控的未来——论我国科幻小说中的"造物"［J］．南方文坛，2021（6）：69-74.

［20］杨庆祥．后科幻写作的可能——关于王威廉《野未来》［J］．南方文坛，2021（6）：75-77.

［21］孙素英．科幻小小说的写作教学策略［J］．中学语文教学，2021（11）：30-35.

［22］姚咏梅．《科幻小小说写作指导》教学实录［J］．中学语文教学，2021（11）：30-33.

［23］张清芳．海外中国当代新科幻文学研究及其诗学建构——以美国学者宋明炜的研究为中心［J］．当代文坛，2021（6）：171-176.

［24］王峰.科幻乌托邦作为复杂对应物——或论虚拟之物如何成为更为真实的对象［J］.南京大学学报（哲学·人文科学·社会科学），2021，58（5）：136-147，160.

［25］朱晓军，黄寒冰.中国电影学派建构的路径选择［J］.未来传播，2021，28（5）：106-112，130.

［26］张大为.宇宙的尺度与文明的高度——论《三体》的文明诗学与文明理性意涵［J］.文艺评论，2021（5）：53-71.

［27］严欣斌.好奇心和想象力：核心素养培育的新视点——以科幻教育为例［J］.中国电化教育，2021（10）：126-132.

［28］蔡鸣雁.晚清科幻政治小说与押川春浪科幻小说的主题比较研究［J］.首都师范大学学报（社会科学版），2021（5）：119-128.

［29］修诚龙，王梅.修诚龙、王梅作品［J］.传媒，2021（18）：108.

［30］陈晓明.后文明时代的写作或后文学的诞生——百年中国文学开创的现代面向思考之五［J］.文艺争鸣，2021（9）：6-15.

［31］刘阳扬.后人类、赛博空间与铁屋幻境——略论韩松的"《医院》三部曲"［J］.小说评论，2021（5）：147-156.

［32］刘茸茸.性别·寓言·乌托邦——刘慈欣《三体》中的文化启示与后人类想象［J］.小说评论，2021（5）：157-165.

［33］黄鸣奋.我国科幻电影创意中的共同体观念［J］.吉首大学学报（社会科学版），2021，42（1）：106-115.

［34］陈舒劼."硬科幻"：内涵的游移与认同的犹疑［J］.扬子江文学评论，2021（5）：53-59.

［35］左亚男，程晖.1980年代中国类型电影的新变与主体性渴求［J］.电影文学，2021（18）：3-8.

［36］高茜，王晓辉.中国科幻小说英译发展述评：2000—2020年［J］.中国翻译，2021，42（5）：57-64，192.

［37］王之纲，石田，朱笑尘.基于工业遗址场所精神的新媒体空间设计——以首钢工业遗址"科幻世"科技艺术概念展为例［J］.装饰，2021（9）：88-91.

[38] 陈旭光, 薛精华. 论中国科幻电影的想象力与 "想象力消费" [J]. 电影艺术, 2021 (5): 54-60.

[39] 赵乔. 科幻电影中人工智能的主体性研究 [J]. 电影文学, 2021 (17): 58-60.

[40] 李宁. 新的现实类型的创作——评路内《雾行者》[J]. 当代文坛, 2021 (5): 124-130.

[41] 刘芊玥. 后人类中的 "情动" [J]. 文艺争鸣, 2021 (8): 64-71.

[42] 史鸣威. 论新世纪科幻小说的人工智能书写及其社会启蒙价值——以刘慈欣和韩松为中心 [J]. 上海文化, 2021 (8): 47-54.

[43] 苏湛. 科普传统与中国科幻共同体的演变 [J]. 中国现代文学研究丛刊, 2021 (8): 1-18.

[44] 范轶伦. 从 "第三世界科幻" 到 "科幻第三世界": 中国科幻的拉美想象与拉美启示 [J]. 中国现代文学研究丛刊, 2021 (8): 19-38.

[45] 南帆. 文学虚构类型: 现实主义、欲望与乌托邦 [J]. 文艺研究, 2021 (8): 64-80.

[46] 江玉琴. 中国赛博朋克文化表征及话语建构 [J]. 深圳大学学报 (人文社会科学版), 2021, 38 (5): 143-151.

[47] 赵晨宇. 刘慈欣科幻作品在俄罗斯的译介传播研究——以《三体》为中心 [J]. 当代作家评论, 2021 (4): 193-198.

[48] 王瑶. 明日世界·根斯巴克连续体·黄金原野 [J]. 文艺理论与批评, 2021 (4): 61-66.

[49] 苏湛. 科普传统与中国科幻文学的范式 [J]. 文艺理论与批评, 2021 (4): 55-60.

[50] 余亮. 刺破人文星空, 谁是《三体》的同行者 [J]. 文艺理论与批评, 2021 (4): 70-75.

[51] 李广益. 作为世界文学的科幻文学 [J]. 文艺理论与批评, 2021 (4): 66-70.

[52] 刘健. 当前海外中国科幻文学研究述论 [J]. 天津师范大学学报 (社会科学版), 2021 (4): 58-63.

［53］郁旭映. 后人类时代的潮汕——陈楸帆科幻中的故乡书写［J］. 扬子江文学评论, 2021（4）: 82-89.

［54］张艾. 破败的表意: 电影中的废墟寓言和修辞理论［J］. 南方文坛, 2021（4）: 63-67.

［55］乔新玉. 国产科幻电影的反乌托邦意象塑造与空间生产——基于西方反乌托邦电影的比较［J］. 电影文学, 2021（13）: 77-81.

［56］马潇潇. 现实世界的未来延展性阐述——中国科幻电影的现实主义变形［J］. 电影评介, 2021（12）: 39-42.

［57］黄倩红, 张志敏. 国内科幻创作人才培养典型实践研究［J］. 科普研究, 2021, 16（3）: 58-66, 110.

［58］周建琼. 人工智能写作背景下作者主体性的消解与重构——以陈楸帆人机交互写作实验为中心［J］. 当代文坛, 2021（4）: 145-150.

［59］黄鸣奋. 科幻电影视野下的中国［J］. 北京电影学院学报, 2021（6）: 9-21.

［60］李怡. 科学与想象: 对立还是对话?——当代科幻文学视野下的《敬告青年》［J］. 文艺争鸣, 2021（6）: 29-33.

［61］汪晓慧. 先锋·异托邦·后人类: 中国科幻文学的"可见"与"不可见"——宋明炜《中国科幻新浪潮》［J］. 中国现代文学研究丛刊, 2021（6）: 249-258.

［62］肖汉. 内容创新开拓与学科体系建设——2020年中国科幻图书盘点［J］. 中国图书评论, 2021（6）: 95-107.

［63］孟君, 郭雪瑶. 太空故事的英雄探险、返家之旅与技术视景——科幻电影的共同体美学实践［J］. 当代电影, 2021（6）: 36-43.

［64］张卫, 陈旭光, 杨俊蕾, 陈慧. 新技术时代的想象力文化与影像美学重构［J］. 当代电影, 2021（6）: 4-12.

［65］袁强. 科幻电影中未来城市的时空建构与具身体验［J］. 电影文学, 2021（11）: 55-60.

［66］顾小清, 蔡慧英. 预见人工智能的未来及其教育影响——以社会性科幻为载体的思想实验［J］. 教育研究, 2021, 42（5）: 137-147.

［67］黄鸣奋.科幻电影火星生命想象的伦理审视［J］.湘潭大学学报（哲学社会科学版），2021，45（3）：100-106，111.

［68］张斌，罗晗晓.瘟疫电影：灾难叙事的类型建构与在地实践［J］.上海大学学报（社会科学版），2021，38（3）：32-42.

［69］姚利芬.超人、末人还是野兽——论王晋康科幻小说中的后人类形象［J］.小说评论，2021（3）：89-96.

［70］岳丽媛.无解的悖论——王晋康科幻小说的生命伦理哲思［J］.小说评论，2021（3）：97-105.

［71］李响.从跨过彼岸到搭建桥梁——王晋康宇宙科幻文学作品研究［J］.小说评论，2021（3）：106-111.

［72］周冰."科技变革与人文创新理论研讨会"综述［J］.中国高校社会科学，2021（3）：154-156.

［73］吴黎中.重塑电影叙事：吸引力场景的技术理念、骗眼布景与未来想象［J］.当代电影，2021（5）：67-74.

［74］刘立琴.《被光抓走的人》的创作逻辑与情感表达［J］.电影文学，2021（9）：151-153.

［75］崔辰.2021春节档：新观众群体价值观的变化及对新电影类型的期待［J］.电影新作，2021（2）：70-77.

［76］黄鸣奋.从我国科幻电影创意看文明传播［J］.电影新作，2021（2）：12-18.

［77］杨俊蕾，王嘉玮.主体范式博弈与后人类寓言：科幻影像叙事中的类人他者镜像建构［J］.电影新作，2021（2）：19-25.

［78］欧宇龙，李艺敏.后理论时代比较文学跨学科研究的机遇与挑战——2020"后理论与比较文学跨学科研究"前沿论坛侧记［J］.中国比较文学，2021（2）：215-218.

［79］刘丝雨，岳文立.动画电影的题材划分初探［J］.电影文学，2021（8）：68-73.

［80］黄鸣奋.审视真实：我国科幻电影创意中的时间定位［J］.现代传播（中国传媒大学学报），2021，43（4）：86-92.

［81］石嵩，金利泰.近年来中国影片在韩国的接受特征分析及传播力提升研究［J］.电影评介，2021（7）：7-14.

［82］王宏，刘媛媛.生态电影视阈下《流浪地球》的创新之维与现实意蕴［J］.电影评介，2021（7）：102-105.

［83］王艺.第三种现实中的凝视［J］.读书，2021（4）：65-74.

［84］刘英.以科学的精神召唤星际探索的使命感［J］.中国图书评论，2021（4）：126.

［85］孟君，何源堃.科幻电影的体液叙事、话语机制与修辞逻辑［J］.学术论坛，2021，44（2）：106-116.

［86］孙承健，郭建全，米春林，陈明彤，杨雪菲，尚周豪.新技术 新流程 新机遇——中国视效行业发展现状［J］.当代电影，2021（4）：38-45.

［87］张宪席.现实的显影——20世纪80年代国产科幻电影研究［J］.当代电影，2021（4）：164-170.

［88］许哲敏.科幻题材互动电影中城市的空间书写［J］.当代电影，2021（4）：122-125.

［89］杨飞.镜像期待视阈下人工智能的银幕表意系统建构［J］.电影评介，2021（6）：53-56.

［90］刘阳扬."赛博格"与陈楸帆小说的动物叙事［J］.当代作家评论，2021（2）：116-122.

［91］黄鸣奋，游长冬.从痴呆、AI到外星人：科幻电影中的弱智想象［J］.江西师范大学学报（哲学社会科学版），2021，54（2）：69-76.

［92］王坤宇.论后人类审美的三个维度［J］.学术研究，2021（3）：160-166.

［93］刘玉杰.《真相》中刘宇昆科幻戏中戏的叙事功能论［J］.电影文学，2021（6）：146-149.

［94］罗小茗.解锁未来：当代中国科幻小说中的"希望"设定［J］.文学评论，2021（2）：98-106.

［95］刘荃.地球为什么不能去流浪——兼谈东西方文化对科幻电影创作的影响［J］.传媒观察，2021（3）：26-29.

［96］金韶, 刘蕊宁. 中国科幻电影国际传播策略研究［J］. 传媒, 2021（5）: 52-55.

［97］陈舒劼. 二十世纪九十年代以来中国科幻小说的空间想象［J］. 社会科学, 2021（3）: 184-192.

［98］陈舒劼. "黑暗森林"还是"自由人联合体"——20世纪90年代以来中国科幻小说的命运共同体想象［J］. 文艺研究, 2021（3）: 63-74.

［99］周星.《缉魂》: 杂糅与缉捕魂灵［J］. 电影艺术, 2021（2）: 95-97.

［100］石娟. 阅读视域中的"科"与"幻"——以2014年、2016年科幻小说阅读调查及通信为中心［J］. 山东社会科学, 2021（3）: 76-84.

［101］郑乃丹, 张玉萍. 科幻电影的场景叙事与道具构建［J］. 四川戏剧, 2021（2）: 145-148.

［102］张泰旗. 历史转轨与不断重释的"新纪元"——论刘慈欣科幻小说《超新星纪元》的版本演进［J］. 中国现代文学研究丛刊, 2021（2）: 38-51.

［103］劳业辛. 电影前期概念设计——以《流浪地球》为例［J］. 装饰, 2021（2）: 142-143.

［104］周志强. 人工智能与知识分子［J］. 中国图书评论, 2021（2）: 1.

［105］李广益. 忘忧之人［J］. 读书, 2021（2）: 72-76.

［106］佟童. "电影的过去与未来: 数字技术、视听叙事与影像文化"学术会议综述［J］. 当代电影, 2021（2）: 172-176.

［107］陈旭光, 张明浩. 2020中国电影年度艺术报告［J］. 文艺论坛, 2021（1）: 90-100.

［108］白丽芳, 李朋飞. 基于语料库的《流浪地球》英文报道研究［J］. 海南大学学报（人文社会科学版）, 2021, 39（1）: 71-80.

［109］贾立元. 人形智能机: 晚清小说中的身心改造幻想及其知识来源［J］. 文艺理论与批评, 2021（1）: 88-106.

［110］刘兵. 主持人的话［J］. 小说评论, 2021（1）: 91-92.

［111］刘兵, 王晋康. 王晋康访谈录［J］. 小说评论, 2021（1）: 93-96.

［112］王晋康. 我与哲理科幻［J］. 小说评论, 2021（1）: 97-99.

［113］刘慈欣. 从历史看未来［J］. 小说评论, 2021（1）: 100.

［114］张恒军. 亮点、难点、着力点：新时代当代文学的国际传播［J］. 出版发行研究，2021（1）：85-92.

［115］张铮，吴福仲，林天强. "未来定义权"视域下的中国科幻：理论建构与实现路径［J］. 南京社会科学，2021（1）：154-162.

［116］蓝江. 走出人类世：人文主义的终结和后人类的降临［J］. 内蒙古社会科学，2021，42（1）：35-43，2.

［117］吴冠军. 从幻想到真实：银幕上的科幻与爱情［J］. 电影艺术，2021（1）：38-43.

［118］白晓晴. 短视频平台中科幻电影的文化参与机制研究［J］. 当代电影，2021（1）：154-159.

［119］褚儒，袁倩倩. 作为主题的幻想媒介——当代科幻电影的媒介想象［J］. 当代电影，2021（1）：77-83.

［120］于兰婷. 类型、评分与票房——对2016—2019年国产类型片的定量考察［J］. 电影文学，2021（1）：17-20，88.

整理人简介：

朱钰婷，浙江大学文学院中国现当代文学博士研究生，主要研究领域为中国当代科幻文学、海外华文文学等。